FUSIONS ACQUISITIONS

FUSIONS ACQUISITIONS

STRATÉGIE • FINANCE • MANAGEMENT

Olivier Meier
Guillaume Schier

Préface
Patrick Navatte
(Université Rennes I)

Postface
Vincent Dessain
(Harvard Business)

DUNOD

ISBN 2 10 049905 X

Remerciements

Nous tenons ici à remercier l'ensemble des personnes qui par leurs expériences, expertises et commentaires avisés ont permis d'actualiser et d'enrichir cette seconde édition de l'ouvrage *Fusions acquisitions*.

Bien souvent, le choix d'un thème et le parcours professionnel sont affaires de circonstances et de rencontres. Ceci nous conduit à remercier tout particulièrement les Professeurs Gérard Koenig et Patrick Navatte qui ont fortement contribué à la genèse de cet ouvrage et différentes personnalités qui nous ont accompagnés dans nos réflexions, en particulier Madame F. Labrousse (Shearman & Sterling) ainsi que Messieurs H. Borensztejn (EADS), Ph. Camus (Lagardère), V. Dessain (Harvard Business School), J. Gattepaille (E.Leclerc), O. Lowe et Y. de Saintignon (Safran), J.-P. Monnier (BNP Paribas), H. Pilo (Exane – BNP Paribas), J. Rosio (Nestlé), F. de Saint-Pierre (Lazard Frères), P.-Y. Tougeron (Groupe CIC). Non moins importante est la vingtaine de dirigeants anonymes, avec lesquels nous avons collaboré, et que nous tenons ici à remercier.

Nous tenons également à remercier nos collègues et amis qui ont collaboré avec nous sur différents projets pédagogiques et professionnels, notamment F. Allard-Poesi, F. André-Le Pogamp, M. Barabel, J. Bêche, J.-M. Caro, C. Herriau, G. Hübner, F. Moraux, A. Missonier, J.-C. Pacitto, Y. Sanaa, J.-Y. Saulquin, F. Sfez et J.-F. Talboutier. Nous tenons enfin à exprimer notre affection envers ceux qui nous ont soutenu durant la rédaction de cet ouvrage, en particulier Anouck, Laurine, Julien et Stéphanie.

TABLE DES MATIÈRES

Préface de Patrick Navatte (Président de l'université Rennes I) 1

Introduction 3

PREMIÈRE PARTIE
ENJEUX ET CARACTÉRISTIQUES DES FUSIONS-ACQUISITIONS

1 LE DÉVELOPPEMENT PAR FUSIONS-ACQUISITIONS 7

Section 1 Fusions-acquisitions : pratiques de la croissance externe 7
- 1 Caractéristiques des fusions-acquisitions 8
- 2 Comparaisons avec les autres modes de développement 10
- 3 Principales classifications existantes 13

Section 2 Les fondements théoriques 15
- 1 La mise en œuvre de synergies 15
- 2 Le pouvoir de marché 16
- 3 Les asymétries d'information 17
- 4 Le comportement managérial au sein des firmes 18
- 5 Les coûts d'agence et leurs extensions 19

2 OBJECTIFS ET MOTIVATIONS STRATÉGIQUES 21

Section 1 Les motifs stratégiques offensifs 21
1 Accroître son pouvoir de domination et d'influence 22
2 Capter des ressources spécifiques 23
3 Prendre position sur un nouveau marché 24
4 Se renouveler, se régénérer 25

Section 2 Les motifs stratégiques défensifs 26
1 Consolider ses positions dans des secteurs à maturité 27
2 S'adapter aux évolutions technologiques 28
3 Acquérir une taille critique 28
4 Entraver les actions d'un concurrent gênant 29
5 Limiter les entrées au sein du secteur 30

Section 3 La recherche de synergies opérationnelles 31
1 Synergies de coûts liées aux effets de volume 32
2 Synergies de coûts liées au partage de ressources 33
3 Synergies de croissance 33
4 Synergies : motifs ou justifications ? 34

3 PERFORMANCE ET TYPOLOGIE DES FUSIONS-ACQUISITIONS 37

Section 1 Le marché des fusions-acquisitions 37
1 Les différentes vagues de fusions-acquisitions 38
2 La typologie des opérations 39
3 Les caractéristiques récentes du marché 44

Section 2 Les fusions-acquisitions : des opérations à haut risque 47
1 Comment mesure-t-on la performance d'une opération ? 48
2 L'analyse globale de la performance : un bilan mitigé 50
3 Les résultats obtenus par type d'opération 51
4 Les principaux gagnants : les actionnaires de la cible 53

4 FORMES JURIDIQUES ET MONTAGES FINANCIERS 57

Section 1 Les acquisitions par achat d'actions 57
1 Les mécanismes de l'acquisition par achat d'actions 58
2 Le traitement des survaleurs 59
3 Le cas particulier des offres publiques d'achat (OPA) 63

Section 2 Les acquisitions par échange d'actions 68
1 Les mécanismes de l'acquisition par échange d'actions 68
2 Le traitement des survaleurs 71
3 Le cas particulier des offres publiques d'échange (OPE) 73
4 Le cas particulier des offres mixte et des offres alternatives 74
Section 3 Les opérations de fusions 75
1 La fusion-absorption 75
2 La fusion par création d'une société nouvelle 80
3 Les étapes clés du processus juridique d'une fusion 82

DEUXIÈME PARTIE
MONTAGE ET MISE EN ŒUVRE DES OPÉRATIONS DE FUSIONS ET D'ACQUISITIONS

5 LA PHASE DE PRÉPARATION 93
Section 1 Le choix d'une voie de développement 94
1 Les voies de développement possibles 94
2 Les arguments en faveur de la croissance externe 100
Section 2 Le cadrage stratégique de l'opération 105
1 Constituer une équipe projet 106
2 Fixer l'agenda stratégique du projet 107
3 Fixer les hypothèses en terme de répartition du pouvoir 108
Section 3 Sélection et évaluation des cibles potentielles 109
1 Présélection des cibles 110
2 Analyse stratégique de la cible 112
3 Évaluation financière de la cible 113

6 LA PHASE DE NÉGOCIATION 131
Section 1 Choisir une tactique de négociation 132
1 Positionner l'opération : amicale ou hostile 132
2 Organiser les négociations : procédures et pratiques 144
Section 2 Organiser la prise de contrôle 153
1 S'entendre sur l'objet et le paiement de la transaction 153
2 Optimiser les effets de levier potentiels 158
3 Adapter la politique financière du nouvel ensemble 166

Section 3 Estimer le potentiel de création de valeur 170

1 Appréhender les différents critères de la création de valeur 171

2 Estimer la valeur potentielle du nouvel ensemble 175

Section 4 Évaluer et gérer les risques de l'opération 179

1 S'assurer de la faisabilité de la transaction 179

2 Examiner les actifs et passifs : les audits d'acquisition 180

3 Se protéger : la négociation des garanties de passif 187

Section 5 Finaliser la transaction 189

1 La rédaction du protocole d'accord 190

2 L'obtention des autorisations administratives nécessaires et l'information des parties prenantes concernées 191

3 La signature du contrat définitif 193

7 LA PHASE D'INTÉGRATION 195

Section 1 Les enjeux de la gestion post-acquisition 195

Section 2 Les différentes politiques d'intégration de la cible 198

1 Gérer la transition avant l'intégration 198

2 Le choix de l'intégration par préservation de la cible 199

3 Le choix de l'intégration par rationalisation de la cible 205

4 Le choix d'une intégration de type symbiotique 205

Section 3 Le management des fusions-acquisitions 208

1 Identifier les risques culturels de l'opération 212

2 Comprendre les différents types de conflits et de blocages 217

3 Clarifier et préciser le rôle des dirigeants 220

4 Repérer les éléments symboliques de la cible 222

5 Élaborer un plan de communication précis 224

6 Organiser le changement en fonction des enjeux 229

8 LES ERREURS MANAGÉRIALES À ÉVITER 235

Section 1 Les erreurs à éviter durant la phase de préparation 236

1 La focalisation sur une cible 236

2 L'imitation de la concurrence 237

3 L'absence de remise en cause 238

4 La confiance excessive accordée aux experts 239

Section 2 Les erreurs à éviter durant la phase de négociation 240
1 Le refus de la confrontation 241
2 L'excès d'optimisme ou l'hypothèse d'hubris 241
3 La tendance à la précipitation 242
4 Le refus de renoncer au projet 243
Section 3 Les erreurs à éviter durant la phase d'intégration 244
1 L'arrogance managériale 244
2 L'apathie 245
3 L'excès de rationalisation 245

TROISIÈME PARTIE
ÉTUDES DE CAS

CAS 1 ÉVALUATION D'UNE STRATÉGIE D'ACQUISITIONS : ELAN CORPORATION 251
1 Les étapes du développement de l'entreprise Elan 252
2 Questions-Discussions 259
3 Proposition de réponses 259
4 Commentaires 263

CAS 2 ÉVALUATION FINANCIÈRE D'UNE OPÉRATION D'ACQUISITION 265
1 La situation de l'acquéreur avant l'opération 266
2 La situation de la cible avant l'opération 267
3 Questions-Discussions 268
4 Proposition de réponses 268

CAS 3 ÉVALUATION FINANCIÈRE D'UNE ACQUISITION PAR EFFET DE LEVIER (LBO) 273
1 Annexe 1 : données prévisionnelles sur Electronic SA 273
2 Annexe 2 : possibilités de financement par dettes 274
3 Proposition de réponses 275
4 Conclusion 282

Conclusion 283
Postface de Vincent Dessain (Directeur ECR-Harvard Business School) 285
Glossaire 287
Bibliographie 293
Index 305

PRÉFACE

Le livre d'Olivier Meier et de Guillaume Schier nous fait pénétrer au cœur des motivations des opérations de fusions-acquisitions, de leurs avantages, mais aussi de leurs difficultés de mise en place.

D'opérations soigneusement élaborées dans une liste d'acquisitions prévues à celles isolées réalisées dans l'urgence du fait d'une forte contrainte stratégique (modification subite de la taille d'un marché), toute la palette des situations envisageables est passée en revue. Les différentes motivations sont également étudiées en détail. En effet, ce mode de croissance tout de même exceptionnel est aujourd'hui utilisé par tous les groupes de sociétés pour gagner du temps, s'adapter, capter un marché, développer des synergies ou renforcer et défendre leur position. Mais si la puissance de l'outil fusion-acquisition est reconnue par tous comme offrant à l'entreprise un degré de liberté supplémentaire au niveau de sa stratégie, si ses modalités juridiques de mise en œuvre sont maîtrisées, il reste à réaliser l'intégration des deux entités co-contractantes, et là, beaucoup d'efforts doivent y être consacrés. En effet, les fusions-acquisitions engendrent leurs propres risques, et il n'est pas évident de réussir à améliorer les résultats du nouvel ensemble.

Pour tenter de mener à bien ces projets de regroupement, Olivier Meier et Guillaume Schier nous proposent alors une démarche qui devrait faciliter l'occurrence d'un résultat satisfaisant. D'un point de vue très pragmatique, ils mettent en relief les étapes cruciales de mise en œuvre du dispositif « fusion-acquisition » qu'ils présentent à l'aide d'une logique de processus. Durant la phase de préparation, ils mettent l'accent sur la sélection et l'évaluation des cibles potentielles, puis lors de la phase de négociation sur la création de valeur et l'organisation de la prise de contrôle. Suit alors la phase d'intégration où l'on constate souvent que si les effets de volumes sont immédiats, la réalisation d'économies d'échelle et la mise en œuvre de synergies demandent beaucoup d'efforts et d'ingéniosité. Les auteurs signalent enfin les erreurs les plus courantes à éviter lors de ces trois périodes. Une annexe traitant deux cas complets termine leur exposé. Au total, parmi les ouvrages consacrés aux opérations de fusions-acquisitions, celui d'Olivier Meier et de Guillaume Schier, très bien documenté, et émaillé d'exemples concrets, constitue une excellente synthèse de l'état des connaissances, ce qui en fait sans aucun doute un manuel de référence à destination d'un public varié (étudiants, responsables d'entreprises).

Patrick NAVATTE

Président de l'université Rennes I

INTRODUCTION

Cet ouvrage trouve son origine dans le rôle et l'influence grandissants que connaissent les opérations de fusions-acquisitions dans le cadre de la politique de développement des firmes. En effet, si la croissance par fusions-acquisitions est depuis la fin des années 1960 objet d'attention, la libéralisation des mouvements de capitaux, le développement des marchés financiers, l'internationalisation de l'économie et la déréglementation ont été propices au développement de ces opérations.

Ces opérations concernent aussi bien les groupes cotés qui s'orientent actuellement vers des logiques de recentrage et de consolidation de leurs activités au plan mondial que les entreprises non cotées devant faire face à des problèmes de croissance ou de succession. Elles constituent par conséquent l'un des principaux modes de développement à la disposition des entreprises pour améliorer leur position stratégique au sein de leur environnement respectif.

Pourtant, les opérations de fusions-acquisitions continuent de susciter de nombreuses interrogations sur leur efficacité économique. En effet, s'il existe incontestablement un intérêt pour ce type de rapprochement, la réalité des opérations montre une difficulté pour les entreprises d'améliorer les performances du nouvel ensemble. Dans un grand nombre de cas estimé à près de 50 % des transactions opérées, les fusions-acquisitions se révèlent des manœuvres décevantes sur le plan économique, sans compter les plans de restructuration et de licenciement qui accompagnent généralement ces regroupements.

Ces différentes questions posent par conséquent le problème de la gestion stratégique de ces opérations et de la nécessaire maîtrise des processus de croissance externe. En effet, quelles sont les logiques économiques sous-jacentes aux fusions-acquisitions, dans quelle mesure peut-on évaluer et mesurer leur performance, quelles sont véritablement les actions permettant d'améliorer l'efficacité et la rentabilité de ces opérations ? Autant de questions qui imposent aujourd'hui d'analyser les enjeux et les risques associés aux différentes phases du processus, en associant autant que possible la stratégie, la finance et le management.

Les pages qui suivent tentent de répondre à ces interrogations. Elles mettent en particulier l'accent sur les étapes critiques d'un processus de fusion-acquisition, de la phase de préparation à sa mise en œuvre opérationnelle. Ainsi, la première partie du livre est consacrée à l'analyse des caractéristiques et motivations de la croissance par fusion-acquisition et à la présentation des principaux aspects financiers et juridiques de ces opérations. La deuxième partie est essentiellement orientée sur la conduite de ces opérations à partir d'un examen attentif des pièges et critères à prendre en compte dans le montage et la mise en œuvre d'une fusion-acquisition.

Cet ouvrage offre par conséquent une présentation globale du traitement des opérations de fusions-acquisitions, à la fois sous un angle théorique et pratique. Il formalise les enseignements dispensés par les auteurs depuis plusieurs années et leurs expériences de la pratique de ces opérations. Il se révèle ainsi un guide utile pour les dirigeants qui souhaitent initier une politique de fusions-acquisitions, pour les cadres et responsables amenés à gérer ou à vivre la réalité de ces opérations, et pour les étudiants en gestion et en économie qui souhaiteraient approfondir le thème de la croissance externe.

PREMIÈRE PARTIE

ENJEUX ET CARACTÉRISTIQUES DES FUSIONS-ACQUISITIONS

Le développement par fusions-acquisitions constitue, aujourd'hui, l'un des modes de développement les plus répandus. Associé aux politiques de croissance externe, il est un des moyens mis en œuvre par les entreprises pour mener des stratégies de spécialisation, d'intégration verticale ou de diversification. Les fusions-acquisitions sont par conséquent au cœur des politiques industrielles et technologiques. Elles n'en sont pas pour autant les seules manifestations en termes de développement. À l'instar d'autres modes de développement (croissance interne et croissance conjointe), les opérations de fusions-acquisitions ne constituent pas une stratégie en soi. Elles sont avant tout un instrument au service des objectifs et motivations de la firme. De même, dans la pratique, leurs domaines d'application peuvent prendre différentes formes sur le plan juridique et financier. La partie I propose de rendre compte de la complexité de ce mode de croissance et se répartit en quatre chapitres distincts.

Le chapitre 1 porte sur les propriétés de ce mode de développement et ses différences avec la croissance interne et la croissance par alliances/coopération. Il se termine par une synthèse des principaux fondements théoriques associés à la croissance externe.

Le chapitre 2 traite des objectifs et motivations stratégiques des fusions-acquisitions. Il recense, à l'appui d'exemples et d'illustrations, les différentes raisons qui conduisent les firmes à opter pour ce mode de croissance.

Le chapitre 3 concerne les liens entre croissance par fusions-acquisitions et création de valeur. Il resitue la nature et la performance des opérations sous un angle historique. Il met enfin l'accent sur la répartition de la valeur, en distinguant les gagnants et les perdants de ce type d'opération.

Si la croissance externe constitue une option essentielle dans le développement de la firme, ses pratiques n'en sont pas moins multiples. En effet, il existe à la disposition de l'entreprise initiatrice différentes formes juridiques et montages financiers associés à ce type d'opération. Ce repérage fait l'objet du chapitre 4.

1 LE DÉVELOPPEMENT PAR FUSIONS-ACQUISITIONS

Le développement par fusions-acquisitions s'inscrit en général dans le champ de la croissance externe. Il est proposé de clarifier les différentes définitions relatives à ce mode de croissance et à ses principales pratiques. En particulier, ce chapitre aborde les avantages et inconvénients de la croissance externe par rapport aux autres formes de développement que sont la croissance interne et la croissance conjointe. Une attention est également accordée aux différentes classifications existant dans le domaine de la croissance externe et plus particulièrement des fusions-acquisitions. Le chapitre se termine par une présentation des fondements théoriques associés à cette manœuvre stratégique.

Section 1 ■ Fusions-acquisitions : pratiques de la croissance externe
Section 2 ■ Les fondements théoriques

Section 1 FUSIONS-ACQUISITIONS : PRATIQUES DE LA CROISSANCE EXTERNE

Cette section présente les caractéristiques associées aux opérations de fusions-acquisitions. Elle s'intéresse en particulier à leurs utilisations potentielles dans le cadre de stratégie de croissance externe. Elle montre dans quelle situation ce type d'opérations est privilégié par les entreprises.

1 Caractéristiques des fusions-acquisitions

Les fusions-acquisitions sont des opérations de regroupement ou de prises de contrôle d'entreprises cibles, réalisées par l'intermédiaire d'un achat ou d'un échange d'actions. Dans le cas des acquisitions, les actifs de l'entreprise cible sont alors détenus indirectement par l'acheteur à travers la détention d'actions qui définissent son droit de propriété sur la cible. En tant que telles, ces opérations constituent l'une des principales pratiques de la croissance externe. On entend par croissance externe, un mode de développement fondé sur la prise de contrôle de moyens de production déjà organisés et détenus par des acteurs extérieurs à l'entreprise. Selon cette perspective, la croissance externe provoque le passage de l'entreprise cible sous la coupe d'un nouvel acteur économique, l'acquéreur, qui détient une autorité de droit sur la structure acquise (droits de propriété). Les fusions-acquisitions sont avant tout des pratiques de réalisation (à connotation juridique) permettant de mettre en œuvre une stratégie de croissance externe. Elles ne constituent donc pas une stratégie[1] en soi. Elles sont essentiellement un moyen au service du développement de l'entreprise. On peut d'ailleurs noter qu'il existe d'autres modalités de croissance externe à la disposition des entreprises, comme l'achat direct d'actifs en ordre de fonctionnement (achat d'une usine). Il est à noter que les opérations de fusions-acquisitions ne sont pas des pratiques exclusives de la croissance externe et peuvent par conséquent servir d'autres objectifs. C'est le cas par exemple d'une fusion entre deux sociétés d'un même groupe, dans le but de rationaliser la gestion des activités aux plans administratif et juridique. Dans ce cas, le regroupement relève d'une logique de fusion, sans qu'il y soit pour autant question d'une politique de croissance externe. Il s'inscrit avant tout dans une perspective de réorganisation interne, où l'entreprise cherche à combiner des ressources déjà en sa possession. Dans cet ouvrage, les fusions-acquisitions sont abordées essentiellement sous l'angle de la croissance externe. Pour des raisons de commodité, il peut nous arriver d'employer les termes de fusions-acquisitions pour désigner la croissance externe, même s'il convient en théorie de dissocier la stratégie et ses pratiques. Le développement par fusions-acquisitions demeure un objet d'interrogation, en raison d'une gestion particulièrement délicate à orchestrer pour l'entreprise initiatrice. Comme toute opération de croissance, ce mode de développement est soumis à des incertitudes stratégiques. Le risque associé à ces manœuvres mérite toutefois d'être souligné, en raison de résultats très décevants et de la faible maîtrise de ses caractéristiques :

1. On entend, par stratégie, l'ensemble des choix qui mettent en jeu les grandes orientations de l'activité et les structures même de l'entreprise. Les décisions stratégiques concernent généralement des décisions relatives aux métiers de l'entreprise (et à ses domaines d'activités), à son organisation interne (type de structure/mode de fonctionnement) et à ses relations avec l'extérieur (actionnaires, clients, fournisseurs, partenaires).

– *la moitié des opérations de fusions-acquisitions sont considérées comme des échecs* par les parties concernées et induisent généralement des coûts élevés pour les organisations très souvent difficiles à rattraper. On peut généralement estimer à environ 50 % le taux d'échec pour ce type d'opérations, situant la croissance externe comme l'une des options les plus difficiles à valoriser sur le plan économique ;

– *le processus de fusions-acquisitions est un processus hautement stratégique et difficilement réversible* (sauf refus des autorités de contrôle), compte-tenu de la pression exercée sur les parties, de la réalité juridique de l'opération et des efforts généralement consentis en termes de ressources. Dans la plupart des organisations, ces manœuvres présentent également un caractère singulier qui limite la capacité d'apprentissage et la gestion des expériences. Même dans le cas d'opérations comparables, l'expérience accumulée dans le domaine, se heurte généralement aux qualités propres des entités et aux caractéristiques distinctives d'une dynamique relationnelle. Si les mécanismes d'apprentissage peuvent donc contribuer à une meilleure efficacité, ils apparaissent néanmoins une source potentielle de biais cognitifs, facteurs d'erreurs ;

– *les fusions-acquisitions se prennent généralement dans l'urgence sous la pression des concurrents et des événements*, ce qui conduit à des risques fréquents de précipitation. Il peut ainsi arriver que les fusions-acquisitions se déroulent dans un contexte d'informations limitées (connaissance partielle de la cible – en particulier dans le cas d'opérations hostiles) ou de préparation insuffisante. C'est notamment le cas lorsque la cible dispose d'activités différenciées ou se trouve située dans des pays mal connus par l'acheteur ;

– *les fusions-acquisitions sont souvent l'objet d'une surexposition médiatique qui rendent parfois visibles des enjeux que l'acheteur souhaiterait garder confidentiels*. Il en va de même en ce qui concerne les réponses à apporter aux différentes parties prenantes. L'acquéreur doit en effet justifier *a priori* une démarche stratégique à des partenaires disposant généralement d'intérêts divergents. Cette visibilité excessive associée à une nécessité de transparence rendent dès lors particulièrement difficile la gestion de ces opérations. L'acheteur doit en permanence composer entre le souci de transparence et le besoin de préservation face à des concurrents à l'écoute de la moindre indiscrétion sur les choix stratégiques du nouvel ensemble ;

– *le management des fusions-acquisitions revêt un caractère excessivement complexe*. Il nécessite de la part de l'acheteur une capacité à intégrer dans le même ensemble des équipes de cultures différentes, en évitant les risques de domination abusive, de concurrence ou de démotivation. Les fusions-acquisitions peuvent en effet provoquer chez les employés de l'entreprise acquise des réactions de stress et d'anxiété et conduire au développement d'attitudes hostiles à l'égard de l'entreprise acheteuse, par le biais d'un manque de loyauté, d'absence d'engagement ou de résistance au changement. On estime entre 3 et 5 ans le temps nécessaire pour réaliser dans de bonnes conditions l'intégration managériale et culturelle de l'entreprise acquise.

Pour toutes ces raisons, les opérations de fusions-acquisitions constituent un thème central dans la stratégie des firmes particulièrement intéressant à étudier, qui sans une démarche attentive de son management durant les différentes phases du processus, peut engendrer des résultats différents de ceux escomptés, sources d'insatisfaction et de désillusion. Il est proposé ci-après une analyse comparative des différentes formes de développement utilisées par l'entreprise, à savoir : le développement par fusions-acquisitions (croissance externe), le développement interne (croissance interne), le développement par alliances (croissance conjointe).

2 Comparaisons avec les autres modes de développement

Le développement par fusions-acquisitions constitue l'un des principaux moteurs de la croissance externe et s'oppose dans ses principes aux politiques de croissance interne. Elle est revanche proche de la croissance conjointe avec laquelle il ne faut cependant pas la confondre, les caractéristiques, les enjeux et les risques associés étant de nature fondamentalement différente.

2.1 Comparaison avec la croissance interne

Bien que l'opposition croissance interne/croissance externe soit quelque peu brutale[1], elle présente l'intérêt de distinguer deux options fondamentales dans le développement de la firme, en ce qui concerne son mode de fonctionnement (autonome ou concerté) et le choix en matière de création de ressources. En effet, pour assurer son développement, une entreprise a généralement le choix entre accroître son capital productif par croissance interne ou prendre le contrôle d'actifs disponibles dans d'autres entreprises en ayant recours à la croissance externe. La croissance interne correspond à un développement progressif et continu de l'entreprise fondé sur un accroissement des capacités existantes ou la création de nouvelles capacités productives ou commerciales. Cette stratégie permet de préserver l'indépendance économique et financière de l'entreprise. Elle est particulièrement bien adaptée aux stratégies de spécialisation à travers une politique de renforcement ou d'extension des activités existantes. Ce mode de croissance trouve toutefois rapidement ses limites, en raison de la difficulté de la firme à disposer en interne des ressources suffisantes pour continuer à progresser et innover. La croissance externe est un mode de développement permettant à l'entreprise de contrôler des actifs déjà productifs sur le marché et initialement détenus par d'autres firmes. Elle donne à l'acheteur la possi-

1. Dans la pratique, en fonction des événements et des circonstances, il peut arriver qu'une des options s'impose à l'entreprise, sans qu'il y ait eu nécessairement besoin d'une analyse stratégique approfondie (contraintes spécifiques, opportunités à court terme...).

bilité d'accroître rapidement sa capacité de production, en lui faisant économiser les délais de maturation d'un investissement productif. La croissance externe comme d'autres options stratégiques est considérée comme ayant une forte influence sur la création ou la destruction de valeur de la firme. De manière générale, le choix entre ces deux modes de développement (croissance interne versus croissance externe) est étroitement dépendant du type d'entreprises et de la stratégie poursuivie. Leurs atouts et faiblesses doivent par conséquent être appréciés au regard des objectifs et contraintes de l'entreprise étudiée. Bien qu'il s'agisse de logique différente, on peut souligner que ces deux options ne sont en rien incompatibles et sont même très souvent associées.

Tableau 1.1

	Avantages	**Inconvénients**	**Types d'entreprises principalement concernées**
Croissance interne	Exploitation d'un domaine connu permettant de capitaliser sur l'expérience et le savoir accumulé Maintien de l'identité de l'entreprise Préservation de l'indépendance Absence de réorganisation ou de restructuration	Vulnérabilité de l'activité en cas de changement de conjoncture ou de maturité du marché Difficultés pour atteindre une taille critique suffisante Délais d'apprentissage longs	TPE et PME familiales non cotées en bourse Entreprises ayant fait le choix de la spécialisation
Croissance externe	Accès rapide à de nouveaux domaines d'activités Développement à l'international Exploitation de synergies de coûts ou de complémentarités Augmentation du pouvoir de marché de l'entreprise – réduction de la concurrence	Besoins en capitaux élevés. Problèmes de coordination et contrôle des activités regroupées Coût de l'intégration physique des activités (réorganisation) Impact psychologique de l'opération sur le climat social Intégration culturelle et managériale des entités délicate	Grandes entreprises, entreprises globales ou mondiales Entreprises ayant fait le choix de la diversification ou de l'intégration verticale

2.2 Comparaison avec la croissance conjointe

À côté de la croissance interne et de la croissance externe peut être classée une troisième forme de développement constituée par les coopérations et les alliances entre firmes. On entend par alliance [1], une association entre deux ou plusieurs entreprises, en vue de réaliser un projet ou développer conjointement une activité spécifique en coordonnant les compétences, les moyens et les ressources. L'alliance n'est donc pas associée à une catégorie juridique déterminée et peut par conséquent recouvrir différentes situations possibles, depuis la coopération commerciale (sous-traitance, accords de licence, franchise) à la création ex nihilo d'une structure juridique nouvelle (filiale commune ou consortium) [2].

Il est proposé ici de s'intéresser plus particulièrement à la forme d'alliance la plus proche des opérations de fusions-acquisitions, à savoir le développement par deux entités d'une nouvelle société (filiale commune) en vue de réaliser un objectif stratégique commun[3]. Il s'agit par conséquent ici d'alliance stratégique (avec apport de capital) et non pas d'accord ponctuel comme pour une sous-traitance. Ce mode de développement rappelle en effet, celui de la croissance par acquisitions, en inscrivant la relation dans un cadre formel et en offrant aux deux partenaires des avantages liés à la taille de la nouvelle entité (réduction des coûts/économies d'échelle) et à la coordination commune de ressources. L'alliance stratégique permet à des entreprises de faire ensemble ce qu'elles ne pourraient pas réaliser seules. Elle peut également modifier la position des acteurs au sein de l'environnement et est par conséquent soumise à différents mécanismes de contrôle (information des autorités de marché, protection des intérêts des actionnaires minoritaires). Enfin, à l'instar de la croissance externe, ce mode de croissance constitue un important moyen d'adaptation et de transformation des entreprises face à l'évolution des marchés.

En dépit de cette proximité, l'alliance par création d'une filiale commune se distingue de l'opération de fusion-acquisition :

- l'alliance par création d'une filiale commune s'appuie sur une combinaison de moyens apportés par les parties dans le but de développer une nouvelle activité, alors que les opérations de fusions-acquisitions se caractérisent par la prise de contrôle de moyens de production déjà en fonctionnement ;
- l'alliance par création d'une filiale commune est caractérisée par l'absence d'un système d'autorité unique. Dans une alliance avec filiale commune, les partenai-

---

1. Cette forme de développement est parfois désignée sous le nom de croissance conjointe (Paturel 1997).
2. À distinguer de la reprise commune d'une société existante devenant après achat la propriété commune des deux partenaires (dans ce cas, ce mode de croissance est un cas particulier de croissance externe).
3. On peut citer à titre d'exemple l'association qui a été réalisée entre Ericsson et Sony (avec la création d'une filiale commune à 50-50) pour la fabrication des combinés mobiles en octobre 2001.

res participent à la direction de la nouvelle entité et contribuent de manière significative aux décisions par leur droit de vote. L'existence d'un contrôle partagé peut dès lors poser des problèmes de management en cas de désaccords entre les partenaires. En effet, les possibilités d'arbitrage sont rendus plus délicates, compte-tenu du positionnement de chacune des firmes au sein de la relation (position d'alliés). Ceci explique d'ailleurs que pour des alliances hautement stratégiques, une attention particulière soit accordée aux modalités et limites d'utilisation des ressources et au sort qu'il leur sera réservé à la sortie de l'accord ;

- la résolution des conflits d'intérêts demeure plus délicate à traiter dans le cas d'alliances avec filiale commune. En effet, dans le cadre d'une alliance stratégique, il n'y pas nécessairement renoncement à des intentions opportunistes ou concurrentielles. L'alliance peut même dans certains cas s'apparenter à une forme de compétition déguisée, une arme concurrentielle destinée à attirer le partenaire dans un piège.[1] Dans l'hypothèse d'un conflit stratégique, il appartient donc aux parties de mettre en place une procédure de « divorce » permettant de préserver la valeur créée par l'alliance (mise en place de dispositions capables de résoudre les conflits) et de protéger les positions respectives des partenaires concernés. Cette situation est moins problématique lors d'une opération de croissance externe même de nature coopérative. En effet, en cas de difficulté, quelle qu'en soit l'origine, l'autorité de droit de l'acheteur s'exerce et peut amener ce dernier à reprendre intégralement le management de la relation ;
- une autre caractéristique de l'alliance avec filiale commune est que chaque allié conserve une certaine indépendance et peut continuer, malgré l'accord, à faire concurrence aux autres parties sur les marchés ;
- enfin, les alliances avec structure commune donnent la possibilité à chacune des parties de se désengager librement. En effet, malgré les coûts générés par la cessation de l'accord, le degré de liberté laissé aux parties en dehors de l'alliance rend plus aisé la sortie des partenaires.

3 Principales classifications existantes

Les opérations de fusions-acquisitions ont fait l'objet d'innombrables classifications, en fonction de critères juridiques, stratégiques, financiers, ou économiques pour la plupart. Parmi les principales classifications existantes, on trouve :

- *le cadre juridique de la relation*, c'est-à-dire le niveau de la prise de participation (100 %, 70 %, 51 %) et la nature du contrôle de l'entité achetée (les titres peuvent être détenus de manière concentrée par une famille ou un groupe financier ou de façon dispersée dans le cas de sociétés cotées en bourse) ;

1. Voir Hamel G., Doz Y.L. et Prahalad C.K., « S'associer avec la concurrence : comment en sortir gagnant ? », *Harvard-L'Expansion,* 54, 1989, p.24-32.

– *les objectifs du rapprochement* à savoir les motifs qui conduisent l'entreprise initiatrice à acheter une autre firme (motifs stratégiques offensifs, motifs défensifs, approche opportuniste, enjeux politiques ou personnels) ;

– *le degré d'affinité relationnelle entre les entités avant achat* (hostile, inamicale, amicale), à savoir la manière dont l'initiateur a abordé sa relation avec l'entité cible durant les négociations (affrontement, contournement, collaboration) ;

– *la taille (coût de la transaction), le secteur et le degré d'internationalisation (pays concernés) de l'opération de croissance réalisée,* en vue de mesurer l'envergure de la transaction et ses conséquences économiques et sociales.

La classification la plus courante est issue de la « Federal Trade Commission » aux États-Unis. Elle vise essentiellement à analyser le degré de proximité professionnelle entre les firmes regroupées et à renseigner sur la position recherchée par la nouvelle direction au sein du secteur considéré. Cette approche conduit à distinguer quatre types de rapprochements :

– *les fusions-acquisitions horizontales* : ces opérations concernent les fusions-acquisitions entre firmes concurrentes (champs d'activités proches) à l'image de Mercedes et Chrysler ou du rapprochement entre Carrefour et Promodès. Ce type de rapprochement est le plus courant et représente plus de la moitié des cas de prise de contrôle réalisés sur les marchés américains et européens. Ces opérations visent généralement à la spécialisation et au contrôle d'une partie importante du marché ;

– *les fusions-acquisitions verticales* : il s'agit de fusions-acquisitions entre firmes situées à des stades différents d'une même filière. C'est le cas par exemple de GDF qui poursuit sa politique d'intégration de la chaîne gazière en rachetant des sociétés d'exploration et de production de gaz, comme TCIN. Ce type de rapprochement peut par conséquent prendre la forme d'une politique d'intégration en amont de la filière (achat de fournisseurs). Il peut également se faire en aval par l'acquisition de réseaux de distribution. C'est l'option prise par le groupe Walt Disney qui a procédé à une intégration avale en rachetant la chaîne de télévision ABC, en vue d'augmenter la diffusion des émissions Disney sur ABC Les fusions-acquisitions verticales peuvent par conséquent permettre de contrôler l'ensemble de la chaîne économique, des matières premières au produit fini (contrôle des sources d'approvisionnement et des débouchés), en inscrivant la stratégie dans une logique de filière ;

– *les fusions-acquisitions concentriques* : elles concernent les opérations de regroupement entre firmes de métiers complémentaires, en vue d'étendre sa gamme d'offre et sa base de clientèle. On parle dans ce cas de diversification de type concentrique, c'est-à-dire d'une logique de complémentarités par l'entremise des produits, du savoir-faire ou de la clientèle (achat d'Orangina par le groupe Pernod-Ricard, acquisition de Bossard Consultants par Cap Gemini) ;

– *les fusions-acquisitions conglomérales* : elles concernent le rapprochement de firmes dont les métiers sont sans lien les uns avec les autres. On parle alors de diversification conglomérale. Ce type de rapprochement peut avoir plusieurs objectifs et donner lieu des politiques d'acquisitions différentes (voir *Diversification conglomérale* dans la deuxième partie, chapitre 5, section 2).

De façon générale, les différentes tentatives de définitions ou de classifications prennent initialement appui sur des fondements théoriques issus de la finance ou de l'économie. Dans ce domaine, la croissance par fusions-acquisitions a constitué un champ d'études privilégié. La section 2 présente les principales contributions réalisées sur le sujet et leurs implications managériales.

Section 2 LES FONDEMENTS THÉORIQUES

L'étude des opérations de fusions-acquisitions constitue un champ de recherche important au confluent de nombreuses disciplines telles que l'économie industrielle, la stratégie d'entreprise, le management et la finance. De nombreuses théories ont été élaborées pour essayer d'expliquer l'origine des mouvements de fusions-acquisitions ou pour en analyser les conséquences. Notre objectif est ici, à partir de certaines théories, de mettre en exergue les concepts parmi les plus significatifs pour comprendre les causes et justifications des fusions-acquisitions. Ainsi, sont abordés successivement les concepts de synergies, de pouvoir de marché, d'asymétries d'information, de comportement managérial et enfin de coûts d'agence.

1 La mise en œuvre de synergies

Le concept de synergie est associé à la théorie de l'efficience selon laquelle les opérations de fusions-acquisitions créent de la valeur par la mise en œuvre de synergies. La réalisation de synergies correspond globalement à une création de valeur supplémentaire obtenue grâce au regroupement des entreprises concernées et qui n'aurait pas été obtenue sans la mise en œuvre effective de ce regroupement[1]. On distingue généralement trois types de synergies qui peuvent être mises en œuvre dans une opération de fusion-acquisition :

– *les synergies opérationnelles* générées par l'optimisation des activités regroupées dans le cadre de l'opération. Les gains associés au rapprochement des entités concernées peuvent ainsi provenir de synergie de croissance (augmentation du chiffre d'affaires) ou de synergies de coûts (diminution des coûts). Dans de

1. Husson B., La prise de contrôle des entreprises, PUF, 1987.

nombreux cas, les synergies de coûts résultent de l'existence d'un effet d'échelle directement issu du rapprochement des entités regroupées ;

- *les synergies financières* peuvent prendre différentes formes. Elles passent par exemple par l'augmentation de la capacité d'endettement du nouvel ensemble ou par la possibilité d'une optimisation fiscale directement issue du regroupement. D'autres formes de synergies financières ont été mises en exergue comme la possibilité de minimiser le coût d'accès aux marchés de capitaux ou de diminuer le coût du capital ;
- *les synergies managériales* correspondent au transfert de connaissances et de savoir-faire de l'acquéreur vers la cible et vice-versa. Ces synergies peuvent être importantes dans les domaines de la recherche, de l'innovation technologique ou commerciale ou lors du changement d'échelle de l'activité de la cible, comme par exemple l'internationalisation de ses activités qui peut profiter de l'expérience de l'acquéreur en la matière.

Il faut cependant noter que la notion de synergie est un concept aux contours flous qui est surtout appréhendé au travers de ses effets supposés à savoir un accroissement de l'efficacité économique, commerciale ou financière du nouvel ensemble suite à l'opération de fusion-acquisition. Il n'en demeure pas moins que la mesure des effets de synergies reste difficile à réaliser.

Les études empiriques menées sur le sujet sont en effet peu probantes. Analysée sous l'angle comptable[1], l'existence de synergie n'est pas clairement démontrée. Sous l'angle de la productivité, les résultats obtenus sont assez divergents[2]. On peut se reporter au chapitre 2 de cet ouvrage pour une analyse approfondie du concept de synergie et de son application concrète dans le cadre d'une politique de croissance externe. Le chapitre 3 présente de façon plus détaillée les résultats des études empiriques portant sur l'efficacité des opérations de fusions-acquisitions.

2 Le pouvoir de marché

Le concept de pouvoir de marché est au cœur des théories économiques explicatives des causes des opérations de fusions-acquisitions. Dans cette perspective, les entreprises réaliseraient des opérations de fusions-acquisitions pour renforcer ou accroître leur pouvoir de marché. L'objectif final serait alors d'arriver à la création de rentes, créant ainsi un transfert de richesse des clients ou des fournisseurs vers l'entreprise.

Si le concept de pouvoir de marché apparaît central dans l'analyse des opérations de fusions-acquisitions, les études empiriques menées sur le sujet semblent pour la

1. Ravenscraft et Scherer (1987), Caby (1994).
2. Healy, Palepu et Ruback (1992), Porter (1987), Montgomery et Wilson (1986).

plupart rejeter l'hypothèse d'un accroissement du pouvoir de marché à l'issue des opérations de fusions-acquisitions, que cela soit sous la forme d'une augmentation de prix imposée aux clients du nouvel ensemble ou sous la forme d'une augmentation des pratiques d'entente dans les secteurs concernés[1].

Cependant, il faut souligner que la notion d'accroissement du pouvoir de marché, sous une forme plus restreinte, peut servir de justification théorique aux opérations dont l'objectif est de modifier le rapport de force existant au sein d'un secteur. L'évolution du rapport de force peut ne pas se traduire par une évolution significative de la position concurrentielle mais par son maintien qui n'aurait pas été possible sans un rapprochement avec un autre acteur. Ces approches ont ainsi le mérite de mettre les enjeux de pouvoir au sein d'une filière ou d'un secteur au centre des motivations stratégiques des opérations de fusions-acquisitions (voir chapitre 2).

3 Les asymétries d'information

Les asymétries d'information jouent un rôle essentiel dans le décryptage des mécanismes des opérations de fusions-acquisitions, et notamment dans l'explication de certains motifs stratégiques. Dans ce contexte, l'existence d'asymétrie d'information est associée à l'hypothèse selon laquelle les dirigeants de l'entreprise initiatrice possèdent des *informations privées* qui les amènent à se lancer dans une opération de fusion-acquisition. Les informations privées détenues par l'acquéreur peuvent concerner :

– la valeur intrinsèque de la cible (cas 1) ;

– la valeur intrinsèque d'une politique globale, où l'acquisition de la cible est un moyen de prendre le contrôle de ressources nécessaires à la réalisation des objectifs (cas 2).

Dans le premier cas, cela revient à considérer que les dirigeants de l'acquéreur sur la base d'informations privées estiment que la cible est sous-évaluée. L'opération de fusion-acquisition revient alors à réaliser une plus-value financière intéressante (s'inscrivant ou non dans une vision stratégique de long terme). À l'inverse, dans le second cas, l'exploitation des asymétries d'information s'appuie nécessairement sur une vision stratégique avec une estimation de la création de valeur potentielle des différentes actions associées à la politique générale. À titre d'exemple, l'acquisition d'une société commerciale bien implantée dans un pays au sein duquel une entreprise souhaite prendre pied, peut créer une valeur pour l'acquéreur bien supérieure à la valeur de la société cible, analysée de manière autonome. Cette différence de maille d'analyse peut parfois expliquer les écarts importants constatés entre la

1. Jensen (1984), Akhavein et Berger (1997), Eckbo (1983).

valeur intrinsèque d'une entreprise (jugée en tant que telle) et le prix d'acquisition proposé par l'acquéreur, sans pour autant invoquer des erreurs stratégiques ou des facteurs d'ordre irrationnel dans la décision (voir chapitre 8).

Il faut noter que ces approches restent cohérentes avec la théorie de l'efficience des marchés (sous sa forme semi-forte). Il suffit en effet pour qu'un marché financier soit dit efficient que les prix de marché incorporent toute l'information publique disponible. En revanche, selon la théorie de l'efficience des marchés, il n'est pas possible de pouvoir systématiquement exploiter à son profit une information privée. Selon cette approche l'annonce d'une opération de fusion-acquisition amène en effet les détenteurs d'informations privées à révéler une partie de cette information au marché. Le prix de l'action de la cible va par conséquent augmenter suite à l'annonce de l'opération de fusion-acquisition, de manière à refléter cette nouvelle information. Cette interprétation doit être nuancée selon le type d'information privée détenu. Dans le cas 1 (où l'acquéreur possède une information privée sur la valeur intrinsèque réelle de la cible), on peut noter que l'écart de valeur estimé n'est pas lié spécifiquement à l'acquéreur. Aussi, au fur et à mesure que l'acquéreur révèle des informations privées par le biais de l'opération d'acquisition, le marché va avoir tendance à réévaluer l'entreprise visée, au profit quasi exclusif des actionnaires de la cible. Dans ce cas, il apparaît dès lors difficile de pouvoir exploiter à son profit une information privée. Dans le cas 2, l'écart de valeur estimé est pour partie spécifique à l'acquéreur. Il est fondé sur des projections faites par le management de l'acquéreur, en fonction de la valeur future espérée de l'opération globale (Wensley, 1982). La répartition de la valeur créée entre les actionnaires de la cible et les actionnaires de l'acquéreur peut alors être plus équilibrée. Il devient possible dans ce cas d'exploiter à son profit une information privée.

4 Le comportement managérial au sein des firmes

L'étude du comportement managérial au sein des firmes trouve ses racines dans les travaux de Berle et Means (1933) sur la séparation entre la propriété et le contrôle au sein des grandes sociétés et dans ceux de Baumol (1959) et Marris (1964) sur l'impact de la fonction d'utilité des dirigeants sur les décisions d'investissement. Elles émettent l'hypothèse selon laquelle les dirigeants ont tendance à maximiser leurs propres utilités sous certaines contraintes de rentabilité pour les actionnaires. En particulier, les dirigeants auraient tendance à rechercher la croissance et à accroître la taille de l'entreprise et non à optimiser sa rentabilité. La réalisation d'opérations de croissance externe entrerait dans ce champ d'explication en tant que vecteur d'accroissement de la taille de l'acquéreur au détriment de l'intérêt des actionnaires.

Ces théories mettent ainsi en exergue l'importance des divergences d'intérêts des acteurs dans l'explication des mécanismes relatifs aux décisions d'investissements. En revanche, les résultats empiriques tendent à infirmer certaines des conclusions de ces théories en montrant notamment l'absence de lien statistique entre la croissance d'une firme et le niveau de rémunération des dirigeants, alors que l'on peut établir un lien statistique entre rémunération des dirigeants et rentabilité des entreprises.

5 Les coûts d'agence et leurs extensions

La théorie de l'agence prolonge les théories managériales de la firme en analysant l'entreprise explicitement comme un nœud de contrat. La théorie de l'agence vise notamment à expliquer certains problèmes survenant dans les contextes de séparation entre la propriété et le contrôle par la structure particulière des relations d'agence existantes dans l'entreprise. Une relation d'agence existe lorsqu'un mandant (les actionnaires) mandate un agent (le dirigeant) pour gérer leurs intérêts, sans avoir la possibilité d'observer les efforts réels déployés par les dirigeants (*cf.* non prévisibilité de l'environnement économique, déterminant exogène des performances et asymétries d'information). Selon Jensen et Meckling (1976), un problème d'agence peut exister lorsque les dirigeants d'une entreprise ne possèdent qu'une petite fraction du capital. Les dirigeants peuvent alors être enclins à poursuivre leurs intérêts propres au détriment des intérêts des actionnaires. Ce comportement des dirigeants peut alors se traduire par un problème de sous-investissement ou par la concrétisation d'un risque d'opportunisme. Les coûts d'agence résultant de cette situation comprennent :

- des coûts directs liés aux systèmes de contrôle mis en œuvre par les actionnaires ;
- des coûts directs liés aux systèmes d'information et de *reporting* mis en œuvre par les dirigeants à destination des actionnaires ;
- des coûts indirects liés à l'utilisation sous-optimale des ressources.

Dans cet esprit, les opérations de croissance externe peuvent être interprétées comme un moyen de résoudre et de minimiser les coûts d'agence en mettant sous pression les dirigeants qui, s'ils n'agissent pas dans l'intérêt des actionnaires, peuvent faire l'objet d'une opération hostile.

Une extension de la théorie de l'agence, appelée théorie de l'enracinement (Shleifer et Vishny), vise quant à elle à expliquer les mécanismes mis en œuvre par certains dirigeants pour contrer les mécanismes de contrôle. Parmi les stratégies d'enracinement, on trouve la mise en œuvre d'investissements spécifiques, dont le processus de valorisation est directement lié aux savoir-faire et compétences spécifiques des dirigeants. La mise en œuvre de certaines opérations de fusions-acquisitions s'inscrit d'ailleurs dans cette logique.

L'essentiel

La fusion-acquisition, pratique de la croissance externe, représente aujourd'hui l'une des voies privilégiées par les entreprises pour se développer de façon indépendante. Pourtant, si cette manœuvre a fait l'objet d'un réel engouement, ses résultats demeurent dans bien des cas décevants. Il convient donc d'apprécier les avantages et les inconvénients de cette option par rapport aux autres modes de développement alternatifs. Ceci conduit généralement à opposer la croissance par fusions-acquisitions et le développement interne. Mais cette opposition ne rend pas compte de la diversité des situations et en particulier de la croissance conjointe (alliances stratégiques) qui peut également constituer un substitut aux opérations de fusions-acquisitions. Le choix entre ces différentes options est fonction des caractéristiques de l'entreprise porteuse du projet (taille, capacité de financement...) et de ses choix stratégiques (spécialisation versus diversification). Il dépend également de la culture de la firme et de la politique menée en matière d'allocation de ressources et de gestion des risques. Par conséquent, avant d'entreprendre une politique de fusion-acquisition, il importe d'en connaître les principaux enjeux, en analysant notamment les logiques sous-jacentes à la transaction. Dans ce domaine, la connaissance des fondements économiques et stratégiques des fusions-acquisitions peut se révéler d'un réel intérêt.

2 OBJECTIFS ET MOTIVATIONS STRATÉGIQUES

Il est proposé de repérer les principaux motifs de la croissance par fusions-acquisitions. Dans ce chapitre, nous n'abordons pas les motifs politiques ou opportunistes. Nous concentrons notre analyse sur les motivations de nature stratégique, principalement les critères de compétitivité et de sécurité.

Section 1 ■ Les motifs stratégiques offensifs

Section 2 ■ Les motifs stratégiques défensifs

Section 3 ■ La recherche de synergies opérationnelles

Section 1 LES MOTIFS STRATÉGIQUES OFFENSIFS

L'objet de cette section est d'analyser les motivations stratégiques offensives d'un développement par fusions-acquisitions. En effet, plusieurs raisons peuvent conduire une firme à recourir à des opérations de fusions-acquisitions. Cette section est consacrée aux opérations dont l'objectif principal est d'améliorer la position concurrentielle de l'entreprise en exploitant ou valorisant les caractéristiques de l'entreprise acquise.

1 Accroître son pouvoir de domination et d'influence

Une des raisons de la croissance externe peut résider dans la volonté de disposer d'un pouvoir économique suffisant pour renforcer le pouvoir de la firme auprès des autres acteurs du marché. Ce pouvoir de marché peut être caractérisé par la capacité de l'entreprise acheteuse, suite à l'opération, à modifier avec le temps les conditions du marché à son avantage et au détriment des autres acteurs de l'environnement et notamment de ses principaux concurrents. La croissance externe sert dans ce cas des stratégies d'affrontement avec les principaux protagonistes de l'environnement, en ayant recours à des politiques concurrentielles agressives ou à des pressions à l'encontre des autres acteurs du secteur *(« bargaining power »).*

La croissance externe peut en effet servir des intentions stratégiques offensives, en permettant à l'entreprise de changer les règles du jeu en sa faveur. Il s'agit pour l'acheteur d'utiliser les fusions-acquisitions comme des moyens pour augmenter son pouvoir de domination ou d'influence sur le marché. Sur ce plan, cette stratégie est fortement liée à la capacité de la firme à agir de façon discrétionnaire sur le jeu concurrentiel, en décidant par exemple de réduire les quantités produites afin de pouvoir augmenter ses prix ou d'imposer à ses concurrents certaines pratiques (comme, par exemple, le développement de nouveaux standards).

L'augmentation du pouvoir de négociation consécutif à une prise de contrôle peut en effet modifier durablement les rapports qu'entretient l'entreprise avec ses partenaires. L'accroissement du volume de matières premières qui résulte du regroupement renforce en effet la position contractuelle de l'entreprise vis-à-vis de ses fournisseurs. Elle lui donne en particulier la possibilité d'obtenir ses approvisionnements à des conditions plus favorables que celles consenties à des concurrents de taille plus modeste (baisse des prix, exigences de qualité, délais de paiement).

Cette position dominante sur le marché peut également s'exercer vis-à-vis des clients de la firme en ce qui concerne par exemple des politiques de référencement ou d'emplacement de produits dans les magasins.

Exemple

> L'accroissement du pouvoir de domination trouve sa forme la plus extrême dans le développement de monopole, où l'entreprise dispose d'une situation de contrôle total du marché et peut ainsi imposer ses pratiques commerciales. Le cas du rapprochement entre Schneider Electric et Legrand dans le domaine des équipements électriques constitue un exemple de mise en question d'un pouvoir de domination abusive qui a conduit la commission européenne à rejeter le projet.

2 Capter des ressources spécifiques

L'acquisition de ressources spécifiques joue également un rôle important dans la croissance externe des entreprises. Il est en effet parfois nécessaire pour une entreprise de disposer rapidement de nouvelles ressources (compétences ou actifs) lui permettant de rester concurrentielle au sein de l'environnement. L'obligation de posséder à court terme ces ressources devient dès lors incompatible avec le choix de la croissance interne pour des raisons de délais mais aussi de manque de moyens (expertise, équipements, infrastructures).

Cette situation peut dès lors conduire la direction de l'entreprise à opter pour la croissance externe. Ce choix devient indispensable lorsque les ressources recherchées ne sont pas disponibles sur le marché (brevets) ou ne peuvent se satisfaire de collaborations ponctuelles en raison de leur caractère tacite. Parmi les ressources recherchées par les entreprises acquéreuses, plusieurs travaux mettent l'accent sur le transfert de technologies et l'achat de marques réputées.

La croissance externe peut avoir comme motif l'achat de ressources déjà exploitées par le marché. Le transfert des ressources de l'entité achetée vers l'entreprise acheteuse peut concerner la mise à disposition de ressources technologiques et l'équipe porteuse du savoir-faire. Les motifs stratégiques de l'opération visent donc ici à rechercher des compétences spécifiques de l'entité acquise pouvant être transposées vers l'entreprise acheteuse.

Dans ce type d'opérations, l'entreprise acquise a donc essentiellement un rôle de « fournisseur de ressources » visant à compléter ou améliorer les capacités de l'entreprise acheteuse.

Exemple

> Par l'acquisition du danois Lexel, le groupe Schneider Electric, qui développait ses activités dans la moyenne tension et les automatismes, a pu s'engager dans la basse tension et proposer ainsi à ses clients des systèmes complets pour leurs besoins en électricité.

L'achat de marques peut également constituer un des motifs de la croissance externe. La marque acquise a notamment toutes les chances d'être l'objet du rachat, lorsqu'elle a une forte notoriété et peut permettre à l'entreprise acheteuse de disposer d'une légitimité sur le marché de la cible, en particulier dans le cas d'opérations de croissance externe sur une entreprise étrangère. L'objectif essentiel est ici de préserver le goodwill des marques des produits achetés mais également celle de l'entreprise acquise. L'acquéreur n'a, sur ce point, aucun intérêt à « décapitaliser » des marques prestigieuses, reconnues à l'international et prometteuses pour l'avenir. En phase de pré-achat, la marque apparaît par conséquent comme un objet de convoitise visant à capitaliser sur des ressources stratégiques déjà exploitées sur le terrain avec succès (notoriété, image, réputation).

Exemple

> L'achat de marques à forte réputation constitue une motivation de certains constructeurs de l'automobile disposant d'une gamme généraliste classique, à l'image de Volkswagen qui chercha à compléter ses marques par l'acquisition de marques prestigieuses destinées à une clientèle haut de gamme (Lamborghini, Bugatti, ou Rolls Royce).

3 Prendre position sur un nouveau marché

L'un des buts de la croissance externe peut être, de prendre position sur des marchés nouveaux et porteurs (exploration) ou d'étendre ses activités à de nouvelles zones géographiques (internationalisation). Le développement international des firmes constitue souvent un passage obligé pour des sociétés en phase de croissance à la recherche d'une compétitivité accrue face à des concurrents de plus en plus mondialisés. Dans un développement international, la croissance externe apparaît dès lors comme l'une des voies privilégiées par les entreprises pour répondre à leurs objectifs de croissance, comme le montre l'augmentation du nombre d'acquisitions transnationales. Cette préférence pour la croissance externe peut s'expliquer par la variable temps qui est souvent à l'origine des avantages distinctifs des firmes, en particulier dans des secteurs hautement concurrentiels. La croissance externe peut par conséquent constituer un moyen efficace et rapide de prendre rapidement des parts de marché aux concurrents sur des zones géographiques indispensables au développement de l'entreprise.

Exemple

> En achetant Nissan, Renault a pris le contrôle d'un réseau de distribution qui offre des possibilités d'ouverture sur le marché asiatique. De même, l'acquisition du cimentier roumain Romcin a permis à Lafarge de s'octroyer une part élevée du marché roumain, part de marché qu'il aurait été long et difficile d'atteindre par croissance interne.

La croissance externe peut également constituer pour des entreprises disposant de liquidités importantes une possibilité de miser sur de nouveaux métiers en fort développement et de prendre ainsi de l'avance sur ses concurrents actuels et futurs. La motivation de l'entreprise initiatrice repose donc davantage dans un pari sur l'avenir, visant à prendre pied dans des domaines nouveaux pouvant à terme devenir les secteurs phares de l'économie. Suivant cette logique, l'entreprise acheteuse espère, après plusieurs années de financement, un retour important en termes d'investissement, en bénéficiant de l'avantage de tout pionnier ou précurseur. Il s'agit dans ce cas d'une politique de placement raisonné, s'appuyant sur une analyse de l'intérêt stratégique que peut représenter l'activité dans le futur et sur sa possibilité de devenir un atout concurrentiel pour l'acquéreur. Cette logique non financière prend généralement comme hypothèse que les métiers visés pourront venir modifier ou remplacer les métiers existants de l'entreprise.

Exemple

> L'acquisition par BP d'Hendrix, société familiale hollandaise, a permis à cette entreprise à la recherche de nouveaux débouchés plus stables, d'entrer sur le marché de l'alimentation animale. Le choix de l'entité acquise fut en effet défini en fonction de sa capacité à servir de point d'ancrage à BP pour bâtir une nouvelle activité.

4 Se renouveler, se régénérer

La croissance externe peut faire l'objet d'une stratégie d'innovation fondée sur les qualités propres des deux entités[1]. Elle conduit à rompre avec les règles du jeu prévalant sur le secteur et à en imposer d'autres par la création de capacités nouvelles en rupture avec les pratiques existantes. Si le développement par innovation est généralement associé à la croissance interne (politique R&D) et aux stratégies d'alliances[2], cette stratégie peut également s'appliquer à la croissance externe dans certains cas. Ce mode de développement convient tout particulièrement aux entreprises situées dans des secteurs en forte évolution nécessitant des adaptations permanentes ou dans des activités parvenues à maturité menacées par des produits de substitution.

Exemple

> La croissance externe de ICI sur Beatrice Chemical dans le domaine des matériaux avancés a été réalisé à des fins de création d'un savoir-faire global entraînant un changement complet de l'organisation (passage d'une structure par activités à un découpage géographique). De même, la croissance externe de Northern Telecom sur Bay Networks en 1998 fut décidée afin de revitaliser l'entreprise et de procéder à un changement culturel profond axé sur l'innovation et la technologie internet.

1. Voir O. Meier (1998, 2000).
2. Dans le cas de projets d'innovation, l'alliance se concrétise généralement par le développement d'une nouvelle entreprise dédiée à la réalisation de l'objectif commun.

Dans ces deux cas de figure, l'innovation par croissance externe peut en effet constituer un avantage par rapport aux autres modes de développement alternatifs en permettant à l'entreprise initiatrice, en dépit des risques encourus (manque de visibilité, transformation fondamentale de l'organisation, modification des modes de pensée), de :

– développer une stratégie autonome visant à transformer durablement l'environnement et le système de relations (économiques) au sein du secteur ;
– mettre en commun les capacités de recherche et développement, en partageant les coûts généralement élevés des programmes d'innovation ;
– réduire les risques d'opportunisme par une meilleure maîtrise du processus d'innovation (contrôle des équipes porteuses du savoir-faire) ;
– adjoindre aux avantages de l'innovation des avantages supplémentaires liés notamment aux effets de taille (parts de marché, renforcement de l'image, économies d'échelle) et à l'exploitation des synergies opérationnelles.

L'innovation par croissance externe constitue de ce fait une singularité qui consiste à réconcilier la rente de position que confère l'acquisition (exploitation) et la rente de création (exploration). Elle se situe entre la logique de l'exploitation du potentiel déjà existant et la logique de l'exploration, c'est-à-dire le renouvellement du potentiel. Cette stratégie de développement originale trouve sa justification dans le recours à des innovations architecturales (combinaison particulière des ressources des deux entités) voire dans certains cas radicales, en recherchant à renouveler le contexte de l'entreprise à travers la création d'avantages concurrentiels durables et distinctifs.

Exemple

On peut citer à titre d'exemple le cas de l'acquisition de Cerent par Cisco Systems. L'acquisition des produits Cerent, une start up qui réalisait alors environ 50 millions de dollars, a permis de générer en moins d'un an près de un milliard de dollars de chiffre d'affaires. Seule l'existence de technologies innovantes au sein de la cible conjuguée avec les capacités commerciales et marketing de l'acquéreur ont permis de réaliser cette performance.

Section 2 LES MOTIFS STRATÉGIQUES DÉFENSIFS

Au-delà des motifs stratégiques de type offensif, l'évolution de l'environnement et les actions des concurrents peuvent amener l'entreprise à réagir en procédant à des adaptations nécessaires au maintien de ses positions. Ces manœuvres conduisent dans bien des cas à recourir à des opérations de fusions-acquisitions. Ce type de pratique sert dès lors à des intentions stratégiques défensives.

1 Consolider ses positions dans des secteurs à maturité

Dans le cas de secteurs parvenus à maturité, la croissance externe peut constituer un moyen intéressant de consolider ses positions, sans créer un problème de surcapacité sur le marché. Elle peut ainsi constituer, pour la firme, une solution pour continuer à augmenter ses parts de marché en dépit d'une diminution de la demande. Le degré de maturité du secteur renvoie à la notion de cycle de vie qui distingue différentes phases d'évolution d'un secteur : les phases de démarrage, de croissance, de maturité et de déclin. Ces quatre phases permettent de définir des espérances de croissance pour l'entreprise corrélativement à l'évolution de ses parts de marché, de sa politique commerciale et de la structure du secteur.

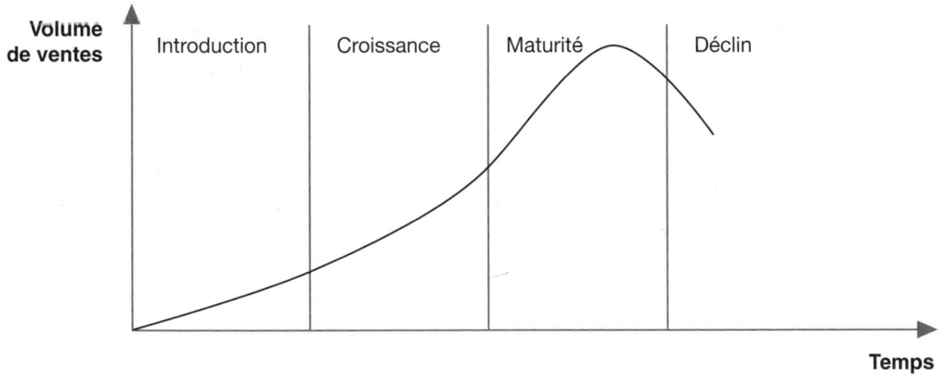

Figure 2.1 – *Le cycle de vie d'un secteur ou d'un marché*

Dans un marché parvenu à maturité ou en déclin, la question de la croissance se pose souvent de manière brutale puisqu'elle impose de gagner des parts de marché sur ses concurrents en provoquant chez eux une nécessaire baisse d'activité (on se trouve dans une situation de jeu à somme nulle). Cette situation rend souvent hasardeuses des politiques de croissance associées à des politiques commerciales agressives, dont le coût peut se révéler supérieur aux gains marginaux liés à l'augmentation des parts de marché. De plus, en situation de maturité ou de déclin, le secteur doit souvent faire face à une situation de surcapacité de l'appareil de production qui crée des risques de guerre de prix importante du fait de la nécessité pour les entreprises de rentabiliser ou de couvrir au mieux leurs frais fixes.

Dans cette situation, la croissance interne trouve souvent ses limites. La croissance externe peut alors constituer une solution de développement pour une entreprise confrontée à la surcapacité productive du secteur. Ceci peut expliquer certains mouvements de concentration que l'on peut observer dans les secteurs en maturité ou en déclin.

2 S'adapter aux évolutions technologiques

Les entreprises doivent de plus en plus faire face à des changements technologiques permanents qui les condamnent sans cesse à maintenir leur potentiel technologique pour pouvoir rester compétitives. La diffusion rapide des technologies crée en effet des conditions propices à la création de nouveaux produits ou procédés et un besoin accru en termes d'investissements R&D. Elle contraint les entreprises existantes à s'adapter, sous peine de voir leurs activités et leur position au sein du secteur fortement menacées (risque d'obsolescence de certains produits, perte d'avantages concurrentiels, émergence de nouveaux compétiteurs). Dans bien des cas, ce renouvellement incessant ne peut être géré par croissance interne pour des raisons de moyens et de temps, en particulier dans des secteurs aussi mouvants que les biotechnologies ou les nouvelles technologies de l'information.

Cette contrainte liée à la nature même des activités et au besoin de maintenir ses atouts technologiques impose de se développer au même rythme que l'apparition de ces technologies émergentes. La croissance externe apparaît dans ce domaine comme le moyen le plus efficace de renouveler les compétences fondamentales de l'organisation, sans perturber les équipes en place affectées à d'autres activités stratégiques. Elle contribue également à rattraper des concurrents nouveaux ou performants, dont le développement risque de marginaliser les entreprises n'ayant pas réussi à maintenir leur avancée technologique.

3 Acquérir une taille critique

L'un des changements majeurs sur la stratégie des firmes réside dans le passage d'une logique d'exportation à une logique de mondialisation[1] marquée par une nouvelle division du travail avec le transfert des lieux de décision et de production à l'échelle du monde. Cette situation d'interdépendance rend dès lors difficile les stratégies d'entreprise fondées principalement sur un pays référent entretenant des liens plus ou moins forts avec l'extérieur. Désormais, la taille de l'entreprise, sa position concurrentielle ou encore sa gestion s'apprécient en fonction d'une maille d'analyse qui dépasse le simple cadre national. La conséquence directe de ce mouvement est le changement de perception de l'importance des entreprises qui varie selon leur niveau d'internationalisation. Une entreprise d'envergure nationale, jadis firme puissante d'un point de vue économique, ne peut en aucune mesure être apparentée à

1. On entend par mondialisation, l'interpénétration des économies nationales due principalement aux échanges de flux de capitaux, de produits et de savoir-faire entre les pays et à la diffusion rapide des technologies. Cette mondialisation entraîne depuis le milieu des années 90 un mouvement de concentration dans de nombreux secteurs (pharmacie, banques, automobile, télécommunications...) caractérisée par une vague de fusions-acquisitions de taille et de dimension géographique sans précédent.

certaines firmes multinationales dont la puissance financière et la taille sont cinq à dix fois supérieures.

La mondialisation des marchés conduit par conséquent les firmes à « grandir » par acquisitions pour légitimement prétendre s'inscrire dans le jeu concurrentiel qui évolue aujourd'hui au niveau mondial. Il s'agit pour l'entreprise d'acquérir rapidement une taille critique, afin d'éviter sa marginalisation au sein du secteur. Les fusions-acquisitions apparaissent dès lors comme une réponse défensive à des mouvements de concentration qui condamnent les entreprises à choisir entre « acquérir » ou « être acheté », au point de devenir (en fonction des dernières opérations réalisées) un candidat sérieux à la restructuration du secteur ou la cible idéale de repreneurs puissants. Les caractéristiques de cette concurrence mondiale poussent ainsi de nombreuses entreprises à progressivement prendre la voie de la mondialisation forcée, à l'image du rapprochement du constructeur Renault avec Nissan.

Exemple

La plupart des analyses s'accordent sur le fait que les rapprochements dans le secteur de l'automobile constituent une évolution inéluctable qui conduira dans les 5 à 10 ans qui viennent à réduire le nombre de constructeurs à cinq principaux acteurs sur l'ensemble des marchés visés.

4 Entraver les actions d'un concurrent gênant

La croissance externe peut être un moyen efficace de réagir à la menace de concurrents puissants. Elle peut, en effet, s'insérer dans une logique de protection ou de réaction à une tentative d'attaque de l'un de ses principaux rivaux. Le recours à la croissance externe est donc ici abordé dans une optique de rapport de forces entre deux ou plusieurs compétiteurs et peut s'opérer dans un contexte de prévention ou au moment de l'agression. L'effet attendu de cette stratégie peut, selon les situations, être direct ou indirect, temporaire ou durable.

Effets de la croissance externe	Temporaire	Durable
Direct	Neutralisation du concurrent par renforcement du pouvoir de marché de la firme	Élimination pure et simple du concurrent
Indirect	Avortement de l'initiative du concurrent par saturation de l'espace convoité	Riposte par le développement d'un contre-projet de fusion-acquisition

Figure 2.2 – *Stratégies d'entrave d'un concurrent gênant*

La croissance externe peut ainsi servir une intention stratégique défensive dans plusieurs situations et conduire à des réponses plus ou moins fortes comme par exemple :

- *la neutralisation d'un concurrent par renforcement du pouvoir de marché de la firme.* Cette stratégie de prévention trouve une application dans l'achat de Promodès par Carrefour, en vue de disposer d'une taille suffisamment dissuasive pour contrer la menace grandissante de l'américain Wal-Mart (numéro un mondial) à la recherche de points d'entrée sur le marché français ;
- *l'élimination pure et simple du concurrent.* Ce fut le cas par exemple de la croissance externe horizontale de AXA sur UAP (« N°1 oblige »), où il s'agissait pour l'acquéreur d'éliminer un concurrent gênant contestant le leadership national de l'entreprise ;
- *l'avortement de l'initiative du concurrent par saturation de l'espace convoité.* Cette stratégie trouve une illustration dans la décision de Michelin d'acheter la société Kleber pour empêcher Goodyear de renforcer ses positions sur le marché européen. Cette action visait par conséquent à réduire l'intérêt d'une éventuelle prise de contrôle sur les marchés, où l'entreprise évolue ;
- *la riposte par le développement d'un contre-projet de fusion-acquisition.* La situation décrite trouve une application directe dans le jeu concurrentiel qui opposa BNP à Société Générale et Paribas dans leurs tentatives de devenir le premier groupe bancaire français et de se positionner favorablement à l'international. BNP dut en effet réagir rapidement au projet de fusion SG Paribas, en initiant une contre-OPE sur les deux banques. Cette réaction rapide permit à BNP d'éviter le rapprochement de ses deux concurrents et de prendre le contrôle de la cible de son principal rival, pour former le groupe BNP Paribas.

5 Limiter les entrées au sein du secteur

L'entreprise qui souhaite éviter des menaces externes potentielles peut recourir à des actions de dissuasion visant à réduire l'intérêt d'une éventuelle entrée au sein du secteur. Les menaces extérieures proviennent généralement de l'entrée de nouveaux concurrents ou de l'apparition de produits de substitution.

Les entrants potentiels peuvent être regroupés en différentes catégories d'acteurs :

- les entreprises nouvellement créées, dont l'entrée est le prolongement naturel de leur stratégie de développement ;
- les entreprises situées sur des marchés ou secteurs connexes à la recherche d'économies de champ ;

– les firmes disposant de ressources financières élevées, désireuses de prendre position sur des activités rentables à court ou moyen terme, selon qu'il s'agisse de motivations stratégiques (renouvellement du portefeuille d'activités) ou financières ;
– les entreprises clientes ou fournisseurs ayant pour objectif d'élargir leurs compétences au sein de la filière, par une intégration vers l'amont ou l'aval.

Ce type de menaces est d'autant plus fort pour l'entreprise que l'accès à l'activité ne représente pas un coût élevé pour les entrants potentiels.

La menace d'offres de substitution renvoie à des problématiques proches de celles de la menace de nouveaux entrants. Elle est néanmoins plus difficile à cerner car elle repose sur une modification du marché de référence. Les offres de substitution sont des offres qui remplissent une fonction semblable aux offres existantes pour le même groupe de consommateurs mais qui se basent sur des technologies différentes. La menace de ces offres est d'autant plus vive que les modifications technologiques apportées viennent modifier favorablement le rapport qualité/prix au regard ce qui prévalait au sein du produit/marché de référence.

Face aux menaces de substitution ou de nouveaux entrants, la croissance interne peut s'avérer une solution insuffisante, dans la mesure où la prise de conscience du danger vient généralement trop tardivement pour espérer renouveler ses compétences de manière indépendante. La croissance externe peut dès lors apparaître comme une manœuvre indispensable pour faire face à ces menaces externes, en permettant l'adoption d'un comportement réactif vis-à-vis de ces nouveaux compétiteurs.

En effet, comme l'a montré M. Porter (1986), les obstacles à l'entrée peuvent être fortement renforcés par le rapprochement entre l'entreprise et l'un des acteurs de l'environnement (concurrent, fournisseur, distributeur). Cette option permet à l'entreprise d'imposer des normes d'entrée très coûteuses qui peuvent rendre la politique de pénétration trop risquée ou insuffisamment rentable. La croissance externe peut également servir à acquérir des rivaux potentiels, en transformant un facteur de risque en une opportunité de croissance. Cette politique est surtout valable, lorsque la technologie se révèle une ressource stratégique dotée d'avantages distinctifs et durables.

Section 3 LA RECHERCHE DE SYNERGIES OPÉRATIONNELLES

Les synergies sont souvent avancées comme l'une des motivations des dirigeants dans leur choix de croître par fusion ou acquisition. Cette section s'interroge sur le rôle des synergies dans les opérations de fusions-acquisitions et son utilisation en tant que justification économique.

1 Synergies de coûts liées aux effets de volume

Les synergies de coûts par effet de volume constituent la raison la plus souvent invoquée lors d'un rapprochement d'entreprises. Elles correspondent à une diminution du coût unitaire moyen de production associée à la quantité de produits fabriqués. Ces rendements dimensionnels ou économies d'échelle sont croissants, lorsque la production augmente dans une proportion plus importante que les facteurs de production (machines, équipements, techniques, travail). Les entreprises vont ainsi essayer d'utiliser à plein régime leur capacité de production, en vue de répartir les frais fixes sur de gros volumes. Si les économies d'échelle peuvent sur le principe être obtenues par croissance interne, l'augmentation du volume né du regroupement d'entités proches favorise fortement ce type de réalisations dans le cas de la croissance externe horizontale. Ce fut, par exemple, le cas lorsque Thomson a racheté Telefunken, accroissant nettement son échelle de production dans un certain nombre de produits liés à l'électronique grand public (fermeture d'usines et spécialisation des établissements avec production en plus grande série). L'obtention d'économies d'échelle est par conséquent associée à l'effet de dimensions créé par le rapprochement d'entreprises semblables. L'analyse des effets de volume sur les coûts de production met en effet l'accent sur les économies réalisées dans le cadre du processus de production qui conserve ses qualités, en dépit du changement de dimensions. La croissance externe horizontale apparaît dès lors un moyen efficace d'atteindre cet objectif et de répartir les coûts fixes sur un plus grand nombre d'unités fabriquées dans un même lieu et sur une même période de temps. La dimension des entreprises fusionnées permet également de répondre à des critères d'efficacité, en donnant la possibilité à l'acquéreur d'atteindre une masse critique essentielle à son développement. En effet, les économies de taille ne correspondent pas simplement à des exigences en termes d'efficience, elles peuvent également contribuer à la croissance de l'entreprise et à sa pérennité. C'est notamment le cas dans les industries à forte intensité concurrentielle où la recherche-développement et la publicité jouent un rôle déterminant. Dans ces secteurs, les entreprises qui souhaitent éviter la marginalisation doivent généralement se regrouper pour rester compétitives, en se mondialisant par le rachat de leurs principaux concurrents. On le constate notamment dans les secteurs où ces coûts représentent une proportion très élevée du chiffre d'affaire : entre 10 et 20 %. C'est le cas de la pharmacie, où l'on admet généralement que les firmes doivent réaliser un chiffre d'affaire d'au moins 2 milliards de dollars pour pouvoir financer suffisamment leur recherche et développement (fusion Hoescht – Rhône Poulenc). Cette situation est également présente dans les télécommunications mais aussi dans d'autres secteurs comme l'agrochimie (achat d'Union Carbide par Rhône Poulenc), la construction électrique (acquisition de Square D par Schneider) ou les pneumatiques (achat d'Uniroyal par Michelin).

2 Synergies de coûts liées au partage de ressources

Les synergies de coûts peuvent également provenir de rationalisation visant à partager des ressources communes non spécifiques (disponibles dans les deux entités). Lors d'acquisitions notamment horizontales, en raison de la proximité des activités, des ressources similaires peuvent se retrouver au sein des deux organisations et ainsi nécessiter une politique de regroupement. Cette politique de rationalisation peut concerner une ou plusieurs activités et permettre une réduction des coûts par économies de champ. Une telle démarche permet de supprimer certains doublons, de renforcer la cohérence de la nouvelle organisation, en offrant des possibilités d'économies de coûts, à travers :

- le regroupement des réseaux de distribution et des forces de vente ;
- la rationalisation de certains services ou fonctions ;
- l'optimisation des sites de production avec la suppression des sites les moins rentables ou une meilleure allocation des ressources ;
- la centralisation des directions et divisions des entreprises ;
- une meilleure répartition des effectifs et, dans certains cas, la suppression de postes.

Dans la pratique, si ces économies existent, elles s'accompagnent généralement de coûts de compromis issus des adaptations structurelles entre les deux organisations qui peuvent entraîner une perte d'efficacité dans leur utilisation. Il arrive en effet que les ressemblances identifiées dans les réseaux de distribution, les technologies, les systèmes logistiques ou les groupes de clients se révèlent in fine superficielles, notamment après examen approfondi de leur utilisation et valorisation dans chacune des firmes (usages différents, mode de gestion spécifique, avantages concurrentiels distincts…).

3 Synergies de croissance

Les synergies de croissance proviennent souvent des liens de complémentarités issus de ressources spécifiques disponibles chez l'une des sociétés et pouvant être utilisées par l'autre firme. Ce type de synergies peut avoir lieu au niveau des deux firmes et conduire à des utilisations croisées de moyens matériels et immatériels. Dans ce cas, les synergies de croissance visent à permettre à chacune des firmes un accès direct à une ressource essentielle à son développement. Ainsi, Michelin, en achetant Uniroyal aux États-Unis, a pu bénéficier du réseau de distribution de l'entreprise acquise, ce qui lui permit d'écouler ses produits sans avoir eu à le créer ou à le développer. Cette démarche offre par conséquent des gains non négligeables à différents niveaux : gain de temps, mise à disposition de vendeurs compétents et de réseaux existants… Si traditionnellement ces synergies sont réalisées dans le domaine commercial, elles peuvent naturellement toucher d'autres aspects de l'organisation, en permettant aux firmes d'exploiter certains programmes de recherche, d'acquérir des savoir-faire spécifiques utiles pour leurs activités respectives.

4 Synergies : motifs ou justifications ?

La recherche de synergies n'a pas ici été retenue comme motif initial de l'opération, en dépit de l'importance de cette pratique dans les fusions-acquisitions. Ce choix s'explique principalement par le fait que les synergies et notamment les synergies de coûts (consolidation des fonctions, suppression des installations, réduction des effectifs, uniformisation des pratiques…) constituent bien souvent la justification de la logique économique de l'opération plus que ses objectifs initiaux. En effet, les dirigeants de l'entreprise initiatrice ont très fréquemment besoin de justifier auprès des investisseurs que la prime élevée payée lors de l'acquisition sera compensée par une réduction drastique des coûts. Les promoteurs de l'opération (experts, avocats, financiers) sont d'ailleurs les premiers, lorsque la survaleur de l'entité cible devient exorbitante, à avancer des arguments rassurants basés essentiellement sur des faits « apparemment » objectifs comme l'obtention d'économies d'échelles ou de champ. Or, par définition, les perspectives d'économies de coûts dépendent fortement de l'entité achetée et donc ne peuvent être envisagées qu'une fois les négociations démarrées. Elles sont donc avancées après que l'entreprise initiatrice ait fait le choix de recourir à la croissance externe, c'est-à-dire lorsque ses motifs stratégiques ont été définis (et rendus possibles par la sélection de la cible). L'obtention d'économies de coûts doit, par conséquent, davantage se voir comme une réalité des opérations de croissance externe (souvent mises en avant par la direction de l'entreprise acheteuse) liée *avant tout* au souci de justifier rationnellement la surcote éventuelle de la cible et non comme la finalité première de la manœuvre. Ceci explique certainement que la réalisation des économies de coûts recherchée soit l'un des « motifs » exprimés les moins souvent atteints dans ce type d'opérations.

L'essentiel

Ce chapitre présente les principales motivations dans le cas de fusions-acquisitions. En effet, les fusions-acquisitions peuvent servir des intentions spéculatives ou stratégiques. Les motifs associés à ces manœuvres ont été examinés ici dans la perspective d'une amélioration de la compétitivité à long terme de l'entreprise. Selon cette perspective, les fusions-acquisitions constituent un puissant moyen de transformation des entreprises et sont particulièrement utiles lorsque le jeu concurrentiel évolue rapidement, comme dans les périodes d'innovation ou d'internationalisation rapide. Elles représentent par conséquent un des modes de développement essentiels des entreprises, tant dans les secteurs en développement que dans les secteurs arrivés à maturité. Les objectifs stratégiques de ces opérations sont de ce fait multiples et peuvent répondre à des motifs offensifs (pénétrer un nouveau marché, acquérir de nouvelles ressources…) ou défensifs (consolider ou défendre ses positions, rechercher une taille critique, s'adapter aux évolutions…). La croissance par fusions-acquisitions permet également de développer des synergies, même si cette motivation se révèle dans bien des cas une justification a posteriori de l'opération. Quelles que soient les situations décrites, ce mode de développement est utilisé par la plupart des firmes pour restructurer leur position stratégique, en fonction de leur mission et de l'évolution de l'environnement.

3 PERFORMANCE ET TYPOLOGIE DES FUSIONS-ACQUISITIONS

Les opérations de croissance externe se sont multipliées ces dernières années et sont devenues un axe de développement stratégique privilégié des grandes entreprises cotées en bourse comme des entreprises plus petites confrontées à la reconfiguration de secteurs ou filières économiques. Derrière le terme de croissance externe, se cachent néanmoins des disparités importantes tant dans la nature des opérations réalisées qu'au niveau des performances réelles de ces manœuvres stratégiques.

Section 1 ■ Le marché des fusions-acquisitions

Section 2 ■ Les fusions-acquisitions : des opérations à haut risque

Section 3 ■ Répartition de la valeur : les gagnants et les perdants

Section 1 LE MARCHÉ DES FUSIONS-ACQUISITIONS

Les opérations de fusions-acquisitions ont connu ces dernières années un développement important tant en France que dans le monde. Il faut néanmoins noter que ce développement peut être comparé en nature à d'autres mouvements antérieurs de croissance externe qui ont amené certains auteurs à parler de vagues successives de fusions-acquisitions, notamment sur le marché nord-américain. Les opérations actuelles se différencient de celles menées il y a quelques années, tant sur le plan de la taille que de leur internationalisation, conséquence d'une économie en voie de mondialisation.

1 Les différentes vagues de fusions-acquisitions

L'observation de l'évolution annuelle du nombre d'opérations de fusions-acquisitions met en évidence un phénomène de vagues qui consiste en une augmentation soudaine et massive du nombre d'opérations, concentrée sur une petite période de temps (B.S. Black, 2000). Ce phénomène de vagues a été constaté dans la plupart des pays industrialisés.

1.1 Le cas du marché nord-américain

Historiquement, on distingue sur le marché américain quatre vagues successives, répondant à des logiques et des mécanismes différents. Le développement actuel des opérations de fusions-acquisitions correspond à une cinquième vague. Les quatre vagues précédentes répertoriées sur le marché des fusions-acquisitions aux États-Unis se sont déroulées approximativement au cours des périodes suivantes :

- *1895-1903* : cette vague correspond à un mouvement de concentration important et à une volonté de création de monopole. Les industries concernées étaient diverses : création de Du Pont Eastman Kodak, US Steel…
- *1920-1929* : cette vague correspond au boom économique de l'après première guerre mondiale pour l'économie américaine et à la structuration des nouvelles industries liées à l'électricité et à l'automobile par exemple. La crise de 1929 a mis un terme à cette vague d'essence principalement industrielle.
- *1960-1973* : cette vague repose sur des ressorts très différents et correspond à la convergence du développement de nouvelles théories managériales prônant la diversification comme un moyen de gestion du risque et l'arrivée à maturité d'entreprises ayant bénéficié d'une forte croissance et possédant généralement une trésorerie disponible abondante.
- *1978-1989* : cette vague constitue en quelque sorte le symétrique de la vague précédente et représente une forme de « recentrage » visant à démanteler des sociétés conglomérales malmenées par l'impact économique du choc pétrolier de 1973 et par le développement de théories financières qui remettent en cause la pertinence économique de la diversification. Cette situation explique notamment l'importance des opérations hostiles au cours de cette période, financées souvent par des LBO et suivies de désinvestissements massifs des activités périphériques.

Cette évolution par vague semble perdurer avec l'envolée constatée à la fin des années 1990 et avec la chute brutale de l'activité au début des années 2000.

1.2 Le cas du marché français

Le marché français des fusions-acquisitions s'est développé beaucoup plus tardivement qu'aux États-Unis avec un début significatif d'activités à partir des années 1960. On distingue cependant un phénomène de vagues assez identiques en nature à celui constaté sur les marchés nord-américains. On peut ainsi distinguer plusieurs phases significatives, que l'on peut identifier approximativement autour des périodes suivantes :

- *1960-1965* : il s'agit du décollage de l'activité de fusions-acquisitions en France, avec un nombre moyen d'opérations sur cette période d'environ 164 opérations réalisées pour un montant moyen annuel d'environ 4,8 milliards de Francs.
- *1966-1972* : il s'agit de la première vague de fusions-acquisitions en France, liée notamment aux modifications relatives au droit des sociétés et à la politique de création de champions nationaux. Les opérations réalisées au cours de cette période étaient principalement franco-françaises et visaient à la consolidation d'activités sur le marché intérieur, en vue d'une politique plus agressive tournée vers l'Europe dans un second temps.
- *1973-1985* : il s'agit d'une période de baisse d'activité puis de stagnation, liée notamment à l'impact des deux chocs pétroliers. Il faut noter qu'au cours de cette période, la France se situe en décalage par rapport au marché américain, déjà marqué par une période de forte déréglementation et de modernisation des marchés financiers.
- *1985-1990* : il s'agit de la seconde vague de fusions-acquisitions en France, liée notamment à la déréglementation et la modernisation des marchés financiers, à l'accélération des politiques de recentrage et à la vague de privatisation réalisée au cours des années 1986-1988.
- *1990-1995* : il s'agit d'une période de forte baisse puis de stagnation, liée notamment à la crise économique du début des années 1990.

Il faut souligner que la vague récente de fusions-acquisitions en France suit une tendance identique à ce que l'on peut observer aux États-Unis (voir ci-après – les tendances récentes du marché).

2 La typologie des opérations

Les opérations de croissance externe sont naturellement multi-facettes et il est souvent difficile de les caractériser tant le nombre de dimensions possibles est important. Nous en avons retenus trois qui nous semblent récurrentes dans l'analyse des opérations de croissance externe :

- le caractère amical ou hostile des opérations ;
- les voies de développement associées à la croissance externe (horizontales, verticales ou conglomérales) ;
- les modes de financement privilégiés.

2.1 Le caractère amical ou hostile des opérations

Les opérations de croissance externe et plus particulièrement les OPA sont associées dans la plupart des esprits à la notion de prises de contrôle hostiles , voire à des opérations d'assaut à la hussarde. Qu'en est-il dans la réalité ? Quels sont les enjeux sous-jacents à ces modes de croissance externe ?

➤ *Définition*

Une opération de croissance externe est dite hostile, lorsque les modalités de l'accord sont proposées aux actionnaires contre l'agrément de la direction en place. Les opérations hostiles sont le plus souvent caractérisées par un fort effet de levier, c'est-à-dire par un recours extensif à l'endettement au détriment du financement par actions ou par de la trésorerie disponible. Les grandes OPA hostiles des années 1980 ont souvent été des opérations à très fort effet de levier, appelées *Leverage Buy-Out* (LBO).

➤ *La réalité du phénomène*

Contrairement aux idées reçues dans ce domaine, le nombre d'opérations hostiles est très faible, que ce soit en France, aux États-Unis ou dans les autres pays concernés par ce phénomène. Durant la période 1976-1990, sur 35000 opérations de fusions-acquisitions identifiées dans le monde, seules 364 peuvent être qualifiées d'hostiles (Jensen, 1992). La période faste des OPA hostiles se situe dans les années 1980, où des raiders comme Carl Icahn et T. Boone Pickens faisaient et défaisaient des empires à coup de LBO et de recentrages massifs. Or, durant cette période, sur le marché américain et pour les seules grandes sociétés cotées en bourse, on ne dénombre que 14 % d'opérations hostiles (G. Andrade, M. Mitchell & E. Stafford, 2001). Ce phénomène ne doit cependant pas être sous-estimé car ses effets ne se font pas sentir uniquement en cas de réalisation. La seule menace d'une opération hostile peut suffire à provoquer de profonds changements dans la gestion et le management des entreprises concernées. Ainsi, si seulement 14 % des entreprises américaines ont réellement fait l'objet d'une opération hostile, près de 50 % d'entre elles ont été directement ou indirectement menacées par une OPA hostile (Mitchell et Mulherin, 1996).

➤ *Les cibles des opérations hostiles*

Plusieurs études se sont penchées sur les caractéristiques des cibles d'opérations hostiles[1]. Les résultats obtenus montrent notamment que les cibles d'acquisitions hostiles sont souvent plus anciennes que la moyenne des sociétés, qu'elles semblent posséder un Q de Tobin[2] inférieur à la moyenne et bénéficier d'une croissance moins rapide. Par opposition, les cibles d'opérations amicales sont plus jeunes et possèdent un Q de Tobin comparable à la moyenne de leur secteur. Enfin, les opérations hostiles sont moins fréquemment menées contre des cibles dont les dirigeants sont membres de la famille fondatrice de l'entreprise et/ou fortement associés au capital.

Ces éléments semblent accréditer la thèse du contrôle par le marché, selon laquelle les opérations de croissance externe permettent d'exercer un contrôle sur les équipes dirigeantes en place et de les remplacer, si leur comportement et leur performance sont contraires aux intérêts des actionnaires. Dans cet esprit, on constate une relation entre le taux de rotation des dirigeants et la probabilité de faire l'objet d'une OPA hostile. Plus le taux de rotation des dirigeants est élevé et plus la probabilité de faire l'objet d'une OPA hostile diminue[3]. Les opérations hostiles sont ainsi souvent déterminées par une vision de ***discipline par le marché***, visant à sanctionner des équipes dirigeantes non performantes et peu déterminées par une vision stratégique. Par ailleurs, on peut noter que les cibles d'opérations hostiles possèdent aussi, en moyenne, des caractéristiques spécifiques qui les rendent intéressantes en tant que cible. Elles sont en générales :

- en bonne santé financière ;
- faiblement endettées ;
- possèdent une forte capacité de remboursement.

Ces caractéristiques sont assez bien adaptées à une opération à fort effet de levier, caractérisée par une augmentation soudaine de l'endettement et la mise sous pression de l'entreprise en vue de rembourser le nouvel endettement. Ces éléments sont cohérents avec la ***théorie du free cash flow***. Selon cette théorie (Jensen, 1983), les entreprises qui évoluent dans des secteurs matures peuvent disposer de flux de trésorerie qui dépassent leurs opportunités d'investissements rentables. Dans ce cas de figure, les dirigeants peuvent être enclins à utiliser cet excédent de trésorerie soit pour réaliser des dépenses discrétionnaires à caractère somptuaire (construction de sièges sociaux importants...), soit pour se lancer dans des programmes de fusions-acquisitions non fondés sur une pertinence économique, au regard de leur activité de

1. Grand (1991), R.Morck, A. Shleifer et R.W. Vishny (1987).
2. Le Q de Tobin mesure le rapport entre la valeur de marché des actifs d'une entreprise et leur valeur de remplacement. Plus la valeur Q est élevée, et plus la création de valeur pour l'actionnaire est importante.
3. Il faut noter que ces résultats ont été obtenu dans un contexte particulier, concernant les grandes entreprises cotées. Il faut naturellement l'interpréter avec prudence en tant que résultat statistique. Il faut souligner que d'un point de vue qualitatif, la notion de stabilité organisationnelle est aussi associée à la création de valeur.

base. Dans cette hypothèse, une des solutions préconisées par Jensen (1983) est de mettre l'entreprise sous pression financière. Pour ce faire, il est possible d'utiliser les fonds en excès pour racheter des actions. En rachetant ses propres actions, l'entreprise redistribue massivement les fonds en excès à ses actionnaires. Le choix rachat d'actions/versement de dividendes renvoie à des considérations fiscales. Elle donne également des signaux aux marchés financiers sur les intentions des dirigeants. L'autre possibilité est d'accroître l'endettement de manière importante, afin de créer une pression continue sous la forme de remboursements réguliers. Selon Jensen (1993), les opérations hostiles des années 1980, financées par LBO, ont été particulièrement utiles à l'industrie américaine, en réalisant une substitution du capital par de la dette, en supprimant le *free cash flow* et en imposant à des conglomérats de se recentrer sur des compétences clés.

2.2 Les voies de développement associées

Parmi les différentes typologies existantes pour qualifier des opérations de croissance externe, la typologie dominante est celle qui distingue les opérations de croissance externe horizontale, verticale, concentrique et conglomérale[1]. L'analyse de l'évolution du type d'opérations de croissance externe montre une prédominance très nette des opérations de croissance externe de type horizontal qui représentent entre 40 % et 70 % selon les périodes. Les opérations de croissance externe horizontales augmentent nettement au cours des dernières années pour représenter près des deux tiers des opérations au cours de la période 1986-1990. À l'inverse, les opérations de type conglomérale qui représentaient près du quart des opérations de croissance externe à la fin des années 60 ne représentent plus qu'un dixième de l'ensemble au cours des années 1990. Ce phénomène rejoint les constatations développées précédemment et s'inscrit dans la logique de remise en cause des conglomérats, tant sur le plan de la théorie financière que sur celui de la réalité des performances économiques constatées.

Tableau 3.1 – *Répartition des opérations de croissance externe en France*

Opérations	1966-1972	1973-1985	1986-1990
Horizontales	49 %	44 %	69 %
Verticales	24 %	25 %	10 %
Conglomérales	27 %	31 %	12 %
Désengagement			9 %

Source : Derhy (1995)

1. *Cf.* chapitre 5 pour le détail des stratégies associées à ces différentes opérations de croissance externe.

Le tableau précédent permet par ailleurs de mettre en évidence un deuxième constat, corollaire du premier, à savoir la politique de recentrage des groupes. Cette politique de recentrage se traduit par une forte augmentation des opérations de croissance externe horizontale et par l'augmentation fulgurante du nombre d'opérations de désengagement. Au cours de la période récente 1990-2000, cette tendance est confirmée, avec une prédominance des opérations de type horizontal.

2.3 Les modes de paiement privilégiés

La nature du financement des opérations de croissance externe est une question récurrente. Elle constitue un choix important d'une politique financière aux implications multiples, portant à la fois sur la performance globale de l'opération et sur la répartition du pouvoir entre les actionnaires de l'acquéreur et ceux de la cible. Les modes de financement possibles sont nombreux. On distingue traditionnellement trois grandes options possibles, le financement entièrement par liquidité, le financement par actions, les financements mixtes (incluant toutes sortes de combinaisons du fait notamment de l'utilisation de produits dérivés dans le montage de l'opération). Le choix du paiement par liquidité impose un choix de second ordre sur l'origine des fonds mobilisés qui peuvent provenir de l'autofinancement, d'une augmentation de l'endettement ou d'une émission nouvelle d'actions préalablement à l'opération. Dans le choix d'une politique financière en matière de croissance externe, de nombreux critères entrent en considération[1]. Parmi les principaux, on retrouve le prix de l'action de l'acquéreur au moment de l'opération, la disponibilité en trésorerie de l'acheteur, la taille relative de la cible, la part de capital détenu par l'équipe dirigeante de l'acquéreur.

- *Le prix de l'action de l'acquéreur au moment de l'opération*

Plus le prix de l'action de l'acquéreur est élevé, plus l'entreprise a intérêt à financer des opérations de croissance externe avec des actions. À l'inverse, plus l'action est dévalorisée, et plus l'entreprise a intérêt à financer la croissance externe par de la trésorerie.

- *La disponibilité de trésorerie de l'acquéreur*

Ce critère joue lorsque l'opportunité de réaliser l'opération de croissance externe est non anticipée et qu'aucun plan de financement préalable a été constitué et/ou lorsque l'acquéreur ne dispose immédiatement ni des fonds nécessaires ni d'une capacité d'endettement suffisante.

1. A.R. Salami et P.S. Sudarsanam, « Determinants of the choice of payment method in United Kingdom mergers and acquistions », Conférence AFFI, 1993.

- *La taille relative de la cible*

Plus la cible est grande, plus le financement par trésorerie est difficile. Par conséquent, la taille relative de la cible est souvent corrélée positivement avec le fait de financer l'opération par des actions.

- *La part de capital détenu par l'équipe dirigeante de l'acquéreur*

Le financement d'une opération de croissance externe par des actions implique une dilution du pouvoir des actionnaires initiaux de l'acquéreur. Plus l'équipe dirigeante possède des actions de l'acquéreur, et plus une opération financée par des actions remet en cause la stabilité de leur pouvoir. Dans cette configuration, l'équipe dirigeante va avoir tendance à opter pour un financement par trésorerie, de manière à privilégier la stabilité du pouvoir.

Au cours des dernières décennies, la répartition du choix du financement des opérations a beaucoup évolué au profit du financement par actions. Ce constat est surtout valable pour la dernière décennie, où les opérations financées par échange d'actions se sont multipliées.

Tableau 3.2 – *Répartition des opérations de croissance externe des sociétés cotées aux États-Unis en fonction du mode de paiement*

Paiements	1973-1979	1980-1989	1990-1998
Liquidités	38 %	45 %	27 %
Actions	37 %	33 %	58 %
Mixte	25 %	22 %	15 %

Source : G. Andrade, M. Mitchell et E. Stafford (2001)

3 Les caractéristiques récentes du marché

3.1 Les évolutions récentes dans le monde

La fin des années 90 a été marquée par une très forte envolée des activités de croissance externe, soutenue notamment par la globalisation croissante de l'économie puis par l'arrivée de la déferlante de la nouvelle économie qui a fait de cette manœuvre stratégique un modèle de développement. Cette montée en puissance de la croissance externe au cours des années 90 semble donc correspondre à une nouvelle vague, la cinquième en ce qui concerne le marché américain et la troisième pour le marché français. Cette dernière vague possède des caractéristiques assez différentes des opérations réalisées précédemment[1]. Au niveau des ***modalités de paiements***, on

1. G. Andrade, M. Mitchell et E. Stafford (2001).

constate une très forte augmentation des opérations financées par des titres qui représentent 58 % des opérations américaines au cours de la période 1990-1998 contre 33 % sur la période 1980-1989. En ce qui concerne le ***caractère hostile ou non des opérations***, on note aussi des différences importantes, puisque seulement 4 % des opérations réalisées sur le marché américain au cours de la période 1990-1998 revêtent un caractère hostile contre 14 % pour la période 1980-89.

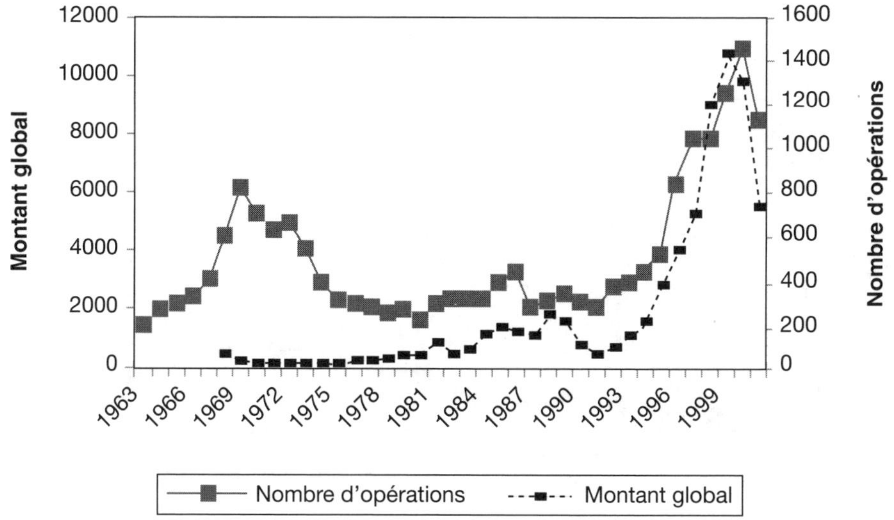

Figure 3.1 – *Évolution de l'activité de croissance externe aux USA*

Source : Mergerstat

Une autre tendance est ***l'internationalisation*** du mouvement, qui peut se mesurer de différentes manières. Traditionnellement, le marché le plus important en matière de fusions-acquisitions se trouve aux États-Unis. Au cours des dernières années, le nombre d'opérations impliquant au moins une société américaine est passée de 88 % du nombre d'opérations dans le monde en 1985 à 53 % en 1999.

Le nombre d'opérations purement américaines, où la cible et l'acquéreur sont américains, est passé de 72 % à 30 % au cours de la même période. En revanche, le nombre d'opérations transnationales, impliquant une société américaine, représente 23 % de l'ensemble des opérations américaines en 1999 contre seulement 6 % en 1985 (B. Black, 2000). Dans le même temps, le nombre d'opérations impliquant au moins une société européenne est passé de 11 % du total mondial en 1985 à près de 47 % en 1999. De même, l'Asie est passée de 1 % de l'activité mondiale en 1985 à près de 6 % en 1999 (B. Black, 2000).

3.2 Les tendances sur le marché français

L'évolution de l'activité des opérations de croissance externe notamment des entreprises françaises cotées a globalement suivi la même tendance que celle constatée en Europe ou aux États-Unis. Il faut noter une forte augmentation autour de l'année 1990, une baisse au cours des années suivantes, tout en maintenant un niveau d'activités important, puis une remontée fin des années 90 – début 2000. La période 2001-2002 a été quant à elle marquée par une baisse du nombre d'opérations réalisées.

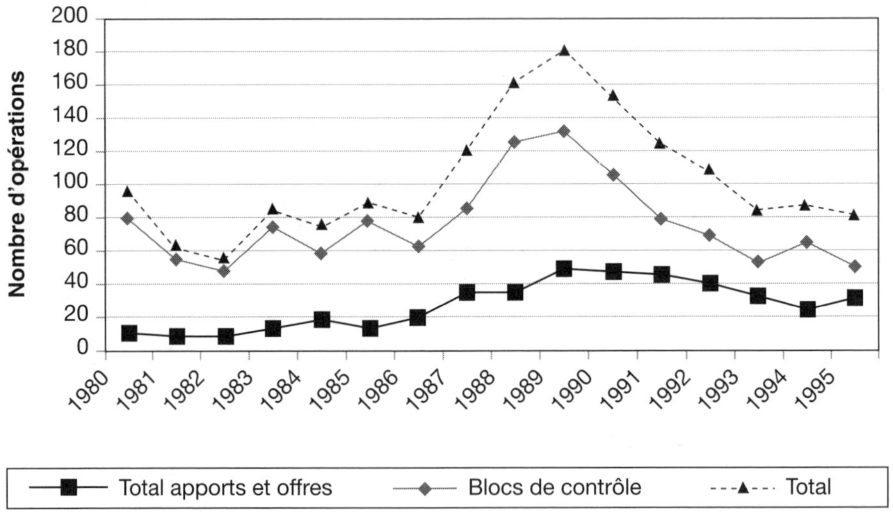

Figure 3.2 – *Nombre d'opérations réalisées sur le marché français (sociétés cotées)*

Source : Commission des Opérations de Bourse (COB)

Au cours des années 1995-2000, on constate sur le marché français un développement très important de l'activité pouvant s'apparenter à une troisième vague de fusions-acquisitions en France. Ces caractéristiques sont relativement identiques à celles de la cinquième vague américaine, à savoir une multiplication des opérations géantes, une forte dimension internationale, la coexistence d'opérations défensives dans les secteurs matures (recherche d'une taille critique au niveau mondial) et d'opérations offensives dans des secteurs en forte croissance (accès à des marchés porteurs généralement liés aux nouvelles technologies). Les opérations réalisées sont principalement de type horizontal (environ 80 % des opérations) et les principaux secteurs concernés sont la banque et l'assurance, la distribution, les services et la chimie-pharmacie.

Section 2 LES FUSIONS-ACQUISITIONS : DES OPÉRATIONS À HAUT RISQUE

La mesure de performance des opérations de croissance externe est une donnée importante puisqu'elle doit permettre de justifier le fait d'entreprendre ou non ce type d'opérations. Plusieurs questions se posent immédiatement. Qu'est-ce que la performance et comment la mesure-t-on ? Au regard des critères retenus, les opérations de croissance externe sont-elles performantes ? Existe-t-il des types d'opérations plus performantes que d'autres ? De très nombreuses études empiriques ont été réalisées sur le sujet. Le premier constat que l'on puisse tirer de ces études est la très grande diversité des résultats obtenus. Sur chacun des points abordés, il est presque toujours possible de trouver deux études différentes qui aboutissent aux conclusions inverses. Plusieurs raisons peuvent expliquer cet état de fait :

1. la diversité des échantillons utilisés tant en termes de lieux, de périodes, de types d'opérations que de secteurs d'activité ;
2. la diversité des méthodologies utilisées : approche économique et comptable/approche financière, étude à court terme/moyen terme.

Néanmoins, si l'on analyse ces résultats de manière assez large, en prenant en compte les grandes tendances, il est possible de définir quelques caractéristiques communes de la performance des opérations de croissance externe. Il importe cependant d'interpréter les résultats obtenus avec beaucoup de prudence. Les éléments présentés ci-après sont d'autant plus valables que l'on se situe dans un contexte proche de celui des études empiriques réalisées. A contrario, ils doivent être fortement relativisés, dès que l'on aborde une opération menée dans un secteur spécifique. À cet égard, il est important de noter que dans la grande majorité des cas, les études effectuées l'ont été dans un contexte anglo-saxon, marqué par une plus forte prédominance des marchés financiers dans le fonctionnement de l'économie que dans le cas des pays Européens ou Asiatiques. En outre, la plupart des résultats obtenus concernent les grandes sociétés cotées en bourse, caractérisées par une plus ou moins grande dissociation entre les fonctions de contrôle et de gestion (assurées par des dirigeants) et les fonctions de propriété et d'assomption du risque (assurées par les actionnaires). Enfin, une dernière limite concerne la focalisation de la majorité des travaux sur la relation dirigeants-actionnaires et sur la notion de création de valeur pour l'actionnaire. En effet, l'extension des études à d'autres parties prenantes de l'entreprise peuvent contribuer à élargir le point de vue de la création de valeur et donc amener à modifier substantiellement les conclusions. En particulier, elles peuvent conduire à mettre l'accent sur la notion *transfert de valeur* au détriment de celle de *création de valeur.*

1 Comment mesure-t-on la performance d'une opération ?

Deux grandes écoles de pensées s'affrontent dans l'analyse et la mesure de la performance des opérations de croissance externe. La première école de pensée, représentée par les tenants de l'économie industrielle, privilégie la mesure directe à partir de données comptables et financières des entreprises. Elle compare l'évolution des indicateurs de performance opérationnelle avant et après une opération de croissance externe à celle d'entreprises équivalentes n'ayant pas opté pour la croissance externe durant la période analysée. Dans ce domaine, les résultats obtenus montrent le plus souvent que les opérations de croissance externe ne sont pas performantes. La seconde école de pensée, représentée par les chercheurs en management et plus particulièrement en finance d'entreprise ou en économie financière, privilégie la mesure de la performance au travers de l'impact de l'opération de croissance externe sur l'évolution du cours boursier des actions de la cible et de l'acquéreur. Cette approche est fondée sur l'hypothèse d'efficience des marchés. Selon cette école, le marché anticipe immédiatement les effets de l'opération de croissance externe dès l'annonce de l'opération et incorpore dans le prix des actions les effets attendus en terme de création de valeur pour l'actionnaire. Les études réalisées, dans ce domaine, constituent un test joint de l'hypothèse d'efficience des marchés et de la performance des opérations de fusions-acquisitions. Elles tendent à conclure à une certaine efficacité de ces opérations.

1.1 La mesure de la performance économique et comptable

La technique la plus fréquemment utilisée est celle du pairage qui consiste à comparer les résultats des entreprises ayant réalisé une opération de croissance externe avec ceux d'un échantillon de firmes comparables (en termes de secteurs d'activité, de taille...) n'ayant pas optés pour ce choix. L'objet de ces études est d'identifier si, en moyenne, les opérations de croissance externe améliorent ou pas les résultats de l'acquéreur. L'analyse de la performance économique et comptable revient à comparer avant et après l'opération de croissance externe, à partir de l'évolution d'indicateurs de performance. Parmi les indicateurs les plus utilisés, on retrouve le taux de rentabilité économique, le taux de rentabilité financière, l'évolution des ventes ou des parts de marché. Les résultats obtenus sont édifiants. Près de 50 % des opérations de croissance externe sont considérées comme des échecs. En moyenne, on constate une baisse de la performance économique après la réalisation d'opérations de croissance externe[1] ou au mieux une faible amélioration des performances (Trautwein, 1990). Suite aux opérations de croissance externe, les entreprises ont tendance à perdre des parts de marché. Cette tendance est d'autant plus vraie que l'on parle de croissance externe conglomérale. Elle est moins nette lorsqu'il s'agit d'opérations de type horizontal (Mueller, 1985 ; Baldwin et Gorecki, 1990).

1. Ravenscraft et Scherer (1987), Keuhn (1975).

Par ailleurs, d'autres études montrent que la croissance interne s'avère plus rentable sur le long terme que la croissance externe (Diskerson *et al.*, 1997). Ces résultats ont été obtenus, en analysant l'évolution de la performance avant et après une opération de croissance externe. Il faut noter que Healy, Palepu et Ruback (1992) obtiennent des résultats différents, en comparant l'évolution de la performance des entreprises ayant mené une croissance externe à l'évolution moyenne mesurée à partir d'un benchmark constitué d'un échantillon de firmes appartenant à des secteurs d'activités similaires. Leur étude concerne les 50 plus grandes fusions réalisées aux États-Unis durant les années 1980 et montre une amélioration des résultats.

➤ ***Les critiques des études de type économique et comptable***

L'utilisation de mesures comptables ou économiques a été critiquée par de nombreux auteurs principalement pour deux raisons. La première est liée à la non prise en compte explicite du risque dans ce type de mesure alors que les opérations de croissance externe modifient profondément le profil de risque de l'acquéreur. On peut tout à fait concevoir des baisses de rentabilité compensées par des baisses du niveau de risque. Dans ce cas, il est difficile de trancher en terme de performance, sauf à faire référence à une modélisation explicite du niveau de risque, comme c'est le cas dans les approches fondées sur la notion de création de valeur. La seconde catégorie d'arguments qui militent contre les études de ce type concerne l'utilisation de données comptables, dont le périmètre peut être assez fortement modifié par des changements de politique comptable liée directement ou non à l'opération de croissance externe (Stanton, 1987). Parmi les distorsions possibles, on trouve les méthodes de comptabilisation du goodwill, la réévaluation de certains actifs suite à des opérations de fusion, le traitement des transactions intra-groupe, la politique d'amortissement de l'ensemble après la fusion. D'autres arguments cependant militent en faveur de ces approches. En effet, des études montrent des liens forts entre les données comptables et la performance financière des entreprises (Peasnell's, 1996). Elles soulignent, de plus, la possibilité d'utiliser des indicateurs, comme le flux de trésorerie qui évite les biais spécifiques liés à la comptabilisation du goodwill ou aux changements de politique d'amortissement.

1.2 La mesure de la performance financière

Les principales études réalisées, dans ce domaine, reposent sur la méthodologie appelée *étude d'événement*. On distingue deux approches selon que l'on cherche à étudier l'impact à court terme ou à moyen terme. À court terme (ex-ante), la méthode repose sur le calcul d'un taux de rentabilité anormal, défini comme la différence entre un taux de rentabilité observé au moment de l'annonce de l'opération de croissance externe et un taux de rentabilité théorique, estimé toute chose égale par ailleurs (c'est-à-dire le taux de rentabilité qui aurait été attendu si l'opération n'avait pas été annoncée). À long terme (ex-post), on compare le taux de rentabilité composé observé avec un taux composé moyen calculé sur un échantillon témoin, caractérisé par des entreprises de secteurs identiques, de tailles comparables et de « book-to-market ratio[1] » similaires (Fama et French, 1992).

2 L'analyse globale de la performance : un bilan mitigé

Les résultats obtenus varient selon que l'on adopte une optique de court terme ou de long terme et selon le type d'opération. Les principaux déterminants relevés dans les différentes études statistiques réalisées sur le sujet sont le mode de paiement, le type d'opération ainsi que la nature de la cible et de l'acquéreur. À court terme, les résultats obtenus montrent une création de valeur globale, lorsque l'on analyse la valeur combinée de l'acquéreur et de la cible (Jensen et Ruback, 1983 ; Andrade, Mitchell et Stafford, 2001). La création de valeur globale est néanmoins très faible et les résultats obtenus ne sont pas toujours statistiquement significatifs. Dans une étude récente réalisée sur plusieurs périodes de temps entre 1973 et 1998 sur le marché américain, Andrade, Mitchell et Stafford (2001) évaluent la création de valeur globale à court terme entre 1,5 % et 2,5 % environ.

Tableau 3.3 – *Taux de rentabilité anormaux moyens sur le marché Américain*

	1973-79	**1980-89**	**1990-98**
Cible + Acquéreur	1,5 %	2,6 % *	1,4 % *

* Statistiquement significatif au seuil de 1 %

Source : G. Andrade, M. Mitchell et E. Stafford (2001)

À plus long terme, les résultats obtenus sont encore plus négatifs (Rau et Vermaelen, 1998). On note par ailleurs l'influence du mode de paiement sur l'accentuation de la performance négative, les opérations financées par actions présentant des performances encore plus négatives. Ainsi, contrairement à certaines idées reçues, la performance moyenne des opérations de croissance externe n'apparaît pas satisfaisante, faible à court terme et négative à long terme. Il faut cependant nuancer ces résultats en notant qu'il s'agit de performance moyenne, ce qui a tendance d'une part à occulter les performances individuelles qui peuvent être conséquentes, et d'autre part à niveler des résultats notablement différents en fonction du mode de croissance externe (acquisition ou fusion), du mode de paiement, de la nature de l'acquéreur et de la cible.

1. Il s'agit d'un ratio définissant le rapport entre la valeur comptable d'une entreprise et sa valeur de marché. Plus la valeur de ce ratio est faible, plus la valeur de marché de l'entreprise est importante comparativement à sa valeur comptable ; ceci pouvant être le signe de la présence d'opportunités de croissance importantes au sein de l'entreprise.

3 Les résultats obtenus par type d'opération

Les résultats observés diffèrent en fonction du type d'opération mise en œuvre. Les variables prises en compte sont liées à la nature de l'opération, au degré de proximité entre la cible et l'acquéreur, au mode de paiement de la transaction, à la nature de l'acquéreur ou de la cible et à la taille de l'opération.

➤ *Fusion ou acquisition*

La performance des opérations de croissance externe est sensiblement différente selon qu'il s'agisse de fusion ou d'acquisition. Les résultats obtenus par Jensen et Ruback (1983), Agrarval *et al.* (1992) montrent que dans le cas d'une fusion, les performances sont moins bonnes que dans le cas d'une acquisition.

➤ *Degré de proximité entre la cible et l'acquéreur*

Le degré de proximité semble influer de manière positive sur les performances des fusions-acquisitions. Plus les activités sont proches et plus l'opération a de chances d'être créatrice de valeur. Ces résultats sont identiques dans le cas des acquisitions et des fusions. Dans le cas des fusions, plus la fusion est de type horizontal, et plus la performance de l'opération a des chances d'être élevée (Ravenscraft et Scherer 1988).

➤ *Le rachat d'actions ou l'échange d'actions*

La plupart des études mettent en exergue le fait que les opérations financées par des liquidités sont plus performantes que celles financées par des actions. Il faut noter que ces résultats ont été principalement obtenus dans un contexte nord-américain. Or, le rôle des marchés financiers y est plus marqué qu'en Europe, où l'intermédiation bancaire reste un moyen important de financement des grandes entreprises. L'écart de performances entre les opérations financées par des liquidités et celles financées par des actions peut s'analyser comme la combinaison de deux effets : un effet lié à l'opération de rapprochement proprement dite et un effet lié à une forme d'émission d'actions. Or, les études menées sur l'impact des émissions d'actions montrent une performance négative de l'ordre de – 1,5 % de ce type d'opération financière.

Tableau 3.4 – *Taux de rentabilité anormaux sur le marché américain 1973-1998*

	Nature du financement	
	Actions	**Cash**
Cible + Acquéreur	0,6 %	3,6 % *

* Statistiquement significatif au seuil de 1 %

Source : G. Andrade, M. Mitchell et E. Stafford (2001)

➤ *La nature de l'acquéreur* **glamour firm** *ou* **value firm**

Les « *glamour firms* » sont des entreprises qui possèdent un ratio valeur comptable/valeur de marché faible. Ce sont des entreprises qui sont censées disposer d'un potentiel de croissance important (options de croissance) qui leur confère une valeur financière très importante relativement à la valeur des actifs accumulés (valeur comptable). On oppose souvent aux « *glamour firms* », les « *value firms* » qui possèdent un ratio valeur comptable/valeur de marché plus élevé. Ces entreprises sont généralement plus « installées ». Elles bénéficient d'un secteur plus mature et ont des rendements plus élevés. En matière de croissance externe, cette distinction se révèle importante, puisque l'on constate des écarts de performances assez importants, notamment sur le long terme. Selon Rau et Vermaelen (1998), les « *glamour firms* » ont des résultats à long terme nettement inférieurs à ceux des « *value firms* ». L'écart est d'autant plus important qu'il s'agit d'une opération de fusion et non d'acquisition.

Tableau 3.5 – *Taux de rentabilité anormaux moyen*

	Acquisition	**Fusion**
Glamour firms	4 %	– 17 %
Value firms	8 %	16 %

Source : Rau et Vermaelen (1998)

➤ *Le secteur de la cible : traditionnel ou high-tech*

Les résultats constatés autour des opérations d'acquisition d'entreprises de hautes technologies constituent une forme de paradoxe. À court terme, les effets liés à l'annonce de l'opération engendrent des taux de rentabilité anormaux très importants, tandis que les performances à long terme sont particulièrement négatives, avec des taux de rentabilité anormaux de – 37 % sur trois ans (Kohers and Kohers 2001). Les facteurs mis en évidence précédemment viennent renforcer l'impact négatif lié au caractère high-tech des cibles. Ainsi, lorsqu'un acquéreur de type « glamour firm » achète une cible high-tech, les résultats obtenus en moyenne sont encore plus négatifs (on passe de – 37 % en moyenne à – 72 % de taux de rentabilité anormaux). De même, lorsqu'une opération d'acquisition d'une entreprise high-tech est financée par échange d'actions, les performances négatives sont accentuées (on passe en moyenne de – 37 % à – 41 % de taux de rentabilité anormaux).

➤ *La taille relative de la cible*

La taille de la cible semble être un déterminant important de la performance des fusions-acquisitions. Une étude réalisée par Mercer Management Consulting (1999) montre une décroissance importante du nombre d'opérations performantes, dès que la cible dépasse 30 % du chiffre d'affaires de l'acquéreur. La taille relative est un facteur important dans l'appréciation de la complexité de la gestion post-acquisition. Les problèmes spécifiques liés à l'intégration de la cible et donc à la réalisation effective des synergies sont d'autant plus marqués que la taille relative de la cible est importante. Il ne faut, cependant, pas en déduire qu'une cible de taille relative faible est nécessairement un gage de réussite dans une politique d'intégration. D'autres facteurs entrent en ligne de compte comme, par exemple, la proximité des activités ou la convergence des logiques organisationnelles et managériales.

4 Les principaux gagnants : les actionnaires de la cible

La répartition de la valeur à l'issue des opérations de croissance externe est une question centrale. Elle concerne non seulement les actionnaires de l'acquéreur et de la cible mais aussi les autres parties prenantes, à savoir les dirigeants, les créanciers, les salariés et la collectivité dans son ensemble. Si, globalement, au moment de l'annonce de l'opération, on constate un phénomène de création de valeur, on peut noter que la répartition de celle-ci n'est pas uniforme. La quasi-totalité de la création de valeur est captée par les actionnaires de la cible, tandis que les actionnaires de la société acheteuse enregistrent des taux de rentabilité anormaux proches de 0 %, voire légèrement négatifs.

Tableau 3.6 – *Taux de rentabilité anormaux moyens sur le marché américain*

	1973-79	1980-89	1990-98
Cible	16 % *	16 % *	15,9 % *
Acquéreur	– 0,3 %	– 0,4 %	– 1,0 %
Cible + Acquéreur	1,5 %	2,6 % *	1,4 % *

* Statistiquement significatif au seuil de 1 %

Source : G. Andrade, M Mitchell et E. Stafford (2001)

Ce résultat est confirmé par presque toutes les études. Si l'on approfondit l'étude des résultats statistiques existants, on constate que les actionnaires de l'entreprise acheteuse parviennent en moyenne à capter une partie de la valeur dans le cas d'acquisitions. En revanche, dans le cas de fusions ou d'acquisitions par échange d'actions, la création de valeur réalisée au cours de l'opération a tendance à leur échapper presque entièrement (Jensen et Ruback, 1983).

Tableau 3.7 – *Taux de rentabilité anormaux moyens sur le marché Américain*

	Acquisition	**Fusion**
Cible	30 %	20 %
Acquéreur	4 %	0 %

Source : Jensen et Ruback (1983)

La majorité des études empiriques réalisées sur la performance des fusions-acquisitions s'est concentrée sur la création de valeur pour l'actionnaire. Comme le notent Charreaux et Débrières (1998), ce parti-pris correspond à la « prédominance du modèle anglo-saxon et à un parti-pris idéologique ». De manière à introduire d'autres dimensions, de nouvelles études se sont penchées sur la nature (provenance) de la création de valeur pour l'actionnaire. Ainsi, Shleifer et Summer (1988) introduisent l'hypothèse de transfert de valeur au détriment des autres parties prenantes (managers, créanciers, salariés et collectivités).

L'essentiel

Les fusions-acquisitions ont connu un essor important ces dernières années et sont devenues des manœuvres incontournables dans les stratégies des grands groupes et des entreprises de tailles plus modestes. Les résultats obtenus sont cependant globalement décevants. La faible création de valeur constatée profite davantage aux actionnaires de la cible qu'à ceux des sociétés qui initient les opérations. Les résultats constatés sont néanmoins très disparates et peuvent fortement diverger en fonction des secteurs et des modalités de l'opération.

Facteurs	Modalités	Impact relatif sur la valeur (*)
Modalité de rapprochement	Fusion	↘
	Acquisition	↗
Degré de proximité entre les activités de l'acquéreur et celles de la cible	Fort	↗
	Faible	↘
Nature du financement de l'opération	Rachat d'actions	↗
	Échange d'actions	↘
Nature de l'acquéreur	*Glamour firm* (forte croissance)	↘
	Value firm (forte rentabilité)	↗
Nature du secteur de la cible	Secteurs traditionnels	↗
	Secteurs high-tech	↘
Taille relative de la cible	importante par rapport à celle de l'acquéreur	↘
	faible par rapport à celle de l'acquéreur	↗

(*) ↗ en moyenne une opération avec cette modalité crée plus de valeur que la moyenne des opérations observées.
↘ en moyenne une opération avec cette modalité crée moins de valeur que la moyenne des opérations observées.

4 FORMES JURIDIQUES ET MONTAGES FINANCIERS

L'observation des opérations réalisées au cours des dernières décennies met en exergue la diversité des pratiques de réalisation de la croissance externe. On parle d'acquisitions, de fusions, d'offres publiques d'achat (OPA), d'offres publiques d'échange (OPE), de prises de participations majoritaires… Ce chapitre développe les principales modalités des opérations de croissance externe, en s'attachant à en souligner les principales caractéristiques.

Section 1 ■ Les acquisitions par achat d'actions
Section 2 ■ Les acquisitions par échange d'actions
Section 3 ■ Les opérations de fusion

Section 1 LES ACQUISITIONS PAR ACHAT D'ACTIONS

Il est proposé de décrire ici les principes généraux d'une opération d'acquisition par achat d'actions et de mettre en exergue les points clés à prendre en compte. Le détail de la mise en œuvre et les aspects techniques à maîtriser sont approfondis au cours des chapitres suivants. On abordera successivement les mécanismes de l'acquisition, le traitement des survaleurs et leurs conséquences et enfin, on examinera dans le détail le cas particulier des offres publiques d'achat.

1 Les mécanismes de l'acquisition par achat d'actions

Une opération d'acquisition par achat d'actions consiste en un transfert de propriété des titres de contrôle d'une société cible de ses actionnaires vers la société acquéreur. Le transfert s'effectue dans le cadre d'un achat simple des actions ou parts sociales concernées. Les actionnaires de la société cible qui acceptent d'apporter leur titre à l'opération sont appelés les cédants ou vendeurs. L'acheteur est la société initiatrice de l'opération. Le transfert de propriété s'effectue à son bénéfice. L'acquisition par achat d'actions peut être aussi le fait d'une personne physique. Lors d'une opération d'acquisition par achat d'actions, l'acquéreur rémunère les actionnaires de la cible par un décaissement, au comptant ou à terme, qui correspond à une sortie réelle de fonds.

On parle d'acquisition ou de prise de participation majoritaire, lorsque le nombre de titres acquis permet d'obtenir le contrôle de la société cible et de prise de participation minoritaire dans les autres cas. Cette distinction n'est cependant pas aussi nettc. La notion dc contrôle peut en effet être définie selon différents angles de vue. Au plan juridique, le contrôle implique la possession de plus de 50 % des droits de vote. Dans la réalité, le contrôle dépend de la géographie du capital. Si le capital est composé d'un actionnariat très dispersé, il n'est pas nécessaire de disposer de plus de 50 % des droits de vote pour contrôler de fait la société. En outre, on distingue aussi le contrôle lors des assemblées ordinaires (majorité simple) qui permet de contrôler le management de l'entreprise du contrôle aux assemblées extraordinaires (majorité des deux tiers) qui permet de contrôler les statuts de l'entreprise et donc la plupart des opérations de restructuration.

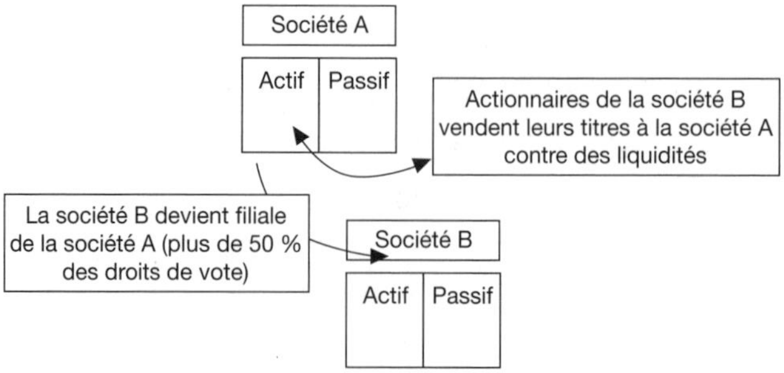

Figure 4.1 – *Acquisition par achat d'actions*

La décision de réaliser une opération d'acquisition d'une société cible par achat d'actions relève de la compétence unique du management[1] (PDG, Directoire, ou gérants). Dans un certain sens, cela revient à réaliser un investissement financier traditionnel. Les principales différences résident dans les montants en jeu qui peuvent nécessiter la mise en place de financements spécifiques et dans la création

1. Il faut noter que cette situation n'est pas forcément vraie dans tous les pays où la décision de réaliser une opération d'acquisition peut aussi être soumise au vote des assemblées d'actionnaires.

d'une relation de type société mère/société filiale, avec tout ce que cela implique d'engagements pour l'acquéreur.

La fixation du prix des actions proposées à l'achat aux actionnaires de la cible joue un rôle primordial dans les opérations d'acquisition. Pour convaincre les actionnaires de la cible de participer à l'opération et d'apporter leurs titres à l'acquéreur, ce dernier est souvent contraint de proposer un prix supérieur à la valeur de marché. La différence entre le prix proposé et la valeur de marché de la cible avant l'opération est appelée *prime d'acquisition*. Cette prime constitue une estimation de la valeur attribuée par le management de l'acquéreur pour obtenir le contrôle de la cible. Elle doit être suffisamment attractive pour amener les actionnaires de la cible à accepter de vendre leurs actions. Elle doit être suffisamment réaliste sur le plan économique pour que l'entreprise initiatrice puisse rentabiliser cet investissement. La fixation d'une prime d'acquisition trop élevée explique de nombreux échecs en matière d'acquisition (voir chapitres 6 et 8). En fonction du prix fixé pour prendre le contrôle de la cible, les montants engagés dans des opérations d'acquisition peuvent être très importants et impliquer des décaissements non négligeables pour l'acquéreur. Ces décaissements lui imposent souvent de redéfinir sa politique financière d'une part pour mobiliser les fonds nécessaires à l'achat des actions et d'autre part pour tenir compte de l'évolution de son périmètre d'action (suite à l'achat de la cible devenue filiale du nouvel ensemble). Les fonds mobilisés pour rémunérer les actionnaires de la cible peuvent provenir de plusieurs sources, et principalement de :

- l'autofinancement si l'entreprise a accumulé des réserves de trésorerie ;
- l'endettement si l'entreprise a des capacités d'endettement suffisantes ;
- l'émission d'actions nouvelles par le biais d'augmentation de capital.

Il faut souligner que l'émission d'actions nouvelles impose d'obtenir l'accord de l'assemblée générale extraordinaire. La décision de réaliser une opération d'acquisition est alors contrôlée indirectement par les actionnaires de l'acquéreur du fait de la politique financière spécifique qu'elle impose[1]. Le chapitre 6 de cet ouvrage présente une approche détaillée de l'influence du financement dans l'organisation de la prise de contrôle de la cible.

2 Le traitement des survaleurs

Parmi les points clés associés aux acquisitions, la question du traitement des survaleurs (le *goodwill*) est souvent au cœur des préoccupations des acteurs. Le *goodwill* est défini comme la différence constatée entre le prix payé lors d'une acquisition et l'actif net corrigé de la cible (ANC), c'est-à-dire comme la différence entre la valeur de marché de la cible et sa valeur comptable.

1. Ce point est à nuancer dans le cas des grands groupes cotés qui font généralement voter par l'assemblée générale des actionnaires une délégation donnée au conseil d'administration pour procéder en cours d'année à d'éventuelles augmentations de capital.

Les justifications souvent avancées pour expliquer ces écarts sont multiples et intègrent des éléments comme les actifs immatériels non valorisés dans le bilan (marques, brevets, savoir-faire...), le potentiel de croissance de l'entreprise acquise... D'un point de vue conceptuel, le *goodwill* peut être défini comme la valeur actuelle d'un sur-profit réalisé par l'entreprise, du fait de ses compétences et savoir-faire spécifiques et de la détention d'avantages concurrentiels particuliers. Le sur-profit est défini comme la différence entre le bénéfice net comptable effectif et le bénéfice requis par les actionnaires (compte-tenu du risque que représente un investissement dans les entreprises concernées). Le *goodwill* est alors obtenu en actualisant sur une période donnée le sur-profit au taux requis par les actionnaires. La durée de la période doit *a priori* correspondre à la durée pendant laquelle les avantages concurrentiels spécifiques de l'entreprise vont lui permettre de gagner plus que le bénéfice requis par les actionnaires. La valeur du *goodwill* d'une entreprise peut être estimée à partir la formule suivante :

$$Goodwill = (BNC - R_a \times ANC) \times \frac{(1 - (1 + R_a)^{-n})}{R_a}$$

avec :

BNC : Bénéfice net comptable

ANC : Actif net comptable corrigé

R_a : Taux requis par les actionnaires

n : durée de l'existence d'un sur-profit.

Au-delà des diverses approches existantes visant à justifier et à quantifier *a priori* le *goodwill*, on constate dans les faits une différence souvent importante entre la valeur comptable d'une entreprise et le prix d'achat de la cible au moment de la transaction. Techniquement, la différence constatée repose sur une différence de perspective dans les méthodes d'évaluation. La valeur comptable de l'entreprise cible (en tant qu'entité autonome) indique au mieux la valeur de revente de ses actifs diminués de ses dettes. Quant au prix d'achat de la cible au moment de la transaction, il va intégrer non seulement le potentiel de création de valeur de l'entreprise cible (en tant qu'entité autonome) mais également une partie de la valeur anticipée des synergies (issues du rapprochement avec l'acquéreur).

Au-delà des considérations conceptuelles sur la nature des survaleurs, leur mise en exergue lors des opérations d'acquisition implique qu'elles soient traitées sur le plan comptable pour ré-établir l'équilibre entre le prix d'achat de la cible et sa valeur comptable.

Pour comprendre le mécanisme du traitement comptable des survaleurs, il faut rappeler que réaliser une acquisition revient à acheter des titres qui amènent la société acquise à devenir une filiale de la société initiatrice. Par conséquent, le constat de la survaleur est réalisé dans le cadre de la relation société-mère/société-filiale et entre donc dans la logique des comptes consolidés. Si l'on considère les deux sociétés, l'acquéreur et la cible, dans leur unicité, la question comptable de la survaleur n'existe pas. La survaleur apparaît en effet uniquement dans les comptes consolidés de la société mère.

Depuis 2005, les nouvelles normes comptables internationales dites normes IAS-IFRS s'appliquent en France pour l'établissement des comptes consolidés des sociétés cotées. Par ailleurs, tous les groupes français de sociétés non cotées peuvent aussi faire le choix des normes comptables internationales pour l'établissement de leurs comptes consolidés.

La survaleur ou *goodwill* correspond à la différence entre le prix d'acquisition des titres de la cible et la valeur nette comptable de la quote-part des capitaux propres correspondants. La comptabilisation d'une survaleur s'explique par la nécessité d'équilibrer le bilan consolidé du groupe. Techniquement deux options sont possibles. Soit l'on impute la différence positive sur les capitaux propres consolidés (en soustraction des réserves), soit l'on comptabilise la différence positive à l'actif du bilan consolidé. L'exemple suivant présente les deux options (en M€).

La société X réalise l'acquisition de 80% des actions de la société Y pour 80.

Bilan société X

Actifs	300	Capitaux propres	300
Trésorerie	100	Dettes	100

Bilan société Y

Actifs	100	Capitaux propres	50
		Dettes	50

Après l'opération les bilans des deux sociétés sont les suivants :

Bilan société filiale Y

Actifs	100	CP	50
		Dettes	50

Survaleur = 80 – 80% x 50 = 40

Bilan société mère X

Actifs	300	CP	300
Titres filiale	80		
Trésorerie	20	Dettes	100

Bilan consolidé – avec imputation de la survaleur sur les capitaux propres consolidés

Bilan consolidé

Actifs (300+100)	400	CP part du groupe (300 - (80 – 50 x 80%)	260
		Intérêts minoritaires (50 x 20%)	10
Trésorerie	20	Dettes (100+50)	150

Bilan consolidé – avec comptabilisation de la survaleur à l'actif du bilan consolidé

Bilan consolidé

Survaleurs (80 - 80)	40	CP part du groupe	300
Actifs (300+100)	400	Intérêts minoritaires (50 x 20%)	10
Trésorerie	20	Dettes (100+50)	150

L'étude des deux options met clairement en évidence que dans le cas de l'imputation de la survaleur sur les capitaux propres consolidés, ces derniers sont diminués de manière artificielle. En effet, l'entreprise X dont les capitaux sont de 300 M€ a utilisé une partie de ses disponibilités, pour acquérir 80 % des actions de la société Y. En partant de l'hypothèse que le prix d'acquisition est un juste prix, la société X ne détruit pas de valeur en réalisant l'acquisition, il n'y a donc aucune raison pour que les capitaux propres du groupe diminuent. Dans le cas où l'on comptabilise à l'actif la survaleur, on peut noter que les « capitaux propres part du groupe » sont égaux aux capitaux propres de la société mère avant l'opération. Ces capitaux correspondent aux capitaux apportés par les actionnaires à la société X. Ces capitaux ont ensuite permis à la fois d'acquérir des actifs (pour 300 M€), des titres de participation (80 % des actions de la filiale Y pour 80 M€), tout en maintenant un niveau de trésorerie de 20 M€ (soit un actif total de 400 M€). Les actifs réellement contrôlés par le groupe sont égaux à 400 M€ (300 M€ + 100 M€), la trésorerie à disposition est de 20 M€ tandis que le surplus de valeur liée au potentiel de création de valeur de la filiale est de 40 M€, soit un actif consolidé total de 460 M€. Ces actifs consolidés sont financés à hauteur de 300 M€ en capitaux propres part du groupe (il s'agit de la part qui revient aux actionnaires de la société mère), de 10 M€ en capitaux propres revenant aux actionnaires minoritaire de la filiale, de 150 M€ en dettes financières (dont 100 M€ au niveau de la société mère et 50 M€ au niveau de la filiale).

➤ *Le traitement des survaleurs selon les normes internationales (IAS-IFRS)*

Selon les normes IAS-IFRS, seule une partie de la différence entre le prix payé et la valeur comptable des titres de la cible est comptabilisée en écart d'acquisition. En effet, une fraction de cette différence doit être enregistrée sous la forme d'une part d'une réévaluation des actifs et passifs de la cible et d'autre part d'une valorisation des actifs incorporels de la cible non comptabilisés avant l'opération (marques, brevets, fonds de commerce,...).

Notons que dans l'hypothèse où la différence entre le prix payé et la valeur comptable de la cible est négative, cette dernière est enregistrée en une seule fois dans le compte de résultat où elle prend la forme d'un profit non récurrent.

En normes IAS-IFRS, l'écart d'acquisition ne fait pas l'objet d'amortissements systématiques. Tous les ans, un test de dépréciation doit être réalisé (*impairment test* en anglais), sous la forme d'une estimation de la valeur financière de la filiale (à partir de la méthode des flux de trésorerie actualisée notamment). Si le test démontre une perte de valeur de la filiale telle que la valeur « réelle » de l'écart d'acquisition devient inférieur à sa valeur comptable, alors le groupe doit passer une provision pour dépréciation. Si cette provision ne modifie pas le flux de trésorerie disponible du groupe, elle traduit néanmoins une véritable perte de valeur pour les actionnaires du fait d'une dévalorisation de la filiale considérée.

➤ *Le traitement des survaleurs selon les normes comptables françaises*

Pour les groupes non cotés composés de sociétés de droit français, les règles françaises en matière de comptes consolidés continuent à s'appliquer (sauf pour les groupes qui souhaitent appliquer les normes internationales). Dans cette perspective, la survaleur est comptabilisée dans le compte « Écart de première consolidation ». Ce compte comprend deux postes différents qui distinguent :

- *les écarts d'évaluation*, correspondant aux différences constatées après les réévaluations de certains actifs du bilan de la cible au moment de l'acquisition,
- *l'écart d'acquisition*, correspondant à la différence restante avec le prix d'acquisition réellement payé.

Si la différence entre le prix payé et la valeur comptable de la cible est négative, cette dernière fait l'objet d'une provision pour risque et apparaît donc au passif du bilan consolidé.

L'écart de première consolidation peut être amorti sur plusieurs années (ou faire l'objet d'un plan de reprise sur provision sur une durée de 5 ans s'il est négatif). Cet amortissement affecte le résultat consolidé du groupe mais n'a pas d'incidence sur les flux de trésorerie futurs du nouvel ensemble ni d'impact sur son résultat fiscal (il ne procure par conséquent aucune économie d'impôt). Le plan d'amortissement du goodwill est généralement défini sur une période comprise entre 20 et 40 ans. Le plan d'amortissement ne peut pas être modifié au cours de cette période, sauf si une évolution défavorable de la valeur de la cible est constatée et doit donner lieu à une dépréciation exceptionnelle.

Les dépréciations exceptionnelles de survaleurs liées à des achats d'actions peuvent amener le nouvel ensemble à présenter des résultats très fortement négatifs. Ces résultats sont souvent exceptionnels et marquent les esprits par les montants en jeu. Il ne faut cependant pas se tromper dans l'interprétation de certaines pertes abyssales. Les pertes comptables enregistrées dans les comptes consolidés correspondent à une diminution de la valeur de certaines filiales (et donc du groupe) mais pas forcément à des pertes d'exploitation.

3 Le cas particulier des offres publiques d'achat (OPA)

Les opérations d'acquisition doivent être traitées avec la plus grande prudence lorsque la cible est cotée en bourse. Elles doivent impérativement suivre un formalisme important qui encadre fortement ces pratiques. Le cadre réglementaire qui s'applique est celui des offres publiques. Dans le cas d'acquisitions par achat d'actions, on parle alors d'offres publiques d'achat. Il existe sur le principe d'autres manières d'acquérir une entreprise cible cotée en bourse :

- la négociation de bloc de contrôle, c'est-à-dire l'achat d'une participation importante à un actionnaire de référence en dehors des cotations boursières,
- le ramassage en bourse, c'est-à-dire la prise de participation progressive par achat sur le marché boursier.

Néanmoins, il convient de souligner que ces opérations sont soumises à de nombreuses contraintes réglementaires. Cette réglementation conduit *in fine* les prises de participation progressives au déclenchement d'OPA obligatoires (3.2). Il en va de même au niveau des négociations de bloc de contrôle qui aboutissent à mettre en œuvre une procédure dite de garantie de cours (3.3). La conséquence principale de ces règlements pour l'acquéreur est de potentiellement surenchérir le coût d'une acquisition, en l'obligeant éventuellement à acheter 100 % du capital de la cible.

3.1 Le processus d'une offre publique d'achat (OPA)

Les offres publiques d'achat sont régies par le règlement général de l'Autorité des Marchés Financiers[1] (Livre II – Émetteurs et information financière, Titre III Offres publiques d'acquisition[2]) La réglementation a pour objet d'assurer la transparence des opérations et de garantir un traitement équitable pour tous les actionnaires et en particulier les actionnaires minoritaires. L'article 231-3 du règlement général de l'AMF stipule ainsi :« En vue d'un déroulement ordonné des opérations au mieux des intérêts des investisseurs et du marché, toutes les personnes concernées par une offre publique doivent respecter le libre jeu des offres et de leurs surenchères, d'égalité de traitement et d'information des détenteurs des titres des personnes concernées, de transparence et d'intégrité du marché et de loyauté dans les transactions et la compétition ».

➤ *Les caractéristiques d'un processus d'OPA*

La préparation de l'offre publique est réalisée en partie par un prestataire de services d'investissement qui dépose un projet d'offre publique auprès de l'Autorité des marchés financiers. Notons que le dépôt du projet auprès de l'AMF entraîne l'irrévocabilité de l'offre. Le projet comprend une lettre adressée à l'AMF et un projet de note d'information établi par l'initiateur conjointement ou non avec la société cible (en cas d'offre amicale). La lettre adressée à l'AMF doit obligatoirement comprendre les mentions suivantes :

- les objectifs et intentions de l'initiateur ;
- le nombre et la nature des titres de la société visée qu'il détient déjà seul ou de concert ou peut détenir à sa seule initiative ainsi que la date et les conditions auxquelles leur acquisition a été réalisée ;
- le prix d'échange auxquels l'initiateur offre d'acquérir les titres, les éléments qu'il a retenus pour les fixer et les conditions de paiement prévues ;
- éventuellement, les conditions sous lesquelles l'offre sera déclarée positive (ces conditions impliquent généralement l'acquisition d'un nombre minimum de titres exprimés en pourcentage du capital ou des droits de vote[3]) et/ou une condition

1. En 2003, la loi sur la sécurité financière a créé l'Autorité des Marchés Financiers (AMF), en fusionnant la Commission des opérations de bourse (COB), le Conseil des marchés financiers (CMF) et le Conseil de discipline de la gestion financière (CDGF).
2. Homologué par arrêté du 12 novembre 2004, Journal officiel du 24 novembre 2004.

suspensive liée à l'obtention d'une décision positive suite à une demande d'autorisation formulée auprès des autorités en charge du contrôle des concentrations.

Dès le dépôt de l'offre, l'AMF rend public le projet d'offre. L'AMF peut alors demander à l'entreprise de marché assurant le fonctionnement du marché réglementé de suspendre la négociation des titres de l'entreprise visée. Le prestataire de service d'investissement communique à la société visée le projet de note d'information le jour du dépôt de celui-ci à l'AMF. Le projet de note fait en outre l'objet d'un communiqué et doit pouvoir être diffusé de manière intégrale auprès du public tout en précisant que « l'offre et la diffusion au public de la note d'information restent soumises à l'approbation de l'AMF ». Suite au dépôt de l'offre, l'AMF dispose de 5 jours de négociation pour examiner la recevabilité du projet et procéder à l'instruction du projet de note d'information.

L'examen de la recevabilité repose sur l'étude des points mentionnés sur la lettre adressée à l'AMF (voir ci-dessus). En particulier, l'AMF s'assure que le projet d'offre respecte les principes généraux édictés au sein de l'article 231-3. L'AMF publie sa décision sur la recevabilité et peut alors décider la reprise des négociations des titres si celles-ci sont encore suspendues. Le projet de note d'information comprend :

- une description de l'identité de l'initiateur, de son activité, de sa situation comptable et financière ;
- une précision de ses intentions concernant la cible sur les 12 mois à venir ;
- la teneur de son offre (le prix proposé, le nombre de titres qu'il souhaite acquérir, le nombre de titres qu'il détient déjà, seul ou de concert, les conditions de financement de l'opération et leurs implications) ;
- les accords relatifs à l'offre ;
- l'avis motivé de l'organe compétent de l'initiateur (conseil d'administration, conseil de surveillance ou autre) sur l'intérêt de l'offre ou sur ses conséquences pour l'initiateur ainsi que sur les conditions de vote dans lesquelles cet avis a été obtenu.

Dès que l'AMF appose son visa sur la note d'information, cette dernière doit être transmise à la société cible qui dispose alors de 5 jours de négociation pour remettre à l'AMF un projet de note de réponse (en cas d'offre hostile). L'AMF dispose ensuite de 3 jours pour apposer son visa sur la note de réponse. Le calendrier de l'offre est alors fixé par l'AMF à la suite de la publication de la note d'information

3. Cette possibilité est désormais complétée par l'article 231-11 du règlement général de l'AMF qui stipule que « lorsqu'un même initiateur dépose des projets d'offres sur des sociétés distinctes, il peut prévoir de ne donner une suite positive à l'une des offres, si le seuil stipulé est atteint, qu'à condition que le seuil soit également atteint dans l'autre ou les autres offres. Pendant la durée des offres, l'initiateur peut renoncer à cette conditionnalité, notamment en cas d'offres concurrentes et de surenchères sur l'une des sociétés visées ».

ou de la note de réponse. La durée effective de l'offre est de 25 jours si l'opération est amicale et de 35 jours dans le cas d'une opération hostile. Le résultat de l'offre est publié 9 jours de bourse au plus tard après la date de clôture de l'offre. La publication de ce résultat par l'AMF clôture l'opération. La durée de l'offre peut être plus longue si l'on est en présence de surenchère ou en cas de contestation en justice par la cible des décisions de l'AMF.

➤ ***Les surenchères ou offres concurrentes***

Pour être recevable, une offre concurrente doit être proposée à un prix supérieur d'au moins 2 % à celui de l'offre initiale. L'offre concurrente doit impérativement être déposée cinq jours avant la clôture de l'offre antérieure. L'AMF doit se prononcer sur la recevabilité de l'offre concurrente. L'initiateur de l'offre initiale peut alors réagir dans un délai de cinq jours, soit en renonçant à son projet d'offre publique, soit en modifiant les conditions de son offre initiale (surenchère). Il est à noter que désormais, l'AMF peut fixer une date limite pour le dépôt d'une dernière surenchère par les différents acteurs en compétition sur une cible, afin d'éviter que ne durent des batailles boursières pendant plusieurs mois.

➤ ***Les certificats de valeur garanties (CVG)***

Le certificat de valeur garantie est un instrument de gestion des offres publiques qui vise soit à favoriser l'acceptation d'une offre publique d'échange par les actionnaires (CGV offensif), soit à ne pas inciter tous les actionnaires à répondre à l'OPA (CVG défensif). Les CVG défensifs se justifient, lorsqu'un acquéreur souhaite obtenir la majorité d'une cible mais ne pas en détenir 100 % des droits de vote. Le couplage d'une OPA avec des CVG permet de limiter le nombre de titres apportés à l'offre publique et donc le coût de l'opération d'acquisition.

➤ ***La loi sur les nouvelles régulations économiques***

La loi sur les nouvelles régulations économiques a modifié certaines dispositions du droit boursier particulièrement importantes en ce qui concerne les OPA. Désormais, une offre publique non obligatoire peut être lancée avec une condition d'obtention d'un nombre minimum de titres. Dans ce cas, le succès de l'offre est conditionné par l'obtention du nombre de titres minimum fixé dans l'offre. De même, il devient possible de lancer une offre double conditionnée par la réussite sur les deux cibles. Enfin, une société initiatrice qui viendrait à l'issue de l'offre à disposer de plus des deux tiers des droits de vote de la cible (ou plus de la moitié en cas d'offres multiples) peut rouvrir l'offre dans les 10 jours qui suivent la publication de l'avis de résultat, sous réserve que la nouvelle offre soit faite aux mêmes conditions que celles de l'offre initiale. Sur le plan des contraintes, la loi sur les nouvelles régulations économiques permet désormais au comité d'entreprise de la cible de convoquer l'initiateur de l'offre pour être auditionné. Si l'initiateur refuse de se rendre à cette convocation, il court le risque de voir les actions acquises au cours de l'offre publique d'achat privées de droits de vote.

3.2 Le risque de déclenchement d'une OPA obligatoire

Afin d'éviter des prises de contrôle rampantes, la réglementation impose à toute société initiatrice d'informer la société cible et l'AMF lorsque les seuils de 5 %, 10 %, 20 %, 33,33 %, 50 % et 66,66 % de détention du capital de la cible sont franchis (en nombre d'actions ou en droits de vote). Cette information doit en outre être accompagnée d'une déclaration d'intention précisant les objectifs de l'entreprise initiatrice vis-à-vis de la cible, lorsque les seuils de 10 % et 20 % sont franchis. Il est à noter que l'ensemble de la réglementation concernant le déclenchement d'une OPA obligatoire s'entend dans les cas d'une personne agissant seule (personne physique ou morale) ou plusieurs personnes agissant de concert. Lorsque le seuil de 33,33 % des droits de vote est franchi, la société initiatrice doit déposer un projet d'OPA obligatoire qui étend son offre à 100 % du capital[1]. Dans le cas d'une OPA obligatoire, il n'est pas possible d'assortir son offre d'une condition minimum de titres acquis. Le déclenchement d'une OPA peut aussi être obligatoire lorsqu'au cours d'une opération d'acquisition, la cible détient une filiale, à plus de 50 %, elle-même cotée et que cette filiale constitue une part essentielle de ses actifs.

L'article 234-8 du règlement général de l'AMF précise plusieurs motifs permettant d'obtenir une dérogation à l'obligation de mise en œuvre d'un projet d'offre publique :

- Transmission à titre gratuit entre personnes physiques, distribution d'actifs réalisés par une personne morale au prorata des droits des associés.
- Souscription à l'augmentation de capital d'une société en situation avérée de difficulté financière, soumise à l'approbation de l'assemblée générale des actionnaires.
- Opération de fusion ou d'apports d'actifs soumise à l'approbation de l'assemblée générale des actionnaires.
- Cumul d'une opération de fusion ou d'apport soumis à l'approbation de l'assemblée générale des actionnaires et de la conclusion entre actionnaires des sociétés concernées par l'opération, d'un accord constitutif d'une action de concert.
- Réduction du nombre total de titres de capital ou du nombre de droits de vote existant dans la société visée.
- Détention de la majorité des droits de vote de la société par le demandeur ou par un tiers, agissant seul ou de concert.
- Opération de reclassement, ou s'analysant comme un reclassement, entre sociétés ou personnes appartenant à un même groupe.

1. Il faut noter que l'AMF peut autoriser le franchissement temporaire du tiers si le franchissement ne dépasse pas 3 % des droits de vote et du capital et si sa durée n'excède pas 6 mois.

3.3 La procédure de garantie de cours

Selon le règlement de l'AMF, toute personne qui acquière un bloc de contrôle (c'est à dire un ensemble d'actions lui conférant plus de 50 % des actions ou des droits de vote de l'entreprise cible) doit déposer un projet de garantie de cours. Cette opération donne lieu à l'établissement d'une note d'information soumise au visa de l'AMF.

La procédure de garantie de cours a pour objectif de garantir un traitement identique entre les actionnaires majoritaires (qui possèdent initialement le bloc de contrôle cédé) et les actionnaires minoritaires. Ceci implique que toute personne (physique ou morale) qui acquière, pour un certain prix un bloc de contrôle, doit proposer une offre équivalente à l'ensemble des autres actionnaires pendant une durée de 10 jours. La conséquence directe de ce règlement est naturellement de renchérir de manière importante le coût d'acquisition du contrôle, puisque l'offre peut in fine porter sur l'ensemble du capital et non uniquement sur la fraction de contrôle initialement visée. Il est à noter que l'AMF peut placer cette opération sous le régime de l'OPA obligatoire. Dans ce cas de figure, l'opération est réalisée dans le cadre de la procédure d'offre simplifiée (cf. Art 233-1 à 233-7 du règlement général de l'AMF).

Section 2 LES ACQUISITIONS PAR ÉCHANGE D'ACTIONS

Les opérations d'acquisition financées par des actions ont connu un fort développement ces dernières années notamment dans le secteur des entreprises à forte croissance (*cf.* nouvelles technologies). Ces opérations permettent à une entreprise à faibles capitaux propres de réaliser des opérations de grandes envergures sur la base de sa valeur de marché. Il est proposé ci-après de décrire les mécanismes de ces opérations en soulignant les points clés sur le plan technique.

1 Les mécanismes de l'acquisition par échange d'actions

Les acquisitions par échange d'actions sont proches à la fois des opérations d'acquisition traditionnelles (la cible devenant une filiale de l'acquéreur) et des opérations de fusion (les actionnaires de la cible devenant actionnaires de l'acquéreur). Ceci explique pourquoi ces opérations sont souvent répertoriées comme des opérations de fusion et non des opérations d'acquisition. On parle alors de fusion à l'anglaise. Cependant, la dénomination de « fusion » pour ce type d'opération constitue une source d'erreur et de confusion. Comme nous le verrons dans la section suivante, la fusion au sens strict implique la confusion des patrimoines entre la société absorbante et l'absorbée, et entraîne de ce fait de nombreuses implications notamment aux plans comptable, fiscal et social. L'acquisition par échange d'actions ne constitue pas une opération de fusion au sens strict mais constitue tout simplement une opération de prise de participation majoritaire par échange de titres. Contrairement à la fusion, l'acquisition par échange d'actions n'entraîne pas la disparition de l'entreprise absorbée ni la confusion des patrimoines. Les opérations mises en œuvre ne concernent que les actionnaires des sociétés concernées.

Les principes généraux de l'acquisition par échange d'actions sont assez simples. L'entreprise initiatrice propose aux actionnaires de l'entreprise cible d'échanger leurs actions contre les actions de l'entreprise initiatrice. À cette occasion, l'entreprise initiatrice effectue une augmentation de capital par émission de nouveaux titres et propose l'échange de ces nouvelles actions contre des actions de la cible. Une fois l'opération terminée, les actionnaires de la cible qui ont accepté l'échange deviennent actionnaires de la société initiatrice, tandis que la société cible devient une filiale de l'initiatrice. Dans la pratique, les opérations d'acquisition par échange d'actions peuvent être un préalable à la réalisation d'une véritable fusion. Dans cette optique, si la société cible est cotée, on procède préalablement à une opération de retrait de la cote (offre publique de retrait suivie d'une procédure de retrait obligatoire) et ensuite seulement on met en œuvre la procédure de fusion proprement dite.

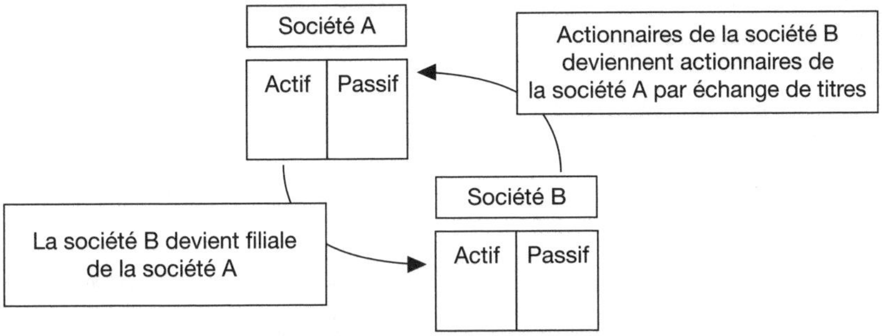

Figure 4.2 – *Acquisition par échange d'actions*

L'importance des opérations d'acquisition par échange d'actions s'explique notamment par les avantages importants que procurent ce type d'opération. Elle permet en effet de :

- prendre le contrôle effectif d'une autre société sans sortie de liquidité ;
- bénéficier du régime spécial des fusions pour les droits d'enregistrement[1] ;
- éviter les harmonisations fiscales, comptables et sociales qui impliquent la réalisation de travaux lourds et peuvent poser de nombreuses difficultés notamment au plan de la gestion sociale de la fusion.

1. Les opérations d'acquisition par échange d'actions peuvent bénéficier de l'application du régime spécial des fusions si l'offre d'échange porte sur au moins 75 % du capital et si les sociétés concernées sont des sociétés de capitaux et ont leur siège en France ou dans l'Union européenne.

Sur le plan technique, le point clé d'une opération d'acquisition par échange d'actions réside dans la fixation de la parité d'échange. La parité d'échange indique combien d'actions de la société initiatrice peut obtenir un actionnaire de l'entreprise cible qui accepte d'échanger une seule de ses actions. Naturellement, les cas où la parité est un nombre entier sont rares, elle s'exprime souvent en fraction (par exemple sous la forme « 3 actions de la société acquéreur contre 2 actions de la société cible »). La parité d'échange correspond au rapport observé entre les valeurs économiques des deux entités, augmentée éventuellement d'une prime de contrôle. Elle permet en outre de déterminer le nombre d'actions théoriques à émettre par la société acquéreur, en vue de procéder à l'échange. Le nombre final des actions à émettre sera naturellement fonction du pourcentage d'actionnaires de la cible ayant répondu favorablement à l'offre.

La parité d'échange indique pour un actionnaire de la société cible, combien d'actions de la société acquéreur il peut obtenir en échange d'une action de la société cible → $\text{Parité} = P_{cible} / P_{acquéreur}$

avec P_{cible} la valeur économique proposée pour une action de la cible et $P_{acquéreur}$ la valeur économique d'une action de l'acquéreur

La parité d'échange permet aussi de déterminer :

– le nombre d'actions nouvelle à émettre par l'acquéreur ($AN_{acquéreur}$) → $AN_{acquéreur} = P_{cible} / P_{acquéreur} \times N_{cible}$

avec N_{cible} le nombre d'actions émises par la cible avant l'opération

– le pourcentage détenu par les actionnaires de l'acquéreur après l'opération ($\%_{acquéreur}$) → $\%_{acquéreur} = N_{acquéreur} / (N_{acquéreur} + AN_{acquéreur})$

avec $N_{acquéreur}$ le nombre d'actions émises par l'acquéreur avant l'opération

Figure 4.3 – *La parité d'échange*

Les opérations d'acquisition par échange d'actions ne sont cependant pas exemptes d'inconvénients. En particulier, le principe même du paiement par actions implique une modification de la géographie du capital, puisque les actionnaires de la cible deviennent actionnaires de la société initiatrice. L'acquisition par échange d'actions modifie donc la répartition du pouvoir de contrôle de l'entreprise initiatrice. Il importe à cet égard de ne pas confondre le pouvoir managérial qui est détenu par les dirigeants de l'initiateur avec le pouvoir de contrôle qui est détenu par l'ensemble des actionnaires de la société initiatrice après l'opération (y compris les anciens actionnaires de la cible).

En outre, l'acquisition par échange d'actions présente un effet secondaire important qui peut se retourner contre l'initiateur en cas d'évolution de la conjoncture boursière : l'effet de dilution. Cette opération implique en effet une augmentation de capital qui trouve sa compensation par la prise de participation dans la société cible. En augmentant son capital, l'initiateur diminue immédiatement ses ratios de performance financière et en particulier le ratio de bénéfice par action. Ce phénomène appelé dilution n'est pas à négliger puisqu'il est à la base de nombreux avis des analystes financiers. Pour éviter un impact négatif sur le cours, il est impératif que le résultat consolidé du nouvel ensemble (résultat de l'initiateur et de sa nouvelle filiale) compense l'élévation du dénominateur des ratios. Par ailleurs, il ne faut pas oublier que contrairement à l'opinion courante, l'émission d'actions ne constitue pas le financement le moins cher mais bien au contraire le plus onéreux. En effet, en tant que créanciers résiduels, les actionnaires demandent une rémunération qui incorpore une prime de risque qui surenchérit le coût d'un financement par actions par rapport à un financement par dette (sous réserve de la prise en compte des risques de faillite – voir chapitre 5). En outre, la prime payée pour acquérir la cible (qui s'exprime par un rapport d'échange avantageux) impose de dégager une rentabilité économique globale importante pour compenser l'effet de dilution. En cas de non réalisation des résultats, les actionnaires risquent alors de sanctionner l'opération, sanctions qui peuvent se traduire par une baisse significative de la valeur du nouvel ensemble.

2 Le traitement des survaleurs

Dans le cas où les normes internationales IAS-IFRS s'appliquent, le traitement des survaleurs est strictement identique à celui présenté pour le cas des acquisitions par achat d'actions, à savoir :

- la comptabilisation du *goodwill* à l'actif du bilan consolidé,
- L'absence de plan d'amortissements systématique,
- La pratique annuelle d'un test de dépréciation visant à ajuster le poste « *Écart d'acquisition* » en cas de baisse de la valeur de marché de la filiale.

Notons cependant que dans le cas d'une opération d'acquisition par échange d'actions, le montant des capitaux propres de la société mère est augmenté mécaniquement du fait de l'augmentation de capital qui précède l'échange d'actions. Dans le cas où les règles françaises s'appliquent, on peut noter que la société mère peut opter pour deux méthodes de comptabilisation différentes :

- la méthode classique avec un traitement de la survaleur identique à celui présenté pour les acquisitions par achat d'actions (*purchase accounting*) ;
- la méthode dite de « mise en commun » (*pooling of interest*) qui permet d'intégrer la société acquise dans les comptes consolidés du groupe sur la base de la valeur comptable de son actif et de son passif.

La procédure de « mise en commun » est une méthode dérogatoire autorisée en France depuis 1999 qui ne peut s'appliquer que si quatre conditions sont remplies :

- la transaction est effectuée en une seule fois et porte sur au moins 90 % du capital de la cible,
- le paiement est réalisé à partir de nouvelles actions émises par l'acquéreur,
- les versements éventuels en espèce sont limités à 10 % au plus du montant rémunéré en titres,
- la substance de la transaction ne doit pas être remise en cause pendant au moins deux ans.

Sur le plan théorique, le choix entre la méthode du *purchase accounting* ou du *pooling* devrait être neutre puisqu'il n'engendre aucune modification des flux de trésorerie futurs. Dans la pratique, il en est tout autrement. En effet, le choix de la méthode de la mise en commun modifie le résultat net consolidé à la hausse puisque aucun amortissement (ni aucune dépréciation) de survaleurs n'est comptabilisé. De plus, la comptabilisation de la cible, à partir de la valeur comptable de ses éléments de passif et d'actif et non à partir de sa valeur de marché, réduit mécaniquement les capitaux propres consolidés. Cet artifice comptable amène par conséquent à augmenter de manière très importante la rentabilité des groupes, calculée sur la base de leurs comptes consolidés !

On peut donc constater que si la méthode du *pooling of interest* présente de nombreux avantages d'affichage, elle n'en demeure pas moins une méthode qui nuit à la transparence des comptes consolidés et à la compréhension réelle des mécanismes de création de valeur des groupes concernés. Cette méthode est aussi à la source de multiples confusions, en essayant de transformer une acquisition en une fusion. En effet, comme nous l'avons déjà évoqué, une acquisition par échange d'actions reste avant tout une acquisition. Or, le *pooling* par son mode de comptabilisation particulier, tend à renforcer cette appellation de fusion à l'anglaise. La confusion est d'autant mieux entretenue que le vocable anglo-saxon dénomme fusion (*merger*) des opérations d'acquisition par échange d'actions.

REPÈRES : Correspondance entre les terminologies française et anglo-saxonne

Acquisition	⇨ Acquisition par achat d'actions ou achat d'actifs
Takeover	⇨ Prise de contrôle
Subsidiary merger	⇨ Acquisition par échange d'actions
Statutory merger	⇨ Fusion-absorption
Consolidation	⇨ Fusion par création d'une société nouvelle

3 Le cas particulier des offres publiques d'échange (OPE)

Une opération d'acquisition par échange d'actions sur une société cible cotée en bourse s'effectue nécessairement dans le cadre d'une ***offre publique d'échange*** (OPE). La procédure d'une OPE est proche dans sa forme de celle d'une OPA ou de toute offre publique en général. Dans la majorité des cas, l'OPE concerne l'échange des actions de la cible contre des actions de l'acquéreur. Les actions de l'acquéreur, données en rémunération de la cible, sont issues d'une augmentation de capital qui n'est réalisée que si l'offre publique est positive. Il existe des opérations d'échange, où les actionnaires de la cible reçoivent d'autres titres que des actions de l'acquéreur, comme par exemple des obligations convertibles en actions. Dans le cas d'une OPE, la prime d'acquisition est calculée en comparant la parité proposée, qui est l'objet de la négociation, et la parité constatée par comparaison des cours de bourse avant la négociation.

REPÈRES : Calcul de la prime d'acquisition pour une OPE

La société A lance une OPE sur la société B et propose une parité de 1,8. La prime offerte aux actionnaires de B se calcule comme suit :

Prime = (parité négociée – parité observée) / parité observée

Cours précédant l'offre	Société A	Société B	Parité observée	Prime de l'offre
Dernier cours	95	145	1,52	18,4 %
Moyenne 3 mois	95	155	1,63	10,4 %
Moyenne 6 mois	85	142	1,67	7,7 %
Moyenne 12 mois	75	130	1,73	4 %
Maximum 12 mois	115	165	1,43	25 %
Minimum 12 mois	50	105	2,1	– 14 %

En matière d'OPE, il faut noter le rôle particulier joué par les certificats de valeur garantie de type offensifs. Ces derniers ne s'utilisent en effet que dans le cas d'OPE (ou d'OPA mixte incluant une partie d'échange d'actions). Lorsqu'une OPE est assortie de CVG offensifs, l'objectif visé est clairement d'inciter les actionnaires de la cible à accepter l'offre publique d'échange.

Le choix entre réaliser une acquisition par achat d'actions (OPA) ou par échange d'actions (OPE) relève avant tout d'un choix de financement de l'opération et de répartition de pouvoir. Les conséquences d'un choix entre OPA ou OPE sont cependant multiples et de nombreux facteurs peuvent entrer en ligne de compte. Tout d'abord en termes de signal donné au marché, l'OPA renvoie un signal positif, tandis que l'OPE peut constituer une indication selon laquelle les dirigeants de l'acquéreur considèrent que leurs actions sont sur-évaluées et qu'il est par conséquent préférable de procéder par OPE que par OPA. Sur le plan de la communication de l'opération, l'OPE peut être présentée comme une opération « entre égaux », généralement associée à une opération amicale (ce qui n'est pas toujours le cas) avec la possibilité d'une comptabilisation de type « mise en commun » (*pooling*) qui renforce l'idée d'une fusion.

Quant aux effets économiques, les conséquences du choix entre OPA ou OPE peuvent être aussi importantes. L'OPE a ainsi tendance à renforcer la structure financière du groupe du fait de l'émission d'actions nouvelles qui diminue mécaniquement le levier financier. À l'inverse, une OPA financée par une augmentation de l'endettement aura tendance à fragiliser la structure financière de l'acquéreur. Le choix entre OPA ou OPE est par conséquent un problème complexe qui n'a pas de solution unique *a priori*. Une telle décision ne peut être prise convenablement qu'après la prise en compte du contexte politique et financier de l'opération envisagée.

4 Le cas particulier des offres mixte et des offres alternatives

On parle d'offre mixte lorsque l'offre de l'initiateur comprend une partie en numéraire et une partie en échange d'actions. L'avantage de l'offre mixte est de permettre à l'initiateur de minimiser à la fois :

- la sortie de liquidités nécessaires à l'achat de la cible,
- la dilution du contrôle de l'initiateur.

Il s'agit d'une offre qui permet d'optimiser la structure financière du nouvel ensemble tout en évitant de donner une trop grand part du contrôle aux actionnaires de la cible.

On parle d'offre alternative lorsque l'initiateur propose plusieurs modalités aux actionnaires de la cible : numéraire ou échange, numéraire ou mixte, échange ou mixte. Notons que le prix proposé pour chacune des modalités n'est pas forcément identique. Cette liberté offerte aux actionnaires de la cible permet d'optimiser les chances de réussite d'une opération toute en optimisant ses différents paramètres.

Enfin, l'initiateur peut aussi proposer une offre principale accompagnée de plusieurs offres subsidiaires. Il s'agit dans ce cas d'offrir aux actionnaires de la cible un éventail de choix supplémentaire tout en limitant le nombre d'actions qui pourront être acquises aux conditions des offres subsidiaires. Cette pratique vise à offrir une liberté supplémentaire aux actionnaires de la cible tout en se garantissant d'un montant maximum achetée en numéraire (ou à l'inverse un montant maximum d'actions échangées).

Section 3

LES OPÉRATIONS DE FUSIONS

Les opérations de fusions au sens strict impliquent la confusion des patrimoines et la mise en commun au sein d'une même personnalité morale de l'ensemble de l'actif et du passif des deux sociétés concernées. Il est à noter qu'une même opération de fusion peut concerner deux ou plusieurs autres sociétés sans qu'il n'existe de limites sur le plan juridique. Dans la majorité des cas, les opérations de fusion concernent deux sociétés qui décident de s'unir pour n'en former plus qu'une seule[1].

Le choix de la fusion (au sens strict) est sans aucun doute le plus impliquant pour les différentes parties prenantes puisqu'il s'agit véritablement d'une mise en commun de l'ensemble des moyens mais aussi d'une évolution du pouvoir de contrôle, les actionnaires devenant communs. La décision de fusionner est en outre une décision irréversible, puisqu'elle entraîne la disparition d'au moins une des deux sociétés concernées (dissolution). Si une seule des deux sociétés disparaît, on parle de *fusion-absorption*. En revanche, si les deux sociétés disparaissent, on parle de *fusion par création d'une société nouvelle*. Cette distinction implique des conséquences juridiques différentes, notamment pour les parties prenantes de la société initiatrice. Dans la pratique, les opérations les plus fréquentes sont les fusions-absorptions. Ces deux opérations possèdent néanmoins de nombreuses caractéristiques communes et relèvent toutes les deux, sur le plan fiscal, du régime spécial des fusions.

1 La fusion-absorption

La fusion-absorption est une opération au cours de laquelle la société absorbée disparaît tandis que son patrimoine est transmis dans sa totalité à la société absorbante (*cf.* transmission universelle du patrimoine – incluant tous les éléments de l'actif et du passif de la société absorbée).

La fusion-absorption implique la réalisation « simultanée » de plusieurs opérations et en particulier :

- l'augmentation de capital de l'absorbant ;
- l'échange de titres entre les actions des sociétés absorbée et absorbante ;
- la transmission universelle du patrimoine de l'absorbée vers l'absorbante ;
- la dissolution de l'absorbée.

1. Les éléments présentés ci-dessous concernent principalement les sociétés de nationalité Française. Par ailleurs, il est à noter que dans l'attente de la constitution d'une société anonyme européenne, il n'est actuellement pas possible de fusionner, au sens strict, deux sociétés de nationalités différentes.

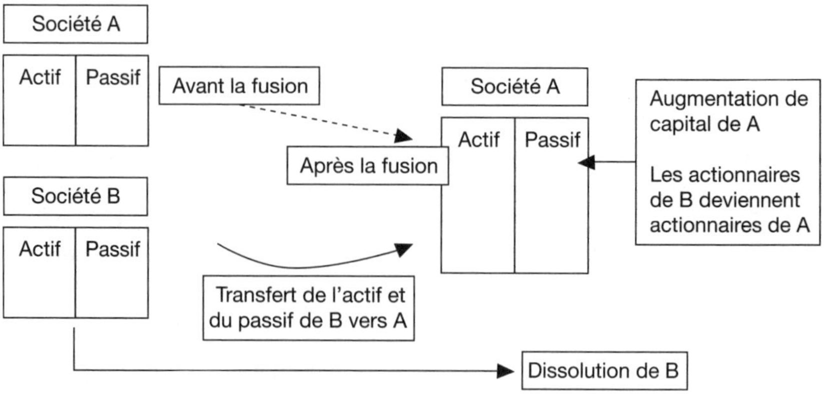

Figure 4.4 – *Fusion par absorption*

Les effets de la fusion par absorption sont multiples et touchent pratiquement toutes les parties prenantes de l'entreprise.

– *Les actionnaires en modifiant la répartition du pouvoir de contrôle* : lors d'une fusion, les actionnaires de la société cible deviennent des actionnaires souvent importants du nouvel ensemble, entraînant une modification de la répartition du pouvoir de contrôle.

  L'analyse de l'équilibre des pouvoirs après la fusion est un point important notamment lorsque l'on fusionne deux sociétés à la géographie du capital très différente. Ainsi, une société au capital dispersé qui fusionne avec une société de taille moindre en valeur mais au capital plus concentré peut voir les actionnaires de l'absorbée devenir les actionnaires de référence de l'ensemble.

– *Les dirigeants en modifiant la répartition du pouvoir managérial* : la fusion-absorption impliquant la dissolution de l'entreprise absorbée, l'opération réduit d'autant plus les postes clés du management. La discussion de la répartition de ces postes est par conséquent un enjeu central et un préalable à toute opération de fusion.

– *Les salariés de l'absorbée en modifiant certaines conditions de travail* : les contrats de travail, les statuts, les conventions collectives et les organes de représentation du personnel disparaissent avec la dissolution de la société absorbée. Au cours d'une fusion, l'entreprise absorbante reprenant l'ensemble des engagements de l'absorbée, les contrats de travail sont repris automatiquement. En revanche, les statuts, les conventions collectives et les organes de représentation du personnel qui s'appliquent sont ceux du nouvel ensemble et donc de la société absorbante (qui n'a pas changé de personnalité morale).

Par ailleurs, les opérations de fusions ont des conséquences importantes sur le plan comptable et fiscal. En particulier, la fusion implique une réévaluation comptable des éléments d'actif et de passif qui peuvent conduire à modifier la base fiscale du nouvel ensemble. À cet égard, les considérations fiscales peuvent intervenir dans le choix du sens de la fusion, c'est-à-dire dans la détermination de l'entreprise qui sera absorbée de celle qui sera absorbante.

La question du choix du sens de la fusion peut paraître surprenante, l'intuition voulant que le plus gros absorbe le plus petit. Cette intuition n'est pas toujours confirmée et procède d'une mauvaise compréhension du mécanisme de fusion. En effet, *le pouvoir n'appartient pas à l'entreprise absorbante mais aux actionnaires de référence du nouvel ensemble.*

Le choix effectif du sens de la fusion n'influe donc pas sur la répartition du pouvoir. En revanche, ce choix est d'une importance considérable sur le plan comptable et fiscal.

- *Sur le plan comptable*, le sens de la fusion importe du fait de la réévaluation de l'actif et du passif de la société absorbée. Par conséquent, il peut être jugé intéressant de retenir comme entreprise absorbée l'entreprise qui possède le plus de plus-values latentes, afin de faire ressortir une situation nette comptable de l'ensemble plus importante.
- *Sur le plan fiscal*, le sens de la fusion joue sur plusieurs dimensions: d'une part, en modifiant la base fiscale de l'actif réévalué et d'autre part, en permettant d'intégrer dans le résultat fiscal du nouvel ensemble les reports de déficits de l'absorbée[1].

Au-delà des questions comptables et fiscales, le choix du sens de la fusion doit prendre en considération des facteurs économiques cruciaux pour la rentabilité future du nouvel ensemble et en tenant compte en particulier :

- *de l'image et de la notoriété des noms des sociétés* : l'image et le nom des sociétés doivent être pris en considération lors de la fusion. La disparition du nom de la société peut en effet causer un préjudice grave à la valeur du nouvel ensemble, si cette dernière possédait un capital-marque important. De même, l'association de noms de deux entreprises pose les problèmes relatifs au *co-branding* et à la possibilité de transfert d'image négatif ;
- *des actifs intangibles associés à l'existence des personnes morales* : certains acquis des sociétés concernées sont liés à l'existence même des personnes morales comme par exemple le fait d'être référencé chez certains clients importants ou au contraire d'avoir des conditions avantageuses chez certains fournisseurs. La dissolution de la société absorbée peut mettre fin à ces contrats, explicites ou implicites.

Le choix du sens de la fusion est par conséquent un choix qui doit être réalisé sur des bases rationnelles, qu'elles soient économiques, comptables ou fiscales. Ce choix est en revanche sans conséquence sur la répartition du pouvoir au sein du

1. Il faut noter que l'administration fiscale regarde avec beaucoup d'attention les opérations de fusion et qu'elle peut décider de ne pas appliquer le régime spécial des fusions si elle estime que le choix du sens de la fusion a pour seule justification une optimisation fiscale.

nouvel ensemble. La répartition du pouvoir s'exprime au travers de la *parité d'échange* qui définit le rapport de valeur entre les actions de la société absorbée et les actions de la société absorbante.

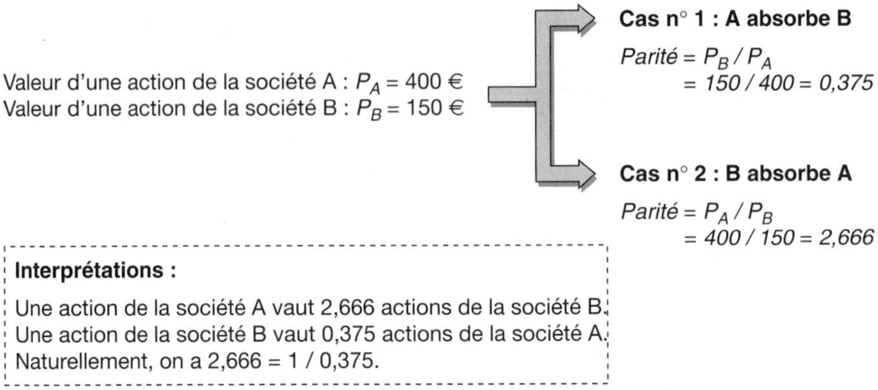

Figure 4.5 – *Calcul direct de la parité d'échange*

La fixation de la parité d'échange résulte de la négociation entre les différentes parties, sur la base de critères indicatifs de la *valeur économique relative* des deux sociétés concernées. Il est d'usage d'estimer la parité à partir d'une approche multi-critères. Les critères recommandés pour estimer la valeur économique relative des sociétés absorbantes et absorbée sont les mêmes que pour l'estimation de la parité d'échange d'une acquisition par échange d'action, à savoir :

- le cours de bourse ;
- des critères de rentabilité et d'endettement *(BPA, PER...)* ;
- l'actif net comptable ;
- les projections actualisées de flux de trésorerie futurs...

Dans certains cas, la fixation de la parité d'échange ne permet pas de définir un rapport d'échange en nombre entier d'actions. On se trouve dans la situation dite des rompus et on peut compléter la parité d'une soulte[1] en espèces. Les actionnaires de la société absorbée reçoivent alors en échange de leurs titres une quantité d'actions donnée plus un complément en liquide.

1. Au-delà de 10 %, le versement d'une soulte pose des problèmes fiscaux. Pour éviter cette difficulté, il est souvent procédé à des *split* d'actions préalablement à l'opération de fusion proprement dite.

Valeur d'une action de la société A : $P_A = 400$ €
Nombre d'actions de la société A : $N_A = 10\ 000$
Valeur de la société A : $V_A = N_A \times P_A$
$= 400 \times 10\ 000 = 4$ M€

Valeur d'une action de la société B : $P_B = 150$ €
Nombre d'actions de la société B : $N_B = 20\ 000$
Valeur de la société B : $V_B = N_B \times P_B$
$= 150 \times 20\ 000 = 3$ M€

Cas n° 1 : A absorbe B

Poids relatifs $= V_B / V_A = 3/4 = 0{,}75$

Parité $=$ *Poids relatifs* $\times (N_A / N_B) = 0{,}75 \times (10\ 000 / 20\ 000) = 0{,}375$

Cas n° 2 : B absorbe A

Poids relatifs $= V_A / V_B = 4/3 = 1{,}333$

Parité $=$ *Poids relatifs* $\times (N_B / N_A) = 1{,}333 \times (20\ 000 / 10\ 000) = 2{,}666$

Figure 4.6 – *Calcul indirect de la parité d'échange*

La fixation de la parité définit la valeur économique relative des deux sociétés. Elle va permettre par conséquent de calculer le nombre d'actions que va devoir émettre la société absorbante en contrepartie de la valeur des actions de la société absorbée. En fonction du sens de la fusion (A absorbe B ou B absorbe A) le nombre d'actions à émettre ne sera pas le même. En revanche, le rapport de force entre les actionnaires de A et les actionnaires de B au sein du nouvel ensemble sera lui complètement indépendant du sens de la fusion. Que ce soit A qui absorbe B ou B qui absorbe A, les pourcentages détenus respectivement par les anciens actionnaires de A et de B seront identiques.

Cas n° 1 : A absorbe B

Parité $= P_B / P_A = 0{,}375$
Nombre d'actions de B $= N_B = 20\ 000$

Nombre d'actions nouvelles de A à émettre (AN_A) :

$AN_A = P_B / P_A \times N_B$
$\mathbf{= 0{,}375 \times 20\ 000 = 7\ 500}$

Interprétation :

Puisque une action de B vaut 0,375 actions de A ; 20 000 actions de B valent 0,375 x 20 000 = 7 500 actions de A.

Calcul du pourcentage d'actions détenu par les actionnaires de A (% A) :
% A = 10 000 / (10 000 + 7 500)
= 57,1 %

Cas n° 2 : B absorbe A

Parité $= P_A / P_B = 2{,}666$
Nombre d'actions de A $= N_A = 10\ 000$

Nombre d'actions nouvelles de B à émettre (AN_B) :

$AN_B = P_A / P_B \times N_A$
$\mathbf{= 2{,}666 \times 10\ 000 = 26\ 666}$

Interprétation :

Puisque une action de A vaut 2,666 actions de B ; 10 000 actions de B valent 2,666 x 10 000 = 26 666 actions de A.

Calcul du pourcentage d'actions détenu par les actionnaires de A (% A) :
% A = 26 666 / (20 000 + 26 666)
= 57,1 %

Le pourcentage détenu dans le nouvel ensemble par les actionnaires de A et de B est indépendant du sens de la fusion

Figure 4.7 – *Calcul de l'augmentation de capital nécessaire et estimation du rapport de force entre anciens actionnaires*

Il faut noter que l'augmentation de capital est naturellement effectuée au nominal, c'est-à-dire à la valeur faciale des actions. Ce point est important pour la détermination de la *prime de fusion*. Techniquement, la prime de fusion se définit comme la différence entre la situation nette comptable réévaluée de l'absorbée et le montant de l'augmentation du capital réalisé au nominal.

La prime de fusion permet notamment de révéler les plus-values latentes au moment de l'entrée dans le périmètre du nouvel ensemble de la société absorbée. Le choix du sens de la fusion va alors avoir un impact sur la valeur comptable des capitaux propres du nouvel ensemble.

2 La fusion par création d'une société nouvelle

La fusion par création de société nouvelle est une opération au cours de laquelle les deux sociétés initiales disparaissent au profit d'une troisième nouvellement créée. Les mécanismes de fusion sont relativement similaires à ceux de la fusion-absorption. La principale différence découle des conséquences même de la création d'une nouvelle société (*cf.* formalités de création d'une société – même si ces dernières sont fortement assouplies lorsque la création s'inscrit dans le cadre d'une fusion) et la dissolution des deux autres sociétés. On ne parle plus ici de société absorbante puisque les deux sociétés concernées sont absorbées (techniquement, l'absorbant est la société nouvellement créée).

	Société A	**Société B**
Nombre d'actions avant la fusion	10 000	20 000
Nominal des actions	100 €	50 €
Situation nette comptable avant la fusion	2 Millions €	1 Millions €
Situation nette comptable après la fusion	2,5 Millions €	2 Millions €

Cas n° 1 : A absorbe B	**Cas n° 2 : B absorbe A**
Nombre d'actions nouvelles de A à émettre (AN_A) :	**Nombre d'actions nouvelles de B à émettre (AN_B) :**
$AN_A = P_B / P_A \times N_B$ **= 0,375 x 20 000 = 7 500**	$AN_B = P_A / P_B \times N_A$ **= 2,666 x 10 000 = 26 666**
Valeur nominale de l'augmentation de capital (I) : (I) = 7 500 x 100 = 750 000 €	**Valeur nominale de l'augmentation de capital (I) :** (I) = 26 666 x 50 = 1 333 300 €
Situation nette réévaluée de B (II) : (II) = 2 millions €	**Situation nette réévaluée de B (II) :** (II) = 2,5 millions €
Prime de fusion : (II) – (I) = 1,25 millions €	**Prime de fusion :** (II) – (I) = 1,166700 millions €

Figure 4.8 – *Calcul de la prime de fusion (au sens comptable du terme)*

De même que pour la fusion-absorption, la mise en œuvre d'une opération de fusion par création de société nouvelle implique la réalisation « simultanée » de plusieurs opérations :

- la création d'une nouvelle société ;
- une première augmentation de capital réalisée par la société nouvellement créée ;
- l'échange des actions de la société A contre des actions de la nouvelle société C ;
- une seconde augmentation de capital réalisée par la société nouvellement créée ;
- l'échange des actions de la société B contre des actions de la nouvelle société C ;
- la dissolution des sociétés A et B.

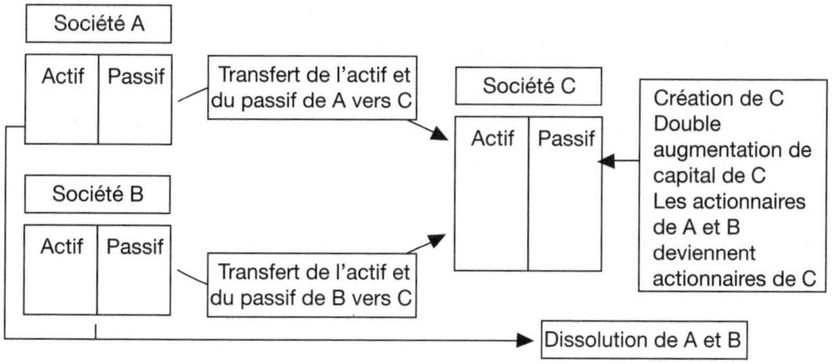

Figure 4.9 – *Fusion par création d'une société nouvelle*

Techniquement, les opérations sont proches, les deux sociétés initiales A et B subissant le même traitement que la société absorbée dans le cas d'une fusion-absorption. Il faut néanmoins souligner les différences de traitement des salariés. Dans le cas d'une fusion-absorption, seuls les salariés de l'absorbée pouvaient changer de statuts, de conventions collectives et d'organes de représentation du personnel. Dans le cas de la fusion par création de société nouvelle, tous les salariés sont concernés ; il est alors obligatoire de recréer des organes de représentation du personnel pour le nouvel ensemble, de redéfinir le statut et les conventions qui s'appliquent... L'impact social d'une fusion par création d'une nouvelle société est donc beaucoup plus important que dans le cas d'une fusion-absorption.

De même, les réévaluations comptables et les incidences fiscales s'effectuent pour les deux sociétés qui fusionnent, induisant une augmentation importante des démarches et des travaux à conduire. Ceci explique en partie la raison pour laquelle la fusion par création de société nouvelle est beaucoup moins répandue que la fusion-absorption. À l'inverse, la fusion par création d'une société nouvelle peut se justifier lorsque les différences sociales entre les deux entités sont trop grandes pour pouvoir naturellement imposer un des deux systèmes préexistants au nouvel ensemble. La fusion par création d'une société nouvelle permet en effet de définir une nouvelle logique organisationnelle qui tienne compte de la stratégie du nouvel ensemble, en évitant certaines inerties inhérentes à la survie de l'une ou l'autre des deux sociétés.

3 Les étapes clés du processus juridique d'une fusion

Compte-tenu des nombreuses implications aux plans administratif et légal qu'elles impliquent, les opérations de fusions sont fortement encadrées par un ensemble de contraintes juridiques de forme et d'informations des publics concernés qui structurent largement le processus de fusion. Quel que soit le mode de fusion retenu – fusion-absorption ou fusion par création d'une société nouvelle – le processus administratif et légal est assez proche. Par conséquent, nous nous attacherons plus particulièrement au processus de fusion-absorption. On distingue 4 grandes phases dans un processus de fusion :

- ***la phase de « négociation »*** qui va de la prise de contact informelle entre dirigeants aux négociations sur les principes du projet de fusion entre les différentes sociétés ;
- ***la phase de « formalisation du projet »*** qui se matérialise par la rédaction du projet de fusion entre les sociétés concernées. Le *projet de fusion* est un document contractuel, qui doit être signé par les conseils d'administration des deux sociétés concernées et qui formalise la volonté commune de fusionner. Le processus légal de fusion débute à la signature de ce document ;
- ***la phase de « décision »*** proprement dite qui est du ressort des assemblées générales extraordinaires ;
- ***la phase « d'information »*** qui comprend tout un ensemble de démarches d'informations légales des publics concernés. Cette phase est entièrement formalisée et revêt une importance cruciale dans la fin du processus de fusion car elle peut entacher de nullité l'ensemble du processus en cas de non respect de certaines obligations d'informations.

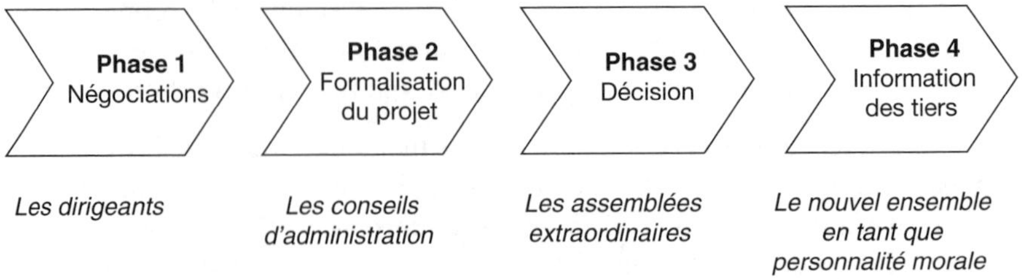

Figure 4.10 – *Les grandes phases du processus de fusion*

3.1 La négociation

La phase de négociation est naturellement la phase la plus secrète et la moins formalisée du processus de fusion. Si la clause de secret s'applique pour presque toutes les opérations (et configurations stratégiques), elle est d'autant plus importante lorsqu'au moins l'une des deux entreprises est cotée[1]. La phase de négociation comprend une étape de rapprochement et de présentation générale d'un projet de fusion. Cette première étape est souvent difficile à réaliser car elle oblige à un certain tâtonnement dicté par un principe de précaution allié à une forme de détermination pour lever rapidement l'option de la fusion. Cette étape est indispensable et ne peut être contournée, une opération de fusion étant par nature une opération concertée et co-construite par les équipes dirigeantes. Il s'agit, à cette étape, de s'entendre sur le principe d'une fusion et sur une vision commune du nouvel ensemble.

La seconde étape de la phase de négociation consiste à s'assurer de la pertinence stratégique de l'opération de fusion pour les deux sociétés et de définir le projet d'entreprise du nouvel ensemble (ce pourquoi on veut fusionner). En parallèle, un certain nombre d'études et d'audits réciproques peuvent être réalisés. L'objectif de ces travaux est de s'assurer de l'existence de synergies potentielles permettant de justifier l'opération de fusion auprès des différentes parties prenantes (ce qui justifie l'intérêt de fusionner).

Enfin, la dernière étape vise à définir les éléments clés de l'opération de fusion avant de la présenter aux conseils d'administration concernés. Les éléments clés sur lesquels une attention toute particulière doit être apportée sont :

- le type de fusion : implique de choisir entre la fusion-absorption et la fusion par création de société ;
- le sens de la fusion : implique de déterminer en cas de fusion-absorption quelle société va subsister ;
- la parité d'échange : implique de déterminer le rapport de force futur entre les anciens actionnaires des sociétés absorbante et absorbée ;
- la structure future : implique de définir les grands principes d'organisation de la future société, le nouvel organigramme ainsi que la répartition des postes clés entre les deux anciennes équipes.

La phase de négociation se termine souvent par la rédaction d'un pré-projet de fusion qui sera présenté aux conseils d'administration concernés et par la convocation effective de ces organes sur ce sujet.

1. Lorsque la conservation du secret apparaît impossible, il est d'usage d'annoncer que telle société envisage de fusionner avec telle autre, sans présenter de montage ni détailler le projet.

3.2 La formalisation du projet : rédaction du *projet de fusion*

Le projet de fusion est un document obligatoire (décret du 22 avril 1988) qui doit être approuvé par les conseils d'administration des sociétés concernées (ou directoire ou gérants les cas échéants). Ce projet de fusion contient l'ensemble des éléments clés de l'opération de fusion et doit a minima contenir les rubriques définies par la loi à savoir :

- la forme, la dénomination et le siège social de toutes les sociétés participantes ;
- les motifs, buts et conditions de la fusion ;
- la désignation et l'évaluation de l'actif et du passif dont la transmission à la société absorbante est prévue ;
- les modalités de remise des actions et la date à partir de laquelle ces actions donnent droit aux bénéfices, toute modalité particulière relative à ce droit, et la date à partir de laquelle les opérations de la société absorbée seront, du point de vue comptable, considérées comme accomplies par la société bénéficiaire des apports ;
- les dates auxquelles ont été arrêtés les comptes des sociétés intéressées utilisés pour établir les conditions de l'opération ;
- le rapport d'échange des droits sociaux et le cas échéant le montant de la soulte ;
- le montant prévu de la prime de fusion ;
- les droits accordés aux associés ayant des droits spéciaux et aux porteurs de titres autres que des actions ainsi que le cas échéant, tous avantages particuliers.

L'approbation du projet de fusion et sa publicité sont soumises à un formalisme précis. L'approbation est donnée par les Conseils d'administration des sociétés concernées qui convoquent ensuite les assemblées générales extraordinaires et adoptent le rapport mis à la disposition des actionnaires ainsi que les résolutions proposées aux assemblées.

La publicité du projet de fusion implique le dépôt du projet au greffe du tribunal de commerce du lieu du siège social des sociétés absorbantes et absorbées, une insertion dans un journal d'annonces légales (dans le département du lieu du siège de chacune des sociétés concernées), une insertion au Bulletin d'Annonce Légale Obligatoire (BALO) si l'une des sociétés concernées fait appel publiquement à l'épargne.

Par ailleurs, le projet doit être mis à disposition des actionnaires. Il est présenté aux comités d'entreprises des sociétés concernées avant l'adoption de la fusion par les assemblées générales extraordinaires. Enfin, le projet doit être soumis à l'avis d'un commissaire à la fusion, désigné par ordonnance du président du tribunal de commerce du lieu du siège de chacune des sociétés concernées sur requête des responsables des différentes sociétés. Le rôle du commissaire à la fusion est de vérifier que la parité d'échange proposée reflète bien la situation économique des différentes sociétés concernées. Il est à noter que la présence d'un commissaire aux apports n'est plus nécessaire.

3.3 La décision effective de fusionner

La décision effective de fusionner revient aux assemblées générales extraordinaires qui doivent statuer sur le projet de fusion à la majorité des 2/3 pour les SA et des 3/4 pour les SARL. La décision est par ailleurs soumise à la ratification des assemblées spéciales des autres catégories d'actionnaires (détenteurs d'actions à dividende prioritaire ou de certificats d'investissement), à la présentation du projet aux assemblées d'obligataires (obligations ordinaires et convertibles en actions). Il est à noter le cas particulier des obligataires qui possèdent des obligations échangeables en actions et qui, contrairement aux autres types d'obligataires, peuvent bloquer l'opération de fusion.

3.4 L'information légale obligatoire

L'information légale obligatoire concerne à la fois la société absorbée (avis de dissolution dans un journal d'annonce légal et publication au BALO si la société faisait appel publiquement à l'épargne) et la société absorbante (avis d'augmentation de capital dans un journal d'annonce légal, publication au BALO). En outre, il importe depuis la loi du 5 janvier 1988 de déposer une déclaration de conformité au greffe des tribunaux de commerce concernés ainsi qu'une insertion au sein du Bulletin Officiel d'annonces civiles et commerciales (BODACC). Il convient également de réaliser les démarches en vue de la radiation au registre du commerce et des sociétés de la société absorbée et d'une inscription modificative pour la société absorbante, et de procéder aux démarches nécessaires auprès de l'administration fiscale.

Une fois ces démarches réalisées, la fusion est effective, indépendamment des problèmes de gestion post-intégration et d'harmonisation opérationnelle des deux sociétés. Sur le plan juridique, il n'existe plus qu'une seule personnalité juridique que constitue le nouvel ensemble fusionné.

L'essentiel

Les opérations de fusions-acquisitions sont caractérisées par une pluralité de pratiques juridiques. On peut cependant noter l'existence de quatre configurations de base : l'acquisition par achat d'actions, l'acquisition par échange d'actions, la fusion-absorption et la fusion par création d'une société nouvelle. Il faut en outre distinguer les cas où la cible est cotée. En effet, les acquisitions réalisées dans ce contexte relèvent des procédures d'offres publiques. Elles sont soumises au respect du formalisme strict des offres publiques d'achat (OPA), lorsqu'il s'agit d'une acquisition par achat d'actions. De même, elles obéissent aux règles des offres publiques d'échange (OPE), dans le cas d'une acquisition par échange d'actions.

Au-delà des pratiques juridiques, sur le plan économique, ces manœuvres consistent principalement à prendre le contrôle d'une société extérieure et à opérer un choix de financement impliquant un versement de liquidités aux actionnaires vendeurs (acquisition par achat d'actions) ou un échange d'actions (acquisition par échange d'actions ou fusion au sens strict). Il faut souligner que le choix du financement dépasse la seule logique économique et introduit une dimension politique, en associant ou non les actionnaires de la cible à la direction du nouvel ensemble. En effet, dans le cas d'un financement par échange d'actions, l'une des caractéristiques les plus remarquables de cette manœuvre consiste à transformer les actionnaires de la société cible en actionnaires de la société acquéreur.

L'observation des opérations réalisées montre cependant une grande diversité de configuration qui souvent implique la combinaison de plusieurs formes de financement (OPA et OPE simultanée, financement par échange d'actions associé à un versement en espèce…). La compréhension des implications financières et stratégiques de ces montages est par conséquent indispensable à la bonne conduite d'une opération de croissance externe afin d'adapter les modalités juridiques au contexte stratégique du rapprochement.

DEUXIÈME PARTIE

MONTAGE ET MISE EN ŒUVRE DES OPÉRATIONS DE FUSIONS ET D'ACQUISITIONS

Cette partie aborde les phases clés liées à la réussite des opérations de croissance externe, en privilégiant les aspects stratégiques et financiers de ces manœuvres. Certains aspects connexes voire indissociables de ces opérations, comme l'optimisation fiscale ou les opérations d'harmonisation des systèmes d'informations, ne sont pas détaillés.

On distingue trois grandes phases clés lors de la mise en œuvre d'une opération de croissance externe, à savoir :

- la phase de préparation ;
- la phase de négociation ;
- la phase d'intégration.

La finalité de la phase de préparation (chapitre 5) est, pour l'entreprise initiatrice, de clarifier les objectifs de la croissance externe, de préciser les contraintes internes et externes de l'opération, puis d'identifier un panel de cibles potentielles dont le profil permet d'envisager *a priori* l'intérêt et la faisabilité de l'opération. La fin de la phase de préparation est sanctionnée par l'évaluation des différentes cibles.

La phase de négociation a un double objectif (chapitre 6). Il s'agit premièrement de réintroduire la perspective du « vendeur » dans le processus (l'entreprise cible et ses actionnaires), en élaborant une stratégie d'offre qui tienne compte de la position du vendeur et de ses avantages et inconvénients à accepter l'offre de l'entreprise initiatrice. Deuxièmement, il s'agit de déterminer la valeur relative de la cible, en définissant des scénarios d'intégration possibles et en estimant les synergies potentielles, les coûts de mise en œuvre et les risques associés. La valeur « relative » ainsi établie permet de déterminer la valeur maximale de la transaction (haut de la fourchette de négociation).

La phase d'intégration (chapitre 7) constitue le parachèvement de toute opération de croissance externe, puisqu'il s'agit de transformer les hypothèses qui justifient le prix de la transaction en résultats économiques concrets. La finalité de cette phase est d'arriver à réaliser les combinaisons de ressources qui étaient prévues, afin d'atteindre les objectifs stratégiques de l'opération, tout en gérant les risques spécifiques liés à une politique d'intégration (notamment les risques d'incompatibilités culturelles et managériales entre les équipes de l'acquéreur et l'entreprise acquise). Enfin, il est abordé un ensemble d'erreurs managériales à éviter (chapitre 8) tout au long des trois phases d'un processus de fusions-acquisitions. En effet, la prise en compte et la gestion spécifique de ces erreurs revêtent une importance particulière et conditionnent souvent le succès ou l'échec des opérations de croissance externe.

Le caractère sporadique et spécifique de la croissance externe

En préambule à cette partie, il est proposé, avant d'approfondir les différentes phases d'un processus de fusions-acquisitions, de resituer ce processus de façon dynamique, en insistant :

- d'une part, sur les actions génériques, de l'idée à la mise en œuvre de l'opération ;
- d'autre part, sur les facteurs qui influent sur la démarche managériale.

Le management d'un processus de croissance externe comprend différentes étapes sur lesquels se construit la politique de développement :

- l'idée qui amène l'entreprise à réfléchir à sa politique de croissance. Cette idée émane généralement d'opportunités internes (liées à un manque de ressources ou à un besoin de complément) ou externes (liées à des opportunités de croissance) ;
- la justification de la conduite adoptée, au regard de la mise en exergue de motifs de nature stratégique, de la révélation des enjeux et des résultats attendus ;
- la préparation des décisions comprenant la formalisation de la stratégie (choix de la voie de développement et du mode de croissance), la définition des critères d'acquisition (nature de l'attrait), la sélection et l'évaluation de la cible ;
- la négociation entre les parties, axée principalement sur les positions respectives des firmes, le montage juridique et financier du rapprochement ainsi que sur la mise en place des garanties ;
- l'intégration de l'entreprise acquise prenant en compte la phase de transition et la phase de mise en œuvre (intégration physique des ressources, transfert de capacités, intégration managériale et culturelle).

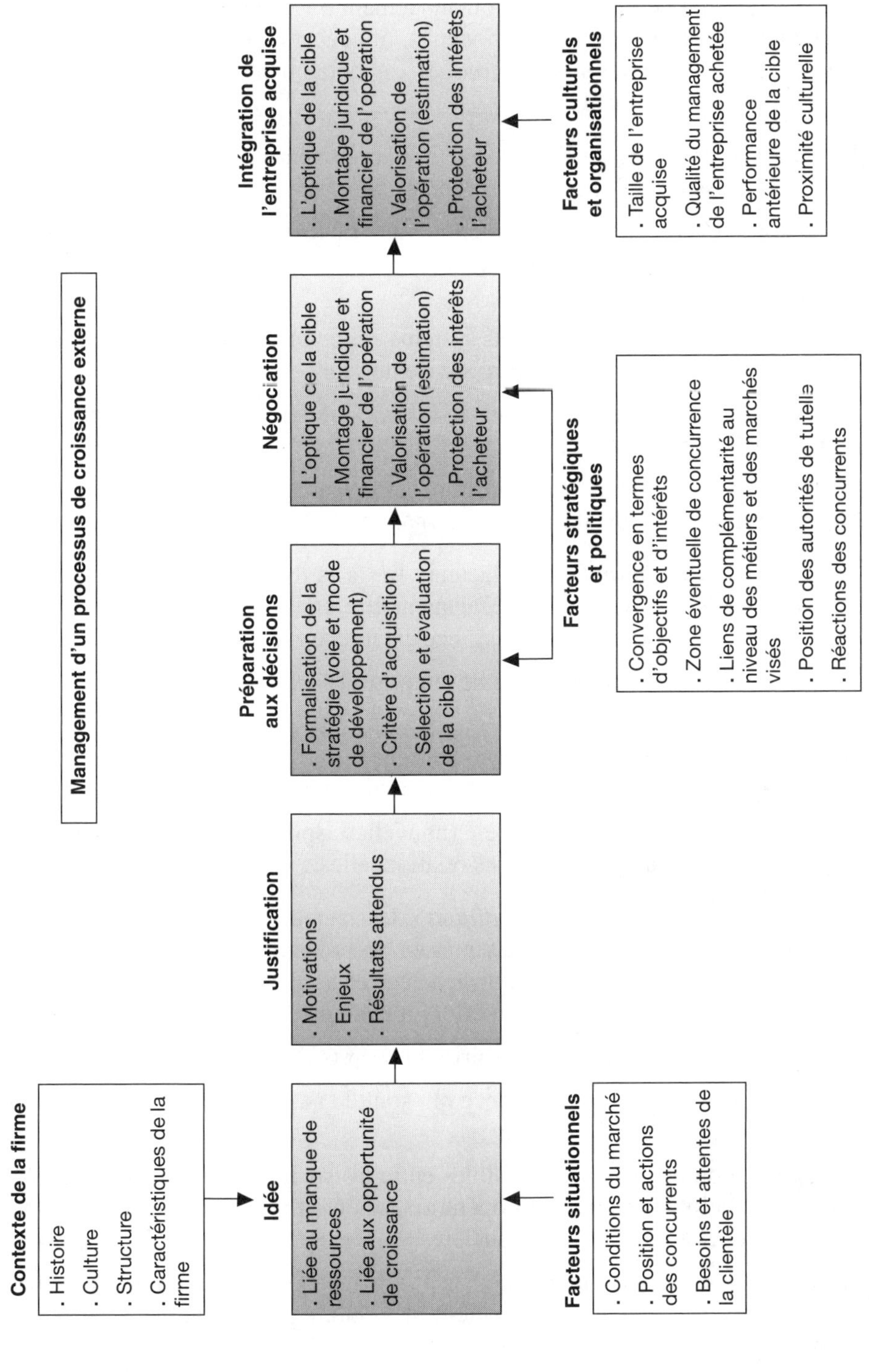
Management d'un processus de croissance externe
Contexte de la firme
. Histoire
. Culture
. Structure
. Caractéristiques de la firme
Idée
. Liée au manque de ressources
. Liée aux opportunité de croissance
Facteurs situationnels
. Conditions du marché
. Position et actions des concurrents
. Besoins et attentes de la clientèle
Justification
. Motivations
. Enjeux
. Résultats attendus
Préparation aux décisions
. Formalisation de la stratégie (voie et mode de développement)
. Critère d'acquisition
. Sélection et évaluation de la cible
Négociation
. L'optique de la cible
. Montage juridique et financier de l'opération
. Valorisation de l'opération (estimation)
. Protection des intérêts l'acheteur
Facteurs stratégiques et politiques
. Convergence en termes d'objectifs et d'intérêts
. Zone éventuelle de concurrence
. Liens de complémentarité au niveau des métiers et des marchés visés
. Position des autorités de tutelle
. Réactions des concurrents
Intégration de l'entreprise acquise
. L'optique de la cible
. Montage juridique et financier de l'opération
. Valorisation de l'opération (estimation)
. Protection des intérêts l'acheteur
Facteurs culturels et organisationnels
. Taille de l'entreprise acquise
. Qualité du management de l'entreprise achetée
. Performance antérieure de la cible
. Proximité culturelle

Mais, en dépit de cette conduite commune à de nombreuses opérations, il semble néanmoins difficile de reproduire un management à l'identique dans la plupart des cas. En effet, plusieurs facteurs contribuent à influencer le processus de management d'une opération de croissance externe. Il est notamment possible de distinguer comme facteurs déterminants :

- ***Le contexte de la firme*** : l'entreprise initiatrice peut en effet orienter différemment le processus de l'opération, selon :
- – son histoire (expérience antérieure en matière de fusions-acquisitions, préférence historique en termes de stratégie de croissance, cycle de vie des investissements...) ;
- – sa culture : style de management, système de contrôle et d'évaluation, attitude face aux risques, degré d'ouverture sur l'extérieur... ;
- – sa structure actionnariale (actionnariat familial/non familial, concentré/dilué, société cotée/non cotée...) ;
- – les caractéristiques de la firme (position sur le marché, chiffre d'affaires, rentabilité, compétitivité, implantation à l'international...).

- ***Les facteurs situationnels*** : des facteurs liés à la dynamique concurrentielle en vigueur dans le secteur peuvent également être une source de différence dans le management du processus de croissance externe, en fonction :
- – des conditions du marché (marché atomisé vs concentré, situation conjoncturelle...) ;
- – de la position et des actions de la concurrence (parts de marché, positionnement, degré d'agressivité concurrentielle, manœuvres stratégiques opérées...) ;
- – des besoins et attentes de la clientèle (nouvelles aspirations, réduction du nombre de fournisseurs, nouvelles pratiques relationnelles...).

- ***Les facteurs stratégiques et politiques*** : les facteurs stratégiques et politiques interviennent notamment lors des phases de préparation et de négociation, au niveau de la relation entre le futur acheteur et la cible probable de l'opération. Plusieurs déterminants peuvent en effet influer sur le processus, en particulier :
- – le niveau de convergence entre les firmes (intérêts et objectifs communs) ;
- – les zones éventuelles de concurrence qui sont de nature à altérer négativement le climat relationnel entre les parties ;
- – les liens de complémentarité possibles entre les sociétés qui peuvent donner lieu à une valorisation différente de l'opération, selon qu'il s'agisse de synergies commerciales, opérationnelles ou financières ;
- – la position des autorités de tutelle dont l'influence grandissante impose de revoir la conception juridique et financière des montages au nom du droit à la concurrence ;

– la réaction des concurrents qui peut avoir lieu durant le processus, suite aux rumeurs et aux révélations par la presse de certaines tractations entre les parties, sous forme de ripostes plus ou moins fortes.

- ***Les facteurs culturels et organisationnels*** : une fois l'achat effectué, l'intégration de l'entreprise acquise peut donner lieu à des situations plus ou moins délicates à gérer, en fonction :

– de la taille relative de l'entreprise acquise conditionnant un comportement différent de l'acquéreur en faisant fortement varier les rapports entre les deux entités ;

– de la qualité du management de l'entité achetée dont le niveau peut changer l'orientation de l'acheteur en matière de maintien ou non des équipes en place ;

– de la performance antérieure de la cible qui peut conditionner la réputation et la crédibilité professionnelle de l'acquis ;

– du degré de proximité culturelle qui peut accélérer ou retarder le transfert de ressources entre les deux entités.

* * * * *

Nous présentons donc ci-après le processus de fusions-acquisitions d'un point de vue pratique, à travers l'analyse des trois étapes cruciales du dispositif, des phases de préparation (chapitre 5) et de négociation (chapitre 6) à l'intégration de l'entreprise acquise (chapitre 7).

5 LA PHASE DE PRÉPARATION

La décision d'entreprendre une opération de fusion-acquisition constitue souvent un des actes les plus importants de la stratégie d'une entreprise, avec des implications financières immédiates mais aussi des conséquences importantes à long terme (en termes de développement et de pérennité). Cette décision revêt de nombreuses caractéristiques qui rendent ce type d'opération particulièrement complexe. Ces opérations engagent l'entreprise sur le long terme et doivent être en parallèle « décidées » et mises en œuvre rapidement pour répondre aux opportunités du moment. Elles impliquent des décaissements ou engagements financiers immédiats et importants centrés sur une cible cernable, alors que la rentabilité attendue doit être analysée au travers de l'opération dans son ensemble, ce qui inclut des éléments concernant la cible, l'initiateur et les interactions futures entre les deux entités. Ces opérations nécessitent à la fois de comprendre les potentialités de création de valeur mais aussi les risques de destruction de valeur chez la cible et l'entreprise initiatrice. En ce sens, l'opération de croissance externe ne peut pas toujours être isolée du système premier (l'entreprise initiatrice) et vient souvent remettre en cause les équilibres initiaux.

Section 1 ■ Le choix d'une voie de développement

Section 2 ■ Le cadrage stratégique de l'opération

Section 3 ■ Sélection et évaluation des cibles potentielles

Section 1

LE CHOIX D'UNE VOIE DE DÉVELOPPEMENT

Une opération de croissance externe constitue un mode de développement particulier, qui vient en concurrence ou en complément des deux autres modes de développement possibles, à savoir la croissance interne et la croissance par coopération ou alliance.

Par conséquent, la décision stratégique d'entreprendre une ou plusieurs opérations de croissance externe implique :

- d'une part, d'identifier et de préciser les voies de développement futures de l'entreprise, qui correspondent à des choix fondamentaux relatifs au(x) métier(s) de l'entreprise ;
- d'autre part, de justifier le recours au mode de développement par la croissance externe au regard des autres options possibles.

1 Les voies de développement possibles

Fondamentalement, on distingue trois grandes voies de développement possibles pour une entreprise (indépendamment des types de stratégies concurrentielles retenues) : la spécialisation, l'intégration verticale et la diversification.

1.1 La voie de la spécialisation

Cette voie consiste à privilégier le renforcement et la consolidation des compétences au sein du métier originel de l'entreprise. Cette voie n'est naturellement pas antinomique avec des logiques d'innovation ou de développement à l'international, à partir du moment où la cohérence avec le métier demeure.

Exemple

> L'entreprise Michelin a opté pour une stratégie de spécialisation, en choisissant de concentrer ses efforts de recherche et d'investissements sur le même type d'activités (domaine des pneumatiques). Cette situation lui permet d'avoir une position de leader sur le marché et de mieux répondre aux menaces des concurrents.

La voie de spécialisation peut également s'opérer suite à un mouvement préalable de diversification. Dans ce cas, l'entreprise opte pour un recentrage de ses activités *via* une logique de désengagement (désinvestissement).

Exemple

En 1997, la direction du groupe Danone a fait le choix d'un recentrage de ses activités dans les domaines des produits frais, eaux minérales et biscuits. Après une forte période de diversification, il a en effet été décidé de concentrer le développement international du groupe sur trois métiers clés, en se désengageant de nombreuses activités (emballage, bières, épicerie, pâtes alimentaires...).

Les mouvements de recentrage peuvent parfois être initiés sous la pression des actionnaires, lorsque la diversification réalisée est perçue comme hasardeuse ou présente des signes forts d'incohérence.

1.2 La voie de l'intégration verticale

Cette voie consiste à changer de perspectives, en passant d'un raisonnement par métier à un raisonnement par filière. Il s'agit, pour une entreprise donnée, d'être progressivement présente à tous les stades de la filière. Les fondements économiques de cette stratégie sont multiples :

- appropriation des marges bénéficiaires des fournisseurs ou distributeurs ;
- meilleur contrôle de la qualité des prestations ;
- acquisition de nouveaux savoir-faire en amont ou en aval de la chaîne économique du produit ;
- garantie sur les approvisionnements ou débouchés ;
- baisse des coûts de transaction entre les différents stades de la filière ;
- meilleure coordination des opérations techniques ;
- augmentation des barrières à l'entrée pour de nouveaux arrivants.

Les mouvements d'intégration verticale peuvent s'opérer, en amont du processus de production, auprès des fournisseurs de l'entreprise. Ils peuvent également concerner la phase avale du processus, avec l'intégration des réseaux de distribution.

Exemple

L'entreprise de voyages Nouvelles Frontières, au-delà de son métier de concepteur et d'organisateur de voyages, a entrepris une politique d'intégration vers l'amont, en étant propriétaire de compagnies aériennes type Corsair ou d'hôtels comme les Palladiens, et vers l'aval en possédant son propre réseau d'agences de voyages.

En théorie, l'intégration verticale peut aussi s'opérer par croissance interne, même si dans la pratique l'internalisation d'activités différentes au sein de la filière requiert des compétences et une organisation qui peuvent être difficiles à développer en interne. L'intégration verticale par croissance externe est en général menée, lorsque les sources d'approvisionnements se raréfient ou les réseaux de distribution existants deviennent menaçants (dépendance trop forte, risques de contrôle de certains débouchés par les concurrents...).

L'intégration verticale repose souvent sur une logique d'optimisation de la filière. Cette voie de développement présente néanmoins des inconvénients liés notamment à l'introduction d'une rigidité dans la conduite des opérations qui peut se révéler dangereuse en cas d'incertitude élevée sur la rentabilité ou l'attractivité de la filière. De plus, l'intégration verticale augmente le niveau des coûts fixes de l'entreprise et l'expose plus fortement à des retournements de conjoncture. La stratégie d'intégration verticale se révèle donc efficace dans des contextes de stabilité environnementale à long terme. Les mouvements de recentrage constatés ces dernières années montrent que la maîtrise d'une filière ne constitue pas une source d'avantage concurrentiel dans un contexte de fort accroissement de la complexité et de l'incertitude environnementale.

Au-delà des risques d'une plus grande rigidité dans le fonctionnement de l'organisation, l'intégration verticale présente comme principal inconvénient de créer de profonds changements dans les systèmes de gestion et de management. Une réflexion de fond sur la gestion du couple autonomie/contrôle est donc primordiale, pour éviter une dilution des compétences et des changements culturels trop importants au sein du nouvel ensemble. Si les enjeux à court et moyen termes d'une politique d'intégration verticale sont la plupart du temps identifiables, le véritable défi consiste donc à identifier la nature des risques et à examiner les possibilités et les effets d'un recentrage (et d'un désengagement rapide) en cas de modification de la donne concurrentielle.

1.3 La voie de la diversification

La voie de la diversification consiste à sortir de son métier originel et à gérer un portefeuille d'activités plus ou moins liées sans logique de filière. On distingue ainsi deux grands types de diversifications :

- la diversification liée (existence de liens économiques entre les activités) ;
- la diversification conglomérale (synergies purement financières).

➤ *La diversification liée*

La diversification liée, nommée également diversification concentrique, consiste à améliorer la position concurrentielle de l'entreprise par l'entrée d'une nouvelle activité ayant des liens de proximité avec l'activité d'origine. Ce mode de développement par croissance externe revient par conséquent à regrouper des entreprises n'appartenant pas au même métier mais possédant des activités liées entre elles sur le plan technologique et/ou commercial. De tels regroupements permettent ainsi à l'acquéreur de conforter son pouvoir de marché, tout en réalisant des gains de productivité par la mise en commun de certaines ressources. Cette stratégie repose essentiellement sur l'exploitation de synergies de coûts (économies de champs par partage de ressources) ou de complémentarités.

Exemple

Salomon, leader mondial de la fixation de ski, est entré sur le marché de la chaussure de ski, puis sur le marché de la fabrication de skis. Ce développement par acquisitions a ainsi permis à cette entreprise de développer de nouveaux produits auprès de groupes d'acheteurs très proches de ceux de son activité d'origine.

➤ *La diversification conglomérale*

La diversification conglomérale revient à l'acquisition de métiers stratégiques totalement nouveaux (produit nouveau sur un marché non familier). Elle se traduit par une absence de liens entre les chaînes de valeur des deux entreprises regroupées, ce qui limite les synergies à des logiques purement financières. Ces stratégies sont incontestablement les plus risquées, puisqu'elles conduisent l'entreprise sur des terrains non familiers. Le recours à la diversification conglomérale trouve sa justification principale dans la volonté de l'acquéreur d'équilibrer ses flux de liquidités et de mieux répartir ses risques. Il s'agit en particulier de réduire l'incertitude liée par exemple à un retournement de conjoncture ou l'entrée d'un nouveau concurrent.

La diversification conglomérale a connu son apogée dans les années 60 avec le développement en particulier aux États-Unis d'entreprises telles que ITT ou Westinghouse. Depuis les années 80, cette pratique est en net recul[1] en raison de la difficulté à intégrer des métiers sans lien évident et surtout de la pression des actionnaires qui recherchent avant tout une plus grande visibilité et cohérence dans les activités regroupées.

1. Depuis les années 90, les opérations de croissance externe sont le plus souvent motivées par une intention stratégique visant à insérer des activités liées soit dans une logique de consolidation, soit dans une logique de redéfinition. Par opposition, les opérations fondées sur une pure logique financière ou de conglomérat sont beaucoup moins fréquentes (*source :* Mercer Management Consulting). Ainsi, d'anciens groupes aux activités diversifiées s'inscrivent aujourd'hui dans une politique de recentrage tous secteurs confondus, qu'il s'agisse du groupe Danone (dans l'alimentaire), de Nokia (dans les équipements de télécommunications), d'ABB (dans les solutions d'automation) ou encore d'Unilever qui a décidé de céder son pôle chimie pour se concentrer sur le développement de ses produits de grande consommation.

➤ *Les principaux motifs de diversification*

Ce type de stratégie peut se justifier dans différents contextes[1] :

- logique de reconversion ;
- logique de redéploiement ;
- logique de placement industriel ;
- logique d'appui ou de soutien ;
- logique purement financière centrée sur la rentabilité à court terme.

• *Diversification et reconversion*

Les diversifications de reconversion constituent une réponse aux entreprises situées sur des domaines d'activités qui ne permettent plus d'assurer une pérennité au groupe à court ou moyen terme. Ce type de besoin est donc étroitement lié au cycle de vie de l'activité initiale et s'apparente par conséquent à une logique de survie ou de réorientation stratégique face à des métiers en phase de déclin ou parvenus à maturité (rentabilité insuffisante). Cette stratégie est donc un moyen rapide pour l'entreprise de changer complètement de métier en s'orientant vers des activités plus rentables à court terme.

Exemple

> La diversification du groupe sidérurgiste allemand Preussag dans le domaine du tourisme constitue une démarche de ce type, avec l'acquisition de différents tour operators dont Nouvelles Frontières et TUI. Il s'agit pour cette entreprise de sortir progressivement d'un métier traditionnel (métallurgie, aciérie...) pour évoluer vers un autre métier aux perspectives de croissance plus élevées. On est ici dans une diversification totale avec une finalité industrielle (changer de métier) basée sur des produits et des marchés qui sont sans lien de parenté avec le métier d'origine. Ce changement global de métier s'est réalisé essentiellement par croissance externe et permet au « nouveau groupe » de réaliser plus des trois quarts de son activité dans le domaine du tourisme. Preussag est aujourd'hui le leader européen du secteur et semble vouloir poursuivre son expansion dans ce domaine.

• *Diversification et redéploiement*

La diversification de redéploiement est une réponse à l'absence de perspectives de développement à moyen terme. Proche de la diversification de reconversion, elle s'en distingue généralement par le maintien des activités antérieures. En effet, l'objet essentiel de cette diversification n'est pas de changer totalement d'activités. Elle réside davantage dans la volonté d'adjoindre au métier de base (dont les perspectives de croissance sont limitées) un nouveau métier susceptible d'apporter un

---

1. Voir Détrie J.P. et Ramanantsoa B., *Stratégie de l'entreprise et diversification*, Nathan, 1983.

nouvel élan au groupe. La diversification de redéploiement s'inscrit donc dans la durée et intègre une phase de transition où coexistent anciens et nouveaux métiers.

Exemple

À l'instar de Bouygues dans les télécommunications, la diversification conglomérale du Groupe Lafarge constitue un exemple typique de redéploiement vers des métiers plus rentables. Confrontée à la stagnation du marché du ciment, la direction du groupe Lafarge a eu recours à la croissance externe pour prendre position sur des métiers à forte croissance. Le groupe est ainsi entré dans le secteur porteur des biotechnologies, en fusionnant avec la société Coppée. La préservation de l'activité d'origine doit permettre au groupe de mieux préparer sur le long terme son redéploiement industriel.

• ***Diversification et placement industriel***

La diversification de placement industriel vise à utiliser ses excédents nets de liquidités (issues d'activités rentables) pour réaliser des placements dans des secteurs ou métiers présentant un intérêt stratégique pour l'entreprise à moyen/long terme. Ce placement peut revêtir différentes motivations et permettre notamment d'envisager des diversifications liées à moyen terme par l'entremise de la clientèle (consolidation de l'image de l'entreprise, renforcement de la réputation, élargissement de la clientèle...). Le placement est dit industriel, en raison de l'engagement que porte la direction de l'entreprise pour le projet qui constitue un axe de développement structurant. D'ailleurs, l'activité acquise peut ne pas être immédiatement rentable. En effet, sa valeur réside avant tout dans sa capacité à modifier progressivement le positionnement stratégique de la firme, en la dotant (par exemple) d'une image nouvelle, source à terme d'avantage concurrentiel.

Exemple

La diversification de Taittinger (activité champagnes) vers l'hôtellerie de luxe constitue un exemple de diversification de placement industriel. En effet, l'entreprise est très bien positionnée sur son métier de base dont les perspectives de croissance sont satisfaisantes. Cette position favorable a permis de dégager des excédents nets de liquidités utilisées par la firme pour prendre pied sur le marché de l'hôtellerie de luxe dont la clientèle traditionnelle est proche de celle du métier de base.

• ***Diversification et logique d'appui ou de soutien***

La diversification d'appui ou de soutien consiste à s'adjoindre des activités susceptibles de renforcer la position concurrentielle de l'entreprise sur ses marchés, par l'entremise de nouvelles techniques, procédés ou savoir-faire commerciaux. Elle revient par conséquent à rechercher des avantages distinctifs lui permettant de se repositionner favorablement par rapport à la concurrence.

Exemple

En rachetant Gymnase Club (fitness), Club Med a choisi de compléter son « offre » par des activités de détente et de remise en forme susceptibles d'attirer une clientèle nouvelle. Cette acquisition a donc essentiellement pour but de venir conforter l'activité initiale de Club Med par des synergies de complémentarités entre les deux entreprises.

- ***Diversification et placement financier***

La diversification de placement financier s'inscrit dans une logique purement financière et consiste à prendre des participations dans des activités rentables à très court terme. Elle regroupe généralement des métiers (ou activités) sans lien les uns avec les autres.

Exemple

Sous l'ère de J. Welch, une grande partie du développement de General Electric s'est appuyée sur l'acquisition de métiers (depuis les moteurs d'avion jusqu'à la finance en passant par les plastiques, la télévision ou l'éclairage) caractérisés par la recherche de rentabilité optimale. Aujourd'hui orienté également vers les nouvelles technologies, ce groupe a en effet bâti sa croissance et sa réputation sur le développement de métiers présentant les caractéristiques suivantes :

a) devenir leader mondial

b) éviter l'affrontement concurrentiel

c) obtenir un retour sur investissement rapide

d) possibilité de désengagement

Entreprise globale, General Electric est ainsi devenu un géant de la finance mondiale, offrant aux observateurs un sujet de réflexion probablement unique en son genre. Numéro un ou numéro deux dans de nombreux de ses métiers, General Electric y dégage des marges d'exploitation, des bénéfices et des flux de trésorerie qui lui valent la notation flatteuse de « triple A ». Ce « triple A » lui permet d'emprunter sur le marché à des conditions privilégiées des sommes qui vont soutenir son développement.

2 Les arguments en faveur de la croissance externe

2.1 Considérations stratégiques

Le choix de la croissance externe est naturellement lié aux motifs stratégiques de l'entreprise et à ses choix en termes de développement. Ainsi des motifs liés à l'augmentation d'un pouvoir de marché ou à l'obtention de ressources spécifiques (technologies, procédés, marques) peut conduire la firme à privilégier la croissance externe par rapport au développement interne. De même, le choix d'une intégration verticale peut difficilement s'opérer par voie interne, en raison de l'existence de métiers très différents en amont ou en aval de la filière. D'autres situations peuvent en revanche être préférables à la croissance interne ou à la croissance conjointe (alliance-coopération) pour des raisons économiques ou stratégiques. Aussi est-il nécessaire de se fixer un cadre d'analyse capable d'apprécier cette manœuvre par rapport aux autres options existantes.

De ce point de vue, il est possible d'utiliser des repères permettant à l'entreprise de s'assurer du bien fondé d'un recours à la croissance externe dans la stratégie de développement.

La grille proposée ci-dessous propose un recensement des principaux points devant être posés à l'entreprise initiatrice, avant de s'engager dans une politique de croissance externe.

REPÈRES : Les points à prendre en compte pour une stratégie de croissance externe

1. Opportunités nouvelles liées à l'opération
2. Menaces en cas de réalisation de l'opération par un concurrent
3. Menaces en cas de non réalisation de l'opération
4. Besoins en matière d'apports extérieurs
5. Importance accordée au contrôle stratégique des ressources
6. Nature et ampleur des changements sur le plan organisationnel et culturel
7. Durée du retour sur investissement attendue
8. Possibilités de désengagement partiel ou total

2.2 Considérations tactiques

Au-delà des aspects stratégiques, certaines considérations à caractère pratique ou tactique, peuvent venir renforcer un arbitrage en faveur de la croissance externe. On peut ainsi relever comme facteurs favorables :

➤ *La vitesse d'exécution*

La croissance externe constitue un puissant moyen de développer la position stratégique de l'entreprise, avec une ampleur et une rapidité difficile à atteindre par d'autres voies. Elle peut permettre à une entreprise faiblement positionnée sur un marché, de devenir en peu de temps un acteur incontournable du secteur par le rachat de sociétés déjà en place.

La variable temps constitue par conséquent un avantage réel de la croissance externe pour des firmes soucieuses de renforcer à court terme leur position par rapport à la concurrence. Elle permet d'acquérir, selon la position de la firme, différentes sources d'avantages concurrentiels :

– une source de réactivité inégalée face à une menace extérieure *(gestion de l'imprévu)* ;
– une base de redéploiement en cas de forte vulnérabilité *(gestion de l'urgence)* ;
– l'obtention d'un avantage pionnier face à de nouvelles opportunités de croissance *(gestion de l'anticipation).*

➤ *L'accès à des marchés difficiles*

La croissance externe peut parfois constituer le seul moyen de pénétrer un marché disposant de barrières à l'entrée élevées, en particulier dans le cadre d'un développement à l'international ou de pénétration dans de nouveaux secteurs d'activités. Les obstacles à l'entrée correspondent aux facteurs qui imposent aux nouveaux entrants des coûts structurellement et durablement supérieurs à ceux des entreprises déjà en place.

Ces barrières à l'entrée peuvent être :

– *financières* (économies d'échelle, besoins en capitaux, niveau des investissements, effet d'expérience, avantages coûts détenus par les entreprises établies...) ;
– *réglementaires* (taxes, quotas, normes de sécurité ou de qualité) ;
– *technologiques* : pour intervenir sur certains marchés, l'entreprise se doit de disposer de compétences spécifiques (brevets, procédés de fabrication tenus secrets, matériaux spécifiques) difficiles à mettre au point rapidement et déjà possédés par les entreprises du secteur ;
– *commerciales* : l'entrée sur un nouveau marché peut être rendue difficile en raison d'obstacles liés à l'accès au réseau de distribution, aux garanties accordées aux clients (coûts de transfert élevés), à la réputation et aux stratégies de différenciation (qualité, innovation, services, capital de marque) des firmes existantes ;
– *culturelles* (liées à la culture et l'histoire du pays), rendant délicates l'insertion d'un arrivant peu accoutumé aux pratiques locales et à certains comportements.

Ainsi, face à de telles contraintes, la possibilité d'acquérir des entreprises ayant déjà surmonté ces barrières en les utilisant à leur avantage, peuvent apparaître pour le nouvel entrant comme la solution la moins risquée et la plus immédiate pour entrer efficacement sur le marché visé.

Exemple

> Dans cet esprit, la crise économique qu'a connu l'Asie a constitué une opportunité de croissance très importante pour les constructeurs occidentaux dans leur politique de développement à l'international, en leur permettant d'accéder à des marchés difficiles d'accès (acquisition de Nissan par Renault, participations de Ford et de Daimler-Chrysler respectivement dans Mazda et Mitsubishi).

➤ *La possibilité d'allier apports extérieurs et contrôle hiérarchique*

La croissance externe a l'avantage par rapport aux autres manœuvres stratégiques de pouvoir disposer de ressources extérieures, tout en gardant le contrôle stratégique des activités. Même si l'acquéreur pour des raisons tactiques ou d'ouverture, adopte un comportement coopératif à l'égard de l'entité acquise, il peut à tout moment reprendre le contrôle de la situation grâce à l'autorité de droit qu'il exerce sur le nouvel ensemble. Cette situation est loin d'être négligeable et peut permettre à l'acquéreur de concilier coopération et hiérarchie de façon cohérente et légitime. Ce choix permet ainsi de limiter les risques de dépendance à l'égard de l'entité acquise, en particulier ce qui concerne les risques d'opportunisme fréquents lors de relations de marché ou de coopérations. Cette orientation n'exclut pas d'accorder aux membres de l'entité acquise des initiatives et des prises de positions minoritaires, sources de remise en cause et d'innovation. Elle peut également être compatible avec des rapports de force constructifs au sein du nouvel ensemble, en vue de créer une dynamique propre créatrice de valeur. En revanche, elle peut constituer, lorsque le désordre ou un conflit ouvert s'instaure, une source de stabilisation retrouvée, visant à reprendre un ascendant stratégique sur le projet et à en assurer une cohérence globale. L'échec de l'alliance (*joint-venture*) entre le groupe Swatch et Mercedes illustre les difficultés de manager des situations de crise (manque de confiance, intérêts divergents) et la nécessité, face à l'absence de solution commune, d'une reprise en main forte par l'un des acteurs en position de force. Les pratiques de croissance externe même les plus coopérative (acquisitions de collaboration, acquisitions d'innovation)[1] peuvent ainsi constituer une garantie pour l'acheteur, dans le cas où les objectifs attendus de la relation se révèlent in fine décevants, en permettant de remédier rapidement à des risques de déviance importants.

➤ *La possibilité de tirer profit des effets du regroupement*

Le développement par fusions-acquisitions se caractérise par un regroupement[2] formel entre deux entreprises initialement distinctes et disposant chacune d'une position de marché et d'une structure organisationnelle. Par voie de conséquence,

1. Des travaux suggèrent que l'acquisition peut conduire à la mise en place de relations basées sur une logique non plus de domination mais de collaboration (Napier, 1989 ; Schweiger et Ivancevich, 1987). Ces recherches proposent un modèle de croissance mettant en avant des changements d'attitude de l'acquéreur à l'égard de l'entreprise acquise, notamment en ce qui concerne l'équilibre des pouvoirs au sein du nouvel ensemble. Pour certains auteurs, l'acquisition peut même conduire à des relations d'innovation qui accordent une forte autonomie culturelle et organisationnelle à l'entité acquise (Haspeslagh et Jemison, 1991). En cas de difficulté, quelle qu'en soit l'origine, l'autorité de droit de l'acheteur peut reprendre inévitablement le dessus avec le passage de la coopération à la hiérarchie (Meier, 2001).
2. On entend par « effets du regroupement » (*combination benefits*) des avantages issus de l'opération n'impliquant aucun transfert de ressources entre les entités, comme les parts de marché, le chiffre d'affaires, la taille de l'entreprise, les effectifs ou encore le renforcement de la réputation.

l'achat d'une entreprise par une autre favorise l'intégration de différents facteurs économiques qui peuvent venir mécaniquement renforcer le pouvoir de dimension de la firme par rapport aux autres acteurs du marché : augmentation des parts de marché et du chiffre d'affaires, accroissement des effectifs, élargissement de la zone d'influence de l'entreprise en termes de sites, usines et d'implantations. Si ce « calcul » se révèle dans les faits plus compliqué qu'il n'y paraît et fait bien souvent émerger certaines désillusions ou difficultés[1], la croissance par fusions ou acquisitions permet d'acter une force de frappe impressionnante, *a priori* objectivée par son caractère chiffrable. Il est d'ailleurs à noter que l'opération de fusion-acquisition est celle qui suite à sa réalisation, fait le plus fréquemment l'objet de chiffrage, d'évaluations et de commentaires sur la force « effective » que représente le nouvel ensemble, en comparaison avec d'autres formes de développement (comme les partenariats techniques ou commerciaux).

➤ ***L'image, le prestige et la médiatisation des opérations de croissance externe***

La croissance externe est un des modes de développement les plus visibles et les plus fortement commentés par les médias. Si une telle exposition présente indéniablement des désavantages (officialisation de la stratégie de l'entreprise, justification auprès des parties prenantes), elle offre en revanche comme intérêt de donner à l'entreprise initiatrice l'image d'une société en mouvement et de condamner les autres acteurs à se repositionner rapidement, sous peine de marginalisation. On peut même considérer qu'une acquisition importante peut profondément modifier la donne du marché. En effet, elle peut mettre les principaux concurrents dans une position inconfortable, en les obligeant à réagir avec rapidité mais aussi pertinence. Or cette réponse n'est pas forcément aisée et peut donner l'impression aux dirigeants des entreprises concurrentes de se retrouver dans une forme d'impasse stratégique (absence réelle d'alternatives).

➤ ***L'existence sur le marché de sociétés cibles attractives***

Le recours à la croissance externe peut parfois provenir d'opportunités liées à la mise en vente subite d'une entreprise pour des raisons d'ordre économique (difficultés financières) ou personnelle (problèmes de succession, motivations du cédant...). Ces situations peuvent dès lors favoriser le développement des acquisitions, en conciliant opportunisme et intérêt stratégique. Dans ce type de circonstances, l'acquéreur a en effet la possibilité d'acquérir à un prix raisonnable une entreprise

1. Au-delà d'un certain seuil, l'accroissement des dimensions de l'entreprise peut conduire à des effets inverses à ceux escomptés, en entraînant des déséconomies d'échelle liées à l'augmentation des coûts de coordination et de gestion.

dont les actifs sont sous-évalués ou du moins insuffisamment valorisés. Parmi les critères d'attractivité d'une cible, la possibilité de bénéficier d'opportunités fiscales peut constituer un argument supplémentaire en faveur de la croissance externe.

REPÈRES : Évaluer la pertinence d'une option stratégique

1) Quelle est la voie de développement recherchée (spécialisation, intégration, diversification) ? Quelles sont les raisons de ce choix (pérennité de l'activité, consolidation, nouvelles opportunités de croissance) ? Ce choix permet-il de garantir la compétitivité et la sécurité de l'entreprise ? Doit-il être considéré comme une politique d'adaptation, de réorientation ou de rupture ?

2) L'orientation proposée est-elle en accord avec les exigences fondamentales des actionnaires (croissance et rentabilité) ? Les objectifs fixés sont-ils des thèmes susceptibles de mobiliser (fédérer) les responsables et le personnel de l'entreprise (nature des changements) ? Quelle est la légitimité économique et sociale du projet ?

3) Quel est le mode de développement privilégié (voie interne ou externe) ? Dans le cas de croissance interne, la stratégie adoptée exploite-elle bien les savoir-faire de l'entreprise ? Dans le cas inverse (croissance externe ou conjointe), les objectifs assignés sont-ils compréhensibles pour les autres acteurs concernés par la relation ? Quels sont les thèmes propices à une bonne communication (interne et externe) de l'opération ?

4) En quoi la stratégie retenue vient-elle modifier les règles du jeu concurrentiel ? Comment vont réagir la concurrence et les principaux clients ? Quel est le degré d'originalité de l'orientation choisie ? Existe-t-il des antécédents et si oui, y-a-t'il des différences notables avec le contexte actuel ? Quels sont les principaux risques externes posés par ce développement (concurrentiels, financiers, technologiques) ?

5) Dans quelle mesure la structure et les ressources existantes sont adaptées à l'option proposée ? Quelle est l'ampleur des changements à attendre sur le plan du fonctionnement et de l'organisation ? Quels sont les principaux risques « internes » posés par ce développement (organisationnels, culturels, relationnels, sociaux, humains) ?

6) Quelles sont les actions permettant de pallier ce type de risques ? Quels seront les moyens mis en œuvre pour contrôler et piloter l'opération de croissance ?

Section 2 LE CADRAGE STRATÉGIQUE DE L'OPÉRATION

Le choix d'une politique de croissance externe doit être réalisé en cohérence avec la politique générale de l'entreprise, sur la base d'un diagnostic stratégique visant à analyser les forces et les faiblesses de l'entreprise acquéreur et à identifier les opportunités et menaces à saisir ou à contrer.

En tant que telle, la décision d'engager une entreprise dans une politique de croissance externe est souvent lourde de conséquences pour son développement voire sa pérennité et impose en conséquence une préparation minutieuse. Les enjeux et les risques associés à ces opérations portent à la fois sur des dimensions politiques en modifiant la structure du pouvoir de l'entreprise et sur des dimensions plus opérationnelles en impliquant nécessairement des perturbations aux plans organisationnels et managériaux.

Ces perturbations prévisibles sont d'autant plus importantes que la réalisation de synergies implique une forme d'interdépendance entre les entités acquises et l'acquéreur. Pour toutes ces raisons, il est d'usage de désigner une équipe projet, responsable de l'opération de fusion-acquisition envisagée, et de prédéfinir en amont, sous la forme par exemple d'une note de cadrage, les objectifs et les contraintes de ce type d'opération.

1 Constituer une équipe projet

L'analyse des opérations réussies montre des similitudes dans l'organisation et la gestion du projet de croissance externe. Parmi les caractéristiques clés, on retrouve la nomination d'un responsable de projet à temps plein et la constitution d'une équipe pluridisciplinaire chargée du projet (de la sélection des cibles aux premières actions de la phase d'intégration).

En sus de la constitution de l'équipe projet, il convient de définir son action, de préciser les objectifs et fixer un calendrier et un budget clairs pour la phase de préparation. Idéalement, l'équipe projet est sous la responsabilité directe du comité exécutif ou à défaut sous celle du Président du conseil d'administration ou du Directoire.

En théorie, l'équipe projet a en charge :

- la recherche et la sélection des cibles ;
- l'évaluation stratégique et financière ;
- la réalisation ou l'organisation des premiers contacts ;
- le suivi des opérations relatives aux audits d'acquisition ;
- le suivi et l'organisation des négociations ;
- le montage juridique et financier du projet ;
- la définition des scénarios d'intégration possibles et la valorisation de l'opération ;
- le suivi et l'organisation de la rédaction des contrats et du bouclage du financement ;
- le suivi et l'organisation des opérations à mener avant la signature des contrats (notamment l'obtention de l'acceptation des différents acteurs concernés) ;

– le suivi et l'organisation de la signature des contrats ;

– le suivi de la gestion post-acquisition (*cf.* intégration).

Le rôle de l'équipe projet est primordial. Elle doit avoir le soutien sans équivoque des principaux dirigeants de l'acquéreur et doit pouvoir faire appel à l'arbitrage du président en cas de difficultés. Ce rôle est d'autant plus important qu'il constitue le bras armé de la Direction et que sa composition traduit l'implication de cette dernière.

2 Fixer l'agenda stratégique du projet

Les objectifs stratégiques sont directement issus de l'exposé des motifs de la politique de croissance externe. Ils prennent également en compte les considérations tactiques qui ont pesé en faveur de la croissance externe. Au-delà de l'exposé des motifs qui renvoient à la formulation générale de la stratégie de l'entreprise acquéreur, la définition de l'agenda stratégique implique au préalable la clarification du niveau de risques accepté. D'un point de vue global, la réalisation d'une opération de croissance externe présente deux grands risques :

– ne pas créer suffisamment de valeur pour justifier la prime offerte aux actionnaires de la cible ;

– détruire de la valeur au sein de la société cible voire au sein de la société acquéreur.

La gestion de ces risques est d'autant plus délicate que les opérations de croissance externe intègrent généralement une dimension paradoxale que l'on nomme *destruction créatrice*. On parle de *destruction créatrice* lorsque celle-ci est une étape nécessaire à la création d'une valeur supplémentaire plus importante ; en ce sens la destruction créatrice constitue une forme d'investissement spécifique aux opérations de fusions-acquisitions.

En revanche, il existe un risque pour que cette destruction de valeur ne s'accompagne pas ultérieurement d'une création de valeur supplémentaire. Par conséquent, avant toute opération de fusion-acquisition, il est nécessaire de limiter le champ souhaité des interactions et de définir les activités principales ou de support que l'on souhaite préserver au sein de l'acquéreur, celles que l'on souhaite consolider ou développer par le biais de la fusion-acquisition et celles pour lesquelles une position de principe sera décidée au moment de l'opération.

La fixation de ces contraintes stratégiques a pour but :

– de préserver certains avantages concurrentiels de l'entreprise acquéreur en évitant toute forme d'interactions futures avec la cible ;

– d'affiner les critères de sélection de la cible en précisant les types d'avantages concurrentiels complémentaires à rechercher.

La théorie des ressources (*Ressource Based View*) propose un cadre d'analyse particulièrement adapté à cet exercice. Selon cette approche, une entreprise peut être analysée comme un portefeuille de ressources et de compétences qui s'orchestre et se combine au sein de processus. La logique de création de valeur d'une entreprise dépend alors de sa capacité à mobiliser des ressources clés autour d'un ou plusieurs processus stratégiques (P. Lorino et J-C Tarondeau, 1998). La fixation des contraintes stratégiques revient alors à déterminer les types de ressources et les processus clés que l'on souhaite préserver et ceux que l'on souhaite soit consolider ou développer. Cette approche présente plusieurs avantages. Elle permet de s'interroger, dès le départ, sur la réalité des processus de création de valeur à l'œuvre dans l'entreprise et sur les objectifs (réels) de la politique de croissance externe, au-delà des apparences comptables ou financières. Elle conduit également à s'intéresser aux potentialités de destruction de valeur.

3 Fixer les hypothèses en terme de répartition du pouvoir

La séparation entre les fonctions de contrôle dévolues aux dirigeants et les fonctions d'assomption du risque assumées par les actionnaires crée aussi des différences entre le pouvoir managérial qui est lié à la position des dirigeants à la tête des entreprises et le pouvoir actionnarial qui est lié à la détention des droits de vote. Les opérations de fusions-acquisitions peuvent modifier ces deux types de pouvoir et il convient avant de les réaliser d'appréhender les modifications qu'elles vont engendrer. Il faut noter que ces deux types de pouvoirs sont interdépendants. Le pouvoir managérial dépend en effet pour partie de la géographie du capital et de la participation dans le capital des principaux dirigeants. La situation d'un Manager A, possédant une partie non significative du capital d'un groupe coté en bourse au capital fortement dispersé, n'a naturellement rien à voir avec celle du dirigeant B propriétaire qui possède la majorité d'un groupe familial coté ou non.

Une opération de fusion-acquisition peut modifier la répartition du pouvoir de plusieurs façons. Si la prise de contrôle est financée par actions, les actionnaires de la cible deviennent actionnaires de l'acquéreur. Dans cette optique, la différence de géographie du capital peut profondément modifier les rapports de force. Une prise de contrôle managérial peut ainsi se réaliser en faveur de l'acquéreur, alors même que la modification du pouvoir actionnarial est favorable aux actionnaires de la cible.

Exemple

Dans l'opération de rapprochement entre Carrefour et Promodès, l'évolution des pouvoirs est caractéristique d'une situation contrastée selon que l'on analyse le rapprochement en terme de pouvoir managérial ou actionnarial. Le leadership managérial incontestable de Carrefour, qui s'est traduit par la disparition du nom Promodès et de sa marque phare « Continent » contraste avec la modification profonde de la géographie du capital de Carrefour où l'actionnaire de référence est désormais la famille Halley, actionnaire principal de Promodès. Sur le plan managérial il s'agit donc d'une prise de contrôle de Carrefour sur Promodès. Sur le plan actionnarial la situation apparaît plus contrastée, voire opposée.

De manière générale, en phase de préparation, le maintien du contrôle actionnarial ou managérial de l'entreprise initiatrice, après l'acquisition ou la fusion, peut être une contrainte fixée par les actionnaires à la direction de l'entreprise acquéreur, en raison des risques encourus.

En effet, lorsque la cible est une société familiale ou est contrôlée par un noyau d'actionnaires fort, la question du pouvoir actionnarial est au cœur des préoccupations, en raison d'une situation potentiellement défavorable aux actionnaires de l'entreprise initiatrice (*cf.* cas Carrefour - Promodès). La participation significative des dirigeants au capital peut renforcer cette tendance, puisque dans ce cas le pouvoir managérial est directement associé au pouvoir actionnarial.

De même, lorsque préexiste au sein de l'entreprise initiatrice une réelle séparation entre la propriété et le contrôle, la question du pouvoir managérial est au centre des réflexions, en raison d'une évolution qui peut (quelque fois) aller à l'encontre des intérêts des actionnaires de l'entreprise acheteuse. Dans le cas d'une fusion, cette question est cruciale car le regroupement en limitant (mécaniquement) le nombre de postes de direction, peut modifier certains équilibres existants. Dans le cas d'une acquisition, cette question se pose également mais de manière plus indirecte. En effet, la réalisation d'une politique d'acquisition peut être directement liée à une politique de renforcement du pouvoir managérial des dirigeants de l'entreprise acheteuse, par le biais d'une augmentation des actifs contrôlés et/ou par le biais d'une stratégie d'enracinement.

Les contraintes en termes de répartition de pouvoir doivent par conséquent être analysées en amont de la politique de croissance externe et fixées sur le plan du principe avant la phase de recherche active et de montage de l'opération de rapprochement proprement dite.

Section 3 SÉLECTION ET ÉVALUATION DES CIBLES POTENTIELLES

L'étape de sélection et d'évaluation des cibles potentielles constitue la première démarche proactive d'une stratégie de fusions-acquisitions. Elle implique la définition de critères de sélection puis une recherche active au travers de bases de données ou par l'intermédiaire de contacts spécialisés tels que les banques d'affaires ou des réseaux d'avocats. L'arrivée de l'internet permet aujourd'hui de réaliser plus rapidement ce type de recherche, du fait d'un nombre croissant de bases de données en ligne désormais disponibles qui permettent souvent de réaliser une première recherche. La principale difficulté de cette étape consiste à définir les critères de sélection pertinents en évitant deux principaux écueils : des critères trop vagues et pas assez reliés aux motifs stratégiques de l'opération avec un risque de dilution des efforts et de la recherche ou des critères trop précis dès le départ avec un risque de ne pas trouver de cibles potentielles. Dans la pratique, il n'est pas rare de procéder par approximation, en pré-sélectionnant d'abord certaines cibles selon des critères très macro d'ordres stratégiques (le métier de la cible, ses marchés, sa localisation géographique) puis en affinant la recherche par l'adjonction de critères de plus en plus précis.

1 Présélection des cibles

Dans certains cas, les cibles ne sont pas préalablement identifiées. Il importe alors de rechercher de manière exploratoire des cibles éventuelles. Cette recherche peut passer soit par l'exploitation de bases de données (Kompass, internet...) soit par le recours à un prestataire extérieur spécialisé auquel on donne un mandat de recherche. Dans tous les cas il convient de préciser les critères de sélection afin d'optimiser la recherche. Les critères de sélection de la cible peuvent être regroupés en trois catégories.

1.1 Catégorie A : adéquation entre les caractéristiques de la cible et les motifs stratégiques de l'entreprise initiatrice

Ces critères visent à s'assurer que les cibles présélectionnées répondent aux motivations stratégiques du futur acquéreur. La principale difficulté réside dans le fait que les motivations stratégiques sont souvent relativement fines et précises, tandis que les critères de sélection à retenir dans un premier temps ne peuvent être que généraux. La liste suivante propose un ensemble de critères qui peuvent être utilisés pour caractériser l'adéquation stratégique d'une cible éventuelle avec les besoins du futur acquéreur.

Ce type de déterminants constitue par conséquent les hypothèses sur lesquelles l'initiateur va s'appuyer pour saisir une opportunité de croissance externe. Au-delà de ces critères, une analyse plus fine de la cible peut permettre d'entrevoir d'autres facteurs susceptibles d'augmenter la valeur d'attrait de la cible pour l'entreprise initiatrice.

**Critères d'adéquation de la cible
avec les objectifs stratégiques de l'acquéreur**
(liste non exhaustive)

- Secteurs et marchés concernés
- Possibilité d'extension géographique
- Degré de proximité entre les métiers
- Degré de complémentarité entre les activités
- Position stratégique de la firme au sein de la filière
- Qualité du portefeuille technologique
- Possibilités d'exploitation de synergies
- Solidité financière
- Rentabilité financière
- Croissance des activités
- ...

1.2 Catégorie B : degré d'attractivité de la cible

Ces critères visent à compléter l'analyse stratégique préalable par des critères intrinsèques aux cibles identifiées, dont les spécificités peuvent accroître l'attrait de l'opération pour l'entreprise initiatrice. La figure suivante propose une liste de critères d'attractivité qui peut être utilisée pour mieux apprécier l'intérêt stratégique de la cible pour le futur acquéreur.

Critères d'attractivité de la cible
(liste non exhaustive)

- Réputation de l'entreprise
- Image et notoriété de l'entreprise
- Potentialités de croissance de l'entreprise
- Qualité du management de la cible
- Taille relative de l'entreprise
- Capacités de liquidités à court terme
- Durabilité des avantages concurrentiels
- Qualité du ratio productivité/secteur
- Évolution du taux de croissance
- Performances antérieures
- ...

1.3 Catégorie C : critères de rejet

Il est souvent d'usage de recourir à des critères de rejet, c'est-à-dire des critères qui peuvent amener à refuser une opération, en dépit de sa pertinence et l'attrait de la cible. Il s'agit principalement de critères visant à gérer des risques spécifiques. Ces critères d'exclusion peuvent être primordiaux puisqu'ils constituent la première action de gestion des risques d'une opération de fusion-acquisition. La nature des critères d'exclusion est souvent très variable d'une opération à l'autre. Ils peuvent concerner aussi bien des éléments stratégiques, politiques qu'éthiques. Le fait par exemple de ne pas vouloir acquérir des entreprises ayant une image non respectueuse de l'environnement peut constituer un critère d'exclusion majeur. On peut citer aussi le fait de ne pas vouloir acquérir ou s'unir avec une entreprise dont la réputation en termes de gestion sociale ne correspond pas à l'éthique de l'acquéreur. À l'inverse, il peut s'agir de critères purement stratégiques. Par exemple, ne pas acquérir d'entreprises en difficulté financière pour éviter le poids du redressement, peut être une cause de refus d'achat[1]. Enfin, on retrouve, parmi les critères d'exclusion, des critères plus politiques et/ou tactiques liés au degré d'ouverture du capital de la cible (refus par exemple de se lancer dans des opérations hostiles), à la nature de l'actionnariat jusqu'à des critères liés aux personnalités physiques de l'entreprise (actionnaires, dirigeants, partenaires).

2 Analyse stratégique de la cible

Dans tous les cas, que les cibles soient préalablement identifiées ou qu'il ait fallu passer par une étape de présélection, il est fortement recommandé de réaliser une analyse stratégique, avant d'entamer toute démarche. L'analyse stratégique vise à déterminer non plus l'adéquation stratégique avec les objectifs poursuivis mais la compatibilité stratégique entre l'acquéreur et la cible.

En effet, la phase de pré-sélection (lorsqu'elle a lieu) concerne principalement les caractéristiques objectives de l'entreprise et vise essentiellement à s'assurer que l'entreprise candidate correspond au but défini par l'acheteur.

La deuxième phase se situe à un autre niveau. Elle entend vérifier que les caractéristiques des candidats permettent d'envisager dans de bonnes conditions le rapprochement. Elle entend veiller à ce que les deux firmes puissent se regrouper de façon réaliste, en limitant les risques de destruction de valeur. L'analyse de la cible va de ce fait être réalisée non plus de façon isolée (attraits spécifiques) mais par rapport aux qualités de l'entreprise initiatrice. Elle va en effet porter principalement sur le degré de compatibilité entre les deux futurs « partenaires » sur le plan stratégique, organisationnel et culturel :

1. Dans certains cas, une stratégie peut, au contraire, consister à rechercher de telles entreprises pour acquérir à bas prix une ressource spécifique ou accéder à un marché particulier. Il s'agit alors d'un critère d'attrait pour l'acquéreur à la recherche de motifs purement financiers.

- *d'un point de vue stratégique*, il s'agit essentiellement de s'assurer que les deux entreprises sont en phase en ce qui concerne leurs objectifs stratégiques (finalités). Il convient avant tout d'éviter des divergences trop fortes en matière de politiques de croissance (voies et modes de développement), de gestion des risques ou de stratégies concurrentielles (avantages concurrentiels, positionnement, marchés prioritaires). Cette interrogation vaut principalement lorsque le regroupement concerne des entreprises de métiers proches (croissance externe horizontale) qui impliquent des liens d'interdépendance forts. Dans le cas contraire (diversification), la question principale porte sur les décisions en matière d'allocation de ressources et sur les conditions attendues en termes de performance (rentabilité du capital, niveau des ventes, taux de profit, niveau de risques acceptable...). Dans les deux cas envisagés, la nature du désaccord peut également porter sur la méthode ou les moyens utilisés pour réaliser les objectifs (organisation, calendrier, répartition des rôles) ;
- *sur le plan organisationnel*, l'étude des compatibilités entre les sociétés est liée avant tout à la cohérence qui peut exister entre les firmes et à l'importance des changements internes induits par le rapprochement (transformation de l'organisation, changement des systèmes d'information, aménagement des procédures de gestion et de contrôle...) ;
- *au niveau culturel*, le choix de la cible pose la question des valeurs clés de la firme, de son style de management (autoritaire, démocratique, participatif), du comportement et des habitudes de ses membres aux risques de différences trop marquées avec ceux de l'entreprise acheteuse.

3 Évaluation financière de la cible

À cette étape de la démarche, l'exercice d'évaluation de la cible s'effectue dans les mêmes conditions que celles d'un analyste financier extérieur qui dispose d'informations publiques sur l'entreprise, incluant les documents financiers légaux sur plusieurs années (bilan, compte de résultats et annexes) ainsi que certains documents généraux sur l'activité de l'entreprise et sa stratégie (rapports annuels, discours du président, brochures commerciales...). Le but de cette démarche n'est pas ici d'évaluer l'opération future de fusion ou d'acquisition mais la valeur de marché de l'entreprise cible à partir des hypothèses d'exploitation actuelle et de la stratégie existante. La valeur de marché de l'entreprise constitue le prix minimum qu'il faut débourser pour acquérir 100 % du contrôle. Il s'agit d'une valeur plancher en dessous de laquelle les actionnaires actuels de la cible n'ont pas d'intérêt particulier à céder leurs participations. Il faut noter que cet argument n'est pas universel. Il s'applique d'autant plus que la cible est une grande entreprise cotée. Dans le cas d'une entreprise de moindre taille et non cotée, une offre même inférieure au prix plancher peut se concevoir. Elle permet aux actionnaires actuels de se désengager dans des conditions acceptables en rendant liquides leurs participations. C'est souvent le cas dans des entreprises au capital familial où certains actionnaires détiennent une faible participation avec peu de chance de pouvoir la céder, faute de liquidité du marché pour ce type de titres.

L'évaluation de la cible vise à obtenir une première estimation de la valeur de l'entreprise et par conséquent de la taille de l'opération en terme financier. Les principales méthodes d'évaluation applicables dans ce cas de figure sont exposés ci-après. Pour une présentation détaillée de ces méthodes et de leurs fondements, on pourra notamment se référer aux ouvrages de Mc Kinsey (1991) et de Goffin (1998). On distingue principalement trois grands types de méthodes :

- celles qui évaluent l'entreprise dans une optique de continuité de l'activité et qui cherchent à estimer la création de richesse future ;
- celles qui évaluent l'entreprise dans une optique de liquidation, c'est-à-dire d'arrêt de son activité actuelle. La valeur dans ce dernier cas est essentiellement liée au prix de revente de ces actifs ;
- celles qui évaluent l'entreprise à partir de référents de marché (*Price Earning Ratio* (PER) du secteur, transactions comparables...).

3.1 Évaluation dans une optique de continuité de l'activité

L'évaluation dans une optique de continuité de l'activité (*going concern value*) cherche à déterminer la capacité de création de valeur future de l'entreprise. La valeur d'une entreprise est liée à sa capacité à générer des flux de trésorerie futurs. L'estimation du « flux de trésorerie » permet de prendre en compte la réalité des entrées et sorties de liquidités dans l'entreprise. Elle évite de recourir à des indicateurs comptables, soumis à des jeux d'écriture, dont la philosophie consiste davantage à estimer la valeur du patrimoine qu'à déterminer la capacité à créer de la richesse dans le futur. Si de nombreuses méthodes ont été développées, ces dernières reposent toutes sur un même principe de sommation des flux de trésorerie futurs actualisés.

Des méthodes et modèles plus complexes ont été développés de manière à mieux prendre en compte la réalité industrielle et commerciale des entreprises à évaluer. On trouve ainsi la méthode dite du *free cash flow.* Une présentation détaillée et opérationnelle de cette méthode a été proposée par Mc Kinsey (1991). D'autres méthodes sont aujourd'hui utilisées, en particulier celle fondée sur la théorie des options. Nous présentons ci-après ces deux approches.

➤ *La méthode du* **free cash flow**

La méthode repose sur la définition et l'articulation de trois concepts centraux, le *free cash flow*, le coût du capital et la valeur terminale. La méthode du *free cash flow* peut être appliquée à l'évaluation des capitaux propres de l'entreprise (la valeur actionnariale – on parle de *free cash flow to equity* FCFE) ou à l'évaluation de l'entreprise dans son ensemble (la valeur de marché des actifs – on parle de *free cash flow to the firm* FCFF). On présente ci-après cette dernière approche qui dans la pratique se trouve être la plus utilisée.

- ***Les composantes du free cash flow (FCFF)***

La notion de *free cash flow* possède aujourd'hui une définition normalisée, reconnue par la plupart des praticiens et chercheurs.

Free cash flow =		*Résultat avant impôt et frais financiers × (1 – T)*
	+	Dotations aux provisions et amortissements
	–	Variation du besoin en fonds de roulement
	–	Investissements

avec T le taux d'impôt sur les sociétés.

Dans les approches plus complètes, on distingue deux formes de *cash flow* : les *cash flow* liés à l'exploitation et les *cash flow* hors exploitation. La définition précédente appelle plusieurs questions qui doivent toutes être présentes à l'esprit de celui qui utilise cette méthode.

Pourquoi raisonne-t-on avant frais financiers ?

L'explication repose sur la distinction entre la valeur de l'entreprise et la valeur des titres des différents apporteurs de capitaux, actionnaires ou créanciers (banques ou obligataires). Lorsqu'une entreprise génère un bénéfice après avoir rémunéré tous les facteurs de production, celui-ci doit permettre de rémunérer l'ensemble des capitaux qui ont servi à financer les investissements. Les actionnaires sont rémunérés par le versement de dividendes et la réalisation de plus-values tandis que les créanciers sont rémunérés par le versement d'intérêts.

En l'absence de fiscalité, la théorie financière a ainsi montré que la valeur d'une entreprise devrait être indépendante de ses sources de financement. Autrement dit, le paiement de frais financiers n'entre pas dans la logique de création de valeur mais dans la logique de répartition de valeur entre les actionnaires et les créanciers. La règle d'indépendance ne tient naturellement plus dans le cas où un mode de financement spécifique bénéficie d'un avantage fiscal particulier. Dans la plupart des pays, les frais financiers sont déductibles du résultat imposable, ce qui implique une augmentation de la valeur de l'entreprise par le biais d'une économie d'impôts. Par conséquent, il est nécessaire de procéder à un ajustement de la valeur en évaluant et en réincorporant l'effet fiscal dans la valorisation de l'entreprise. Les deux principales méthodes utilisées sont l'ajustement par l'évaluation explicite de l'avantage fiscal et l'ajustement par la modification du coût moyen pondéré du capital. Ces méthodes sont détaillées ci-après.

Pourquoi intègre-t-on les dotations aux provisions et aux amortissements ?

Le résultat avant impôt et avant frais financiers est un agrégat comptable qui incorpore des produits et des charges non décaissées comme les dotations aux provisions et aux amortissements. Ces derniers reflètent une dépréciation de la valeur du patrimoine de l'entreprise aujourd'hui mais pas une diminution de sa capacité à générer des flux de trésorerie futurs, sous réserve que le décaissement des coûts de maintenance et d'investissements futurs adéquats ait été pris en compte dans les projections.

Pourquoi intègre-t-on la variation du besoin en fonds de roulement ?

Comme nous l'avons dit, le raisonnement financier se fonde sur le flux de trésorerie, c'est-à-dire sur la différence réelle entre les encaissements et les décaissements. L'utilisation du résultat avant impôt et frais financiers implique un raisonnement à partir du chiffre d'affaires et de la structure des coûts comptabilisés dans le compte de résultat. Dans la réalité, l'existence de décalages de paiement crée des distorsions importantes entre le chiffre d'affaires et les charges comptabilisées d'une part et la réalité des encaissements et des décaissements d'autre part. La prise en compte de la variation du besoin de fonds de roulement permet d'ajuster l'estimation en se rapprochant de la réalité du flux de trésorerie.

- ***Le coût du capital***

Le coût du capital est le taux de rentabilité minimum requis par les investisseurs pour investir dans un projet ou une entreprise. Il correspond au taux d'actualisation qu'il convient de prendre pour calculer la valeur actuelle nette (VAN) d'un projet.

REPÈRES : Le calcul de la VAN

La valeur actuelle nette d'un projet correspond à la valeur actualisée de tous ses flux de trésorerie futurs dégagés par le projet moins la valeur actualisée du flux d'investissement.

$$VAN = \sum_{t=1}^{T} \frac{E(\tilde{f}_t | F_0)}{(1+R)^t} - \sum_{t=1}^{T} \frac{I_t}{(1+r)^t}$$

avec

f_t : le flux de trésorerie généré par le projet

R : le taux d'actualisation pertinent, compte-tenu du risque du projet

I_t : le flux d'investissement

r : le taux sans risque

L'estimation du taux d'actualisation pertinent est réalisée en fonction du risque du projet. La notion de risque est définie de manière spécifique en finance et correspond à une mesure de l'incertitude représentée par l'écart-type des taux de rentabilité futurs.

Le choix d'un indice de référence pour estimer le risque

L'estimation de ce risque passe inévitablement par le choix d'un indice de marché de référence, supposé constituer une représentation acceptable du risque du projet à évaluer. Cet indice peut être constitué d'une seule action ou d'un portefeuille d'actions. Dans le cas où le projet est réalisé par une entreprise cotée en bourse, que cette entreprise est monoactivité et que le projet appartient à la même classe de risque, il est possible d'estimer l'écart-type du taux de rentabilité des actions de l'entreprise pour évaluer le risque du projet. Dans tous les autres cas, il est préférable de constituer un indice composé de plusieurs actions, dont les caractéristiques en termes de risques sont proches de celles du projet à évaluer. Parmi les caractéristiques clés, on peut retenir le secteur d'activité, la taille mesurée en chiffre d'affaires, la structure des coûts…

Le passage de la mesure du risque à l'estimation du taux d'actualisation

Le modèle d'équilibre des actifs financiers (Médaf) constitue le cadre théorique et méthodologique le plus utilisé pour estimer le taux de rentabilité attendu d'un actif, c'est-à-dire le taux d'actualisation pertinent (sous réserve de la prise en compte des effets liés à la fiscalité et à l'endettement). Il faut noter que ce modèle s'applique à tout actif, que ce soit un actif physique (comme l'ensemble des capacités de production et de commercialisation d'une entreprise) ou que ce soient des titres financiers (actions, obligations, dettes bancaires…). Selon la formule du Médaf, le taux de rentabilité d'un actif est égal au taux sans risque plus une prime de risque. Le taux sans risque correspond à la rémunération d'un placement sans risque comme par exemple des obligations d'État. La prime de risque correspond à l'excès de rentabilité en moyenne du marché dans son ensemble par rapport au taux sans risque, multiplié par un coefficient caractéristique du risque du projet appelé coefficient « béta ».

Le coefficient « béta » mesure ce que l'on appelle le risque systématique, c'est-à-dire le risque économique lié à la conjoncture globale de l'économie. Si l'entreprise possède un « béta » supérieur à 1, cela signifie que son activité amplifie les cycles de la conjoncture tandis que si elle possède un « béta » inférieur à 1, cela signifie que son activité atténue les cycles de la conjoncture. Le risque total du projet (toujours mesuré par l'écart-type du taux de rentabilité de l'indice de référence) comprend, outre le risque systématique (le béta), un risque résiduel appelé risque spécifique du projet. Ce risque spécifique n'est pas rémunéré car il peut être « éliminé » par une politique de diversification de portefeuille menée par les actionnaires. D'un point de vue financier, seul le risque non diversifiable (le risque systématique) est rémunéré.

L'estimation du « béta » à partir d'un indice de marché de référence pose cependant un problème conceptuel. En effet, le risque ainsi mesuré prend en compte le risque financier lié à l'endettement des sociétés composant le portefeuille de référence. Il faut donc procéder à un ajustement qui consiste à estimer un « béta » désendetté (*unleveraged beta*), c'est-à-dire un coefficient qui estime uniquement le risque opérationnel des sociétés prises en référence.

REPÈRES : L'estimation du taux d'actualisation

1. Estimation du taux de rentabilité des actions de l'indice de référence

$$k = r_f + (E(R_m) - r_f) \times \beta$$

avec

k : le taux de rentabilité des actions de l'indice de référence

r_f : le taux d'intérêt sans risque

R_m : le taux de rentabilité du marché dans son ensemble

β : le coefficient béta, estimé comme suit : $\beta = \mathrm{cov}(R_i, R_m)/\mathrm{var}(R_m)$ avec R_i le taux de rentabilité de l'indice de référence.

2. Le passage du taux de rentabilité des actions au taux de rentabilité des actifs

Le béta estimé ci-dessus correspond à une mesure du risque des actions de l'indice de référence. Pour estimer le taux d'actualisation pertinent, il faut corriger le béta des actions pour prendre en compte l'impact de l'endettement et de la fiscalité. Le béta corrigé noté β_a est estimé comme suit :

avec $\beta_a = \beta \times \left(\dfrac{S}{S + (1 - T) \times D}\right)$

S : la valeur de marché des actions des entreprises de l'indice de référence

D : la valeur de marché de la dette des entreprises de l'indice de référence

T : le taux d'imposition sur les sociétés

on obtient alors : $k_a = r_f + (E(R_m) - r_f) \times \beta_a$

La prise en compte de l'endettement

Le taux d'actualisation ainsi estimé permet d'évaluer tout projet financé à 100 % par fonds propres. Si le projet doit être financé pour partie par de la dette, il faut prendre en compte le fait que les intérêts sont déductibles et qu'ils vont contribuer à augmenter la valeur de l'ensemble à hauteur de l'économie fiscale réalisée. La prise en compte de l'effet fiscal de l'endettement peut être réalisée de deux manières distinctes :

- la première méthode, préconisée par Myers (1974), consiste à estimer une Valeur Actuelle Réajustée (VAR). La VAR comprend deux composantes : la VAN de base du projet et la valeur actuelle des économies fiscales associées à l'endettement. La VAN de base du projet est calculée comme si le projet était financé à 100 % en fonds propres. La valeur actuelle des économies fiscales est calculée à partir d'un taux d'actualisation équivalent au taux d'intérêt de la dette. Le risque associé à l'économie fiscale est en effet à peu près équivalent à celui de la dette. Il faut noter que le risque n'est pas tout à fait équivalent. Il n'incorpore pas le fait que la société peut ne pas faire de bénéfices certaines années et donc ne pas tirer partie de l'économie fiscale (faute d'impôts à payer). Pour une étude détaillée de la méthodologie à suivre, on peut se référer à Goffin (1998) ;
- la seconde méthode consiste à actualiser directement les *free cash flow* à partir d'un taux d'actualisation ajusté. La méthode la plus utilisée pour calculer le taux d'actualisation ajusté est celle du coût moyen pondéré du capital (CMPC). Le CMPC est estimé comme suit :

$$CMPC = k_{actions} \times \frac{S}{S+D} + k_{dettes}(1-T) \times \frac{D}{S+D}$$

avec

$k_{actions}$: taux de rentabilité des actions

k_{dettes} : taux de rentabilité de la dette

S : la valeur de marché des actions de l'entreprise à évaluer

D : la valeur de marché de la dette de l'entreprise à évaluer

T : le taux d'imposition sur les sociétés

La méthode du CMPC est sans aucun doute l'une des plus utilisées, en raison de sa simplicité. Elle pose néanmoins de nombreux problèmes. En effet, elle implique de connaître la valeur de marché de l'entreprise et ses composantes ($S + D$). Il faudrait donc connaître la valeur de l'entreprise pour pouvoir l'évaluer. Pour résoudre ce paradoxe, il est d'usage d'utiliser des taux d'endettement cible. Cette approche peut néanmoins s'avérer dangereuse si ces taux cibles ne sont pas respectés. En outre, l'utilisation du CMPC repose sur une hypothèse de rééquilibrage permanent de l'endettement pour pouvoir maintenir le taux d'endettement cible. Ceci signifie que l'on fait l'hypothèse qu'en cas de baisse de la valeur de marché de ses actions, l'entreprise se désendette immédiatement dans des proportions équivalentes. Ces différentes limites peuvent rendre dangereux l'utilisation du CMPC.

Les limites de l'endettement

Le recours à l'endettement permet de bénéficier d'une économie fiscale. On pourrait par conséquent en déduire que le financement idéal est celui qui maximise cette économie fiscale et qu'il faut donc financer tout projet à 100 % avec de la dette. Ce raisonnement occulte le corollaire d'une augmentation de l'endettement, à savoir une augmentation de la probabilité de faillite. La faillite résulte de l'incapacité à faire face à ses engagements financiers et, notamment, au remboursement de la dette et/ou au versement des intérêts.

L'occurrence d'une situation de faillite entraîne des coûts de faillite qui comprennent des coûts directs (frais juridiques) et des coûts indirects (perte d'image). Ces coûts viennent en diminution de la valeur de l'entreprise. Pour déterminer la structure optimale de financement, il conviendrait donc d'arbitrer entre la valeur actuelle de l'économie fiscale et la valeur actuelle des coûts de faillite. Cette approche constitue la base de la théorie du *trade-off* qui vise à proposer une réponse à la question de la structure de financement optimale. Il faut noter que les problèmes posés par cette question sont beaucoup plus complexes dans la réalité et qu'il n'existe pas à ce jour de théories satisfaisantes.

• ***La valeur terminale***

La valeur d'une entreprise est égale à la valeur actuelle des flux de trésorerie futurs. L'une des questions centrales est donc l'horizon de prévision sur lequel se bâtit ce futur. En théorie, la valeur est égale aux flux de trésorerie futurs calculés sur un horizon de temps infini. Dans la pratique, l'application d'un taux d'actualisation revient à limiter le poids de flux de trésorerie les plus éloignés. Les flux de trésorerie qui seront générés dans plusieurs dizaines d'années contribuent de manière marginale à la valeur globale du projet.

Pour résoudre le problème de l'horizon de prévision pertinent tout en étant cohérent avec les principes de la théorie financière, on peut utiliser deux approches différentes. La première consiste à faire une prévision explicite sur plusieurs dizaines d'années jusqu'à ce que la contribution des années suivantes soit négligeable. La seconde approche consiste à évaluer le projet en deux étapes. La première étape comprend une prévision explicite sur plusieurs années. La seconde étape implique le calcul d'une valeur terminale. Le choix de la période de prévision explicite dépend essentiellement du nombre d'années que l'on estime nécessaire avant d'obtenir un projet ou une entreprise stabilisée avec des taux de rentabilité et des taux de croissance prévisibles constants.

Le calcul de la valeur terminale est relativement simple dans sa structure. Il correspond à une formule de capitalisation sur un horizon de temps infini. Si plusieurs modalités de calcul sont concevables, la plus simple s'écrit :

$$Valeur\ terminale_T = \frac{F_{T+1}}{k-g}$$

avec :

F_{T+1} : le *free cash flow* généré en année T + 1

k : le taux d'actualisation pertinent

g : le taux de croissance du *free cash flow*

➤ *Les méthodes fondées sur la théorie des options*

Les méthodes fondées sur la VAN (comme la méthode des *free cash flow*) sont parfois critiquées pour leurs insuffisances à évaluer la véritable « valeur stratégique » d'un projet. Ces insuffisances sont d'autant plus visibles dans le cas des opérations de fusions-acquisitions, où les primes d'acquisition observées sont parfois difficilement justifiables sur la seule base des projections de *cash-flow*[1]. De nouvelles méthodes ont été développées pour pallier certaines de ces insuffisances. Connues sous le nom « d'options réelles », ces techniques visent à expliciter le potentiel de création de valeur attaché à un projet risqué, lorsque le management a la possibilité d'adapter le projet en fonction des évolutions de la conjoncture.

La principale critique que l'on peut en effet adresser aux méthodes plus traditionnelles est leur caractère statique, c'est-à-dire leur incapacité à intégrer la valeur ajoutée apportée par un management actif du projet. En effet, utiliser le critère de la VAN et ses déclinaisons (méthode des *free cash flow*), c'est faire l'hypothèse que quelles que soient les évolutions de la conjoncture, le management n'interviendra pas dans le projet pour le modifier, voire pour l'abandonner en cas d'échec patent. De ce fait, la VAN a tendance à sous-évaluer la valeur des projets et notamment des projets d'acquisition. Dans l'optique d'estimer la valeur « stratégique » d'un projet d'acquisition, le recours aux techniques d'options réelles permet de prendre en compte, au-delà de la valeur de base du projet :

- la valeur associée aux opportunités de croissance futures. Ces opportunités correspondent aux projets complémentaires qui vont pouvoir être mis en œuvre si et seulement si l'acquisition est un succès. C'est le cas, par exemple, d'opérations qui visent à l'acquisition d'entreprises à l'étranger en vue d'un développement international plus rapide ;
- la valeur managériale, c'est-à-dire la valeur associée à la capacité du management d'adapter et d'optimiser le projet en fonction des aléas de la conjoncture. Il s'agit en quelque sorte d'estimer la valeur d'un bon management de projet. On parle aussi de valeur de la flexibilité managériale.

• *Opportunités de croissance et options de croissance*

Myers (1977) apporte une signification nouvelle à la valeur des opportunités de croissance d'une entreprise, en soulignant leur analogie avec des options d'achat sur la valeur actuelle nette des flux de trésorerie futurs générés par ces nouveaux projets. On parle alors d'option de croissance. Contrairement à la valeur de croissance définie par Modigliani et Miller (1961,1966), l'option de croissance repose sur le fait que l'entreprise n'investit que si ces nouveaux projets se révèlent rentables. Elle bénéficie donc d'une certaine *flexibilité stratégique* vis-à-vis de la décision d'investir.

1. À titre d'exemple, on se reportera à l'article de Sarre (1990), « Prix majoritaires et industriels. Une analyse de 95 opérations d'acquisition », Analyse Financière, N°4.

Tous les projets d'investissements peuvent dès lors être considérés comme des options donnant le droit à une entreprise, sans induire d'obligation, de mettre en oeuvre dans le futur un projet en échange d'un coût d'investissement donné[1]. Cette option est appelée « européenne » si la décision d'investir ou non doit se prendre à une date donnée fixée à l'avance ou « américaine » si la décision peut être prise à n'importe quel moment au sein d'un intervalle de temps spécifié[2].

Il est à noter que l'existence d'options de croissance à valeur positive suppose l'existence de coûts d'ajustement, des effets de pouvoirs de marchés et autres imperfections au sein du secteur réel. Il ne pourrait en effet y avoir d'option de croissance à valeur positive si les marchés du travail et des marchandises étaient en situation de concurrence pure et parfaite et en équilibre de long terme. L'existence d'options de croissance repose donc sur l'existence de *rente* possédée par une entreprise[3].

Enfin, une option de croissance peut être soit spécifique à une entreprise (et donc sans valeur pour les autres firmes), soit partagée avec d'autres entreprises (on parlera d'options spécifiques ou d'options partagées). Selon Myers (1977), le caractère spécifique des actifs peut être généré par des liens étroits entre les options de croissance à disposition et les actifs existants ou encore par des courbes d'expérience propres à l'entreprise. Seules les options de croissance non spécifiques peuvent être cédées sur un marché « d'occasion ». Dans ce cadre, la valeur de cession de ces options de croissance est naturellement inférieure ou égale à leur *valeur de continuité*. Acquérir et développer des options de croissance revient donc à acquérir un avantage concurrentiel pour développer dans le futur un nouveau projet[4].

---

1. Pour une approche détaillée de l'application concrète de la théorie des options aux projets d'investissement, voir Schier (1998).
2. Des options réelles plus complexes peuvent être considérées. On peut notamment envisager le cas où l'investissement n'est entrepris que si la valeur du projet est supérieure à une norme quelconque durant un intervalle de temps spécifié à l'avance. Pour une approche de ce type de problème, on peut consulter Gauthier L. et Morellec (1997), « Investment under Noisy Uncertainty : Implementation Delay and Embedded Options », Communication AFFI, 1997.
3. Baldwin et Clark (1992) analysent la formation de *rente* en termes de capacité. Cette notion rejoint le concept d'avantage concurrentiel développé notamment par Porter (1986). Dans cette perspective, Smith et Triantis (1995) indiquent que les options de croissance se développent au travers d'une position technologique supérieure, d'une position significative sur le marché, de canaux de distributions efficaces ou tous autres avantages concurrentiels. Ces approches reposent sur une vision particulière de l'entreprise analysée en termes de ressources et de capacités organisationnelles (Wernerfelt, 1984). Cette conception implique que la valeur d'une entreprise dépend de sa capacité à optimiser les ressources dont elle dispose. Les options réelles permettent d'évaluer deux types particuliers de capacité. La capacité à développer de nouveaux projets (et donc à acquérir et mettre en œuvre de nouvelles ressources) et la capacité à s'adapter à l'évolution de l'environnement (c'est-à-dire la flexibilité).
4. Certains actifs intangibles peuvent ainsi être analysés comme des options réelles (Myers, 1987). La valeur d'une image de marque peut, par exemple, s'interpréter comme la valeur des opportunités futures qui deviennent réalisables du fait de la possession de cette dernière. On rejoint à nouveau le concept de capacité. Le fait de posséder tel ou tel actif intangible donne la capacité de lancer une nouvelle activité.

Si l'analogie entre opportunités et options est intéressante d'un point de vue conceptuel, elle permet aussi d'envisager la transposition de modèles d'évaluation d'options à l'évaluation de projets d'investissement. Nous allons présenter les correspondances existantes entre les différents paramètres qui permettent d'effectuer cette transposition, et donc d'évaluer les options de croissance.

L'évaluation des options de croissance

Dans son article fondateur, Myers (1977) met en relief l'analogie existante entre opportunité d'investissement et option de croissance. Kester (1984) développe en partie cette analogie, en proposant pour chacun des paramètres nécessaires au calcul d'une option financière, son équivalent en termes de projet d'investissement. Le tableau 5.1 précise ces correspondances.

Tableau 5.1 – *Analogie entre options financières et opportunités d'investissement*

Options financières	Opportunités d'investissements
Valeur actuelle du sous-jacent	Valeur actuelle des flux de trésorerie futurs du projet
Prix d'exercice	Montant des investissements
Date de maturité	Date de disparition de l'opportunité d'investir
Volatilité du sous-jacent	Volatilité des flux de trésorerie
Taux d'intérêt sans risque	Taux d'intérêt sans risque

Il est cependant indispensable de se rappeler que le modèle d'évaluation d'option le plus répandu, le modèle de Black et Scholes (1973), repose sur des hypothèses spécifiques. Il convient, par conséquent, de vérifier leur validité en ce qui concerne l'évaluation d'actifs non cotés. En outre, l'utilisation de cette formule pour évaluer un investissement réel nécessite parfois de spécifier certaines hypothèses complémentaires. Dans le cadre de cette transposition, l'une des hypothèses les plus importantes concerne le processus d'évolution du sous-jacent (Willner, 1995). En effet, Black et Scholes (1973) supposent que la valeur du sous-jacent suit une loi lognormale. Il est donc nécessaire de recourir à la même hypothèse pour la valeur des flux de trésorerie. Cette dernière est implicitement vérifiée puisque l'on suppose que les fluctuations de valeur des flux de trésorerie futurs sont parfaitement dupliquées par celles d'un actif coté. La valeur de ce dernier est supposée suivre une loi lognormale.

Afin d'illustrer les implications de cette transposition de formule, nous présentons un exemple extrait de l'étude de Smith et Triantis (1995). Ces auteurs mettent ainsi en avant l'importance de l'évaluation des options de croissance dans le cadre des opérations d'acquisitions et proposent un exemple d'évaluation qui permet d'illustrer notre propos. L'opération d'acquisition concerne deux entreprises du secteur de l'édition. Chacune de ces entreprises possède la même option de croissance, définie

REPÈRES : La formule de Black et Scholes (1973)

La formule de Black et Scholes (1973) donne la valeur d'une option d'achat d'un actif X_t.

$$C_t = X_t \cdot N(d_1) - e^{-r(T-t)}K \cdot N(d_2)$$

avec
$$d_1 = \frac{\ln(X/K) + (r + (1/2)\sigma^2)(T-t)}{\sigma\sqrt{T-t}}$$

$$d_2 = d_1 - \sigma\sqrt{T-t}$$

et

$N()$: la loi de répartition de la loi normale centrée réduite

K : le prix d'exercice d'une option d'achat sur le sous-jacent X_t

r : le taux sans risque

σ^2 : la variance du taux de rentabilité de X_t

comme la capacité à lancer un nouveau magazine. Il s'agit d'une option de croissance partagée, qui repose à la fois sur les capacités des deux entreprises à créer un nouveau titre journalistique, mais aussi sur la présence d'un créneau commercial non exploité. Smith et Triantis (1995) évaluent, à partir de la formule de Black et Scholes (1973), le prix d'une option de croissance individuelle (hors opération d'acquisition), puis cette dernière dans le cas où l'opération d'acquisition est réalisée.

Tableau 5.2 – *Évaluation des options de croissance d'une opération d'acquisition*

Valeur de l'option de croissance	hors acquisition	après acquisition
Valeur actuelle des flux de trésorerie futurs	$V_1 = 10$	$V_2 = 25$
Valeur actuelle de l'investissement	$I_1 \cdot e^{-r \cdot T_1} = 10$	$I_2 \cdot e^{-r \cdot T_2} = 15$
Valeur actuelle nette	$VAN_1 = 0$	$VAN_2 = 10$
Échéance de l'option de croissance	$T_1 = 1an$	$T_2 = 2ans$
Valeur de l'option de croissance	$OC_1 = 1{,}97$	$OC_2 = 11{,}82$

Données : $\sigma = 50\,\%/r = 5\,\%/T_1 = 1an/T_2 = 2ans$

Les différences entre (V_1 et V_2) d'une part et (I_1 et I_2) d'autre part, reflètent les économies d'échelles et les synergies liées à l'acquisition. De même, le fait que l'on ait $T_2 > T_1$ traduit la réduction de la pression concurrentielle en cas de réussite de l'opération d'acquisition.

Les options de croissance évaluées par Smith et Triantis (1995) correspondent à l'opportunité d'investir dans un projet commercial dont la VAN est positive. Ces travaux constituent un exemple caractéristique de transposition des formules d'options à l'évaluation d'actifs non cotés. Dans le même esprit, on peut citer Willner (1995) qui propose un modèle d'évaluation d'une « *start-up* » technologique, en la valorisant comme une option de croissance.

• ***Valeur managériale et options de flexibilité***

La notion de flexibilité managériale est définie par Trigeorgis (1988). Elle consiste à qualifier la création de valeur associée aux actions des dirigeants mises en œuvre pour adapter un projet aux évolutions de l'environnement. La valeur de la flexibilité d'un projet ou d'une opération d'acquisition est égale à la différence entre les espérances de gains associées à la possibilité de s'adapter aux événements et les coûts liés aux modifications des décisions antérieures.

L'évaluation de la flexibilité managériale implique d'identifier les différentes possibilités d'intervention des dirigeants sur le projet (options réelles) au cours de la vie du projet. De nombreux types d'options réelles ont été identifiés (Trigeorgis, 1993). Parmi les principaux types d'options, on trouve :

– *les options d'investissements séquentiels (options d'apprentissage)*
  Il s'agit de valoriser le fait que pour les projets comprenant plusieurs tranches d'investissement étalées dans le temps, les derniers investissements ne sont réalisés que si et seulement si les premiers sont un succès. Ceci est particulièrement vrai pour les investissements importants caractérisés par un fort risque technologique comme dans la pharmacie ou les hautes technologies en général ;
– *les options d'ajustement des capacités de production*
  Il s'agit de valoriser le fait de pouvoir modifier la capacité de production d'une entreprise en fonction de l'évolution de la demande. On considère le plus souvent des options d'extension de capacité ou de contraction de capacité. Il est à noter que ces options n'existent que dans certains cas et imposent une réflexion en amont sur le type de politique industrielle souhaitée ;
– *les options d'abandon*
  Il s'agit de valoriser le fait de pouvoir abandonner le projet en cas d'échec. Le point clé est la prise en compte du badwill dans la décision d'abandon c'est-à-dire le coût de l'abandon (*cf.* frais de remise en état du site, frais de licenciement…). Ces options peuvent avoir un impact considérable sur la valeur réelle du projet. En effet, on ne peut pas valoriser de la même manière un projet qui en cas d'échec peut être revendu pour sa valeur résiduelle (valeur de revente des actifs) et un projet dont les investissements sont purement immatériels et sans valeur de revente. Par ailleurs, certains projets coûtent beaucoup d'argent en cas d'abandon. C'est notamment le cas pour les projets dans l'industrie chimique, où les coûts de remise en état des sites peuvent être considérables. Les questions du coût d'abandon (*badwill*) et de la probabilité de l'échec deviennent alors un élément essentiel de la décision.

L'apport des options réelles à l'évaluation de projet et notamment de projet d'acquisition est fondamental parce qu'il place au cœur du processus de création de valeur des entreprises l'action des dirigeants. Les options réelles imposent de ne pas dissocier le processus d'évaluation du processus de management des projets d'investissement. Dans la pratique, cela implique une connaissance approfondie de la cible. L'utilisation des options réelles est, par conséquent, plus fréquemment employée dans la phase de négociation au moment de la valorisation de l'opération dans son ensemble que dans la phase de préparation. Elle peut néanmoins permettre d'évaluer l'impact prévisible d'une politique d'acquisition sur la valeur de l'entreprise acquéreur.

3.2 Évaluation dans une optique de liquidation

L'évaluation dans une optique de liquidation revient à estimer la valeur de revente des actifs d'une société. L'utilisation des bilans comptables et le recours aux méthodes patrimoniales s'inscrivent dans cette logique. On ne cherche pas à déterminer le potentiel de valeur futur mais à estimer la création de richesse accumulée. Les deux principales méthodes existantes consistent à estimer l'actif net comptable ou l'actif net réévalué.

➤ *L'actif net comptable*

Il s'agit de déterminer la situation nette de l'entreprise, c'est-à-dire la différence entre la valeur des actifs ajustée des non-valeurs et la valeur de l'ensemble des dettes de l'entreprise. Les non-valeurs à soustraire de l'actif comprennent les frais d'établissement, les frais de recherche et de développement, les primes de remboursement des obligations ainsi que les écarts de conversion-actif. Cette approche peut être utilisée dans le cadre de l'évaluation de la parité d'échange pour une opération de fusion ou d'acquisition par échange d'actions, dans la mesure où les deux sociétés sont évaluées selon le même principe. En revanche, il importe de vérifier que les activités des deux sociétés sont comparables, afin d'éviter une trop grande distorsion relative entre l'estimation comptable et la valeur économique réelle des deux entreprises. En revanche, cette approche trouve très rapidement ses limites en matière d'évaluation de l'entreprise cible dans le cadre d'une opération d'acquisition. Même dans une optique de liquidation, l'actif net comptable est souvent pénalisé par le principe des coûts historiques qui implique de comptabiliser un actif à sa valeur d'achat et non à sa valeur de revente. En particulier, on peut noter la non adaptation de cette méthode pour l'évaluation de sociétés holding contenant des participations dont la valeur de marché n'a généralement aucun rapport avec la valeur comptabilisée à l'actif.

➤ ***L'actif net réévalué***

La méthode de l'actif net réévalué vise à pallier les limites inhérentes aux principes comptables de coûts historiques et de prudence. Elle se justifie notamment lorsque l'entreprise cible possède des actifs hors exploitation qui peuvent générer des plus-values importantes en tant que telles. La méthode consiste donc à réévaluer les différents postes de l'actif et du passif en fonction de leur valeur de remplacement, de leur valeur d'usage ou de leur valeur de revente. Il faut noter que la réévaluation s'applique à la fois aux éléments d'actifs (en faisant apparaître des plus ou moins-values) et aux éléments de passifs. La réévaluation des éléments de passifs consiste à réintégrer des risques non provisionnés, des impôts différés et des impôts latents sur les plus ou moins values. Cette méthode est utilisée pour l'estimation des parités d'échange dans les opérations de fusion ou d'acquisition par échange d'actions, ainsi que pour l'estimation des sociétés cibles dans certains types d'opérations d'acquisition. En effet, lorsque l'acquisition de la cible n'a pas pour objet de capter un potentiel de création de valeur mais vise à la captation de ressources spécifiques notamment matérielles, la méthode de l'actif net réévalué peut se révéler tout à fait adaptée.

3.3 Évaluation sur la base de référents de marché

Les méthodes fondées sur la base de référents de marché, connues sous le nom de méthode des comparables, comptent parmi les approches les plus utilisées par les praticiens. Sous le même vocable de méthode des comparables, on distingue en fait deux méthodes distinctes :

- la méthode des transactions comparables ;
- la méthode des sociétés cotées comparables.

La première permet de définir un prix de marché d'une transaction, c'est-à-dire le prix de marché d'une entreprise comparable plus la prime de contrôle. En revanche, la seconde ne permet pas d'évaluer la prime de contrôle. Elle est donc moins adaptée pour une évaluation dans une optique d'acquisition. D'un point de vue technique, les méthodes des comparables consistent à déterminer des ratios types reliant la valeur d'une entreprise comparable et certains indicateurs significatifs (chiffre d'affaires, résultat net, bénéfice par action, PER...). La valeur de l'entreprise visée est alors obtenue en multipliant les ratios ainsi calculés par les indicateurs observés de la cible.

REPÈRES : Les méthodes des comparables

- **Estimation à partir de transactions comparables**

L'entreprise A cherche à évaluer l'entreprise B en vue d'une opération d'acquisition. L'observation de transactions comparables (transaction a et b) nous permet de calculer des ratios moyens entre la valeur de la cible dans ces opérations et la valeur d'indicateurs types.

	Prix d'acquisition de la cible	Chiffre d'affaires de la cible	Ratio 1	Résultat net de la cible	Ratio 2
Transaction a	200 M€	600 M€	0,333	20 M€	10
Transaction b	350 M€	750 M€	0,466	40 M€	8,5
		Ratio moyen	**0,4**	**Ratio moyen**	**9,25**

Le chiffre d'affaires (CA) de l'entreprise B est de 450 M€ et son résultat net est de 15 M€. L'estimation de la valeur de la société B en tant que cible d'une opération d'acquisition menée par A est située dans une fourchette entre 180 M€ et 138 M€.

	Valeur de l'indicateur pour la cible		Ratios en % de la valeur de transactions comparables		Estimation de la valeur de marché de la cible (société B)
CA	450 M€	x	0,4	=	180 M€
Résultat net	15 M€	x	9,25	=	138,75 M€

- **Estimation à partir de sociétés comparables**

La méthode consiste à définir un multiple moyen de la valeur de marché des entreprises d'un secteur, en établissant des ratios sectoriels moyens entre les valeurs de marchés observées et les valeurs mesurées de l'indicateur retenu. Le ratio le plus couramment utilisé pour les sociétés cotées est le *Price Earning Ratio*, c'est-à-dire le rapport entre la valeur de marché des entreprises d'un secteur donné et le montant de leur résultat net. La valeur de l'entreprise cible est alors obtenue en multipliant son résultat net par le PER moyen de son secteur. D'autres multiples sont utilisés comme l'EBIT ou l'EBITDA, la valeur est alors définie comme étant égale à (x) EBIT – Dettes financières nettes ou (x) EBITDA – Dettes financières nettes.

Il est à noter que dans certaines industries, les indicateurs les plus pertinents ne sont pas des indicateurs financiers. Pour des entreprises du secteur internet, on a vu des estimations se réaliser en déterminant des multiples liés au nombre de clients ou d'abonnés, au nombre de connexions internet journalières…

L'essentiel

Il existe de très nombreuses méthodes d'évaluation toutes plus ou moins pertinentes selon les contextes. Pour retenir les méthodes d'évaluation les plus pertinentes pour un problème donné, il importe par conséquent de préciser les objectifs recherchés. En particulier, il est nécessaire de définir si l'on se situe dans une perspective d'investisseurs « passifs » ou dans celle d'une prise de contrôle qui impliquera l'évaluation de la prime de contrôle. De plus, la nature de la prise de contrôle, par achat d'actions ou par échange d'actions, va conditionner certaines logiques d'évaluation. Dans le cas d'une prise de contrôle par achat d'actions, il importe d'estimer la valeur absolue de la cible, prime de contrôle incluse. Dans le cas d'une opération par échange d'actions, seules les valeurs relatives de l'acquéreur et de la cible sont nécessaires dans un premier temps. On peut ensuite estimer la valeur relative de la prime de contrôle.

Techniques d'évaluation	Contexte d'utilisation et conditions d'application
Actif net comptable	– Rarement pertinent en matière d'acquisition ou de fusion.
Actif net réévalué	– Pertinent pour l'estimation de holdings ou de sociétés détenant des participations importantes.
Cours de bourse	– L'estimation du cours de bourse moyen sur une période déterminée avant la transaction est un exercice impératif pour toute cible cotée ou pour déterminer la parité d'échange si les deux sociétés concernées sont cotées.
Transactions comparables	– Pertinent pour estimer une cible, cotée ou non cotée. – Dans le cas d'une opération par échange d'actions, il importe de vérifier préalablement que la structure des activités est suffisamment proche. Il faut en outre vérifier que les primes de contrôle induites dans les transactions comparables sont associées à des niveaux de synergies anticipées cohérents avec l'opération envisagée.
Sociétés comparables	– Pertinent dans le cas d'une acquisition par achat d'actions si l'on ajoute une prime de contrôle adaptée au niveau des synergies anticipées de l'opération.
***Free cash flow* (*Discounted Cash Flow*)**	– Pertinent pour tout contexte sauf dans le cas d'une société holding (sauf à appliquer la méthode des DCF aux différentes sociétés détenues en participation et à modéliser la remontée de dividendes).
Options réelles	– Pertinent pour apprécier la création de valeur de l'opération de fusion ou d'acquisition. – Pertinent pour déterminer le prix maximum à accepter pour l'opération. – Peu pertinent pour déterminer le prix de l'opération proprement dite.

6 LA PHASE DE NÉGOCIATION

La phase de négociation est essentielle pour la réussite d'une opération de fusion-acquisition. Elle va définir les conditions économiques de l'opération, les modalités de la prise de contrôle, le prix de la transaction, les garanties offertes à l'acheteur… Elle va aussi avoir des conséquences sur les relations sociales de long terme entre les acteurs de l'acquéreur et ceux de la société cible. Il convient par conséquent de bien comprendre les techniques et les enjeux de la négociation, ainsi que de suivre la logique de la création de valeur qui doit guider les dirigeants tout au long de cette phase. Les points clés, les éléments techniques (juridiques et financiers) et les risques associés à la phase de négociation sont détaillés dans ce chapitre.

Section 1 ■ Choisir une tactique de négociation

Section 2 ■ Organiser la prise de contrôle

Section 3 ■ Estimer le potentiel de création de valeur

Section 4 ■ Gérer les risques de l'opération

Section 5 ■ Finaliser la transaction

Section 1 CHOISIR UNE TACTIQUE DE NÉGOCIATION

Nous présentons les principaux choix tactiques de la négociation, sans pour autant proposer un guide de l'art de la négociation qui sort de l'objet de cet ouvrage. En particulier nous abordons le positionnement initial de l'opération de prise de contrôle qui peut être hostile ou amicale. Ce point est essentiel et va engendrer de nombreuses conséquences, tant sur les chances de réussite à court terme de l'opération que sur les relations à plus long terme entre l'acquéreur et les acteurs de la cible. Il est à noter que dans le cas d'une opération de fusion, cette dernière ne peut être dans les faits qu'amicale. En revanche, il est toujours possible de procéder à une acquisition hostile préalablement à une opération de fusion.

Le choix des procédures de négociation et des modalités concrètes de prise de contrôle constitue un second aspect de la tactique de négociation. Chaque procédure et chaque modalité impliquent en effet des avantages et inconvénients spécifiques qui influencent les jeux d'acteurs et les logiques de rapport de force entre acquéreur et cédant.

1 Positionner l'opération : amicale ou hostile

La notion de négociation peut apparaître de prime abord comme indissociable d'une opération amicale. Les opérations hostiles limitent, voire évitent, la négociation en privilégiant la confrontation. Néanmoins, la réalité peut être moins manichéenne et certaines opérations amicales peuvent être réalisées dans des climats de tensions importantes. D'ailleurs, la notion d'opération hostile ou amicale ne laisse pas présager des intentions de l'acquéreur sur la gestion post-acquisition et donc sur le caractère positif ou négatif de l'acquisition sur la destinée future de la cible. Seule une analyse approfondie des motifs de l'acquéreur peut nous éclairer sur sa volonté de développer des relations constructives avec la société cible.

On entend par opération amicale une opération réalisée avec l'assentiment des dirigeants (managers) des deux entités concernées par l'opération. Par opposition, une opération hostile peut être définie comme une opération réalisée contre l'avis des managers de l'entité acquise. Le rapprochement peut, dans ce cas, être réalisé qu'à la condition que l'acquéreur arrive à convaincre les actionnaires de la cible d'apporter leur soutien à l'opération. Plusieurs facteurs doivent être pris en compte pour définir le positionnement amical ou hostile de l'opération de prise de contrôle.

Tout d'abord, il importe de bien connaître les motivations éventuelles de la cible à un rapprochement. Ces motivations peuvent être diverses et permettre ainsi de positionner l'opération auprès des managers de la cible comme une réponse possible à des problèmes identifiés : dissension au sein du management, difficulté de répondre aux évolutions technologiques…

Dans certains cas, il peut être plus rapide et plus simple de réaliser une opération de prise de contrôle hostile, en proposant aux actionnaires une forte prime. Il s'agit ici d'éviter un processus de négociation long et nécessitant parfois des concessions sur la gestion post-acquisition et sur le partage du pouvoir avec le management en place une fois l'acquisition réussie. D'autres circonstances peuvent amener un acquéreur à privilégier une opération hostile : la volonté d'éliminer un concurrent, de prendre possession d'une ressource rare pour l'intégrer à sa propre activité sans souhaiter développer l'activité de l'entreprise cible… Lorsque le choix d'une opération hostile apparaît comme souhaitable pour des raisons de rapidité et de non partage du pouvoir avec le management en place, il importe d'analyser la réalité de la vulnérabilité de la cible. En particulier, l'étude de la géographie de son capital doit permettre de déterminer, d'une part, si ce dernier est suffisamment ouvert pour envisager la réussite d'une opération hostile et, d'autre part, si la configuration existante ne va pas obliger l'acquéreur à proposer une prime trop importante par rapport aux espérances de gains futures. De même, l'étude des dispositifs de protection (anti-OPA ou anti-prise de contrôle hostile) doit être réalisée avec soin. On distinguera en particulier les dispositifs préventifs mis en place dans l'éventualité d'une opération d'acquisition et les dispositifs de riposte au service du management pour contrer l'opération pendant son déroulement.

1.1 La cible est-elle prête à un rapprochement amical ?

La détermination d'une tactique de négociation nécessite de rechercher les motifs qui pourraient amener la direction de la cible à accepter amicalement un rapprochement. Les prédispositions de la cible à un rapprochement sont souvent liées aux motifs du dirigeant d'accepter ou non une logique de rapprochement et de perte de pouvoir. La décision d'accepter ou non une offre de rapprochement se situe par conséquent dans le cadre des relations d'agence. Il existe parfois des situations où l'intérêt des dirigeants de l'entité cible, de ses actionnaires et de l'acquéreur potentiel peuvent être convergents. En particulier, il a été identifié des situations où le management de la cible a intérêt à accepter une offre de prise de contrôle, au-delà des perspectives de création de valeur pour les actionnaires. On peut ainsi distinguer deux grands types de situation :

- la nécessité d'une évolution de l'actionnariat ou des problèmes de management de la société cible ;
- l'existence de faiblesses structurelles au sein de la cible qui ne peuvent être comblées durablement que par un apport extérieur.

➤ *Le rapprochement amical comme réponse à une évolution de l'actionnariat ou à des problèmes de management*

Dans la pratique, on observe trois changements majeurs qui peuvent venir bouleverser les équilibres de pouvoir et de contrôle au sein de la société cible et contraindre ainsi ses dirigeants à accepter une opération de prise de contrôle amicale :

- ***volonté de désengagement d'un actionnaire clé*** : il peut, par exemple, s'agir d'un choix de diversification d'un dirigeant-actionnaire confronté à la concentration de sa richesse (patrimoine et revenus du travail) au sein de la même entreprise. Un rapprochement peut alors permettre à l'entrepreneur de rendre plus liquide le capital accumulé dans l'entreprise. La volonté de désengagement peut également concerner des investisseurs financiers (capital-risqueurs, groupes industriels amis...) qui souhaitent se désengager pour des raisons stratégiques ou financières (sortir avec une plus-value). L'opération peut alors être présentée comme un moyen de stabiliser le contrôle de la société en remplacement de ces investisseurs ;

- ***situations de décès et de succession*** : le décès d'un des actionnaires majoritaires ou du dirigeant peut amener ses héritiers à céder tout ou partie des actions de l'entreprise cible en vue de se désengager, faute de repreneur parmi les héritiers. Le nombre de reprises de sociétés suite à des successions est de plusieurs milliers par an uniquement en France. Il s'agit d'un des motifs les plus fréquents en matière de cession d'entreprises. Il faut noter que souvent la volonté de régler au plus vite la succession a tendance à accroître le pouvoir de négociation de l'acquéreur et à rendre l'opportunité d'acquisition d'autant plus intéressante. Les situations de décès du dirigeant en place relèvent généralement d'une problématique un peu différente. Il s'agit pour l'acquéreur potentiel de proposer à l'entreprise cible une solution de pérennité dans un contexte d'urgence. Les problématiques de décès soudain des dirigeants et de successions de l'actionnaire majoritaire ou principal sont souvent liées dans la pratique ;

- ***dissension au sein du management de l'entreprise cible*** : l'existence d'une crise ouverte ou latente au sein de l'équipe dirigeante peut parfois trouver une issue dans le rapprochement avec une société acquéreur. Il s'agit le plus souvent pour l'acquéreur potentiel de profiter de cette occasion pour se rapprocher de l'entreprise cible, en vue d'en prendre le contrôle directement ou ultérieurement. Le cas de l'entreprise Moulinex est illustratif de dissensions au sein du management qui ont pu trouver des réponses par la prise de contrôle du groupe par de nouveaux actionnaires majoritaires. Ces dissensions peuvent arriver par exemple suite à un premier *Management Buy Out* (MBO) ou lors d'une montée en puissance d'un ou plusieurs dauphins au sein de l'entreprise en vue du remplacement ultérieur de l'actuel dirigeant.

➤ *Le rapprochement amical comme réponse à un problème stratégique de la cible*

Parmi les faiblesses structurelles souvent avancées pour légitimer, voire susciter, la prise de contrôle de l'entreprise par un acteur extérieur, on trouve la nécessité de s'adapter à une nouvelle donne concurrentielle pouvant remettre en question le développement ou la pérennité de la firme :

– ***dépendance vis-à-vis d'une technologie ou d'un marché donné*** : l'opération est ici un moyen de consolider les positions stratégiques de l'entreprise. Cette consolidation peut prendre la forme d'une diversification de portefeuilles, de clients ou de technologie. Dans cette optique, accepter de se rapprocher d'un acquéreur est un moyen de s'adapter à son environnement ;
– ***l'exposition de l'entreprise cible à une course technologique qu'elle ne peut suivre*** : les évolutions constatées dans certains secteurs peuvent impliquer des rythmes d'investissements importants qu'il est parfois difficile de suivre, faute de financements disponibles ou de compétences complémentaires en recherche et développement. Le rapprochement avec un acteur important doté de ressources financières suffisantes ou d'une capacité de recherche nouvelle peut être nécessaire pour maintenir l'avantage concurrentiel de la cible ;
– ***crise de croissance de l'entreprise cible*** : cette situation présente pour l'acquéreur potentiel une autre forme d'opportunité, en le plaçant dans un rapport de force très favorable au moment de la négociation. Les entreprises comme les produits suivent une forme de cycle de vie qui les font passer par plusieurs stades de développement. Le passage d'un stade à un autre génère parfois une crise de croissance qui implique le plus souvent de passer d'une logique organisationnelle et managériale à une autre. Le rapprochement avec un acquéreur peut apparaître comme une solution efficace pour passer plus rapidement et plus durablement d'un stade de développement à un autre. En particulier, les apports de l'acquéreur en termes de savoir-faire et de capacités managériales peuvent s'avérer cruciaux pour la pérennité de l'entreprise cible ;
– ***volonté de co-développement*** : Les dirigeants et actionnaires de la cible peuvent en effet rechercher dans le futur acquéreur des capacités nouvelles nécessaires au développement d'un projet ou d'une activité en cours. Les capacités nouvelles recherchées peuvent être très variables, de la simple capacité financière (lorsque la cible a besoin de financer son développement dans un contexte particulièrement risqué) à des capacités de commercialisation, de distribution, d'industrialisation ou d'exploitation à grande échelle impliquant des savoir-faire managériaux nouveaux.

L'identification de ces motifs doit permettre à l'acquéreur potentiel de déterminer l'intérêt de positionner l'opération dans une optique amicale. Elle lui permet aussi de mesurer le rapport de force avec le cédant en vue de la future négociation du prix en cas d'accord sur les principes du rapprochement. Les motivations de la cible à un rapprochement ont été ici analysées dans un contexte « objectivé ». Néanmoins dans la pratique, il est également important de prendre en compte les intérêts plus subjectifs des dirigeants en place et des acteurs clés. D'ailleurs, on peut noter que l'on rencontre la plupart du temps des situations où plusieurs motifs coexistent.

Dans l'hypothèse où une opération amicale n'est ni souhaitée ni possible, l'option d'une opération hostile, bien que généralement plus coûteuse, peut être envisagée. Cependant, avant de se lancer dans une opération de ce type, il est nécessaire de bien analyser la vulnérabilité de la cible à ce type d'opération, en répondant à deux questions clés :

- la réalité du contrôle actuel de la société, la géographie de son capital et la typologie des actionnaires en place, rend-elle possible une prise de contrôle hostile ?
- existe-t-il des dispositifs de protection qui risquent de retarder l'opération ou d'en surenchérir le coût ?

1.2 Une prise de contrôle hostile de la cible est-elle possible ?

La réponse à cette question passe par l'étude de la géographie du capital de la société cible. La géographie du capital permet d'estimer le degré d'ouverture du capital de la cible à un investisseur extérieur nouveau (nombre d'actions facilement accessibles). Elle permet également d'identifier les logiques de coalitions en place[1]. À ce niveau de l'analyse, il est indispensable de distinguer les entreprises cotées des entreprises non cotées, qui représentent, rappelons le, la grande majorité des situations en matière de fusions-acquisitions.

➤ *Le cas des entreprises cotées*[2]

L'analyse de la géographie du capital d'une entreprise cotée passe en premier lieu par une quantification du flottant. Le flottant représente le pourcentage d'actions détenues par le public. Il s'agit d'une mesure de la dispersion du capital. Si celui-ci représente plus de 50 % des parts du capital de l'entreprise cible, cela signifie qu'une prise de contrôle par la mise en œuvre d'une OPA est possible sans accord systématique avec les grands actionnaires en place, sous réserve de l'analyse des dispositifs anti-OPA en vigueur. Toutefois, il faut noter qu'une OPA est rarement réussie à 100 %. Par conséquent, plus le flottant est supérieur à 50 % des actions et plus les chances de réussite d'une éventuelle OPA sont importantes. Dans le cas où la taille du flottant ne permet pas d'envisager une prise de contrôle par le seul appel au marché, il est nécessaire d'étudier les rapports de force en présence entre les

1. Il faut noter que l'étude de la géographie du capital n'est pas un exercice dédié uniquement à la mise en oeuvre d'opérations hostiles. Dans le cas d'une opération amicale, son étude permet aussi d'identifier les points de blocages spécifiques à prendre en compte et les éventuels aménagements à apporter dans la proposition du montage de la prise de contrôle (*cf.* pacte d'actionnaires, modalités de rémunération, prise en compte de la fiscalité des actionnaires en tant que personnes physiques...). De plus, même dans le cas d'une opération amicale, le fait que la cible soit plus ou moins vulnérable à une prise de contrôle hostile est un point important dans l'estimation des rapports de force au moment de la négociation.
2. Il faut noter qu'en France deux types de sociétés peuvent être cotées : les sociétés anonymes et les sociétés en commandites par action (SCA). Dans la pratique ce sont principalement les sociétés anonymes qui peuvent faire l'objet d'OPA hostile.

grands actionnaires et d'identifier les conflits d'intérêts potentiels. La tactique de négociation va alors dépendre des prédispositions de chacun des acteurs à un rapprochement, en fonction de leurs intérêts propres et des possibilités de coalitions. En dehors des actionnaires individuels composant le flottant, on distingue généralement trois (principales) catégories d'actionnaires au sein d'une entreprise cotée, dont les intérêts et la prise de position face à une offre d'acquisition peuvent varier assez sensiblement :

- ***les actionnaires ayant vocation à contrôler l'entreprise***. Il peut s'agir de véritables actionnaires majoritaires ou d'actionnaires simplement significatifs, détenant un nombre d'actions suffisant pour exercer un contrôle de fait. S'il s'agit d'actionnaires financiers qui possèdent l'entreprise cible dans le cadre d'une holding, sans véritablement l'intégrer dans une stratégie de groupe, l'opération hostile peut être envisagée sous réserve de proposer une plus-value attractive. Dans le cas où il s'agit d'actionnaires « industriels », investis dans la stratégie et le développement de l'entreprise, l'opération hostile et plus difficile à envisager. Si les actionnaires de ce type possèdent une majorité (la moitié des actions plus une action) ou une minorité de blocage (un tiers des actions plus une action), les chances de réussite d'une opération hostile sont alors très faibles ;
- ***les actionnaires ayant une position d'attente*** et dont l'investissement correspond à un placement financier et/ou à une prise de position stratégique. Ces grands actionnaires peuvent faire partie d'une coalition avec les actionnaires ayant vocation à contrôler l'entreprise ou au contraire constituer un contre-poids dans l'attente d'un renversement de coalition. L'identification de ces actionnaires (quand elle est possible) et la prise de contact avec leurs représentants (quand elle est envisageable) peuvent constituer les premières étapes d'une prise de contrôle hostile. En revanche, si l'analyse de la coalition montre une forte convergence d'intérêts avec les actionnaires ayant vocation à contrôler l'entreprise, il faut comptabiliser l'ensemble des droits de vote que ces deux types d'actionnaires représentent pour estimer les chances d'une opération hostile. Les seuils de la majorité ou de la minorité de blocage constituent là encore une grille d'évaluation de la probabilité de succès d'une telle aventure ;
- ***les actionnaires institutionnels*** qui possèdent généralement un pourcentage significatif des entreprises cotées. Ces actionnaires n'ont pas vocation à intervenir directement dans le management de l'entreprise. Leur prise de participation correspond à une pure logique de placement financier à long terme. Ces acteurs, de part leur taille, peuvent faire pression sur le management et jouer un rôle crucial dans le cadre des opérations de rapprochement. En particulier, dans le cas où le management en place n'a pas réalisé de bonne performance au cours des dernières années, les investisseurs institutionnels peuvent devenir les alliés objectifs d'une opération hostile. Cette dernière constitue en effet pour eux une espérance de plus-value à court terme, dans certains cas une porte de sortie, dans tous les cas un moyen pour faire pression sur un management en place jugé peu performant.

➤ ***Le cas des entreprises non cotées***

La géographie du capital des entreprises non cotées est généralement moins complexe mais son accès est souvent plus difficile. La très grande majorité du capital est dans de nombreux cas aux mains du chef d'entreprise qui cumule à la fois la propriété et le contrôle. Dans cette configuration, la seule possibilité de prise de contrôle réside dans un accord avec cet actionnaire ultra-majoritaire. Les motifs qui conduisent un entrepreneur à accepter une prise de contrôle peuvent être multiples et sont rarement centrées sur une vision simplement financière de la transaction.

Il existe néanmoins de nombreux cas de figure où le dirigeant-actionnaire ne possède qu'une fraction des actions de l'entreprise, significative mais non majoritaire. Les autres actionnaires peuvent alors être des partenaires industriels ou commerciaux qui ont voulu s'assurer de la solidité des relations en prenant une participation dans le capital, d'autres membres de la famille fondatrice qui ont hérité au cours des générations des actions de l'entreprise familiale sans participer à son fonctionnement, ou encore, mais moins fréquemment, des investisseurs financiers spécifiques (capital-risqueur, banquiers, investisseurs individuels…). L'organisation du capital peut dès lors être plus ou moins complexe et plus ou moins bien « verrouillée ». Le contrôle et la stabilité du capital peuvent avoir été organisés au travers de société civile, de holding familiale ou de structure juridique particulière telle que les sociétés à commandite par action (SCA). La connaissance intime des leviers de contrôle et des logiques de coalition est indispensable à toute prise de contrôle. Dans les faits, une prise de contrôle hostile d'une société non cotée est souvent difficile.

1.3 Existe-t-il des dispositifs de protection contre une opération hostile ?

La vulnérabilité de la cible à une opération hostile est étroitement liée à la présence de dispositifs de protection. On distingue deux principaux types de dispositifs, ceux d'ordre préventifs qui existent avant toute opération hostile de ceux qui interviennent en termes de ripostes et qui sont mis en œuvre au moment de l'opération. Il faut noter que ces dispositifs sont généralement encadrés de manière stricte par la loi, afin de respecter les principes de transparence et d'égalité des actionnaires minoritaires.

➤ ***Les dispositifs préventifs***

Préalablement au lancement de toute opération de prise de contrôle, il est indispensable de prendre connaissance des dispositifs de protection existants, généralement mis en place par les actionnaires majoritaires ou les dirigeants. Si ces dispositifs peuvent exister pour tout type de structure cible, on les rencontre le plus fréquemment dans les grandes sociétés cotées. On parle alors de dispositifs anti-

OPA. L'objectif recherché est de mettre à l'abri l'entreprise d'une prise de contrôle hostile. Dans les faits, il peut aussi s'agir pour le management en place de mettre en œuvre des mécanismes de protection qui visent à limiter le rôle de contrôle des marchés financiers (*cf.* stratégies d'enracinement des dirigeants). Parmi les principaux dispositifs préventifs existant, on peut noter ceux qui agissent sur :

– *l'organisation des droits de vote* (droits de vote double et limitation des droits de vote…) ;
– *le capital et l'accès au capital* (les holding de contrôle et les sociétés à commandite, les pactes d'actionnaires, les clauses d'agrément, l'émission préalable de titres permettant de souscrire au capital de la société…) ;
– *des éléments clés d'actifs* (clauses sur des contrats clés en cas de changements de contrôle, pilules empoisonnées…).

- ***Les dispositifs préventifs agissant sur l'organisation des droits de vote au sein de la société cible***

Ces dispositifs préventifs comprennent principalement l'octroi de droits de vote double et la limitation des droits de vote.

L'octroi de droits de vote double permet de donner deux voix au lieu d'une à un actionnaire qui possède une action. Il est possible de mettre en œuvre ce type de mécanisme à partir du moment où ce droit est donné à une catégorie d'actions et non à une catégorie d'actionnaires. En particulier, il est possible d'accorder un droit de vote double aux actionnaires qui détiennent des actions depuis plus de deux ans et au maximum quatre ans dans les sociétés cotées. L'intérêt pour l'entreprise qui accorde des droits de vote double est donc de récompenser la fidélité des actionnaires. La décision de créer un droit de vote double dépend de l'assemblée générale extraordinaire. Elle implique de connaître de manière précise son actionnariat puisqu'il s'agit d'un droit nominatif. Pour les dirigeants et actionnaires en place, cela permet, d'une part, de détenir la majorité des droits de vote sans détenir la majorité du capital et, d'autre part, de se protéger contre une opération de prise de contrôle hostile. En effet, dans le cas d'une opération hostile, l'acquéreur se trouve désavantagé par rapport aux actionnaires déjà en place avant l'opération : la cession d'une action lui fait en effet perdre automatiquement son droit de vote double. Il faut noter que cette pratique ne permet pas de se protéger d'une opération hostile mais d'en différer les effets. L'existence de droit de vote double peut avoir un effet dissuasif vis-à-vis d'acquéreurs potentiels souhaitant rentabiliser leur investissement au travers d'une restructuration rapide de l'entreprise cible[1].

1. Il faut souligner que cette technique présente aussi des inconvénients. En cas de cession volontaire, elle peut notamment donner une position majoritaire à des minoritaires importants possédant déjà le droit de vote double et qui décident de ne pas céder leurs actions.

La limitation des droits de vote est un mécanisme particulièrement efficace pour limiter le risque d'une opération de prise de contrôle hostile. Il s'agit de dispositions statutaires qui définissent une limitation des droits de vote par actionnaire présent au sein des assemblées générales. Cette disposition limite fortement les risques de prise de contrôle hostile, en diluant le pouvoir de chaque actionnaire quel que soit le nombre d'actions contrôlé.

- ***Les dispositifs préventifs agissant sur le capital et l'accès au capital de la société cible***

L'un des premiers mécanismes de défense du capital consiste à créer une ***société holding non cotée*** dont la vocation est de détenir une participation majoritaire de l'entreprise concernée. En effet, l'existence d'une société holding rend plus difficile le contrôle de la société, puisqu'il est nécessaire de prendre au préalable le contrôle d'une holding au capital souvent « verrouillé ». La mise en œuvre de ce type de stratégie est souvent difficile. Elle implique de convaincre des actionnaires investisseurs de céder leurs actions liquides (si la société est cotée) contre des actions d'une société au capital verrouillé, ce qui signifie pour eux des barrières de sortie plus élevées. L'existence d'actionnaires minoritaires au sein d'une société holding de contrôle engendre des conflits d'intérêts permanents qui peuvent venir remettre en cause le montage initial. Ceci est particulièrement vrai à la suite de succession, où les actionnaires minoritaires sont des descendants du fondateur de l'entreprise et se trouvent en possession d'un capital (plus ou moins important) qu'ils ne peuvent mobiliser. Pour éviter de passer par la création d'une société holding, il est possible de transformer la société cible en ***société en commandite par actions*** (SCA). Ceci permet une dissociation complète entre la détention du pouvoir managérial et la détention du capital. Une SCA comprend deux catégories d'associés : des commanditaires qui détiennent le capital et dont la responsabilité est limitée au montant de leurs apports et des commandités qui détiennent la réalité du pouvoir de gestion et qui sont le plus souvent les gérants de la société. Pour limiter les risques liés au statut de commandités, qui répondent indéfiniment et solidairement des dettes sociales, il est d'usage d'interposer une société à responsabilité limitée (SA, SAS ou SARL) exerçant la gérance. Ce montage a pour avantage de limiter la responsabilité financière des détenteurs du pouvoir de gestion et facilite en outre la succession aux responsabilités au sein de l'entreprise. Une cible, dont le capital est « verrouillé » par ce type de dispositif et dont les performances financières sont acceptables, est quasiment à l'abri de toute prise de contrôle hostile.

Il est possible en outre d'inscrire dans les statuts de la société une ***clause d'agrément*** qui permet de contrôler l'arrivée de nouveaux actionnaires au sein de la société. Cette clause stipule que tout nouveau actionnaire doit demander l'agrément des actionnaires en place avant de réaliser tout achat d'actions. Dans l'hypothèse où l'un des actionnaires refuse de donner son agrément, la société est obligée de racheter ou de faire racheter, par un actionnaire en place ou un autre investisseur ayant reçu l'agrément, toutes les actions ou parts sociales considérées. Les clauses d'agrément ne s'appliquent pas en cas de cession entre actionnaires en place, ni entre un actionnaire et son conjoint, ses ascendants ou ses descendants. Il est à noter que les clauses d'agrément sont interdites dans les sociétés cotées.

La signature d'un ***pacte d'actionnaires*** est une pratique courante à la fois dans le cas des sociétés cotées et non cotées. Un pacte d'actionnaires se différencie des statuts d'une société, dans le sens où il s'agit d'une convention librement consentie entre certains actionnaires qui s'engagent à agir selon des règles prédéfinies, de façon (entre autres) à contrôler l'évolution de la géographie du capital. Dans le cas où la société est cotée , les pactes d'actionnaires doivent être publics. Il faut noter qu'il n'est pas possible de forcer le signataire d'un pacte à le respecter. En cas de violation du pacte, les autres signataires n'ont aucun autre recours que celui de demander l'octroi de dommages et intérêts[1]. Un pacte d'actionnaires peut contenir plusieurs clauses visant à limiter le risque de prise de contrôle hostile. On trouve ainsi fréquemment :

- ***les clauses de préemption*** : ces clauses interviennent notamment lorsqu'un membre du pacte d'actionnaires souhaite se désengager. Dans ce cas, ce dernier doit proposer ses actions en priorité aux actionnaires signataires, sous réserve qu'ils acceptent les conditions de vente proposées par un acquéreur extérieur. Les clauses de préemption ne peuvent pas s'appliquer dans les cas suivants : succession, liquidation de communauté de biens entre époux, cession d'actions à son conjoint, ses ascendants ou ses descendants ;
- ***les clauses de franchissement de seuil*** : dans ce cas de figure, les signataires s'engagent à ne pas acquérir d'actions au-delà d'un certain seuil sans obtenir l'accord de tous les autres actionnaires du pacte. Il s'agit d'une clause qui vient en complément de la clause de préemption. Elle garantit l'équilibre au sein des signataires du pacte pour éviter qu'un des actionnaires signataires ne rachète les actions ou parts sociales à d'autres actionnaires du pacte et devienne ainsi majoritaire au détriment des actionnaires restant ;
- ***les clauses de sortie pactée*** : elles indiquent qu'en cas de cession d'actions appartenant à un actionnaire signataire, l'acquéreur devra obligatoirement signer le pacte existant. Il s'agit d'une clause qui « verrouille » le pacte, en lui assurant une certaine pérennité.

Enfin, parmi les techniques de prévention agissant sur le capital de la cible, on trouve ***l'émission préalable de titres permettant de souscrire au capital de la société***. Ces titres peuvent permettre à un groupe d'investisseurs amis de souscrire massivement à de nouvelles actions au moment d'une opération de prise de

1. Pour limiter les risques d'opportunismes, il est possible de mettre en œuvre une convention de séquestre qui restreint les possibilités de cessions des actions en dehors des règles définies par le pacte d'actionnaires.

contrôle hostile. Parmi les catégories de titres permettant de souscrire au capital de la société, on trouve des obligations à bons de souscription d'action, des obligations convertibles en actions... Ces mesures visent à renchérir le coût du contrôle pour l'acquéreur et à rendre l'opération moins attractive. Il faut noter que ces dispositifs entraînent en parallèle un coût important pour le groupe d'investisseurs amis. Par ailleurs, on peut constater que cette technique semble tomber en désuétude au profit de l'émission d'actions nouvelles en période d'opérations de prise de contrôle hostile (voir les dispositifs de riposte). Enfin, il convient de s'interroger sur l'utilité sociale de ce type de mesures : si elles réussissent et repoussent la prise de contrôle hostile, elles créent artificiellement au sein de la cible une trésorerie surabondante sans finalité d'investissement.

- ***Les dispositifs préventifs agissant sur des éléments clés d'actifs***

  Il est possible de rendre les actifs de la cible moins attractifs en cas de prise de contrôle hostile, en insérant ou en faisant insérer des clauses dans des contrats clés qui les remettent en cause en cas de changement de contrôle. Ces clauses peuvent exister dans des contrats commerciaux d'exploitation de concessions commerciales ou de brevet... ou même dans des contrats de prêts bancaires. Ces clauses stipulent en général que les co-contractants doivent donner leur accord express en cas de changement de contrôle de la société cible, sous peine de voir le contrat remis en cause. Les conséquences de ce type de clause peuvent être importantes et limiter l'intérêt même de la prise de contrôle pour l'acquéreur. Dans le cas des contrats financiers, cela peut augmenter de manière significative le coût du contrôle en entraînant le remboursement anticipé du prêt. Néanmoins, on peut s'interroger sur la légitimité de ce type de mesure qui par certains égards ressemble à une stratégie de défense de « type suicidaire » assez éloignée de la défense de l'intérêt général et de celui des actionnaires, minoritaires notamment.

  D'autres dispositifs plus préventifs encore sont appelées ***pilules empoisonnées*** (*poison pills*). Il s'agit d'organiser la détention de certains actifs stratégiques de l'entreprise (comme des marques, des brevets, des droits commerciaux) en dehors de la cible, le plus souvent dans une filiale possédée par un partenaire ou un actionnaire important de la société cible qui en détiendrait automatiquement le contrôle exclusif en cas d'opération hostile sur la société mère (la cible). Il est à remarquer que ces derniers mécanismes sont difficiles et dangereux à mettre en œuvre notamment en France, où cette pratique peut relever de l'abus de bien social.

➤ *Les dispositifs de riposte*

Au-delà des dispositifs préventifs pouvant exister dans les entreprises cibles, il est important de connaître les stratégies de riposte à leur disposition, en vue d'évaluer la probabilité d'occurrence et les risques d'échec de la prise de contrôle. Il faut noter que ces dispositifs concernent principalement les sociétés cotées et visent donc à contrer les OPA hostiles. Certains mécanismes sont néanmoins adaptés aux sociétés non cotées. Les principaux dispositifs de riposte à disposition des entreprises s'appuie sur :

- une augmentation soudaine de la taille de la cible ;
- l'intervention d'un acteur extérieur pour surenchérir l'offre initial de l'attaquant ;
- l'attaque de l'attaquant ou la stratégie « Pac Man ».

- ***Les dispositifs de riposte visant à augmenter de manière soudaine la taille de la cible***

  L'objectif de ces dispositifs est de surenchérir le coût de l'opération de prise de contrôle hostile pour l'acquéreur. Une des techniques existantes consiste à réaliser une fusion rapide entre la société cible et ses filiales. L'augmentation de la taille du capital de la société cible est immédiate et le coût du contrôle augmenté d'autant. Cette stratégie est surtout efficace pour les grands groupes cotés en bourse, et plus particulièrement pour les groupes ayant des filiales cotées. Elle présente cependant l'inconvénient de modifier la géographie du capital de la société cible et de diluer son actionnariat de référence (les actionnaires de la filiale devenant actionnaires de l'ensemble).

  Une seconde technique consiste à réaliser une augmentation du capital en cours d'offre. L'augmentation de capital peut avoir lieu soit dans le cadre d'une délégation donnée par l'assemblée des actionnaires pour procéder à ce type d'opération en période d'offre d'achat (la délégation est forcément limitée à un an), soit au cours d'une assemblée générale extraordinaire convoquée pendant la période de l'offre d'achat. Ce dispositif de riposte est accessible à toutes les entreprises, qu'elles soient cotées ou non.

- ***Les dispositifs de riposte visant à faire intervenir un acteur extérieur afin de surenchérir l'offre initiale de l'attaquant***

  Ce dispositif consiste à convaincre un investisseur extérieur (de préférence un groupe industriel allié ou une banque) de lancer une contre offre. Ces dispositifs de riposte sont principalement employés dans le cadre d'offres publiques d'achat ou d'échange et concernent surtout les entreprises cotées. Dans le jargon professionnel, l'investisseur extérieur venant à la rescousse d'une cible malmenée par un attaquant hostile est appelé « chevalier blanc ». Le « chevalier blanc » peut être une personne morale ou physique amie, proche des dirigeants de la société cible.

  L'intervention d'un « chevalier blanc » revient à créer une surenchère sur la première offre et vise par ce biais à dissuader « l'attaquant » de poursuivre son objectif de prise de contrôle, en surenchérissant le coût de l'acquisition. Si la société cible est cotée, le dépôt de l'offre concurrente doit suivre un formalisme identique à celui d'une offre publique classique. Pour être déclarée recevable, la surenchère doit être supérieur à l'offre initiale d'au moins 2 %.

- ***Les dispositifs de riposte visant à attaquer l'attaquant (la stratégie Pac Man)***

  La riposte consiste dans ce cas à lancer une opération contre l'initiateur de la première OPA. Pour illustrer cette tactique de défense, prenons l'exemple d'une société alpha 1 qui lance une OPA contre la société alpha 2. L'attaque de l'attaquant consiste pour la société alpha 2 à lancer elle même une OPA contre alpha 1. Cette défense est appelée, par les professionnels, la stratégie Pac Man (en référence au jeu vidéo où un personnage est poursuivi par des fantômes et qui, lorsqu'il mange une boule magique, peut à son tour manger les fantômes).

  Cette stratégie de défense est restée inédite en France jusqu'à l'opération de prise de contrôle d'Elf par TotalFina. Elf a en effet tenté de répliquer à cette opération de prise de contrôle hostile par une OPE sur TotalFina. Cette stratégie de défense revient à laisser les acteurs du marché financier décider quelle est l'équipe dirigeante la plus compétente pour diriger le nouvel ensemble. Elle peut présenter néanmoins le risque de voir un troisième acteur intervenir en proposant une offre sur l'ensemble des protagonistes.

En conclusion, la détermination du positionnement amical ou hostile de l'opération de prise de contrôle de la cible doit prendre en compte non seulement les motivations profondes de l'acquéreur, les prédispositions éventuelles de la cible à un rapprochement mais aussi reposer sur une analyse préalable des chances de réussite d'une opération hostile. Comme nous l'avons déjà souligné, l'estimation de la vulnérabilité réelle de la cible est une donnée qui doit être prise en compte dans tous les cas, qu'il s'agisse d'une opération hostile mais aussi dans le cas d'une opération amicale. Le degré de vulnérabilité de la cible va en effet conditionner le rapport de force futur entre le cédant et l'acquéreur au moment de la négociation des termes du contrat de fusion ou d'acquisition. Ce dernier point est essentiel et place la notion de rapport de force au centre du processus de négociation. Après avoir opté pour un positionnement hostile ou amicale, il importe en effet de concrétiser la prise de contrôle par la mise en œuvre de négociation, avec le management puis les actionnaires dans le cas d'une opération amicale, avec les seuls actionnaires dans le cas d'une opération hostile.

2 Organiser les négociations : procédures et pratiques

La maîtrise du processus de négociation et de détermination du prix d'achat de la cible ou de la parité d'échange est un facteur clé de succès essentiel dans une tactique de prise de contrôle d'une cible. Deux dimensions structurent le champ du possible, le positionnement de l'opération (amicale/hostile) et le fait que l'entreprise cible soit cotée ou non. Dans le cas où la société cible est cotée, une partie des procédures et pratiques de négociation sont régies par la loi et doivent suivre un formalisme précis (voir chapitre 4). Dans le cas où la société cible n'est pas cotée, plusieurs possibilités existent pour formaliser le processus de négociation : le gré à gré, l'appel d'offre ou la vente aux enchères (*open bid*). Il est à noter qu'en fonction des situations (vulnérabilité de la cible, prédisposition à un rapprochement, contexte d'urgence...) les avantages et inconvénients des différents processus de négociation se font au bénéfice du cédant ou de l'acquéreur. Le choix de ce processus est donc un élément fondamental qu'il convient de ne pas négliger.

2.1 Le cas où la cible est cotée

La cotation de la cible implique nécessairement le recours aux procédures d'offres publiques et ne peut s'affranchir du formalisme imposé par la loi. Dans l'éventualité d'une opération amicale, la négociation débute par une phase dite secrète. Cette phase n'est pas contrainte par un quelconque formalisme mais comprend généralement les étapes suivantes :

- prise de contact avec le management de la cible pour aborder sur le plan du principe la question d'un rapprochement amical et la forme de ce rapprochement : acquisition ou fusion. Dans un premier temps, la prise de contact peut être réalisée de manière anonyme par le biais d'un intermédiaire (banque d'affaires ou consultants spécialisés) ou directement par le management de l'acquéreur ;
- signature d'un accord de confidentialité et rédaction d'une lettre d'intention définissant de manière plus ou moins précise les grandes lignes de l'opération ;
- discussions approfondies avec le management de la cible en vue de préciser le projet d'acquisition ou de fusion. Ce dernier aborde les modalités de paiement, le prix ou de parité d'échange, les garanties et les conditions suspensives de l'opération... Compte-tenu du caractère sensible de ce type d'opérations pour une entreprise cotée, il convient de veiller avec le plus grand soin au maintien du secret le plus complet autour de ces discussions. Durant cette phase secrète, des séances d'accès à certaines informations privées peuvent être organisées avec toute la prudence nécessaire du fait de la cotation de la société cible (voir section 4, pour les problèmes d'accès à l'information privée lors d'acquisitions de sociétés cotées).

L'ensemble des éléments de l'opération y compris le détail des estimations sont finalisés dans un projet de fusion ou dans un projet d'acquisition, remis aux autorités compétentes en vue de démarrer le processus légal de fusion ou d'acquisition (voir chapitre 4). La rédaction de ces projets est souvent réalisée par des sociétés spécialisées (banques d'affaires, banques généralistes...). Dans le cas d'une opération hostile, le dépôt du projet d'acquisition est réalisé selon les même principes auprès des autorités compétentes. Naturellement, dans ce dernier cas, le projet a été élaboré à l'insu de la société cible. Suite au dépôt du projet, ce sont les autorités de marché qui informent la cible qu'elle fait l'objet d'une procédure d'offre publique d'achat ou d'échange.

La fixation du niveau de la prime d'acquisition constitue un élément de tactique fondamental. Il est nécessaire d'une part de ne pas fixer une prime à un niveau trop élevé qui rendrait l'opération sans intérêt d'un point de vue économique, ni de la fixer trop bas au risque de voir l'offre publique être déclarée infructueuse. Il est donc indispensable d'intégrer la dynamique à la hausse ou à la baisse des derniers cours de l'action de la cible durant les derniers mois ainsi que la tendance générale du marché. Le prix de l'action fixé dans le cadre de l'offre publique doit viser à convaincre non pas l'actionnaire moyen mais le dernier actionnaire nécessaire pour garantir le succès de l'offre.

La conduite à suivre dans le cas d'une offre concurrente fait partie intégrante de la stratégie de négociation. Il faut avant tout éviter de se retrouver dans une spirale de surenchère, amenant à une inflation de la prime d'acquisition, au-delà de ce qui est économiquement raisonnable. Face à une offre concurrente, l'entreprise initiatrice devra se positionner en décidant si elle renonce, maintient son offre à l'identique ou propose une nouvelle offre à des conditions différentes. Cette décision est soumise à l'avis des autorités de marché compétentes. Le risque d'affronter des offres concurrentes est lié à l'intervention d'un « chevalier blanc » ou à l'existence d'une réelle compétition entre deux acteurs pour une même cible. On peut citer à titre d'exemple l'acquisition de Paribas par la BNP qui s'est fait suite à une surenchère sur l'offre initiale de la Société Générale.

Il faut noter le rôle stratégique que peut jouer un ramassage préalable d'actions en bourse. La prise de position avant le lancement de l'offre publique peut être un élément déterminant du rapport de force entre le cédant et l'acquéreur. Cette technique peut en outre jouer un rôle non négligeable en matière de lissage du coût global de l'acquisition. En cas de succès de l'offre publique, le coût moyen de l'acquisition est calculé en prenant en compte les actions achetées au prix fort (avec la prime d'acquisition) et les actions achetées préalablement, sans la prime d'acquisition. Naturellement, cette technique concerne plus particulièrement les acquisitions par achat d'actions. Elle est en outre encadrée par la loi et doit de ce fait respecter les obligations liées au franchissement de seuil (voir chapitre 4).

Enfin, il ne faut pas négliger les interactions possibles avec les actionnaires. Avant de lancer l'offre publique, il est parfois souhaitable de contacter au préalable certains grands actionnaires afin de recueillir leur assentiment sur le projet. Il ne faut pas non plus oublier la possibilité d'une interaction encore plus directe avec les actionnaires qui existe lorsque l'on a recours à la technique de la cession d'un bloc de contrôle. Comme nous l'avons indiqué au cours du chapitre 4, cette technique implique par ailleurs de lancer une procédure de garantie de cours consécutivement à la cession qui dans les faits peut avoir les mêmes conséquences qu'une offre publique d'achat.

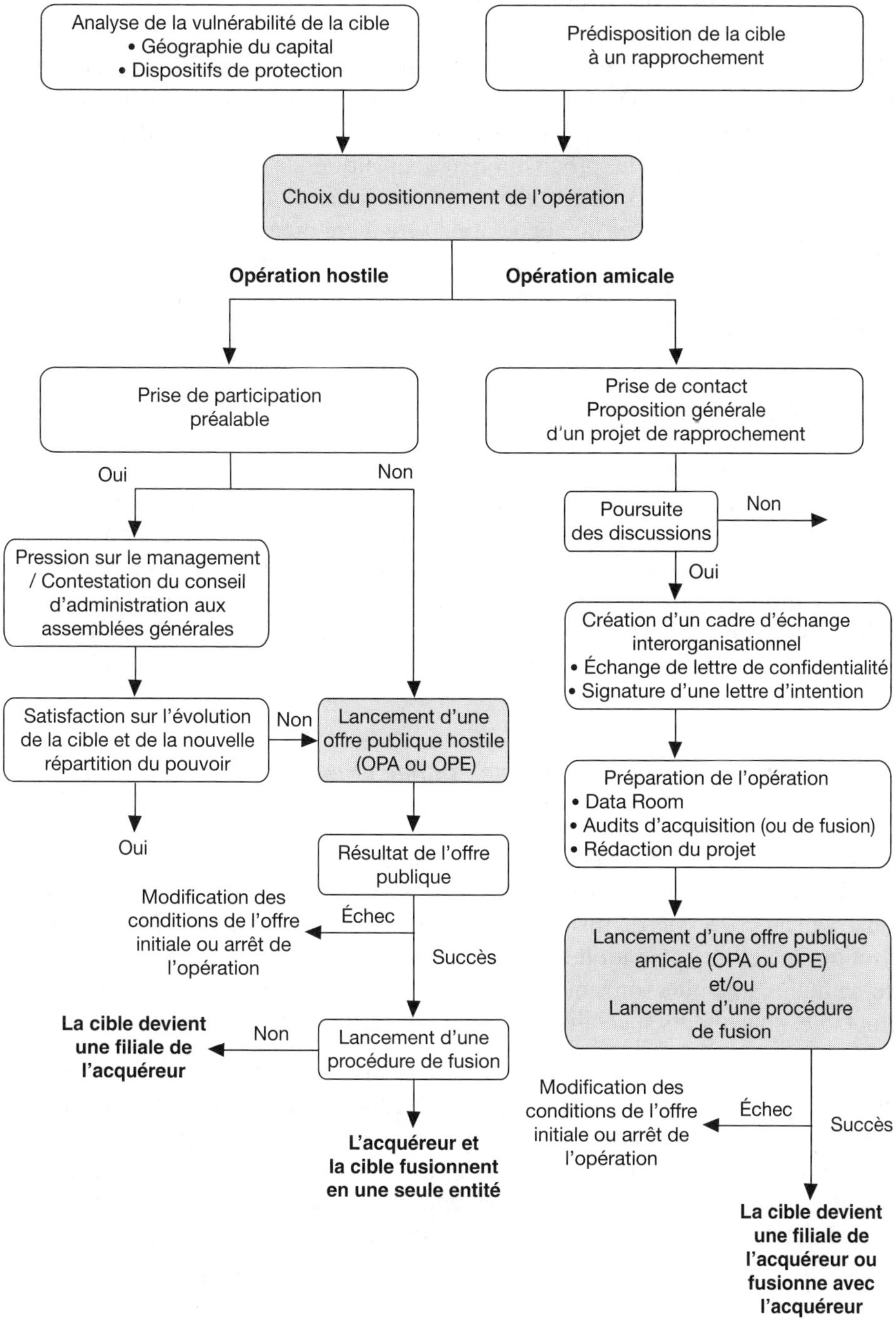

Figure 6.1 – *Tactiques d'approche lorsque la cible est cotée*

2.2 Le cas où la cible n'est pas cotée

Les procédures de négociation sont naturellement moins formalisées dans le cas où la cible n'est pas cotée. Les interactions avec les actionnaires sont aussi plus fortes que lorsque l'entreprise est cotée. En outre, il est à noter que dans le cas des entreprises non cotées, la proposition d'acquisition ne vient pas forcément de l'acheteur mais est aussi souvent liée à une démarche de vente mise en place par le cédant. Dans ce cas, le type de négociation (gré à gré ou appel d'offres) est souvent définie par le vendeur et non par l'acheteur. Le détail des principales techniques de négociation est présenté ci-après ainsi que les enjeux et risques associés pour l'acheteur et le vendeur.

➤ *Les processus de négociation*

On entend ici par processus de négociation la chronologie des principales étapes clés observées dans les opérations de rapprochement entre entreprises lorsque la cible n'est pas cotée. Le processus de négociation part de la présélection des cibles jusqu'aux étapes de finalisation de la transaction. Les étapes présentées ci-après n'ont rien d'obligatoires. En revanche, on observe dans la pratique que la plupart des opérations de rapprochement se déroule selon un schéma assez proche. Il est nécessaire de préciser le processus de négociation en fonction de l'initiateur qui peut être soit l'acquéreur, soit le vendeur.

• *Le processus de négociation lorsque l'initiateur est l'acheteur*

Dans cette situation, l'initiative revient à l'acquéreur potentiel qui souhaite mener une politique de croissance externe. Les motivations stratégiques qui ont conduit à cette décision *a priori* ont été étudiées dans les chapitres 2 et 5 de cet ouvrage. Le démarrage du processus de fusion-acquisition commence avec la recherche et la présélection des cibles potentielles *(voir chapitre 5)*. Cette étape peut être réalisée en interne mais est le plus souvent confiée à un prestataire extérieur : banquier, expert-comptable, consultants spécialisés, partenaires institutionnels.

Une fois les cibles potentielles identifiées et classées par ordre de préférence en fonction des critères retenus par l'entreprise initiatrice, une étape de première prise de contact avec les dirigeants est réalisée. Cette dernière peut se faire sous le couvert de l'anonymat dans un premier temps, la démarche est alors confiée au prestataire extérieur, puis de manière ouverte dans un second temps, en général dans le cadre d'une rencontre entre les deux dirigeants concernés. Au cours de ces échanges, s'il se confirme un intérêt réciproque pour un rapprochement éventuel, un accord de confidentialité peut être signé, afin de pouvoir approfondir les discussions quant aux modalités de rapprochement et à la valeur de l'entreprise à acquérir. Si les négociations sont menées par les dirigeants ou leurs délégués, des interactions avec les principaux actionnaires peuvent être souhaitables.

Une fois le projet de rapprochement plus affiné mais toujours à l'état de principes, c'est-à-dire non détaillé, une lettre d'intention ou une offre indicative peut être rédigée, qui précise la volonté des acteurs à s'engager dans un processus de rapprochement par acquisition ou fusion, autour d'une fourchette de prix (prix d'achat ou parité d'échange), sous réserve de la vérification d'informations complémentaires relatives aux actifs et aux passifs de l'entreprise cible.

Vient ensuite la réalisation d'audits d'acquisition ou de *data room* (voir section 4 de ce chapitre). L'objectif est d'évaluer les risques de l'opération au regard des qualités intrinsèques de la cible et de vérifier la réalité et la valeur des éléments d'actifs achetés. Il s'agit de s'assurer de la non existence d'un risque d'accroissement du passif lié par exemple à l'éventualité du versement de dommages et intérêts en cas de procès en cours…

Les étapes suivantes sont des étapes de finalisation de la transaction. Elles comprennent la rédaction d'un protocole d'accord qui détaille techniquement l'ensemble de la transaction, précise le prix, les modalités de paiement (voir section 2) et comprend des annexes techniques dont la rédaction peut se révéler aussi importante que les modalités de la transaction elle-même. En particulier, les annexes peuvent comprendre des conventions de garanties de passifs et d'actifs (voir section 4) et des pactes d'actionnaires qui visent notamment à garantir la stabilité du contrôle de la société après l'opération de rapprochement (voir section 5).

La finalisation de la transaction a lieu après avoir demandé l'ensemble des autorisations nécessaires (accords de certains clients ou fournisseurs, accords de certains créanciers : banquiers ou obligataires…) et se termine par une cérémonie de signature définitive de l'accord aboutissant au transfert des titres et au paiement des actionnaires de la cible.

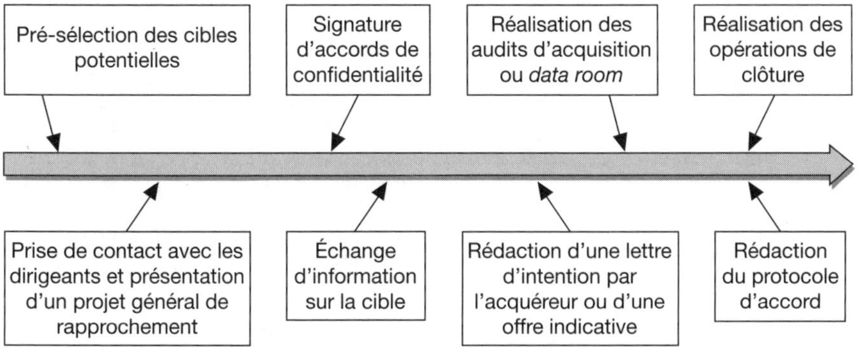

Figure 6.2 – *Processus de négociation – Cas où l'initiateur est l'acheteur*

• ***Le processus de négociation lorsque l'initiateur est le vendeur***

Dans le cas des entreprises non cotées, l'initiateur est souvent le vendeur qui souhaite se désengager totalement ou partiellement de l'entreprise cible. Dans ce cas, l'une des questions les plus délicates à gérer est celle de la confidentialité et du secret. Communiquer sur le fait que l'on souhaite vendre telle ou telle entreprise peut avoir un effet très négatif sur le personnel, les clients, les fournisseurs ou toutes autres parties prenantes. Dans cette configuration, le recours à un prestataire extérieur est presque toujours un passage obligé pour garantir la confidentialité nécessaire à ce type d'opération.

Dans sa structure, le processus de négociation est assez proche de celui où l'initiateur est l'acheteur. Seules les étapes préalables diffèrent véritablement. En particulier, la démarche débute toujours par la rédaction d'un dossier de présentation complet de l'entreprise à céder, précisant notamment l'activité de l'entreprise, les motivation de la cession, la situation stratégique de l'entreprise, sa situation financière, ses ressources humaines et intellectuelles (hommes clés, savoir-faire, compétences spécifiques, licences, brevets, autres éléments immatériels...).

Un résumé « anonyme » de cette présentation est alors rédigé (selling memorendum). Le prestataire extérieur recherche et pré-sélectionne une liste d'acquéreurs potentiels pour le compte du vendeur. Ce dernier peut alors choisir les entreprises a qui il est envoyé le résumé anonyme du projet de cession. Les acquéreurs potentiels intéressés doivent alors retourner au prestataire extérieur un accord de confidentialité. Une fois cet accord reçu, un dossier complet dévoilant le nom du cédant est envoyé. La suite du processus est identique au cas précédent : échange d'information, rédaction d'une lettre d'intention, réalisation d'audits d'acquisition, rédaction du protocole d'accord, réalisation des opérations de finalisation de la transaction (closing).

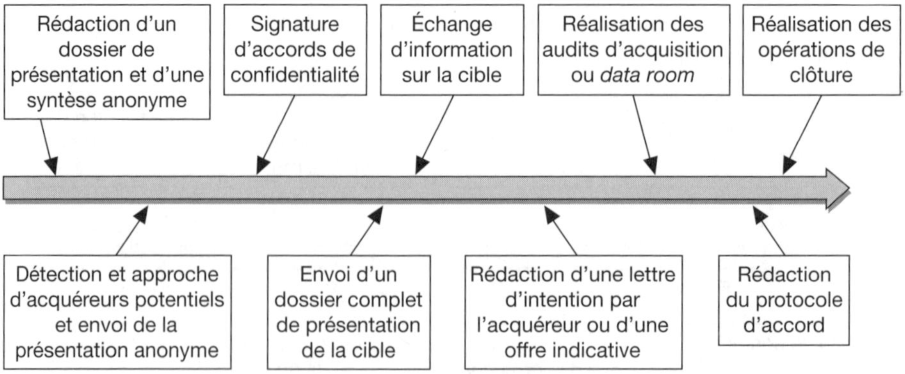

Figure 6.3 – *Processus de négociation – Cas où l'initiateur est le vendeur*

➤ *Les techniques de négociation*

Dans le cas des opérations d'acquisition d'entreprises non cotées, il existe deux principales techniques de négociation : le gré à gré et les techniques dites concurrentielles. Dans le cas où l'initiateur est l'acquéreur, la technique de négociation privilégiée est celle du gré à gré. Dans le cas où l'initiateur est le cédant, les techniques concurrentielles sont le plus souvent mises en œuvre.

• ***La technique de négociation de gré à gré***

Il s'agit de la technique de négociation la plus simple, puisqu'elle implique des discussions bilatérales entre un acquéreur potentiel et un cédant potentiel. Pour l'acquéreur, cette technique présente de nombreux avantages. Elle permet de limiter les risques de surenchère. Elle permet en outre d'imposer au vendeur un calendrier correspondant aux impératifs de l'acquéreur. Par ailleurs, le pouvoir de négociation de l'acquéreur est incontestablement plus important en cas de négociation de gré à gré, notamment dans les phases de finalisation de la transaction. Ce rapport de force favorable peut lui permettre d'imposer des conditions plus avantageuses pour lui, soit en terme de prix ou de modalité de paiement, soit en termes de garanties de passifs. Cette technique présente néanmoins des inconvénients pour l'acquéreur qu'il convient de ne pas négliger. Elle fait courir un risque important d'enlisement des négociations. Le vendeur contacté peut avoir accepté d'entrer dans des négociations, sans être véritablement sûr de vouloir céder son entreprise. En particulier, il faut vérifier très vite que le cédant qui négocie est en mesure de prendre ce type de décision et qu'il n'est pas contraint par un actionnariat qu'il ne contrôle pas et qui peut bloquer à terme la négociation. Par ailleurs, l'acquéreur peut être confronté dans cette situation à des problèmes d'accès à l'information ou de disponibilité du management pas forcément préparé à répondre à des questions précises. Les délais de formalisation et d'obtention de l'information peuvent alors allonger considérablement la durée de la négociation. Pour le vendeur, cette technique présente aussi des avantages et inconvénients en garantissant d'un coté le secret et la confidentialité mais en faisant peser de l'autre coté un risque réel de sous-estimation de l'entreprise cédée, du fait de l'absence de pression concurrentielle sur l'acquéreur.

• ***Les techniques de négociation concurrentielles***

Les techniques de négociation concurrentielles reposent pour la plupart sur la mise en œuvre de techniques d'appel d'offre et d'enchères. Elles sont la plupart du temps mises en œuvre lorsque l'initiateur est le vendeur. Elles impliquent la mise en concurrence de plusieurs acheteurs. Ces techniques constituent pour le vendeur la meilleure garantie de maximisation du prix de vente de la société cible. En revanche, elles imposent des contraintes réelles en termes de diffusion d'information et rendent souvent difficile la conservation du secret autour de l'opération.

Pour l'acquéreur, les inconvénients sont liés principalement au risque de surenchère et il peut être conduit à acheter la cible au prix fort. Par ailleurs, la pression mise sur l'acquéreur est plus importante car potentiellement certains de ses concurrents directs ont aussi été contactés pour participer à cette opération. Au-delà des considérations de prix, il peut donc être amené à acquérir la société pour éviter qu'un concurrent important acquière un avantage concurrentiel supplémentaire qui risquerait de remettre en cause sa propre activité. Il faut toutefois souligner que ces techniques de négociation présentent aussi des avantages pour l'acquéreur. Tout d'abord, elles sont la preuve d'un intérêt marqué du cédant de vendre l'entreprise cible et évite donc les risques d'enlisement tels qu'ils existent dans les négociations de gré à gré. Elles permettent en outre d'objectiver la négociation et évite des confrontations inutiles avec le cédant. En cas d'échec de la négociation, elles minimisent les crispations futures entre les acteurs de la négociation (ce point peut être important lorsque la cible est un partenaire voire un client ou un fournisseur).

Parmi les techniques de négociation par appel d'offre, on peut signaler le cas particulier de ***l'open bid*** qui consiste à organiser une vente aux enchères de l'entreprise cible, en alternant des périodes d'information auprès des acquéreurs potentiels et des périodes de soumission d'offres.

Durant la première phase de *l'open bid*, les acquéreurs potentiels qui ont signé une lettre de confidentialité reçoivent un document de présentation de l'entreprise cible. Ce document sert de base pour la soumission d'une première offre. Chaque offre doit comprendre une estimation du prix et une proposition d'un projet de reprise incluant notamment des garanties sur le financement du projet. Les candidats peuvent en outre adjoindre à tout moment à cette offre une prime de préemption, afin de mettre un terme à la procédure d'enchère. La proposition d'une prime de préemption consiste à proposer un prix de base augmenté d'une prime. Le vendeur doit alors choisir entre refuser la proposition et continuer la procédure d'enchère ou l'accepter et arrêter la procédure. Le vendeur refusera d'arrêter s'il estime que la concurrence entre les offreurs va faire augmenter le prix global (prix de base et prime de préemption incluse).

La phase d'enchère repose sur la sélection d'un nombre réduit d'acquéreurs, après analyse des premières offres. Les candidats restant ont alors la possibilité d'affiner leurs évaluations, en menant tour à tour des discussions avec le management dans des conditions similaires et fixées à l'avance. Cette approche présente ainsi l'avantage de pouvoir organiser les entretiens avec les équipes des acquéreurs potentiels en évitant qu'ils se rencontrent. Au cours de cette phase, les candidats restant ont la possibilité de faire une offre complète (prix de base réévalué et prime de préemption) pour mettre fin à la procédure. Dans le cas où le vendeur refuse, la procédure va à son terme. Dans la dernière étape, les derniers candidats restant soumissionnent une offre définitive, à partir de laquelle le vendeur effectue son choix. Il est à noter que le choix ne repose pas exclusivement sur le critère du prix mais peut aussi inclure des éléments liés à la pérennité de la cible et des parties prenantes (notamment le personnel et le management), les garanties offertes, les modalités de paiement… L'offre de l'acquéreur reste indicative et comprend en règle général des conditions suspensives qui seront levées après la réalisation d'audits d'acquisition approfondis.

Avant de réaliser les audits d'acquisition, l'acquéreur potentiel exige souvent une période d'exclusivité. Cette période garantit à l'acquéreur l'exclusivité de la cession dans le cas où les conditions suspensives sont levées par les résultats des audits. La demande d'exclusivité se justifie notamment par les coûts importants engendrés par les audits ainsi que par les frais juridiques liés à la rédaction des différents actes nécessaires à la signature de la transaction. L'intérêt du vendeur commande naturellement de réduire cette période d'exclusivité. Ce point fait aussi partie des éléments de décision pour retenir l'offre définitive parmi les différentes offres proposées par les acquéreurs potentiels restant en lice au moment du dernier tour de négociation.

Section 2 ORGANISER LA PRISE DE CONTRÔLE

L'organisation de la prise de contrôle est un point crucial qui comprend des aspects liés à la négociation avec le cédant potentiel et des aspects spécifiques à l'acquéreur. Dans tous les cas, la conception du montage doit être interactive et prendre en compte à la fois les motivations et blocages du cédant ainsi que les impératifs et contraintes de l'acquéreur. Trois points essentiels doivent être pris en compte. Tout d'abord la détermination de l'objet de la transaction et du mode de paiement. Ce point doit se traiter en interaction avec le vendeur et prendre en compte les contraintes de l'acquéreur notamment en termes de possibilité de financement et de volonté de partage du pouvoir au sein du nouvel ensemble. Ensuite, il importe de concevoir le montage financier de la reprise et plus particulièrement d'optimiser les différents effets de levier à disposition qu'ils soient juridiques, financiers ou fiscaux. Enfin, il est primordial de reconsidérer l'opération dans sa globalité et d'adapter la politique financière du nouvel ensemble en conséquence. Il importe à ce niveau non plus de traiter l'équilibre financier de l'opération mais son impact sur l'équilibre global du nouveau groupe.

1 S'entendre sur l'objet et le paiement de la transaction

L'objet de la transaction peut paraître de prime abord une donnée d'évidence. Dans les faits, il n'en est rien, une opération de prise de contrôle pouvant concerner des actions par le biais d'un achat ou d'un échange, ou des actifs payés en cash ou par actions. Préciser exactement ce qui fait l'objet de la transaction contre quel support de paiement (titre ou argent) constitue dès lors la première étape de la négociation. Il s'agit ensuite de définir la valeur marchande de ce qui est cédé (le prix) et la façon équitable de rémunérer le cédant, compte-tenu de la spécificité des biens cédés et des risques d'opportunismes liés notamment à la présence d'asymétrie d'information entre cédant et acheteur. On peut noter à cet égard que les mécanismes de paiement associées à une prise de contrôle sont beaucoup plus variés que la simple dichotomie actions/numéraire.

1.1 Les mécanismes de paiement de base

Les mécanismes de paiement de base sont les plus simples et constituent dans tous les cas la partie principal de l'échange. Il s'agit de rémunérer des actifs ou des actions par le versement de liquidité, par l'échange d'actions ou par un mixte impliquant des actions et une soulte en espèce. Le paiement peut être comptant ou à terme. On parle de crédit-vendeur lorsqu'une partie du paiement est différée. Dans le cas d'offres publiques lorsque la cible est cotée en bourse, le paiement est principalement réalisé au comptant, bien que des possibilités de paiement différé ou de cession différée existent. Une autre forme de paiement, qui peut s'assimiler à un paiement différé, consiste à s'endetter auprès des actionnaires de la cible. Cette situation est essentiellement envisageable lorsque la cible est une filiale d'un groupe. Cette pratique revient à acquérir la cible contre des liquidités et à obtenir un financement auprès du cédant.

Dans le cas des fusions-acquisitions, l'objet de la transaction porte toujours sur les actions de la société cible qui sont achetées ou échangées. L'achat direct d'actifs relève de processus différents. On parle de cession d'actifs lorsque seuls des actifs identifiés font l'objet de la transaction (comme par exemple une usine) et d'apport partiel d'actifs lorsque l'objet porte à la fois sur des éléments d'actifs et de passifs identifiés. Fiscalement les opérations d'apport d'actifs relèvent du régime spécial des fusions (voir chapitre 4). En matière de fusions-acquisitions, on distingue cinq configurations de base qui vont induire des montages, des modalités de paiement et de financement différents :

- l'achat d'actions financé par la trésorerie disponible de l'acquéreur, dans ce cas, l'opération peut être réalisée rapidement ;
- l'achat d'actions financé par de l'endettement, la réussite de l'opération est alors conditionnée par l'obtention de ce financement ;
- l'achat d'actions financé par l'émission préalable d'actions souscrites par des investisseurs différents des actionnaires de la cible ;
- l'échange d'actions avec les actionnaires de la cible, la société cible devenant une filiale de l'acquéreur ;
- la fusion entre l'acquéreur et la cible, les actionnaires de la cible devenant actionnaires du nouvel ensemble.

1.2 Les mécanismes de paiement complémentaires

Dans les sociétés non cotées, les mécanismes de paiement de base peuvent être complétés par des mécanismes complémentaires prévus dans le contrat de vente et qui viennent s'ajouter au prix d'acquisition de la cible. Si juridiquement les mécanismes de paiement de base rémunèrent l'achat des actions de la cible en tant que tel, des clauses ou conventions complémentaires peuvent être annexées et se traduire de fait par des paiements complémentaires pour les actionnaires de la cible. La nature de ces clauses et conventions peut être variée. On trouve principalement des conventions qui engagent l'entreprise cible nouvellement acquise à rémunérer des personnes morales ou physiques déterminées pour bénéficier de services ou de droits d'usage spécifiques. À titre d'exemple, on peut citer des clauses ou conventions annexes prévoyant explicitement :

- le paiement de redevances pour l'exploitation d'un fonds de commerce, qui continuerait d'appartenir aux anciens actionnaires de la cible après l'acquisition. Ceci implique naturellement que le fonds de commerce n'appartienne pas à la cible mais directement aux actionnaires, personnes physiques ou à une société tiers ;
- le paiement de royalties pour l'exploitation de brevets ou de licences pour l'utilisation de marque ou autres éléments de propriétés intellectuelles non inclus dans les actifs de la cible ;
- le paiement de salaires ou le versement d'honoraires à des anciens actionnaires ou dirigeants. Ces contrats prévus dans le contrat de vente peuvent porter sur une durée de plusieurs années (par exemple pour le versement d'honoraires contre des missions de conseil pour accompagner la cible dans la période transitoire).

Ces différents mécanismes de paiement complémentaires constituent parfois une part importante du prix global de l'acquisition. L'impact fiscal de ces mécanismes spécifiques doit être pris en compte. À titre d'exemple, le paiement de salaires ou de royalties sont des charges déductibles et constituent de fait une économie fiscale importante comparativement à un paiement direct équivalent. Ces éléments doivent naturellement être intégrés dans la négociation du prix.

L'acquéreur doit en effet raisonner en coût global et création de valeur global pour déterminer sa fourchette de prix à l'achat (voir section 3) et non de manière compartimentée.

1.3 Un mécanisme spécifique : *l'earn out*

L'*earn out* est un mécanisme particulier de paiement de la cible qui a été conçu pour les situations, où la présence du dirigeant-actionnaire de la cible est indispensable pendant quelques mois ou quelques années après l'acquisition pour que l'opération réussisse. Dans un montage de type *earn out*, la rémunération du cédant comporte deux composantes, l'une fixe (prix plancher) et l'autre variable, calculée en fonction des résultats observés au cours des mois ou années qui suivent la transaction[1]. Ce mécanisme est principalement adapté au cas où le vendeur demeure à la tête de la cible après la transaction. La présence d'une partie variable vise ainsi à limiter les risques d'opportunisme, en l'intéressant aux résultats futurs de la cible. En outre, pour que ce mécanisme puisse être envisagé sereinement, il faut que

1. Voir Desbrières (1995) pour un traitement détaillé du mécanisme de l'*earn out*.

l'actionnaire-dirigeant détienne une part importante des actions ou parts sociales de la société cible.

Le principal problème d'un *earn out* consiste à déterminer la formule de calcul de la partie variable du prix de vente de la cible qui repose sur trois paramètres : les indicateurs de performance, les modalités de calcul et la durée d'estimation. La durée typique d'un *earn out* se situe entre un et trois ans avec un délai moyen de l'ordre de deux ans (Douhane *et al.*, 1997). Par durée d'*earn out*, on entend généralement à la fois la durée pendant laquelle les anciens dirigeants de la cible demeurent dans l'entreprise pour assurer la transition et la durée d'estimation des paramètres servant au calcul de la partie variable du prix de la transaction.

Le choix des indicateurs de référence porte le plus souvent sur des éléments de performance comptable comme le résultat net ou l'excédent brut d'exploitation. D'autres critères liés à la situation patrimoniale de l'entreprise ou à ses performances d'exploitation peuvent être retenus. Un indicateur pertinent doit être à la fois un véritable inducteur de la performance financière de la cible et constituer un agrégat observable et mesurable. Il faut noter que les formules retenues comprennent souvent une limite haute et une limite basse qui visent à protéger le vendeur et l'acheteur d'une trop forte variabilité du prix. Ces protections à la hausse et à la baisse constituent dans les faits une option de vente pour le vendeur et une option d'achat pour l'acquéreur. Ces deux options existent sous la forme de promesses de vente et d'achat, détenues simultanément par le vendeur et l'acheteur.

La mise en œuvre d'un mécanisme d'*earn out* n'est cependant pas sans risque, que ce soit pour le vendeur ou pour l'acheteur. Les risques sont principalement supportés par le vendeur, qui subit un aléa sans recours sur le prix de vente de la cible tandis que l'acheteur compense en général le paiement d'un prix plus élevé par l'amélioration des performances de l'entreprise achetée. Pour limiter ces risques, il est d'usage d'encadrer la clause d'*earn out* de précautions particulières notamment lors de la rédaction du protocole d'accord. Parmi les risques qui doivent être gérés au moment de la rédaction du protocole d'accord, on trouve principalement ceux inhérents aux manipulations comptables visant à minimiser les performances de la cible et donc le prix définitif de la transaction. Pour minimiser ces risques, il convient d'encadrer le mode de calcul de l'indicateur (par exemple, le résultat net) en précisant les composantes à inclure et à exclure (par exemple, les produits et charges qui doivent être exclus du calcul du résultat net). Dans le cas où l'indicateur retenu est fondé sur le flux de trésorerie, il est préférable de préciser la nature des investissements entrant dans la formule de calcul, pour éviter une politique de surinvestissement momentanée qui aurait pour seul objectif de diminuer le prix de vente de la cible. Parmi les autres risques pouvant être minimisés lors de la rédaction du protocole d'accord, on trouve les risques relatifs à la survenance d'événements extérieurs altérant de manière directe la performance de la société cible. Typiquement, une clause de cas de force majeure (exemple, la survenance d'un sinistre) peut être introduite. Cette clause vise à modifier certaines composantes du mécanisme d'*earn out* en cas d'occurrence d'événements prédéfinis. Les modifications peuvent porter sur un changement d'indicateur, une modification du mode de calcul ou sur l'allongement de la durée de l'*earn out*.

REPÈRES : Un mécanisme de paiement spécifique : l'*earn out*

Contexte

La société Alpha 1 possède une valeur nette comptable de *20 M€* et génère un flux de trésorerie de *2 M€* avec un taux de croissance moyen de 2 % par an. Le coût du capital de la société est de 10% et sa valeur financière est estimée à 25 M€ (soit *V = 2 M€ / (10 % – 2 %) = 25 M€*). Compte-tenu de la mise au point d'une nouvelle technologie, les dirigeants d'alpha1 promettent un taux de croissance moyen de 5 % pour les années à venir, soit une valorisation financière de 40 M€ *(V = 2 M€ / (10% – 5 %) = 40 M€)*. Les actionnaires souhaitent se désengager et céder 100 % des actions à la société Alpha 2. Du fait des risques liés au lancement de la nouvelle technologie, la société Alpha 2 accepte d'acquérir alpha1 si l'actuel dirigeant reste au commande pendant deux ans et si les actionnaires acceptent une clause d'*earn out*.

Mécanismes de paiement avec la clause d'*earn out*

Le prix comprend :

– un prix plancher : 22,5 M€ (soit la moyenne entre la valeur nette comptable et la valeur financière avec un taux de croissance de 2 %)

– une partie variable calculée de manière proportionnelle en fonction du taux de croissance moyen du flux de trésorerie réellement réalisé après deux ans. La formule retenue comprend des options de protection à la hausse et à la baisse. Si on note *V* la valeur financière en année 2 et *P* la valeur financière plancher en l'année 2 la partie variable est déterminée selon la formule suivante :

$$Partie\ variable = max(min(V - P);18)$$

où 18 correspond à la limite maximum de la partie variable (exprimée en M€). Le tableau suivant simule le montant que peuvent espérer les actionnaires de l'Alpha 1 au titre de la partie variable.

	Flux de trésorerie			Valeur financière	Valeur plancher	Différence	Partie Variable
Hypothèse de taux de croissance	Année 0	Année 1	Année 2 (*f*)	*V=f/(r–g)*	(*P*)	(*V–P*)	*MAX*(*MIN*(*V–P*;0);18)
g = 1 %	2,00	2,02	2,06	**22,9**	**26**	– 3,1	0,0
g = 2 %	2,00	2,04	2,08	**26,0**	**26**	0,0	0,0
g = 3 %	2,00	2,06	2,12	**30,3**	**26**	4,3	4,3
g = 4 %	2,00	2,08	2,16	**36,1**	**26**	10,1	10,1
g = 5 %	2,00	2,10	2,21	**44,1**	**26**	18,1	18,0
g = 6 %	2,00	2,12	2,25	**56,2**	**26**	30,2	18,0
g = 7 %	2,00	2,14	2,29	**76,3**	**26**	50,3	18,0

2 Optimiser les effets de levier potentiels

Le montage juridico-financier de l'opération de prise de contrôle s'accompagne souvent de la mise en œuvre d'outils spécifiques visant à faire bénéficier l'acquéreur, personne morale ou physique, d'effets de leviers. Les outils ainsi mis en œuvre ont pour objectif d'optimiser la performance financière de l'opération *via* une augmentation de la rentabilité et/ou une diminution de son exposition aux risques. Parmi les principaux effets de leviers existants, on distingue les leviers d'ordre juridique, financier et fiscaux.

2.1 Les effets de leviers juridiques

Les effets de leviers juridiques reposent principalement sur le principe de la cascade de holding qui permet de minimiser les apports de l'acquéreur pour prendre le contrôle d'une cible. Une holding est une société dont l'objet social est de détenir (*to hold* en anglais) des titres de participation dans d'autres sociétés. On distingue la holding pure qui ne fait que détenir des titres de participation de la holding impure qui peut avoir un objet social plus étendu et dans les cas les plus extrême avoir sa propre activité opérationnelle.

L'utilisation de société holding vise donc à organiser dans une structure juridique ad hoc le contrôle de la société cible. Au-delà des considérations sur la notion de contrôle de fait, il est généralement admis que le contrôle d'une société nécessite a minima la détention de plus de 50 % des droits de vote. Selon ce principe, la recherche d'actionnaires minoritaires acceptant de prendre une participation de moins de 50 % permet de contrôler la société cible en divisant par deux les apports nécessaires. Par extension, la création d'une cascade de sociétés holding intermédiaires permet de diviser par deux le montant minimal des apports pour le contrôle de la cible à chaque création de société holding intermédiaire.

La difficulté de réalisation de ce type de montage ne réside pas dans la technicité juridique qui reste relativement simple mais dans la recherche des actionnaires minoritaires qui acceptent d'investir dans une société holding fermée, c'est-à-dire impliquant à terme des difficultés pour revendre facilement leurs participations. En effet, la position d'actionnaires minoritaires dans ce type de montage est relativement passive puisque le contrôle appartient de fait à l'actionnaire pivot, majoritaire à chaque niveau de la cascade de holding. Les motivations des investisseurs pour entrer dans ce type de montage peuvent être diverses. En particulier, lorsque le montage de la société holding est réalisé en parallèle d'un endettement (voir 2.2 Les effets de leviers financiers) la participation en tant que minoritaire peut constituer une forme de sécurisation pour les établissements financiers prêteurs.

La création de cascade de holdings ne constitue pas le seul levier juridique existant. L'utilisation de formes de sociétés adaptées permet aussi de s'assurer le contrôle d'une société cible en minimisant les apports de l'acquéreur. À titre d'exemple, l'utilisation de sociétés en commandité par action (SCA) comme structure de détention des actions de la cible permet d'assurer le contrôle aux commandités tout en faisant financer la majeure partie du coût d'acquisition aux commanditaires.

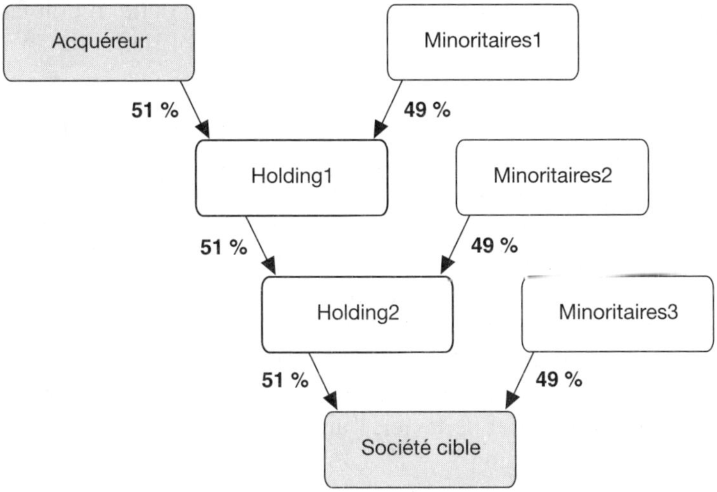

Estimation du coût du contrôle pour l'acquéreur
Hypothèse : valeur de la société cible : 100 M€

Coût du contrôle

sans cascade de holdings	***avec cascade de holdings***
▼	▼
100 M€ x 51 % = **51 M€**	100 M€ x 51 % x 51 % x 51 %
	=
	100 M€ x 13,3 % = **13,3 M€**

Figure 6.4 – *Cascade de holding et minimisation du coût du contrôle*

2.2 Les effets de leviers financiers

L'effet de levier financier consiste à minimiser l'apport de l'acquéreur et à augmenter l'espérance de rentabilité des fonds propres investis dans la cible par le biais d'un endettement spécifique, dédié à l'opération d'acquisition.

➤ *Principes de l'effet de levier financier*

L'effet de levier repose sur l'utilisation plus ou moins extensive de l'endettement pour limiter l'apport en fonds propres lors de l'acquisition de l'entreprise cible. La plupart du temps l'expression « opération à effet de levier » (LBO) fait référence à l'utilisation cumulée des effets de leviers juridiques (*via* la holding) et financiers (*via* l'endettement).

Le principe de l'effet de levier financier est relativement simple. L'acquéreur s'endette pour acheter la cible et finance le remboursement de la dette avec les bénéfices futurs de la cible. Les limites du système sont multiples. Il faut que les banques et autres établissements financiers acceptent de suivre le montage proposé et que la cible soit capable de générer suffisamment de trésorerie dans le futur pour rembourser les capitaux empruntés. Quant au taux d'intérêt de la dette, il doit être inférieur au taux de rentabilité financière de la cible, faute de quoi l'effet de levier se transforme en effet de massue.

L'effet de levier financier a en effet un impact direct sur le taux de rentabilité des capitaux investis. Il existe une relation linéaire entre le niveau de l'endettement et le taux de rentabilité des capitaux investis. Il faut néanmoins noter que l'élévation du niveau d'endettement augmente simultanément la variabilité du taux de rentabilité et par conséquent le niveau de risque associé. Il existe donc des limites théoriques à l'utilisation de l'effet de levier (voir chapitre 5). Sur le plan pratique, les banques et établissements financiers fixent des limites pragmatiques qui varient en fonction de la conjoncture économique et de l'évaluation du risque de chaque projet. La fixation de ces limites prennent souvent la forme de ratios types à ne pas dépasser. Dans la pratique des opérations à effet de levier, l'un des ratios les plus utilisés est celui de l'endettement global du holding :

Ratio d'endettement = Dette / Fonds propres

Le niveau moyen de ce ratio admis par les banques pour les opérations à effets de levier se situe généralement entre 2 et 3. Certaines opérations, notamment aux États-Unis, peuvent néanmoins être réalisées sur la base de ratios beaucoup plus importants, de l'ordre de 10 à 15. Dans la pratique, l'effet de levier financier est souvent associé à un effet de levier juridique. L'impact global pour l'acquéreur est d'autant plus important que les deux effets de levier ne sont pas additifs mais multiplicatifs.

➤ *Conditions pour un effet de levier financier réussi*

L'équilibre des opérations à effet de levier repose sur la capacité de la cible à générer suffisamment de trésorerie pour rembourser la dette contractée. On parle de *capacité distributive*. Il existe des critères qualitatifs qui permettent d'estimer si *a priori* la cible a le profil pour faire l'objet d'une opération à effet de levier financier. Idéalement, la cible doit :

- être équilibrée sur le plan financier avec un faible endettement ;
- disposer d'une trésorerie disponible et distribuable ;
- faire l'objet d'une croissance prévisible modeste pour éviter les problèmes de financement du besoin en fonds de roulement ;
- être positionnée sur des marchés non cycliques afin d'assurer une stabilité des revenus sur la durée de remboursement de la dette du holding.

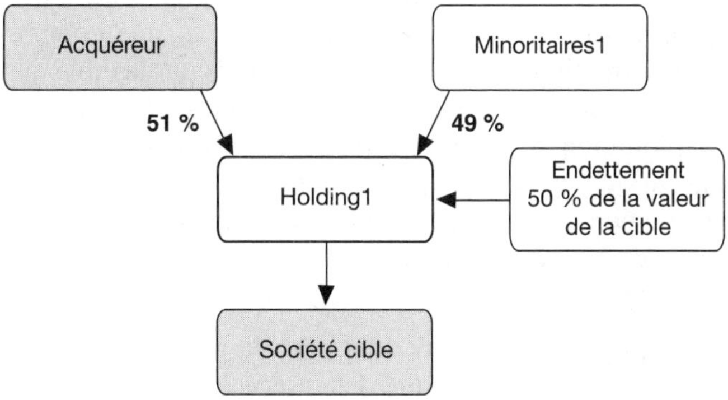

Estimation du coût du contrôle pour l'acquéreur

Hypothèse : valeur de la société cible : 100 M€

Coût du contrôle

sans effet de levier	***avec effet de levier***
▼	▼
100 M€ x 51% = **51 M€**	100 M€ x 50 % x 51 % = 100 M€ x 25,5 % = **25,5 M€**

Figure 6.5 – *Effets de levier juridique et financier*

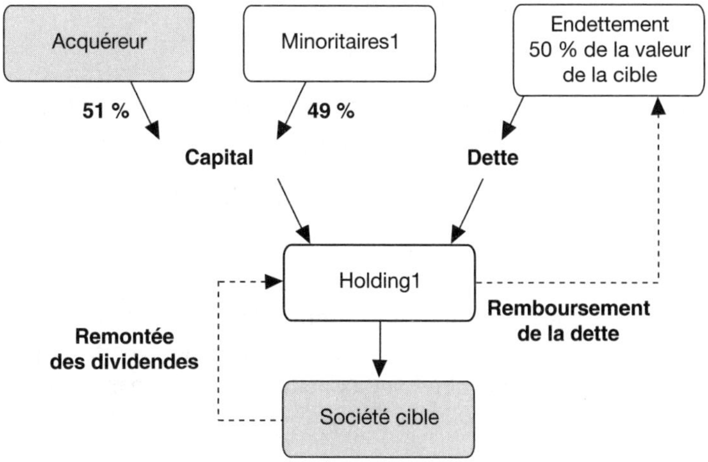

Figure 6.6 – *Circuit financement de l'opération à effet de levier et remboursement de la dette*

La *capacité distributive* de la cible comprend une composante fixe qui correspond aux résultats déjà mis en réserve avant l'opération, et une composante variable, correspondant à une fraction des résultats nets générés par la cible dans le futur. Les résultats nets futurs, mis en distribution, proviennent de deux sources principales : les résultats d'exploitation liés à l'activité régulière de la cible et les résultats exceptionnels liés à la cession éventuelle d'actifs non stratégiques. L'existence avérée de réserve constitue un point critique de l'analyse de la *capacité distributive* de la cible. Certains éléments doivent néanmoins être vérifiés pour estimer la trésorerie effective qui va pouvoir être remontée au niveau de la holding.

Deux principaux points doivent être analysés : la présence effective de trésorerie disponible au sein de la cible et la nature des réserves distribuables. En particulier, il faut s'assurer que les réserves distribuables ne sont pas soumises à une imposition supplémentaires en cas de distribution (cf. précompte mobilier). L'existence d'une telle imposition peut compromettre l'équilibre du montage financier de l'ensemble de l'opération. D'autres éléments sont à prendre en considération dans l'évaluation de la capacité distributive de la cible. L'analyse doit, en effet, intégrer l'échéancier de remboursement de la dette existante au niveau de la cible (pour assurer la continuité de l'exploitation), le niveau d'investissement minimum requis (pour maintenir les performances de la cible) ainsi que les capitaux supplémentaires nécessaires pour financer un éventuel accroissement du besoin de fonds de roulement.

La détermination de l'effet de **levier financier optimal** repose par conséquent sur une analyse jointe du plan de financement de la cible et de la société holding. Un autre aspect consiste à déterminer le taux d'intérêt limite de la dette pour que le montage soit créateur de valeur. Au maximum, le taux d'intérêt doit être égal à la rentabilité financière dégagée par la cible soit :

$$i_{\max} = R/(1 - IS)$$

où $i_{\max}$ est le taux d'intérêt maximum, R la rentabilité financière de la cible définie par le ratio (Résultat net/Fonds propres) et IS le taux marginal d'impôt sur les sociétés.

2.3 Les effets de leviers fiscaux

L'analyse de la fiscalité des opérations à effet de levier fait ressortir deux points clés qu'il importe d'étudier avec attention : la taxation des dividendes perçus par la holding et la déductibilité des intérêts de la dette contractée par la société holding.

➤ *La taxation des dividendes*

La question de la taxation des dividendes se comprend au regard de la nécessité d'une forme de neutralité fiscale entre la société cible et la holding pour garantir l'équilibre du montage financier. Une taxation trop forte de la remontée des dividendes de la société cible vers la holding pourrait remettre en cause l'intérêt de ce type de montage. Le régime des sociétés mères permet de bénéficier d'une exonération partielle de la taxation des dividendes. Le régime des sociétés mères est facultatif. Il s'applique sur simple demande sous réserve de détenir au minimum 5 % du capital de la société cible. L'application de ce régime permet à la société mère de faire remonter les dividendes avec une taxation minimum. Seule une quote-part de 5 % des dividendes distribués sont taxés au niveau de la société mère. Le régime de l'intégration fiscale (voir ci-après) permet quant à lui d'obtenir une remontée des dividendes en compléte franchise d'impôts. Pour pouvoir opter pour ce régime, la société mère doit cependant détenir plus de 95 % des droits de vote de sa filiale.

➤ *La recherche de la déductibilité des intérêts*

Si la recherche de la non taxation des dividendes correspond à une volonté de neutralité fiscale, la recherche de la déductibilité des intérêts vise à créer un véritable effet de levier fiscal. On entend par effet de levier fiscal, le potentiel de création de valeur liée aux économies d'impôts supplémentaires engendrées par le montage financier. La question de la déductibilité des intérêts de la dette se pose spécifiquement pour les sociétés holding. En effet, dans le cas des sociétés industrielles et commerciales, les intérêts liés au remboursement de la dette constitue une charge comptable. Il en résulte une économie d'impôt liée à la réduction du résultat net et donc de la base imposable. Or, dans le cas d'une société holding pure, cette dernière ne génère aucune activité commerciale, ce qui la conduit structurellement à ne pas faire de bénéfice. Il ne peut donc pas y avoir d'économie fiscale faute d'impôt à payer. Par conséquent, les intérêts payés au niveau de la holding ne génère aucune économie fiscale. Pour pouvoir bénéficier d'un levier fiscal, il faut donc mettre en place des mécanismes qui visent à créer une forme de solidarité entre l'activité de la holding et celle de la cible. Il existe quatre principaux mécanismes centrés sur la recherche de la déductibilité des intérêts de la holding : le régime de l'intégration fiscale, la création d'une holding impure, la fusion entre la holding et la cible, et la transformation du statut juridique de la cible en société en nom collectif.

• *La déductibilité des intérêts par l'intégration fiscale*

L'intégration fiscale est un régime dérogatoire pour lequel une société mère peut opter à partir du moment où elle détient plus de 95 % du capital de ses filiales. Plusieurs autres conditions sont requises pour pouvoir opter pour le régime de l'intégration fiscale. En particulier, les actionnaires de la société holding ne doivent pas être les mêmes que ceux de la société cible avant la transaction. Cette interdiction, connue sous le nom d'**amendement Charasse** (loi rectificative de finance de 1988) vise à éviter de faire bénéficier d'avantages fiscaux une vente à soi-même. Les sociétés holding qui ont opté pour l'intégration fiscale sont seules redevables de l'impôt sur les sociétés, au titre d'un résultat global comprenant son propre résultat et celui de la cible. Les intérêts de la dette de la holding peuvent dès lors être déduits du résultat imposable de la société cible. Ce type de montage génère par conséquent une économie fiscale qui constitue un effet de levier fiscal en tant que tel. La limite la plus évidente à ce système est qu'il impose de détenir 95 % du capital de la cible. Lorsque cette condition n'est pas réunie, la déductibilité directe des intérêts de la dette n'est pas possible, et il faut recourir à d'autres stratagèmes si l'on souhaite bénéficier des économies fiscales potentielles liées à l'endettement.

- ***La déductibilité par l'emploi d'une holding impure***

Une holding impure est une société dont l'objet social n'est pas uniquement dédié à la détention de participations dans des sociétés filiales. L'objectif est ici de compléter son activité de détention de participation par une activité plus opérationnelle générant des revenus qui vont permettre la déductibilité des intérêts de la dette. Dans certains cas, l'activité de la holding impure reste rattachée à celle de la filiale. Le montage consiste alors à réaliser des transferts de charges et de produits entre les deux entités. Ce type de montage peut passer par la facturation de services à la société filiale. Il s'agit généralement de services liés à des activités de gestion et de contrôle. Il est aussi possible de céder le fonds de commerce directement à la holding avant le rachat de la cible, afin de percevoir ensuite des redevances de location-gérance. On observe des opérations similaires en ce qui concerne les actifs immobiliers directement rachetés par la holding qui reçoit ensuite des loyers. D'autres formules impliquent non plus une modification de la composition du patrimoine de deux entités mais des transferts d'activités. À titre d'exemple, on peut citer le recrutement de personnels directement au niveau de la holding pour être ensuite détachés dans la filiale… L'utilisation d'une holding impure n'implique pas forcément la création de liens d'activités entre la filiale et la société mère (location-gérance, détachement de personnel, loyers, services de gestion…). La société holding peut en effet avoir une activité propre distincte de celle de la société cible. Dans ce cas de figure, la société holding n'est généralement pas une société ad hoc créée pour la reprise de la société cible. Il s'agit dans la plupart des cas d'une société préexistante, retenue pour des raisons stratégiques, tactiques ou patrimoniales par ses actionnaires comme structure de réalisation de l'opération d'acquisition. Dans cette configuration, la déductibilité des intérêts ne se pose pas, puisque les intérêts générés par la nouvelle dette émise à l'occasion de l'acquisition sont naturellement déductibles compte-tenu de l'activité préexistante de la holding. Il faut cependant rappeler que même dans le cas d'une holding impure, il ne peut y avoir déductibilité des intérêts de la dette que si cette dernière réalise des bénéfices.

- ***La déductibilité par la fusion avec la cible***

La recherche de la déductibilité des intérêts de la société cible peut être réalisée par la fusion entre la holding et la société cible. Si ces opérations sont assez courantes notamment dans les pays anglo-saxons, elles restent assez délicates en France, compte-tenu de risques juridiques importants. Dans le cas d'une « fusion par le haut » (la holding absorbe la filiale), l'objet social d'une holding pure s'en trouve mécaniquement modifié. Or, au regard du Code Général des Impôts[1], le changement de l'objet social emporte cessation de l'entreprise. L'administration fiscale peut donc traiter cette opération comme une cessation d'activité entraînant la perte des reports déficitaires et donc une partie de la déductibilité des intérêts de la dette. Il existe un second risque lié à l'interdiction faite, en France, à une société anonyme de prêter des fonds à un tiers pour acheter ses propres actions[2]. La fusion rapide entre les deux entités et le remboursement de la dette de la holding par la trésorerie disponible au sein de la filiale peuvent tomber sous le coup de cette interdiction et faire courir un risque d'annulation de la fusion. Pour éviter ce risque, il peut être envisagé de procéder au remboursement rapide de la dette par le biais de distributions massives de dividendes dans les premières années. L'objectif est de rembourser la dette tout en dégageant des pertes au niveau de la holding qui constituent autant de reports déficitaires qui pourront engendrés des économies d'impôts au moment de la fusion. Or, il faut noter qu'une distribution excessive de dividendes peut amener les minoritaires de la cible à engager une action en abus de majorité, sous réserve de prouver que les distributions de dividendes ont été préjudiciables à la société en tant qu'entité, aux minoritaires en tant que personnes physiques ou morales et qu'elles avantagent directement ou indirectement les majoritaires. Par conséquent, si la fusion entre la société holding et la cible est possible, la fusion rapide, qui maximise théoriquement l'effet de levier fiscal, doit être envisagée avec précaution.

- ***La déductibilité par la transformation de la cible en société en nom collectif (SNC)***

Si la cible est une société en nom collectif, l'impôt sur les sociétés est directement dû par ses actionnaires et donc par la holding pour l'ensemble des activités du groupe. Rares sont cependant les sociétés cibles qui préexistent sous la forme juridique d'une SNC. Il est par conséquent nécessaire de passer par la transformation du statut de la cible. L'utilisation de ce mécanisme trouve ici sa limite principale, puisqu'il est impératif d'obtenir l'unanimité à l'assemblée générale extraordinaire pour pouvoir entériner la transformation en SNC. La question de l'avantage de ce mécanisme par rapport à celui de l'intégration fiscale (qui ne nécessite qu'un contrôle de la filiale à 95 %) reste alors posée.

1. Article 221-5 du CGI.
2. Article 217-9 de la loi du 24 Juillet 1966.

REPÈRES : Principaux risques juridiques liés aux montages financiers

compte-tenu de la multiplicité des règles juridiques et fiscales en vigueur la réalisation de montages financiers complexes fait courir des risques juridiques importants aux dirigeants des entreprises acquéreurs. Il est proposé d'exposer ci-après les infractions les plus courantes qui peuvent être commises en réalisant des montages financiers complexes[1].

- **L'abus de droit** peut être évoqué par l'administration fiscale lorsqu'elle peut démontrer que les montages financiers réalisés n'ont été mis en œuvre que dans le seul but d'éluder l'impôt. En matière d'opération à effet de levier, l'abus de droit peut être évoqué lorsque le montage permet aux actionnaires de l'acquéreur de s'approprier indirectement les réserves de la cible tout en bénéficiant d'une fiscalité réduite.
- **L'acte anormal de gestion** peut être évoqué lorsque le dirigeant fait supporter à l'entreprise une dépense ou qu'il la prive d'une recette particulière sans qu'il puisse être apporté de justification au regard de l'intérêt de la société. Dans les opérations d'acquisitions-fusions, l'acte anormal de gestion peut être évoqué dans le cas d'une fusion par le bas (la cible absorbe l'acquéreur) et si les intérêts de la dette de l'acquéreur deviennent directement à la charge de la cible.
- **L'abus de bien social** existe lorsque le dirigeant utilise des biens ou du crédit de la société à des fins personnelles ou pour favoriser une autre société dans laquelle il est intéressé directement ou indirectement (art. 437-3 de la loi du 24 juillet 1966).
- **L'abus de pouvoir** est lié à une utilisation délibérée par le dirigeant des pouvoirs qui lui sont conférés dans un sens contraire à l'intérêt de la société, à des fins personnelles ou pour favoriser une autre société dans laquelle il est intéressé directement ou indirectement (art. 436-4 de la loi du 24 juillet 1966).
- **L'abus de majorité** peut être évoqué lorsque les décisions du dirigeant ont pour conséquence de léser les actionnaires minoritaires. Dans ce cadre il est prévu de permettre aux actionnaires minoritaires de demander une expertise de gestion, afin de déterminer si les décisions prises ont eu ou vont avoir pour conséquence de leurs porter préjudice.

1. Pour un traitement détaillé et complet des risques présentés ci-après il convient de consulter les ouvrages spécialisés existants.

3 Adapter la politique financière du nouvel ensemble

Le choix d'une politique financière est essentiel à la bonne réalisation d'un programme de fusions-acquisitions. Il s'agit principalement de définir le type de ressources financières à mobiliser. Dans le cas des fusions, la question revêt une moindre importance, puisque la rémunération des apports de la société cible s'effectue obligatoirement par le biais d'échange d'actions, la seule incertitude en la matière résidant dans le niveau de la soulte éventuelle en espèce. Dans les autres cas, la question demeure entière, y compris dans le cas d'une acquisition par échange d'actions qui matérialise en soit un choix de financement par rapport à un autre. Comme nous l'avons vu précédemment, la fixation des contraintes en termes de répartition du pouvoir cadre le champ du possible en matière de politique financière. L'arbitrage entre les différentes sources de financements et la recherche d'une structure financière cible optimisée, avant et après l'opération de fusion-acquisition, restent alors deux des dimensions clés de la politique financière du nouvel ensemble. En particulier, il faut distinguer les actions de politique financière à mener de manière préparatoire avant l'opération, de celles qui doivent être réalisées au moment de l'acquisition et après l'opération, en fonction des spécificités du montage.

3.1 La préparation financière préalable à l'opération

Il ne faut pas confondre la politique financière d'un programme d'acquisitions et le mode de rémunération des actionnaires de la cible. La politique financière préalable à la réalisation d'acquisitions repose sur une analyse de la situation financière de l'acquéreur, de manière à définir le montant des ressources financières mobilisables pour mener à bien les futures opérations. Ce montant comprend :

- la trésorerie disponible, après le financement des investissements prévus ;
- la trésorerie potentielle liée à la cession d'actifs non stratégiques ;
- la capacité d'endettement complémentaire de l'entreprise.

Si les besoins prévisibles de financement sont supérieurs aux ressources financières mobilisables, l'entreprise a alors la possibilité de recourir à l'émission de nouvelles actions. Il est important de noter que cette décision implique la plupart du temps une modification de la répartition du pouvoir au sein de l'entreprise, au profit de nouveaux actionnaires. Il ne faut cependant pas confondre l'émission d'actions nouvelles avant l'opération d'acquisition avec le choix de réaliser une acquisition par échange d'actions. Si dans les deux cas, cela se traduit par une augmentation du capital par émission d'actions nouvelles, les conséquences politiques au niveau du contrôle de la société acquéreur sont différentes. Dans le premier cas, les nouveaux actionnaires sont de nouveaux investisseurs indépendants ou des actionnaires actuels qui décident de souscrire à l'augmentation de capital. Dans le second cas, ce sont les actionnaires de la cible qui interviennent directement dans le capital de l'acquéreur après l'opération. Il existe naturellement des solutions alternatives face au choix binaire de l'endettement d'un coté et de l'augmentation de capital de l'autre. Ces solutions impliquent le recours à l'émission de titres hybrides, dont les caractéristiques peuvent mieux servir les contraintes et impératifs de la politique financière définie par l'entreprise acquéreur[1]. Parmi ces titres hybrides, on trouve

1. Pour une présentation détaillée des différents outils financiers et leurs implications sur la politique financière des entreprises, voir notamment E. Ginglinger, *Le Financement des entreprises par les marchés de capitaux*, Collection Finance, PUF, 1991 et Ph. Desbrières *Ingénierie financière*, Litec, 1995.

des obligations convertibles en actions (OC), des obligations à bons de souscription d'actions (OBSA), les obligations à bons de souscriptions d'obligation (OBSO), des obligations remboursables en actions (ORA)...

Il faut noter que la préparation financière d'une opération d'acquisition implique une forme de planification qui peut parfois ne pas être possible face à la nécessité de saisir des opportunités à très court terme. Dans ce cas, le choix d'un financement par échange d'actions peut constituer une forme alternative de financement intéressante face à l'absence de ressources financières mobilisables à court terme. L'impact politique de cette décision doit cependant être mesuré avec soin, afin de ne pas prendre le risque de victoire à la Pyrrhus où les actionnaires pivots de l'acquéreur finissent par être contrôlés par ceux de la cible. Pour éviter les expédients financiers à court terme, il est possible de recourir à des techniques spécifiques mises au point en particulier pour répondre aux contraintes de financement à court terme de ces opérations de croissance externe.

3.2 La politique financière au moment de l'opération

La problématique financière au moment de l'opération repose sur la nécessité d'adapter (de manière opportuniste) certaines caractéristiques de la politique financière aux spécificités de l'opération et aux contraintes de financement à court terme. Il est proposé d'aborder cette problématique au travers de deux thèmes :

- **le *bridge financing*** qui consiste à trouver des solutions temporaires de financement avant la recherche de financement plus structurant après l'opération ;
- **le financement mezzanine**, qui consiste à recourir à un endettement subordonné, de manière à gérer les conflits d'intérêts entre les créanciers traditionnels (banques) antérieurs ou non à l'opération qui cherchent à limiter les risques et des investisseurs nouveaux volontaires, pour s'associer à l'opération dans le cadre d'un octroi de prêt, sous réserve d'une rentabilité optimisée.

➤ *Le* bridge financing

Le *bridge financing* est un financement temporaire généralement bancaire qui vise à garantir à temps le paiement de la transaction. Ce financement est le plus souvent obtenu sur la base d'un programme de désengagement d'actifs non stratégiques de la cible. Les fruits de la cession sont alors prévus pour être reversés à l'acquéreur par le biais d'un dividende exceptionnel, devant lui permettre de rembourser à court terme les créanciers qui ont octroyé à l'acquéreur le financement temporaire nécessaire à l'opération. Ce montage comporte néanmoins des limites notamment en France, où il n'est pas possible de garantir un prêt par des actifs de la société cible. Le *bridge financing* peut aussi être soldé par des opérations de refinancement qui consiste à substituer à cette dette bancaire à court terme une créance de plus long terme, dont la structuration nécessite des délais plus importants. Le bridge financing peut aussi être obtenu sur la base d'un plan de désengagement d'actifs non stratégiques de l'acquéreur et non de la cible.

➤ *Le financement mezzanine*

Le financement mezzanine est un financement de risque et de rendement intermédiaire qui se situe entre les fonds propres et les dettes bancaires classiques (G. Fabitius, 1995). Il s'agit d'une dette à long terme, dont le remboursement est subordonné à celui de la dette classique. Dans le langage des praticiens, une dette mezzanine est dite « dette junior », par opposition à la dette bancaire classique qui est appelée « dette senior ». La dette mezzanine reconnaît donc le caractère prioritaire de la dette bancaire classique. Ceci signifie qu'elle n'est remboursée et que ces intérêts ne sont versés qu'après ceux des créanciers seniors. La durée de ces financements est généralement plus longue entre 7 et 15 ans et leur capital n'est remboursé que lorsque celui de la dette junior est éteint. La rémunération d'une dette mezzanine est supérieure à celle de la dette classique. Elle se situe typiquement autour de 20 % par an (plus ou moins 5 % en moyenne). La structuration d'un montage mezzanine peut être très variable. Généralement, on distingue deux types de rémunération :

- un taux d'intérêt supérieur aux taux des dettes bancaires classiques (entre 3 % et 5 % de plus que le taux interbancaire) ;
- une participation aux plus-values futures.

Les supports utilisés pour créer ces financements mezzanine sont divers. Il peut s'agir de comptes courants d'associés bloqués ou de dettes assorties de bons de souscription, d'obligations convertibles, d'obligations à bons de souscription d'actions, d'obligations remboursables en actions... D'un point de vue juridique, le financement mezzanine est organisé par le biais de protocoles et de conventions tri-partites entre la société acquéreur, les créanciers senior et les investisseurs mezzanines.

3.3 La politique financière après l'opération

Comme nous l'avons déjà souligné, la problématique du financement des opérations d'acquisition s'inscrit dans un contexte d'urgence et parfois d'opportunisme qui impliquent souvent le recours à des expédients financiers à court terme. La politique financière après l'opération d'acquisition revêt dès lors toute son importance. Il s'agit en particulier de procéder à des opérations de refinancement qui visent à substituer à des financements d'urgence des financements de plus long terme structurants, s'inscrivant dans le cadre de la politique financière de long terme du nouvel ensemble. La structure financière de la cible doit alors être analysée dans la perspective du nouveau groupe et des désinvestissements d'actifs non stratégiques à venir.

Endettement cible après l'opération
Dette initiale de l'acquéreur
+ Dette initiale de la cible
+ Dette d'acquisition
- Cession d'actifs non stratégiques
= Dette cible du groupe

Ratios cible après l'opération
Dette cible / Fonds propres
Dette cible / (Dette + capitalisation)
Dette cible / EBE

La politique financière après l'opération vise par conséquent à rétablir les grands équilibres financiers du nouvel ensemble. Parmi les mesures qui peuvent être prises, on trouve toute la palette des décisions financières classique qui vont de l'émission d'actions nouvelles à la contractualisation de nouvelles dettes bancaires ou à l'émission de nouvelles obligations. Il est à noter que les opérations de refinancement ou de réajustement de la politique financière du nouvel ensemble doivent être réalisées non seulement dans une optique d'équilibre financier mais aussi d'équilibre du pouvoir et des rapports de force entre actionnaires. Dans le cas du recours à une augmentation de capital, plusieurs techniques peuvent être utilisées pour assurer à la fois l'équilibre financier et la stabilité du pouvoir actionnarial. Si les actionnaires actuels du nouvel ensemble suivent l'augmentation de capital éventuellement décidée, l'exercice de leur droit préférentiel de souscription assure mécaniquement le maintien des équilibres. Dans le cas où cette éventualité n'est pas envisageable, il est possible de recourir à une augmentation de capital réservée destinée à un groupe d'investisseurs amis, seule ou en parallèle d'une augmentation de capital plus large. Cette technique est soumise à des contraintes spécifiques et implique en particulier que les actionnaires actuels renoncent à leur droit préférentiel de souscription. L'augmentation de capital réservé présente cependant de nombreux avantages et permet de restabiliser rapidement les grands équilibres financiers du nouvel ensemble, tout en assurant sa cohésion politique en terme de contrôle actionnarial.

Section 3 ESTIMER LE POTENTIEL DE CRÉATION DE VALEUR

Les critères d'appréciation du potentiel de la création de valeur de l'opération sont multiples. Cependant, il importe de privilégier l'estimation de la création de valeur à partir d'une approche par les flux de trésorerie actualisés (*free cash flow*), de manière à éviter les effets d'optique liés aux effets potentiels de dilution ou de relution de certains critères financiers. Il est ainsi présenté une approche d'évaluation du nouvel ensemble qui permet d'estimer le potentiel de création de valeur de l'opération dans sa globalité.

1 Appréhender les différents critères de la création de valeur

L'estimation de la création de valeur d'une opération de croissance externe peut s'apprécier à partir des mêmes modèles d'évaluation qu'un projet d'investissement traditionnel. Cependant, il faut souligner que l'opération peut profondément modifier les équilibres financiers du nouvel ensemble et qu'il convient alors d'analyser son impact sur les comptes consolidés de l'acquéreur.

1.1 Estimer la valeur actuelle nette de l'opération

L'estimation de la création de valeur d'un investissement est généralement obtenue à partir du calcul de sa valeur actuelle nette (VAN). Un investissement dont la VAN est égale à zéro maintient la valeur de départ. Si la VAN est supérieure à zéro, on parle de création de valeur. Si la VAN est inférieure à zéro on parle de destruction de valeur. L'estimation du potentiel de création de valeur d'une opération de croissance externe s'évalue donc comme tout type de projet d'investissement, à partir du critère de la VAN (simple ou étendue, c'est-à-dire incluant le recours aux techniques d'évaluation par les options réelles). Par conséquent, un projet de croissance externe qui crée de la valeur est un projet dont la VAN est positive.

La VAN d'une opération de croissance externe peut s'écrire comme suit :

$$VAN = \textit{Valeur brute de l'opération} - \textit{Investissement initial}$$

où la valeur brute de l'opération est égale à la valeur de la cible après restructuration et mise en œuvre des synergies et l'investissement initial est égal au prix d'acquisition de la cible.

On peut donc noter :

$$VAN = (V_{cible} + (V_{synergies} - C_{rapprochement})) - P_{transaction}$$

La création de valeur de l'opération est donc liée au prix de la transaction, c'est-à-dire au prix d'achat de la cible. Lors d'une opération de croissance externe, le prix de la transaction est un élément qui se négocie entre les actionnaires de l'acquéreur et ceux du cédant. Négocier le prix d'acquisition (ou de la parité d'échange) revient principalement à négocier le partage, entre l'acquéreur et le cédant, de la valeur actualisée des synergies anticipées. En effet, le prix de la cible se situe toujours dans une fourchette de prix « objectivable » en fonction des synergies anticipées. Le prix minimum, c'est-à-dire le prix en deçà duquel les actionnaires de la cible n'ont pas d'intérêt économique à réaliser l'opération, est ainsi égal à la valeur actuelle de l'entreprise cible évaluée de manière autonome. Le prix d'acquisition maximum, c'est-à-dire le prix au-delà duquel les actionnaires de l'acquéreur n'ont pas d'intérêt économique à entreprendre l'opération, est quant à lui égal à la valeur actuelle de l'entreprise cible augmentée de la valeur des synergies diminuée des coûts liées au rapprochement. On peut ainsi écrire (De Pamphilis, 2001) :

$$P_{transaction} = V_{cible} + (V_{synergies} - C_{rapprochement}) \times \alpha$$

avec :

$P_{transaction}$ le prix de la transaction, V_{cible} la valeur actuelle de la cible en tant qu'entité autonome, $V_{synergies}$ la valeur des synergies anticipées du nouvel ensemble et $C_{rapprochement}$ le coût du rapprochement y compris les coûts de mise en œuvre des synergies. Le coefficient α représente quant à lui le pourcentage des synergies nettes qui revient aux actionnaires de la cible après négociation.

Par conséquent, la formule d'estimation de la création de valeur de l'opération de croissance externe devient :

$$VAN = (V_{cible} + (V_{synergies} - C_{rapprochement})) - (V_{cible} + (V_{synergies} - C_{rapprochement}) \times \alpha)$$

Soit :

$$VAN = (V_{synergies} - C_{rapprochement}) \times (1 - \alpha)$$

- **Concernant le coefficient α**, on note que si $\alpha = 1$, c'est-à-dire si 100 % de la valeur des synergies nettes anticipées vont aux actionnaires la cible, l'opération ne crée pas de valeur. Si l'on négocie $\alpha < 1$, l'opération crée de la valeur. En revanche, si l'on a $\alpha > 1$, alors l'opération de croissance externe envisagée détruit de la valeur pour les actionnaires de l'acquéreur. La création de valeur est donc subordonnée à la réalisation de synergies nettes à valeur positive et à un partage équitable de ces synergies entre les actionnaires de la cible et ceux de l'acquéreur. Il faut souligner que si la notion de synergies est utile d'un point de vue du calcul (elle regroupe l'ensemble de la valeur supplémentaire générée par le regroupement), elle recouvre en réalité de nombreuses formes (voir chapitre 2).
- **Concernant la valeur des synergies** ($V_{synergies}$), il importe de réaliser une analyse fine des formes de synergies potentielles. Il peut s'agir de synergies de croissance liée à l'augmentation du chiffre d'affaires des activités actuelles de l'acquéreur ou de la cible[1]. Il peut aussi s'agir de synergies de coûts liés à la rationalisation de certaines fonctions ou à des effets d'échelle issus du regroupement

1. Il faut noter l'existence de deux autres formes de synergies potentielle dans une opération de croissance externe : la création d'activité nouvelle conjointe et l'augmentation de la flexibilité du nouvel ensemble. Ces deux formes de synergies sont toutes les deux liées à des valeurs d'options. La première relève des options dites de croissance, la seconde des options dite de flexibilité. L'utilisation de modèles d'évaluation utilisant les techniques d'options réelles peuvent alors être mise en œuvre efficacement. L'existence d'options réelles peut ainsi augmenter de manière significative la valeur globale de l'opération. Souvent, des opérations qui apparaissent non justifiées sur le plan économique au regard du critère de la VAN simple peuvent être en réalité tout à fait justifiées si l'on estime la création de valeur en intégrant les options de croissance et les options de flexibilité.

physique de certaines unités de production. L'opération peut aussi engendrer des synergies financières et plus particulièrement des synergies fiscales. Au moment de l'évaluation, il importe de définir avec précision les sources de synergies après l'acquisition ou la fusion ainsi que les coûts liés à leurs mises en œuvre. Cette étape est particulièrement sensible. Souvent, on constate de nombreuses « synergies » prises en compte dans les évaluations qui se révèlent être des « synergies théoriques », c'est-à-dire intellectualisées mais sans concrétisations pratiques pouvant se traduire dans les flux de trésorerie futurs. Il faut ainsi noter qu'il n'y a de synergies que si ces dernières affectent d'une manière ou d'une autre les flux de trésorerie futurs du nouvel ensemble (sous la forme d'économies de coûts ou de chiffre d'affaires supplémentaire). Pour illustrer la difficulté d'appréhender concrètement les synergies potentielles, on peut citer, à titre d'exemple, les difficultés voire l'impossibilité de rapprocher deux réseaux de commercialisation qui abordent le même marché mais dont les images et les positionnements sont fondamentalement différents. De même, une unité de production, spécialisée dans la réalisation de produits à faible volume mais à forte valeur ajoutée, peut ne pas pouvoir être rapprochée efficacement d'une unité de production spécialisée à l'inverse dans la production à fort volume mais de faible valeur ajoutée.

- **Concernant les coûts associés au rapprochement** ($C_{rapprochement}$), il faut souligner que deux principaux types de coûts doivent être pris en compte : les coûts directs (coûts liés au rapprochement physique, coûts juridiques et fiscaux…) et les coûts indirects (diminution momentanée de la productivité et de la qualité, perte de motivation et de savoir-faire du personnel…).

Il importe par conséquent d'analyser au mieux l'ensemble de ces paramètres pour estimer de manière correcte la valeur des synergies nettes anticipées. En particulier, la réalisation d'un audit d'acquisition stratégique doit permettre de valider les hypothèses sous-jacentes au calcul de la valeur des synergies anticipées (voir section 4 de ce chapitre) et de s'assurer de la possibilité effective de mettre en œuvre les synergies prévues. Sur le plan du principe, l'évaluation d'une opération de croissance externe procède des mêmes logiques que l'évaluation d'un projet d'investissement plus classique. Cependant, il importe de ne pas oublier sa caractéristique essentielle qui consiste à créer un nouvel ensemble économique qui doit être jugé dans sa globalité.

1.2 Analyser l'impact de l'opération sur les critères clés d'évaluation du nouvel ensemble

Si le potentiel de création de valeur peut être apprécié à partir du critère de la VAN, il n'en reste pas moins que l'acheteur en réalisant l'opération n'acquière pas uniquement la valeur nette de la cible augmentée des synergies mais devient aussi responsable de l'ensemble des dettes et des actifs préexistants au sein de la cible. Il convient dès lors de bien prendre en compte l'impact réel de l'opération sur les différents paramètres financiers du nouvel ensemble. Or, la réalisation d'une opération de croissance externe modifie souvent profondément l'aspect comptable et donc la lecture financière que l'on peut faire du nouvel ensemble. Il importe des lors de comprendre :

– la portée des critères clés d'évaluation appliqués au nouvel ensemble,

– les pièges à éviter.

➤ *La portée des critères clés d'évaluation appliqués au nouvel ensemble*

Parmi les critères les plus souvent utilisés pour estimer le potentiel de création de valeur du nouvel ensemble, on retrouve les critères traditionnels de rentabilité que sont le price earning ratio (PER), le bénéfice par action (BPA), le ratio de rentabilité économique, les multiples d'EBIT ou d'EBITDA… ainsi que les ratios d'endettement traditionnels (taux d'endettement, les ratios de liquidités…). L'utilisation de ces critères est essentielle pour évaluer l'impact de l'opération sur l'équilibre économique et financier du nouvel ensemble. En particulier, ce type d'analyse permet de s'assurer que l'opération ne va pas amener l'acquéreur à contrevenir à un covenant bancaire l'obligeant à respecter certains ratios d'endettement. Ce point est particulièrement important. Comme nous l'avons déjà souligné, un dépassement du ratio d'endettement du nouvel ensemble peut en effet entraîner le remboursement anticipé de certaines dettes et remettre en cause l'équilibre financier global de l'opération (A. Douhane, J-M. Rocchi, 1997).

➤ *Les pièges à éviter*

Il faut cependant se garder de juger du potentiel de création de valeur d'une opération à la simple lecture d'une dégradation d'un des indicateurs clés. Ainsi une opération qui engendre une baisse du bénéfice par action ou qui diminue la rentabilité économique moyenne du nouvel ensemble ne détruit pas systématiquement de la valeur. À l'inverse, une opération qui a pour effet d'augmenter l'un des critères ne crée pas forcément de la valeur. De même, certains critères valables pour l'acquéreur avant l'opération ne sont plus forcément valables pour le nouvel ensemble après l'opération.

Pour ne pas avoir pris en compte cette logique économique, certains promoteurs d'opérations de fusions-acquisitions sont ainsi tombés dans ce que l'on appelle désormais le piège de la « chaîne magique » (Vernimmen, Dalloz, 1994). La « chaîne magique » consistait pour une entreprise bénéficiant d'un PER élevé d'acquérir une entreprise caractérisée par un PER plus faible puis à évaluer le nouvel ensemble sur la base du PER initial de l'acquéreur. Il y avait donc une forme de création de valeur « magique » liée à la simple création d'une filiation entre l'acquéreur et la cible. Naturellement, une telle manière de procéder ne tient pas face à une analyse économique plus rationnelle de l'opération. L'utilisation d'un PER équivalent ne peut en effet se justifier que si l'acquéreur permet à la cible d'augmenter son taux de croissance de manière significative. Si l'acquéreur n'a pas la capacité de dynamiser la cible de manière satisfaisante, le PER moyen à appliquer au nouvel ensemble se situe entre le PER initial de l'acquéreur et le PER préalable de la cible.

En conclusion, seule une analyse fondée sur les flux de trésorerie futurs permet d'appréhender véritablement les mécanismes de création de valeur de l'opération. De manière à pouvoir associer les avantages de l'évaluation par les flux de trésorerie et ceux d'une analyse globale de l'opération au niveau du nouvel ensemble, il est présenter ci-après l'une des approches les plus usitées en matière d'évaluation du potentiel de la création de valeur d'une opération de fusion-acquisition. Cette approche consiste à estimer la valeur d'une action de la société acquéreur avant l'opération et à comparer cette valeur avec celle d'une action du nouvel ensemble.

2 Estimer la valeur potentielle du nouvel ensemble

L'approche présentée ci-après vise à estimer le potentiel de création de valeur d'une opération de croissance externe, en se concentrant sur la valeur économique d'une action de l'acquéreur avant et après l'opération. Cette approche implique par conséquent d'estimer la valeur du nouvel ensemble après l'opération, de diviser cette valeur par le nombre d'actions (y compris les éventuelles nouvelles actions émises pour financer l'opération) et de comparer la valeur ainsi obtenue avec la valeur d'une action de l'acquéreur avant l'opération[1]. Les avantages de cette approche sont multiples. Elle permet d'estimer l'opération dans sa globalité en évaluant le nouvel ensemble après l'opération. Elle permet en outre de tenir compte de l'impact du mode de financement de l'opération sur le coût du capital, la répartition du pouvoir en cas d'augmentation de capital, et l'équilibre financier global du nouvel ensemble en cas de recours à de l'endettement supplémentaire. L'approche proposée comprend trois étapes :

1. Estimation de la valeur de la société acquéreur avant l'opération
2. Choix d'une modalité de financement
3. Estimation de la valeur du nouvel ensemble

➤ *Estimation de la valeur de la société acquéreur avant l'opération*

La valeur de la société acquéreur avant l'opération est égale à la valeur actuelle de ses flux de trésorerie futurs[2] diminuée des dettes financières nettes plus la valeur actuelle des actifs hors exploitation. La valeur des actifs hors exploitation peut comprendre des titres de participations dans des sociétés non stratégiques, des titres

1. R. Derrien, « Évaluation par action avant et après une opération de croissance externe », Analyse financière, Mars 1999, n°118, p.67-76.
2. T. Copeland, T. Koller, J. Murrin, « La stratégie de la valeur», Interéditions, 1991.

de placement ou des réserves de trésorerie non nécessaires au financement de l'exploitation. On note ainsi :

$$V_{acquéreur} = V_{f_1}^{acquéreur} - D_{acquéreur} + V_{Actif\ hors\ exploitation}^{acquéreur}$$

avec :

$V_{acquéreur}$ la valeur de la société acquéreur avant l'opération, $V_{f_1}^{acquéreur}$ la valeur actuelle des flux de trésorerie générés par l'exploitation de la société acquéreur, $D_{acquéreur}$ la dette financière nette de l'acquéreur et $V_{Actif\ hors\ exploitation}^{acquéreur}$ la valeur des actifs hors exploitation de l'acquéreur. La valeur $V_{f_1}^{acquéreur}$ est estimée à partir de la méthode des free cash flow présentée au cours du chapitre 5.

Si l'on note $N_{acquéreur}$ le nombre d'actions de la société acquéreur, la valeur économique d'une action de la société acquéreur, notée $Action_{acquéreur}$ est alors égal à :

$$Action_{acquéreur} = \frac{V_{acquéreur}}{N_{acquéreur}}$$

Si l'on note $Action_{nouvel\ ensemble}$ la valeur d'une action du nouvel ensemble, on peut alors apprécier le potentiel de création de valeur de l'opération de croissance externe, en comparant les deux valeurs. Si l'on trouve la relation : $Action_{nouvel\ ensemble} > Action_{acquéreur}$, alors l'opération est créatrice de valeur pour les anciens actionnaires de l'acquéreur. Dans le cas contraire, c'est-à-dire si l'on trouve la relation : $Action_{nouvel\ ensemble} < Action_{acquéreur}$, alors l'opération est destructrice de valeur.

➤ *Choix d'une modalité de financement*

Comme nous l'avons déjà indiqué, une opération de croissance externe peut être financée par de la trésorerie et/ou par l'émission de nouvelles actions. En cas de financement par de la trésorerie, celle-ci peut provenir soit de fonds déjà disponibles ou mobilisables chez l'acquéreur (au sein de $V_{Actif\ hors\ exploitation}^{acquéreur}$), soit d'une nouvelle dette contractée spécifiquement par l'acquéreur pour financer l'opération (notée $D_{opération}$). L'émission de nouvelles actions peut être réalisée préalablement à l'opération, être liée à une acquisition par échange d'action ou réalisée dans le cadre d'une fusion. Dans ce cas, le nombre d'actions du nouvel ensemble comprend les actions initiales de l'acquéreur ($N_{acquéreur}$) et les nouvelles actions émises pour financer l'opération (*NA*). En cas d'augmentation de l'endettement, il convient naturellement d'ajuster le coût moyen pondéré du capital à appliquer pour estimer la valeur des actifs de la cible. Il faut cependant s'assurer que les intérêts de la dette contractée au niveau de la société mère pour financer l'acquisition de la cible puissent faire l'objet d'une véritable déductibilité fiscale. Dans le cas inverse, il est préférable d'utiliser la méthode de la Valeur Actuelle Rajustée plutôt que celle du coût moyen pondéré du capital (Myers, 1974).

➤ *Estimation de la valeur du nouvel ensemble*

La valeur du nouvel ensemble est égale à la somme de la valeur de la société initiatrice et de la valeur de la société cible, augmentée des synergies nettes diminué des décaissements éventuels de trésorerie ou de la dette spécifique à l'opération (en cas d'augmentation de l'endettement). On distingue ainsi trois configurations types (De Pamphilis, 2001) :

- ***L'acquisition de la cible est financée par de la trésorerie disponible***

Si l'on note $P_{transaction}$ le prix de l'acquisition payée par de la trésorerie disponible ou mobilisable au sein de l'acquéreur, la valeur du nouvel ensemble pour ses actionnaires peut s'écrire :

$$V_{nouvel\ ensemble} = V_{cible} - P_{transaction} + (V_{cible} + (V_{synergies} - C_{rapprochement}))$$

En développant l'équation on peut écrire :

$$V_{nouvel\ ensemble} = V_{f_1}^{acquéreur} - D_{acquéreur} + (V_{Actif\ hors\ exploitation}^{acquéreur} - P_{transaction})$$
$$+ (V_{cible} + (V_{synergies} - C_{rapprochement}))$$

avec $V_{cible} = V_{f_1}^{cible} - D_{cible} + V_{Actif\ hors\ exploitation}^{cible}$

et $V_{f_1}^{cible}$ la valeur actuelle des flux de trésorerie générés par l'exploitation de la société cible, D_{cible} la dette financière nette de la cible et $V_{Actif\ hors\ exploitation}^{cible}$ la valeur des actifs hors exploitation de la cible.

La valeur d'une action du nouvel ensemble est alors égale à :

$$Action_{nouvel\ ensemble} = \frac{V_{nouvel\ ensemble}}{N_{acquéreur}}$$

- ***L'acquisition de la cible est financée par de la dette***

Si l'on note $D_{opération}$ la dette spécifique contractée par l'acquéreur pour financer l'opération, la valeur du nouvel ensemble s'écrit :

$$V_{nouvel\ ensemble} = V_{acquéreur} - D_{opération} + (V_{cible} + (V_{synergies} - C_{rapprochement}))$$

En développant l'équation on peut écrire :

$$V_{nouvel\ ensemble} = V_{f_1}^{acquéreur} - D_{acquéreur} + V_{Actif\ hors\ exploitation}^{acquéreur}$$

$$+ (V_{f_1}^{cible} - (D_{cible} + D_{opération}) + V_{Actif\ hors\ exploitation}^{cible} + (V_{synergies} - C_{rapprochement}))$$

Si juridiquement la dette spécifique liée au financement de l'opération ($D_{opération}$) est contractée par l'acquéreur, économiquement, elle est associée à la valeur de la cible. Ceci explique pourquoi il faut ajuster le coût du capital de la cible et non celui de l'acquéreur. Comme nous l'avons souligné précédemment, il faut cependant s'assurer de la possibilité de la déductibilité des intérêts de la dette. Dans le cas où cela n'est pas avéré, il faut tenir compte du sens économique de l'opération pour procéder aux ajustements nécessaires (et non le sens juridique).

La valeur d'une action du nouvel ensemble est alors égale donnée par la relation suivante :

$$Action_{nouvel\ ensemble} = \frac{V_{nouvel\ ensemble}}{N_{acquéreur}}$$

- ***L'acquisition de la cible est financée par l'émission d'actions nouvelles ou le rapprochement est réalisé dans le cadre d'une fusion***

Nous traitons ci-après du cas de l'acquisition d'une cible financée par émission d'actions. Dans le cas d'une fusion, les principes économiques sont identiques. En termes d'écritures, il suffit de remplacer « acquéreur » par « absorbant » et « cible » par « absorbée ».

La valeur économique du nouvel ensemble, s'écrit alors :

$$V_{nouvel\ ensemble} = V_{acquéreur} + (V_{cible} + (V_{synergies} - C_{rapprochement}))$$

En développant l'équation on peut écrire :

$$V_{nouvel\ ensemble} = V_{f_1}^{acquéreur} - D_{acquéreur} + V_{Actif\ hors\ exploitation}^{acquéreur}$$

$$+ (V_{f_1}^{cible} - D_{cible} + V_{Actif\ hors\ exploitation}^{cible} + (V_{synergies} - C_{rapprochement}))$$

La valeur d'une action du nouvel ensemble est alors égale donnée par la relation suivante :

$$Action_{nouvel\ ensemble} = \frac{V_{nouvel\ ensemble}}{N_{acquéreur} + NA}$$

où NA indique le nombre d'actions nouvelles émises par l'acquéreur pour financer l'acquisition de la cible (sous réserve que les actions émises aient les mêmes caractéristiques que les actions initiales de l'acquéreur).

En conclusion, cette approche d'évaluation permet d'estimer le potentiel de création de valeur d'une opération en la réinsérant dans sa globalité. Les projections financières nécessaires à l'évaluation des différentes composantes de la valeur du nouvel ensemble permettent en outre de reconstituer des projections de comptes consolidés et d'estimer les ratios clés du nouvel ensemble après l'opération. Pour une étude plus détaillée des mécanismes d'évaluation, on peut se reporter à l'étude de cas, présentée en fin d'ouvrage, portant sur l'évaluation financière d'une acquisition par échange d'actions.

Section 4 ÉVALUER ET GÉRER LES RISQUES DE L'OPÉRATION

Les opérations de fusions-acquisitions présentent des risques spécifiques liés notamment aux asymétries d'information existantes entre le vendeur et l'acheteur. Il est par conséquent nécessaire avant de finaliser la transaction d'évaluer et de gérer ces risques, notamment pour l'acquéreur. Les méthodes employées consistent à mener des investigations ciblées au sein de la cible, sous la forme d'audits d'acquisition et de l'examen par l'acquéreur de documents fournis par le vendeur en salle d'informations *(data room)*. La finalité des investigations menées est alors de vérifier d'une part l'existence et la nature des actifs cédés, et d'autre part de quantifier les risques, tant sur les actifs identifiés que sur les éléments de passifs, existants ou potentiels.

Cette étape intervient le plus souvent à la suite de la rédaction de la lettre d'intention. Elle doit permettre de vérifier point par point les hypothèses qui ont servi de base à l'estimation et à la proposition d'une fourchette de prix. Elle doit aussi permettre à l'acquéreur de valider ses scénarios d'intégration et de valorisation en vérifiant si les synergies anticipées tant de croissance que de coût vont réellement pouvoir être mises en œuvre. *In fine*, les audits d'acquisitions et autres investigations vont aboutir à :

- une validation ou une révision du prix d'achat ou de la parité d'échange de la cible ;
- la rédaction de convention de garanties de valeur ou de passif et/ou d'actif, destinée à protéger l'acheteur contre la réalisation de risques ou passifs prenant leur origine antérieurement à la cession.

1 S'assurer de la faisabilité de la transaction

La première vérification à réaliser après la rédaction d'une lettre d'intention concerne la détention des titres, actions ou parts sociales. Il s'agit de s'assurer que le cédant possède bien les titres qu'il souhaite vendre et que ces derniers ne sont pas grevés d'un empêchement quelconque (sûreté, nantissement…). Il importe ensuite de s'assurer qu'il n'existe pas d'autres détenteurs de titres du fait d'une augmentation de capital récente ou du fait d'emprunts obligataires donnant accès au capital : obligations convertibles, obligations à bons de souscription d'actions… L'examen de ces points doit permettre de s'assurer de l'identité des actionnaires actuels et potentiels de l'entreprise. Il s'agit de savoir avec précision si les actions ou parts sociales peuvent être cédées, et si les titres cédés suffisent à obtenir la majorité et si la majorité ainsi acquise ne va pas être diluée par l'exercice potentiel d'obligations convertibles ou autres titres permettant de souscrire au capital de la cible. Il faut aussi s'assurer que la société cible n'a pas émis de parts bénéficiaires ou de parts de fondateurs. Il importe aussi de vérifier si le cédant n'est pas contraint par l'existence d'un pacte d'actionnaires et de conventions de vote. Dans tous les cas, l'examen attentif des statuts est nécessaire, pour repérer les éventuelles clauses d'agrément qui pourraient empêcher l'accès au capital.

Il est par ailleurs indispensable de mener les mêmes investigations au niveau des filiales de la société cible si elles existent. En particulier, il est nécessaire de se procurer l'organigramme juridique de la cible avec la liste de toutes les filiales, le montant des participations et le statut juridique des sociétés concernées. Une attention toute particulière devra être portée aux sociétés filiales dont le statut implique une responsabilité indéfinie, solidaire ou non, comme par exemple des sociétés en nom collectif ou des groupements d'intérêt économique. Il faut ensuite s'assurer que les filiales qui détiennent des actifs clés du groupe (brevet, marque…) sont bien détenues de plein droit par la société mère, qu'il n'existe pas de minorité de blocage, de pacte d'actionnaires ou de conventions de vote qui pourraient venir limiter la marge de manœuvre du futur acquéreur et par là même sa capacité à rentabiliser son investissement.

2 Examiner les actifs et passifs : les audits d'acquisition

En France, les audits d'acquisition (*due diligence*) ne sont pas obligatoires comme c'est le cas aux États-Unis. Dans la pratique, la plupart des opérations d'acquisition ou de fusion réalisées ont fait l'objet d'un audit plus ou moins approfondi. La réalisation d'un audit d'acquisition comporte souvent une procédure particulière de mise à disposition par le vendeur de documents concernant la cible dans une salle d'information ou de *data room* qui permet à l'acquéreur de vérifier rapidement un certain nombre d'informations en un minimum de temps. L'utilisation de cette procédure n'est cependant pas sans poser de problèmes, notamment dans le cas des entreprises cotées.

2.1 Les procédures d'audit d'acquisition

En l'absence de normes et de réglementation, c'est le commanditaire de l'audit qui en fixe le périmètre et les points critiques à investiguer. On distingue dans la pratique trois types d'audits d'acquisition :

– ***les audits comptables et financiers*** sont presque systématiquement menés. Ces audits visent à garantir l'existence et les montants des différents postes du bilan ;
– ***les audits d'évaluation des risques*** se centrent sur des domaines d'investigation extra-comptables représentant des zones de risques identifiés à l'avance, comme le respect des normes environnementales, les risques juridiques liés à la nature des contrats, les risques humains liés à la présence d'hommes clés… ;
– ***les audits stratégiques***, plus rarement menés, visent à quantifier les synergies possibles entre l'acquéreur et le cédant (synergies de croissance et synergies de coûts) et cherchent à établir un diagnostic de la cible en termes de positionnement concurrentiel, de pérennité et de potentiel de développement.

➤ *L'audit comptable et financier*

Il s'agit de prendre connaissance de la réalité des pratiques comptables de l'entreprise, afin de s'assurer que les comptes annuels sont réguliers, sincères et qu'ils donnent une image fidèle du patrimoine de l'entreprise, de sa situation financière et du résultat de l'entreprise. Dans le cas où la cible constitue un groupe et qu'elle présente des comptes consolidés, il importe de bien comprendre les mécanismes de construction des comptes consolidés. En particulier, les risques liés aux pratiques de déconsolidation de filiales visant notamment à sortir des dettes du bilan consolidé doivent être analysés avec précaution ainsi que tous les engagements hors bilan de la société cible. L'audit comptable et financier devra en outre se pencher sur les postes clés pour la valorisation de la cible comme les capitaux propres, le résultat d'exploitation et les différents éléments entrant dans l'estimation du flux de trésorerie et du résultat net, et notamment les dotations aux amortissements et aux provisions. Les éléments significatifs de la structure des coûts doivent aussi être approfondis. En général, les frais de personnel représentent une part importante des coûts (après l'achat des matières premières ou des marchandises). Une analyse poussée des contrats de travail est souvent utile. Il est d'usage de se faire communiquer les contrats de travail ou lettres d'embauche des salariés ayant une rémunération supérieure à un seuil fixé par l'acquéreur. De même, il est indispensable d'examiner les avantages complémentaires comme les plans de retraite, les plans d'intéressement, les primes… Il importe également de disposer d'une liste récapitulative de tous les salariés et mandataires sociaux incluant leur date d'embauche, et le montant annuel de leur rémunération, prime et avantages en nature compris. Enfin, certains postes de bilans, traditionnellement sensibles devront être inspectés avec soin. À titre d'exemple on peut noter les postes suivants :

– ***actifs incorporels*** : il peut être essentiel de vérifier si certains actifs incorporels inscrits au bilan correspondent à des éléments valorisables, soit en termes de revente, soit en termes d'exploitation. En particulier, en ce qui concerne les brevets et les marques, il est primordial de s'assurer qu'ils ont bien été déposés auprès des instances compétentes et qu'ils ont fait l'objet des publicités légales nécessaires ;

- ***comptes clients*** : ils doivent faire l'objet d'une étude approfondie et plus particulièrement le compte « clients douteux et litigieux ». Il s'agit de vérifier si les créances clients sont normalement recouvrables dans des délais raisonnables. Une dégradation rapide de ces comptes peut en effet entraîner une augmentation soudaine du besoin en fonds de roulement et par conséquent des besoins de financement à court terme pas forcément anticipés au moment de l'acquisition ;
- ***comptes de stocks*** : l'analyse de l'état du stock est un point important notamment pour les entreprises industrielles ou commerciales (moins pour les entreprises de services). En cas de dépréciation du stock, l'acquéreur devra en effet passer des provisions qui peuvent engendrer une dégradation rapide de la rentabilité de la cible ;
- ***comptes de provisions pour risques et charges*** : il s'agit notamment de vérifier si les risques encourus par l'entreprise ont bien été provisionnés. En particulier, il doit être demandé la liste de tous les litiges ou procès en cours ou potentiels ainsi que les conflits potentiels avec les salariés pouvant déboucher sur un procès aux prud'hommes. De même, l'existence de situations précontentieuses avec des fournisseurs ou des clients doit être prise en compte. Dans le même esprit, il faut s'assurer que la cible respecte les dispositions législatives, réglementaires… dans tous les domaines et n'est pas exposée à des sanctions administratives ou pénales.

L'audit comptable et financier constitue l'élément fondamental des audits d'acquisitions. Il garantit à l'acquéreur l'exactitude des comptes de la société achetée et permet d'identifier certaines zones de risques. Il importe souvent de compléter ce premier audit par un audit centré sur l'évaluation des risques proprement dite.

➤ *L'audit d'évaluation des risques*

Les sources de risques auxquels sont exposés une entreprise sont multiples et variées et il est presque impossible d'en donner une liste exhaustive. Une société commerciale sera ainsi fortement exposée aux risques liés à la gestion de son réseau commercial, à son système de distribution… Une société industrielle pourra être exposé à des risques liés au non respect des normes environnementales, à des engagements de réhabilitation de sites pollués entraînant des coûts importants… Une société de services aura tendance à être dépendante d'hommes clés, des compétences de certains personnels… Le champ des risques potentiels apparaît ainsi extrêmement large. Seule une réflexion au cas par cas en fonction de la cible peut amener l'acquéreur à mandater l'équipe d'audit, pour investiguer en priorité tel ou tel aspect. D'une manière très générale, on peut souligner l'importance et la fréquence de trois types de risques qu'il convient dans la plupart des cas d'évaluer en amont de la transaction :

- les risques juridiques liés à la nature des contrats clés ;
- les risques liés aux ressources humaines ;
- les risques liés à la situation environnementale de la cible.

- ***Les risques juridiques liés à la nature des contrats clés***

De manière à cerner ce type de risques il convient de se faire communiquer l'ensemble des contrats qui engagent la société de manière significative au-delà de la date prévue pour la cession éventuelle des actions de la société cible. Il s'agit d'analyser tous les contrats qui conditionnent de manière importante le potentiel de création de valeur de la cible. En particulier, il faut s'assurer d'une part que ce potentiel de création de valeur est bien garanti dans le temps et d'autre part que le changement de contrôle ne va pas remettre en cause certains contrats. À titre d'exemples, on peut citer les contrats clés suivants :

- ***les baux commerciaux*** : si la société cible est locataire de locaux commerciaux aux termes d'un contrat de bail, il faut s'assurer de la régularité du contrat et de l'absence de demande de résiliation, résolution ou congé. L'acquéreur doit en outre faire les démarches nécessaires au renouvellement du contrat de bail. Ce point est essentiel si la société cible est une société commerciale et si elle possède des antennes commerciales, des succursales ou si elle exploite un réseau de commercialisation, de concession ou de franchise. Il convient en outre de vérifier si ces contrats ne contiennent pas de clauses de changement de contrôle ; faute de quoi, il faudra introduire des conditions suspensives dans le protocole d'accords et procéder à des demandes d'autorisation auprès des acteurs concernés avant la signature définitive du contrat d'acquisition de la cible ;
- ***les immeubles et crédit-bail immobilier*** : si la société a signé des contrats de crédit-bail immobilier, il est nécessaire de vérifier la régularité de ces contrats et d'inspecter la nature des clauses existantes. De même, si des biens immobiliers figurent à l'actif du bilan, il importe de vérifier que la société cible possède tous les actes d'achat et que ces derniers ont bien été transmis au bureau des hypothèques. Si les terrains inscrits à l'actif du bilan sont valorisés comme des terrains constructibles (en vue de la construction d'une nouvelle usine par exemple), il est essentiel de vérifier si les permis de construire ont bien été obtenus auprès des municipalités concernées. Il conviendra par ailleurs au moment de la négociation des garanties de passif de s'assurer que le cédant n'a pas signé de promesses de vente qui engage la société cible après la cession ;
- ***les prêts bancaires*** : en matière de prêts, il importe de vérifier s'il existe ou non des covenants bancaires. Un covenant est une clause qui entraîne le remboursement anticipé du prêt en cas de non respect de certains critères qui peuvent être financiers ou liés au changement de contrôle. Il faut alors vérifier d'une part si la politique financière prévue du nouvel ensemble est compatible avec les critères des covenants bancaires existants et d'autre part en cas de clause de changement de contrôle si les organismes bancaires concernés donnent leur aval à l'opération.

Il est naturellement impossible de lister l'ensemble des contrats clés possibles. Il importe par conséquent de demander à l'entreprise cible au moment des audits d'acquisition de transmettre aux auditeurs les contrats qui engagent la société de manière substantielle et de négocier ensuite une clause dans la convention de garantie de passif qui stipule que la société a bien transmis ces contrats et de faire figurer les dits contrats en annexe de la convention.

• ***Les risques liés aux ressources humaines***

Les risques relatifs aux ressources humaines sont de nature un peu différente des risques précédents, bien qu'associés aussi à un type de contrat. En effet, il s'agit de pouvoir gérer les situations où une partie importante de la valeur ajoutée à court terme de l'entreprise cible dépend d'un ou plusieurs hommes clés au sein de l'entreprise ou qu'une partie des habilitations nécessaires dépendent de la qualification et de la formation homologuée de certains personnels (exemple, dans le secteur de la pharmacie). Il est donc essentiel de bien identifier ces hommes ou compétences clés et de s'assurer que l'opération d'acquisition ne va pas engendrer leur départ ou leur dégradation. Il faut ainsi vérifier que les personnes considérées peuvent s'engager à demeurer dans l'entreprise cible après l'acquisition et que les compétences et les habilitations requises existent. Il est aussi souhaitable de négocier des engagements spécifiques avec certains hommes clés, préalablement à la signature du contrat d'acquisition.

• ***Les risques liés à la situation environnementale de la cible***

La question de la situation environnementale de la cible et des risques et passifs concomitants est un point essentiel de toute opération d'acquisition notamment lorsque la société achetée exerce des activités industrielles. Le durcissement des réglementations dans ce domaine, l'émergence de nouveau paradigme comme la notion de développement durable, l'affirmation de plus en plus marquée du principe de précaution et la mise en cause de plus en plus fréquente de la responsabilité des entreprises dans ce domaine peuvent avoir des implications financières lourdes. Les conséquences peuvent être multiples et prendre la forme de sanctions administratives ou pénales telles que des amendes en cas de non respect de certaines réglementations mais également de décision de fermeture de certains sites de production ou d'exclusion de la part de certains clients ou donneurs d'ordres. Il importe ainsi de vérifier les certifications demandées par les principaux clients de l'entreprise, aujourd'hui et à court terme, de s'assurer que la société cible possède bien ces certifications et qu'elle a mis en place les moyens nécessaires pour les conserver. Ces certifications, plus classiques dans la qualité avec les normes ISO 9000, se développent dans le domaine de l'environnement avec l'émergence des normes ISO 14000 et de la certification EMAS au niveau européen (*Environnemental Management et Auditing Scheme*). Un audit environnemental complet peut être nécessaire, notamment dans le cas où l'acquisition de la cible implique des transferts de sites industriels ou l'achat de terrains potentiellement pollués. Cet audit est indispensable dans le contexte de la rédaction des clauses environnementales au moment de la négociation des conventions de garanties entre le vendeur et l'acquéreur. Le recours à des équipes de consultants techniques et à des cabinets d'avocats spécialisés dans ces domaines est souvent un passage obligé pour se prémunir contre des risques dont les conséquences peuvent être dramatiques et remettre en cause non seulement l'intérêt de l'opération mais fragiliser le nouveau groupe dans son ensemble.

➤ *L'audit stratégique*

L'audit stratégique est le plus négligé des audits d'acquisition. Il est pourtant celui qui peut s'avérer le plus rentable et le plus essentiel, notamment dans la quantification des synergies potentielles, l'évaluation des coûts de restructuration et l'estimation du potentiel de développement et de pérennité de la cible. L'audit stratégique est le seul qui permet véritablement de vérifier les hypothèses des scénarios d'intégration de la cible qui ont été élaborés pour estimer le potentiel de création de valeur de l'opération et donc définir la fourchette de prix de l'acquisition ou la parité d'échange correspondante.

• *L'approche industrielle et organisationnelle de la cible*

L'objectif de cet audit est d'évaluer le potentiel industriel et/ou organisationnel de la cible. En particulier, il s'agit de vérifier le niveau technologique des équipements, la qualité des infrastructures, la réalité de la productivité interne et la qualité des savoir-faire et compétences du personnel. En outre, ces audits peuvent mettre en évidence certains facteurs de risques liés à l'organisation (risques culturels, risques liés à la présence de personnel clé…) et des sources potentielles d'amélioration qui permettront de créer de la valeur une fois la cible acquise. Il s'agit enfin d'assurer des possibilités de réaliser les synergies prévues sur le plan théorique, et en particulier les synergies de coûts liés à la possibilité de bénéficier d'effet d'échelle ou de mutualisation de moyens (en regroupant certaines unités notamment fonctionnelle et en limitant les doublons). Enfin, il importe à ce niveau d'évaluer le potentiel de développement en commun lorsque l'une des motivations de l'opération consistait à co-développer avec la cible de nouvelles technologies ou de nouveaux produits. La complémentarité des équipes de recherche et d'ingénieurs, tant en termes techniques que culturelles doivent être analysées avec soin. Il s'agit ici de pouvoir estimer non seulement la faisabilité des co-développements prévus mais aussi les délais nécessaires à leur mise en œuvre. Il faut rappeler ici que les synergies théoriques ont toujours tendance à être surévaluées et que les problèmes humains et culturels associés à leurs mises en œuvre sont souvent ignorés ou sous-estimés (voir chapitres 7 et 8).

• *L'approche du potentiel commercial de la cible*

L'audit commercial vise à s'assurer du potentiel de chiffre d'affaires que représente la cible. Il importe notamment de prendre connaissance de la répartition du chiffre d'affaires en fonction des produits et des clients, afin d'estimer le degré de dépendance commerciale de l'entreprise. Lorsque la cible est une société de petite taille, il faut vérifier que l'essentiel du chiffre d'affaires n'est pas lié à un client important ou à un seul produit. Si c'est le cas, il faut s'assurer de la pérennité de la relation commerciale après l'opération. De même, l'analyse du cycle de vie du ou des produits vedettes est indispensable pour se garantir contre l'achat à un prix trop élevé d'une gamme vieillissante, dont les taux de croissance ne peuvent que stagner ou baisser. Enfin, les synergies commerciales sont généralement étudiées à ce niveau. Il est d'usage notamment de s'interroger sur les possibilités de démultiplication des ventes du fait des spécificités des différents réseaux commerciaux de l'acquéreur et de la cible (spécificité géographique, par segment de clients… ainsi que les possibilités d'élargissement d'offres et d'augmentation de la valeur ajoutée finale offerte aux clients du nouvel ensemble.

• ***L'audit des coûts de restructuration***

Il s'agit d'établir le coût potentiel des restructurations envisagées dans les différents scénarios d'intégration de la cible et dans la mise en œuvre de telles ou telles synergies. Une attention toute particulière doit être portée aux coûts de licenciement du personnel et des dirigeants de l'entreprise cible. De même, les coûts liés à la fermeture de sites de production donnés ou aux transferts et aux regroupements d'activités similaires doivent être abordés, en s'attachant à distinguer les coûts visibles des coûts cachés de non qualité et de perte de motivations liés aux restructurations.

* * * * *

En conclusion, il faut noter que la mise en œuvre des audits d'acquisition est souvent lourde, contraignante et coûteuse. Par ailleurs, les audits d'acquisition sont souvent perçus comme une forme d'inquisition de l'acheteur auprès des membres de l'entreprise cible et peut engendrer des réactions contre-productives. Pour toutes ces raisons, la dimension et la durée des audits d'acquisition font la plupart du temps l'objet de négociation de manière à limiter cette étape. En revanche, il est nécessaire de rappeler que la non conduite d'audits d'acquisition préalablement à l'achat de la cible peut se révéler désastreuse. L'audit ne doit pas être considéré comme une arme de dévalorisation de la cible mais comme un outil de pilotage de l'opération, devant aboutir à une approche prudente et consciente des négociations et de la rédaction des garanties de passif à demander au cédant.

2.2 La procédure de salles d'information : les *data room*

Les coûts et les délais qu'entraîne la réalisation d'audits d'acquisition ne se justifient pas toujours. Il existe une procédure alternative appelée procédure de salle d'information ou *data room* qui consiste à donner accès à une quantité importante d'informations détaillées, en un même lieu et pendant une période de temps limitée. Les informations mises à disposition dans le cadre de salles d'information peuvent être de toutes natures : financières, juridiques, commerciales, et certaines sont protégées par le secret industriel et commercial. L'organisation de data room présente l'avantage pour le cédant de ne pas perturber le fonctionnement de l'entreprise à céder, tout en donnant un large accès à l'information nécessaire à l'acquéreur pour affiner son estimation du prix d'acquisition et pour formuler des propositions de garanties de passif. Pour l'acquéreur, cette procédure permet d'accéder en un minimum de temps à une grande partie de l'information nécessaire pour affiner son offre et gérer ses risques. En revanche, cette procédure présente l'inconvénient de rester plus théorique et ne permet pas toujours à l'acquéreur de quantifier de manière fiable les synergies potentielles.

Il faut noter que dans le cas des entreprises cotées, l'organisation d'une data room est notamment soumise aux textes régissant l'utilisation d'information privilégiée[1] et définissant le délit d'initié[2]. Les personnes qui ont accès à la data room sont ainsi tenus de s'abstenir d'intervenir sur le marché pour acheter ou vendre des actions de la cible durant une période de temps prédéfinie. Compte-tenu du caractère privilégié des informations mises à disposition, il est indispensable de faire précéder l'accès à une data room de la signature d'accords de confidentialité. Généralement, l'organisation des *data room* est réservée à des acquéreurs potentiels sérieux qui se sont déjà engagés dans la démarche de rapprochement en ayant signé une lettre d'intention. Un projet de recommandation de la Commission des opérations de bourse (COB) sur ce sujet est en cours d'élaboration et devra bientôt permettre de mieux encadrer ces pratiques par ailleurs indispensables au bon fonctionnement du marché du contrôle.

3 Se protéger : la négociation des garanties de passif

Il est d'usage que l'acquéreur demande aux cédants des garanties de passif afin de se protéger contre une augmentation non anticipée du passif de la cible, mais dont les causes sont antérieures à la cession. Il s'agit d'une convention librement négociée entre l'acquéreur et le cédant qui vise à prémunir l'acheteur contre une augmentation des dettes ou une insuffisance d'actifs dont les causes sont antérieures à l'opération d'acquisition bien que non révélées au moment de la transaction. Il est important de se rappeler que les garanties de passif sont négociées et qu'il ne s'agit pas d'une obligation du cédant envers l'acquéreur.

L'importance des garanties de passif demandées par l'acquéreur fait partie de la proposition. En cas de processus d'enchère entre plusieurs acquéreurs, celui qui demande des garanties plus limitées peut l'emporter malgré un prix de transaction plus faible. Malgré leur caractère non obligatoire, des garanties de passif sont presque systématiquement demandées par l'acheteur, du fait de l'importance des risques encourus en cas d'absence de celles-ci. Il faut rappeler que le contexte de forte asymétries d'information entre l'acquéreur et le cédant pousse à ce type de pratique.

1. Règlements de la COB n°90-08 relatif à l'utilisation d'information privilégiée et n°98-07 relatif à l'obligation d'information du public.
2. Article L. 465-1 du Code monétaire et financier.

Il existe plusieurs types de garanties. Les deux principales sont les garanties de passif au sens strict et les garanties portant à la fois sur l'actif et le passif de la société cible. Ces garanties couvrent en général l'ensemble des postes du bilan (actif et passif) ainsi que les engagements hors bilan de la cible. Parmi les engagements hors bilan, on peut noter une évolution vers une plus grande prise en compte des considérations environnementales et des responsabilités liées à l'utilisation des produits fabriqués par l'entreprise cible. Cette garantie compte parmi les plus protectrices, puisqu'elle préserve à la fois de la survenance d'une créance imprévue (par exemple des indemnisations à payer) et de la diminution de certains éléments d'actifs (exemple d'un stock invendable).

Le montant de l'indemnisation peut être encadré par un plafond et un plancher. Les mécanismes d'indemnisation de l'acheteur en cas d'exercice des clauses de garanties de passif peuvent être variés. En cas de mise en jeu de la garantie de passif, le vendeur peut ainsi être contraint à :

- indemniser directement les acheteurs en tant que personnes (morales ou physiques) ;
- fournir à l'entreprise cible les sommes nécessaires pour régler les nouvelles créances ;
- désintéresser directement les créanciers dont la créance nouvelle est concernée par la garantie de passif ;
- accepter une révision de prix de vente de l'entreprise cible.

Le choix du mécanisme d'indemnisation n'est pas neutre fiscalement. Ainsi pour l'acheteur, en cas de versement d'une indemnité, celle-ci est soumise à l'impôt sur les sociétés alors qu'elle peut être déductible des impôts pour le vendeur (s'il s'agit d'une personne morale). En revanche, le choix d'une indemnisation par le biais d'une réduction du prix d'achat est neutre fiscalement pour l'acheteur, tandis qu'il remet en cause le montant de la plus-value réalisée par le vendeur et qu'il impose de procéder à des ajustements fiscaux, notamment si la vente et la mise en œuvre de la garantie de passif n'ont pas lieu au cours du même exercice comptable.

Les effets des garanties de passif peuvent être considérables notamment pour les cédants. Les garanties de passif entraînent ainsi la responsabilité indéfinie et solidaire des actionnaires vendeurs. Pour limiter leur propre exposition aux risques, les cédants ont généralement intérêt à introduire des dispositifs de protection minimum. On trouve ainsi généralement :

- des clauses de limitation de la garantie dans le temps pour éviter une exposition indéfinie. En règle générale la durée moyenne d'une garantie de passif se situe entre trois et cinq ans ;
- des clauses d'obligation d'information qui imposent à l'acquéreur d'informer dans des délais raisonnables les cédants de l'apparition d'un événement susceptible d'entraîner la garantie. Il est d'usage d'insérer dans ces clauses l'obligation de fournir aux cédants les justificatifs liés au passif considéré ;

– des annexes volumineuses attachées à la convention de garantie de passif permettant de prouver le plus possible que les cédants ont bien informé les acquéreurs des risques potentiels afférents à certains actifs ou passifs. Sont généralement annexés à la convention l'ensemble des bilans et comptes de résultats, les baux commerciaux, les statuts de la société et les extraits de K bis, les contrats de crédit-bail mobilier et immobilier, les contrats de licences et de franchise, la liste des contrats clés, les contrats de travail des personnels clés, les polices d'assurances, la liste des litiges en cours, la liste des situations de pré-contentieux... La garantie de passif joue en effet uniquement si le cédant n'a pas informé les acquéreurs au moment de la transaction de l'existence de tel ou tel risque. Si l'information a été donnée, l'acquéreur est réputé avoir fait la transaction en toute connaissance de cause et ne peut prétendre à faire exercer la garantie de passif.

Enfin, on peut noter l'existence de garanties de la garantie qui visent à protéger à la fois l'acheteur et le vendeur. Pour l'acheteur, il s'agit d'être sûr qu'en cas d'exercice de la garantie, il pourra être indemnisé comme prévu dans la convention. Pour le vendeur, ces garanties permettent de pouvoir faire face à une demande d'exercice de garanties. Ces garanties de la garantie peuvent prendre la forme de séquestre d'une partie du prix de vente, de garanties bancaires, de compensation lorsque le prix de vente est étalé sur plusieurs années (cela permet à l'acheteur de ne pas payer aux vendeurs une partie du prix de vente au titre de la garantie de passif) ou d'assurances spécifiques contractées avec de grandes compagnies d'assurances (en contrepartie d'un pourcentage généralement compris entre 1 % et 3 % du prix de la transaction).

L'ensemble des paramètres à prendre en compte et les incidences que cela peut avoir sur le patrimoine de l'acheteur et du vendeur plaident pour une grande prudence dans la rédaction des clauses de garanties ainsi que dans leur mode de mise en œuvre. En particulier, les clauses de garanties doivent être datées, signées et préciser l'étendue de la garantie, sa durée, ses bénéficiaires et son mode de recouvrement. Le recours à des cabinets d'avocats spécialisés est quasiment indispensable. Il permet d'éviter de nombreuses erreurs et des surcoûts inutiles en cas de survenance de conflits.

Section 5 FINALISER LA TRANSACTION

Une fois les audits d'acquisitions réalisés, le prix et les garanties de passifs négociés, il reste à finaliser l'opération. Les travaux à réaliser sont plus ou moins longs et difficiles en fonction de la complexité du montage et de l'activité de la société cible. La plupart du temps, la finalisation de l'accord nécessite la réalisation de trois travaux complémentaires :

– la rédaction du protocole d'accord ;

- l'obtention des autorisations administratives nécessaires et l'information des parties prenantes concernées ;
- la signature du contrat définitif (*purchase of agreement*).

1 La rédaction du protocole d'accord

La rédaction du protocole d'accord est un moment essentiel du processus d'acquisition ou de fusion. Ce document formalise dans le détail l'opération proposée et précise au minium :

- l'objet de la transaction ;
- le montage prévu (création ou non d'un holding de reprise…) ;
- le prix, la forme et les conditions du paiement ;
- les conditions ou clauses particulières de reprise ;
- les conditions suspensives de l'offre ;
- les conventions annexes (garanties de passif, pacte d'actionnaires…).

La rédaction du protocole d'accord est rarement une étape simple. Alors que la plupart du temps les questions de principes ont été réglées, il s'agit d'aborder les éléments de détail qui peuvent se révéler délicats et dans certains cas remettre en cause l'opération dans son ensemble. Cette étape est d'autant plus importante qu'elle s'effectue généralement dans un contexte d'urgence. La gestion du temps peut dès lors constituer une tactique de négociation des différentes équipes, pour obtenir de nouveaux avantages ou remettre en cause certaines points acquis préalablement. Il faut par conséquent aborder cette étape avec beaucoup de prudence et de rigueur, pour aboutir à un document définitif équilibré et complet. À cet égard, la rédaction des annexes est presque aussi importante que celle de l'accord général. Les annexes comprennent le détail de la transaction, la description précise des actifs cédés, les projets éventuels de modification de statuts, de signatures de pacte d'actionnaires, la convention de garantie de passif, les conventions de vote, convention de portage…

Il faut souligner l'importance des conditions suspensives dans la rédaction du protocole d'accord. En cas d'acquisition par échange d'actions la première condition suspensive est liée à l'autorisation de l'assemblée générale extraordinaire d'émettre les actions nécessaires pour procéder à l'échange. D'autres conditions peuvent être introduites et notamment celles relatives à l'obtention des autorisations administratives nécessaires ou à l'acceptation du montage financier par les investisseurs ou créanciers concernés.

2 L'obtention des autorisations administratives nécessaires et l'information des parties prenantes concernées

Il s'agit dans un premier temps d'obtenir les accords nécessaires de toutes les parties prenantes concernées par la transaction. Les accords à obtenir concernent en premier lieu les dirigeants, le conseil d'administration et les actionnaires de l'acquéreur et de la cible. D'autres acteurs doivent aussi être consultés, soit de manière obligatoire comme certains obligataires, soit de manière contractuelle comme certains créanciers, clients ou fournisseurs qui bénéficient de clauses de changement de contrôle. Enfin les employés doivent être consultés par le biais du comité d'entreprise. Dans le cas d'une fusion, les accords nécessaires sont plus complets encore et imposent le recours aux assemblées générales extraordinaires (voir chapitre 4). Dans le cas d'une acquisition par échange d'action, l'assemblée générale extraordinaire doit aussi être convoquée et accepter l'augmentation de capital nécessaire.

Enfin, il peut être impératif d'obtenir différentes autorisations administratives ou réglementaires, notamment auprès des autorités de contrôle de la concurrence ou auprès de certaines autorités de tutelle dans le cas de prise de contrôle d'activités réglementées (banques, médias, armement...).

Le contrôle de la concurrence est exercé au niveau national par les gouvernements, en France par le Ministère des finances, et au niveau Européen par la commission européenne. Ces instances ont en charge de vérifier que les opérations de concentration d'entreprises et donc de fusions-acquisitions ne viennent pas renforcer ou créer une position dominante sur un marché. Il faut souligner que la notion de position dominante ne se mesure pas uniquement en terme de part de marché du nouvel ensemble (sur un ou plusieurs territoires) mais aussi en termes de pouvoir de négociation ou de création de barrières à l'entrée. Ces demandes d'autorisation ne doivent pas être négligées, notamment lorsqu'il s'agit d'opérations importantes pouvant entraîner la création de situations dominantes sur un marché. En effet, le nombre de fusions-acquisitions a entraîné un accroissement sensible du degré de concentration dans de nombreux secteurs, pouvant fragiliser le processus de concurrence des entreprises. Cette réalité impose très souvent à l'entreprise initiatrice, à la demande des autorités, de faire des propositions de désengagement partiel (cession d'actifs), en vue de se conformer aux exigences de la libre concurrence.

L'évolution des positions des autorités de contrôle de la concurrence apparaît par conséquent un élément essentiel dans l'élaboration de la stratégie de la firme. Les autorités de contrôle examinent de plus en plus sérieusement les projets de fusions-acquisitions, n'hésitant pas à remettre en cause certaines opérations. La commission européenne a par exemple interdit à Schneider Electric et Legrand de fusionner car le nouvel ensemble aurait menacé la concurrence dans le secteur des équipements électriques. De même, les autorités américaines se sont opposées au rapprochement des entreprises WorldCom et Sprint dans le secteur des télécommunications, au nom de la préservation de la concurrence et du développement de l'innovation.

Exemple

Le projet de fusion entre les opérateurs de télécoms américains, MCI Worldcom et Sprint, a été rejeté par les autorités antitrust des États-Unis et par la Commission Européenne, en Juin 2000. À propos de ce refus, la division antitrust du département à la justice américain a considéré que ce rapprochement mettait en péril la compétition dans la plupart des services du pays et pouvait se traduire par une hausse des prix pour des millions de consommateurs. Pour sa part, la Commission Européenne a estimé que cette fusion, en cumulant les réseaux étendus et l'importante clientèle des deux entreprises, entraînerait la création d'une puissance telle que l'ensemble des acteurs – concurrents et clients – deviendraient dépendants de la nouvelle entité en ce qui concerne l'obtention d'une connectivité internet universelle.

Les exemples proposés ne sont pas rares dans ce domaine. En effet, au cours de la dernière décennie, plusieurs projets de fusions-acquisitions ont été rejetés par les autorités de la concurrence.

Tableau 6.1 – *Exemples de fusions-acquisitions interdites*

Date	Sociétés	Marchés concernés
1996	GENCOR / LONRHO	Platine
1996	KESKO / TUKO	Produits de grande consommation
1996	SAINT-GOBAIN / WAECKER CHEMIE / NOM	Carbure de silicium pour la métallurgie
1997	BLOKKER / TOY'R US	Jouets (distribution)
1998	DEUTSCHE TELEKOM / BETARESEARCH	Décodeurs pour TV numérique à péage
1998	BERTELSMANN / KIRCH / PREMIERE	Télévision numérique à péage
1999	AIRTOURS / FIRST CHOICE	Vacances « tout compris » à l'étranger
2000	VOLVO / SCANIA	Poids lourds
2000	MCI WORLD COM / SPRINT	Infrastructures de réseaux Internet
2001	SCA / METSÄ TISSUE	Papier tissu
2001	GENERAL ELECTRIC / HONEYWELL	Aéronautique
2001	SCHNEIDER / LEGRAND	Matériel électrique
2001	CVC / LENZING	Fibres artificielles
2001	TETRA LAVAL / SIDEL	Emballage

Source : Enjeux du mois, décembre 2001

L'acceptation d'un projet de fusion-acquisition est rendue délicate en raison de l'existence de différentes autorités de la concurrence. Cette réalité est renforcée avec l'augmentation du nombre de transactions internationales. Les entreprises initiatrices doivent ainsi répondre aux critères imposés par les autorités de régulation des différents pays concernés. En particulier, beaucoup de décisions dépendent des autorités européennes et américaines qui peuvent sur certains projets avoir une perception différente des risques en matière de politique concurrentielle. Ainsi, une opération de fusion-acquisition entre acteurs européens peut être bloquée par la Federal Trade Commission américaine, comme ce fut par exemple le cas lors du rachat par Air Liquide (France) du producteur de gaz industriels BOC (Royaume-Uni). Inversement, un rapprochement entre sociétés américaines peut être remis en cause par la commission européenne, à l'image de l'opération de General Electric sur Honeywell. Les entreprises à l'origine de projets de fusions-acquisitions doivent par conséquent veiller à formuler une offre adaptée aux exigences spécifiques de chacune des autorités de régulation[1].

3 La signature du contrat définitif

Préalablement à la rédaction du contrat définitif, il est d'usage de recourir à un expert-comptable pour la réalisation d'un arrêté des comptes à une date fixée préalablement entre les deux co-contractants. L'ensemble des documents constituant l'accord définitif sont alors disponibles. La clôture de l'opération (*closing*) est effectuée au cours d'une cérémonie dite de la signature qui finalise l'opération. Le contrat et l'ensemble des annexes sont paraphés et signés par les représentants de la société acquéreur et des cédants. Le transfert de propriété a lieu et il est procédé au paiement des actions ou parts sociales selon les modalités précisées dans l'accord.

1. La question de l'instauration d'une autorité de contrôle internationale est actuellement débattue, afin de constituer une réponse institutionnelle à l'accroissement de la concentration au plan mondial.

L'essentiel

La phase de négociation constitue une phase essentielle dans la gestion d'une opération de fusion-acquisition. Lors de cette phase, l'acheteur potentiel doit en effet positionner l'opération (amicale vs. hostile) et veiller à sa faisabilité. Une fois sa tactique de négociation définie, il s'agit pour l'entreprise initiatrice de déterminer l'objet de la transaction, le mode de paiement puis de concevoir le montage financier et d'optimiser les différents effets de levier à disposition.

L'acheteur doit également estimer le potentiel de l'opération afin de fixer le prix, en s'attachant à contrôler les risques associés à l'opération (réalisation d'audits). La gestion des négociations doit déboucher sur la clôture de la transaction, où il s'agit avant tout d'obtenir les accords nécessaires de toutes les parties prenantes concernées par l'opération.

7 LA PHASE D'INTÉGRATION

La valorisation d'une fusion-acquisition est fonction de la capacité de l'acheteur à réaliser dans de bonnes conditions l'intégration de la société acquise. Or la période post-acquisition n'est pas sans risque. Elle implique une gestion attentive des aspects culturels et humains de l'opération. Elle demande également d'associer la mise en œuvre aux objectifs de l'acquisition, en tenant compte des caractéristiques de l'entité achetée. L'intégration est donc pour l'acheteur une période particulièrement délicate à gérer, où il convient de concrétiser le potentiel de création de valeur du nouvel ensemble. Seul un management efficace centré sur une compréhension des questions culturelles et humaines peut permettre de réaliser cet objectif.

Section 1 ■ Les enjeux de la gestion post-acquisition
Section 2 ■ Les différentes politiques d'intégration de la cible
Section 3 ■ Le management des fusions-acquisitions

Section 1 LES ENJEUX DE LA GESTION POST-ACQUISITION

Au cœur du développement des firmes, la croissance externe est devenue une politique courante des entreprises qui en dépit des efforts réalisés continue d'enregistrer des résultats décevants pour les deux parties. La persistance de ces résultats a conduit les recherches menées dans ce domaine à s'intéresser plus que par le passé à la période d'intégration. En effet, des travaux récents mettent en avant la nécessité, au-delà du contrôle des processus de décision et de négociation, d'accorder une attention plus grande à la phase qui suit l'acte d'achat, à savoir la phase d'intégration.

Bien que légitime, ce changement d'orientation a été assez tardif, en raison de l'attention portée jusqu'au début des années 80 aux actions initiées avant l'opération, telles que la préparation des décisions, le choix de la cible ou l'analyse des liens entre les activités. Un début de réponse aux questions d'intégration peut être identifié au cours des années 80 qui voient se développer tout un courant de recherches centré sur les effets sociaux de l'acquisition. Ces recherches soulignent à juste titre l'impact des fusions-acquisitions sur le moral et l'efficacité des employés de l'entité acquise avec le développement de réactions de stress et d'anxiété néfastes en termes d'efficacité. Les causes du traumatisme apparaissent généralement multiples. Elles concernent la perte d'identité et de repères, les craintes en matière d'emploi et d'évolution de carrière ou le sentiment d'infériorité vis-à-vis des « nouveaux maîtres des lieux ». D'autres travaux pointent également le risque de situation de crise marquée par des résistances au changement fortes et le renforcement d'attitudes hostiles à l'égard de la nouvelle direction.

Bien qu'importants, ces travaux ont souvent une vision limitée de la croissance externe, en se focalisant sur les conséquences psychologiques de l'opération. En particulier, ils ont tendance à restreindre l'analyse aux membres de l'entité acquise, en occultant la relation proprement dite qui est traitée de façon marginale dans la plupart des travaux rattachés à ce courant. Ceci a conduit certaines recherches à s'intéresser à la confrontation entre des systèmes différents comme élément déterminant de la réussite ou de l'échec d'une fusion-acquisition, en insistant notamment sur les problèmes d'incompatibilités culturelles entre les deux organisations.

Mais les travaux sur la période d'intégration ont connu une évolution importante avec des recherches qui tendent à montrer que le contrôle du processus d'intégration constitue l'un des déterminants de la réussite des fusions-acquisitions[1]. Ce champ de recherches suggère ainsi un lien possible entre le processus d'intégration des entreprises acquises et les résultats de l'opération. Selon cette perspective, la réussite de l'opération ne doit pas uniquement se comprendre en termes de différences ou d'incompatibilités, qu'elles soient d'ordre culturel ou organisationnel. Elle demande une analyse du processus de production de valeur. En procédant de cette manière, les auteurs donnent une nouvelle dimension à la phase post-achat, en établissant un lien étroit entre processus d'intégration et création de richesse. Une façon d'analyser et de comprendre le management d'un processus d'intégration réside en effet dans la capacité des acteurs à gérer, en fonction des objectifs de l'acquisition, les interdépendances stratégiques et les besoins d'autonomie organisa-

1. [P.C. Haspeslagh, A. Farquhar, 1987 ; D.B. Jemison, 1986 ; D.B. Jemison, S.B.Sitkin, 1986]

tionnelle entre les entités (tableau 7.1). On peut ainsi distinguer différentes situations possibles pour conduire la politique d'intégration :

– l'intégration de préservation ;
– l'intégration par rationalisation des actifs (absorption) ;
– l'intégration par « symbiose »[1].

Tableau 7.1 – *Trois politiques d'intégration*

		Besoin d'autonomie de la cible	
		Faible	**Élevé**
Besoin d'interdépendance entre l'acquéreur et la cible	**Élevé**	Rationalisation	Symbiose
	Faible	—	Préservation

Source : Typologie d'Haspeslagh et Jemison (1991)

- ***L'intégration de préservation*** entend maintenir la culture de l'entreprise acquise et lui garantir une autonomie de gestion dans le domaine opérationnel. Les relations entre le groupe et l'entreprise achetée correspondent à ce que Goold et Campbell (1987) appellent le contrôle de type financier. L'influence managériale de l'acquéreur y est plutôt faible, les responsables de l'entité acquise étant en définitive jugés sur leurs résultats. La réussite d'une telle politique réside par conséquent dans la capacité de l'entreprise acquise, grâce au financement de son développement, à entraîner une croissance forte, avec un retour sur investissement très supérieur aux sommes investies.
- ***L'intégration par rationalisation*** est destinée à réorganiser les ressources de l'acquéreur et des entreprises acquises autour d'un nouvel ensemble principalement axé sur les économies de taille et l'uniformisation des pratiques managériales. Les identités initiales des deux concurrents sont souvent amenées à évoluer pour faire place à une entité nouvelle liée fortement au système de valeurs de l'acquéreur. La réduction des coûts et les effets de volume constituent les bénéfices habituellement mis en avant dans ce type d'opérations. Bien que les actions d'homogénéisation soient souvent en faveur de l'acquéreur, il arrive – et il est parfois même souhaitable – que le nouvel ensemble puisse prendre en compte les qualités de chaque composante dans une logique d'efficacité (compétences spécifiques) mais aussi d'efficience (gain de temps et de coûts)[2]. Par conséquent,

1. On entend par symbiose des interactions dont le but principal est de créer des avantages réciproques et durables, reposant sur la diversité des entités et nécessitant à la fois préservation et interdépendance (Adler, 1979).
2. Franck G. (1989), « OPA : le facteur humain est décisif », Revue Française de Gestion, n°75, p.98-104.

l'intégration par rationalisation ne doit pas être assimilée à une domination à l'encontre de l'entité achetée. Les différences peuvent, en effet, se révéler pour le nouvel ensemble des sources d'avantages concurrentiels.

- ***L'intégration de type symbiotique*** implique la gestion d'exigences contradictoires. Il s'agit d'étudier de quelle façon doivent s'opérer les interdépendances entre les activités stratégiques des deux firmes, sans pour autant détruire le potentiel de création de valeur qu'elles représentent. Aussi est-il nécessaire, dans ce type de configuration, de préserver l'identité de l'entreprise acquise (celle de l'acquéreur étant *a priori* moins menacée), tout en faisant progressivement évoluer les deux organisations vers la création d'avantages nouveaux et distinctifs. L'attention accordée aux qualités propres de chaque firme (et donc à leur culture respective) distingue la politique de symbiose de l'intégration par rationalisation, tandis que le développement de relations opérationnelles approfondies la différencie de l'intégration par préservation. Ce type d'intégration est de loin le cas le plus délicat à traiter.

Ainsi, on peut regrouper les styles de management post acquisition en trois grandes politiques (préservation, rationalisation, symbiose). Avant de s'engager dans une de ces voies, il convient toutefois de gérer la phase de transition (trois à six mois) qui repose sur quelques grands principes directeurs.

Section 2 LES DIFFÉRENTES POLITIQUES D'INTÉGRATION DE LA CIBLE

L'intégration de l'entreprise acquise au sein du nouvel ensemble va rarement de soi. Elle dépend avant tout des objectifs poursuivis par l'acquéreur. Nous traitons dans cette section exclusivement des fusions-acquisitions de nature stratégique. Après avoir présenté les actions à entreprendre dès la réalisation de l'opération (lors de la phase de transition), il est proposé d'analyser plus précisément les différents modes d'intégration à disposition de l'acquéreur, en fonction de ses intentions stratégiques.

1 Gérer la transition avant l'intégration

Une fois l'achat réalisé, l'acquéreur se doit de gérer une phase transitoire censée jeter les bases de l'intégration. D'une durée plus ou moins longue, cette phase n'en demeure pas moins essentielle pour préparer dans de bonnes conditions la politique d'intégration retenue. Cette étape, souvent occultée ou du moins sous-estimée par les acteurs en charge du projet, comprend un certain nombre de prérogatives que l'on peut résumer de la manière suivante :

– définir une vision d'ensemble du projet au-delà de l'opération réalisée, qui puisse être comprise et partagée par les actionnaires et communiquée à l'ensemble des collaborateurs dans un souci de motivation et de cohésion (références à l'histoire et aux principes d'action des deux entreprises) ;

- fixer quelques priorités pouvant être clairement identifiées par les acteurs et accompagner ces changements par la création d'une nouvelle identité visuelle susceptible de fédérer les salariés autour d'un projet commun ;
- manifester l'engagement et l'implication de la direction de l'entreprise acheteuse par le biais de différentes actions symboliques (lettres au personnel, prise de parole dans des réunions d'informations, visites…) ;
- gérer les personnes clés, afin d'éviter la fuite de compétences indispensables à la bonne marche de l'opération d'acquisition ou de fusion ;
- établir un management d'interface, composé des membres des deux entités, chargé de la communication interne et du traitement des questions sociales, afin de donner une réalité organisationnelle au rapprochement dont les effets structurels (organigramme, affectation des postes, transfert de ressources…) peuvent parfois prendre plusieurs mois ;
- associer la hiérarchie intermédiaire à la gestion du changement, en l'informant des enjeux de l'opération et des principales contraintes associées au projet ;
- harmoniser les systèmes d'information et de rémunération, afin d'éviter les risques de désordre (dysfonctionnements internes, perturbations dans la gestion des partenaires) et d'inégalité entre salariés (réajustement – revalorisation).

Ces actions présentent l'avantage de faciliter la création d'un climat propice au développement de relations entre les deux entités. Elles constituent par conséquent un préalable à tout processus d'intégration. Néanmoins, elles ne suffisent pas à répondre aux enjeux stratégiques de l'opération dont la concrétisation dépend avant tout de la politique d'intégration retenue.

2 Le choix de l'intégration par préservation de la cible

2.1 Configurations et objectifs stratégiques

L'intégration par préservation intervient dans le cas d'opérations de croissance externe, dont l'objectif principal est la pénétration de marchés nouveaux sur lesquels l'entreprise initiatrice ne dispose pas de compétences affirmées. L'entité achetée est alors recherchée comme tête de pont d'une activité nouvelle, sur laquelle l'acquéreur cherche à se développer à moyen terme. Ces opérations s'inscrivent donc généralement dans le cadre de politiques de diversifications totales. Le but de l'opération est d'intégrer des métiers nouveaux susceptibles de rajeunir le portefeuille d'activités. Ce type de politique s'adresse en premier lieu aux entreprises dont le métier de base est parvenu à maturité ou aux firmes soucieuses de saisir des opportunités de croissance dans des secteurs d'avenir (exploration de champs nouveaux jugés rentables à moyen terme).

Exemple

> Le premier cas de figure peut être illustré par l'acquisition de Coppée par le groupe Lafarge (confronté au ralentissement des activités de ciment) et son insertion sur le marché des matériaux (bio-industrie). L'autre situation concerne l'achat par LVMH de la société Liberty Surf, en vue de positionner le groupe dans le secteur des nouvelles technologies, même si l'entité achetée ne permet pas d'escompter à court terme des bénéfices pour l'entreprise.

Aussi, dans ce type d'acquisitions, la création de valeur ne repose pas sur des interdépendances stratégiques fortes entre l'acquéreur et l'entité acquise. L'intervention de l'entreprise acheteuse y est généralement modeste bien que décisive. L'acquéreur doit éviter toute forme d'ingérence, tout en s'attachant à insuffler une ambition et à fournir les moyens nécessaires au développement du projet. Il doit en particulier veiller à la cohérence et à la viabilité de l'activité, avant d'engager définitivement l'ensemble du groupe. Dans ce domaine, l'acheteur fait avant tout le pari d'aider au développement d'une entité à fort potentiel, en lui accordant une autonomie forte et des ressources financières ou humaines utiles pour réaliser les objectifs qu'elle s'est fixée. La direction se comporte donc essentiellement comme un actionnaire. Son rôle est limité à l'allocation en capital, à la définition des objectifs financiers, à l'évaluation des performances et à la correction d'éventuelles insuffisances.

Réaliser une telle acquisition peut d'un certain point de vue apparaître comme l'option la plus aisée à mener, en raison de l'absence réelle d'interactions entre les parties et de l'affirmation du principe d'autonomie octroyée à l'entité acquise. En effet, lors d'une intégration par préservation, les enjeux sont clairs pour les deux parties. L'entreprise acquise trouve sa justification dans sa capacité à développer un domaine qu'elle maîtrise techniquement, sans qu'il y ait besoin de mettre en place des relations opérationnelles avec l'acquéreur. Ce dernier a une position de recul face aux initiatives menées par la société acquise et a essentiellement pour rôle d'aider au financement du projet. Si ces caractéristiques contribuent (incontestablement) à faciliter le développement de la nouvelle activité, il faut néanmoins mener l'intégration de l'entité acquise avec beaucoup de discernement. Il convient notamment d'éviter la tentation d'accélérer le développement de la firme acquise pour des raisons de retour sur investissement. Cette attitude légitime d'un point de vue financier peut en effet perturber la mission de l'entité acquise et conduire aux effets inverses de ceux escomptés. Une telle position est donc parfois difficile à maintenir sous la pression des actionnaires et nécessite de concilier résultats financiers et intérêt stratégique. L'acquéreur doit par conséquent être en mesure de laisser le champ libre à l'entité acquise, tout en sachant sanctionner lorsque les résultats s'avèrent décevants.

2.2 Les conditions d'une intégration réussie

Pour ce faire, plusieurs conditions peuvent permettre d'aider à la bonne intégration de l'entité acquise en respectant l'exigence de préservation :

- ***Protéger la structure de l'entité acquise et le périmètre de ses activités*** : la première action à mener est en effet d'empêcher les dirigeants d'imposer à la société acquise leur style de management. Le défi consiste ici à assurer une forte autonomie de gestion à l'entité achetée, en évitant de toucher à sa mission et aux facteurs susceptibles de consolider son développement, comme sa culture, son mode d'organisation ou ses compétences.
- ***Fournir à l'entreprise acquise les fonds et savoir-faire nécessaires à son expansion*** : comme toute firme en développement, l'entité achetée qui est susceptible de croître rapidement, doit disposer, lorsque le cycle de croissance le demande, de moyens financiers et humains lui permettant de répondre au mieux aux coûts souvent importants de recherche et développement. La difficulté réside ici dans le dosage. Le risque est en effet d'engager des fonds trop rapidement par rapport aux capacités de réalisation du projet.
- ***Identifier les ressources hors exploitation pouvant favoriser des échanges entre les deux entités*** : même si les métiers des deux firmes sont généralement distincts, il n'est pas exclu d'envisager entre elles certains transferts de ressources. En effet, au-delà de l'aspect financier, des compétences managériales et fonctionnelles peuvent servir au développement des deux firmes, sans pour autant toucher aux compétences opérationnelles. En particulier, une entreprise acheteuse peut, indépendamment des activités gérées, bénéficier des qualités d'encadrement de certains responsables de l'entité acquise, et contribuer ainsi à renforcer son équipe de direction. Inversement, une entreprise en fort développement récemment acquise peut maîtriser le contenu technologique de ses produits sans avoir nécessairement les capacités d'organiser et gérer ses activités. L'acquisition par le groupe Lafarge de Coppée témoigne sur ce point de la capacité de l'entreprise acheteuse à avoir transmis, au-delà d'un métier très différent, une méthodologie et une philosophie de gestion très mûres et applicables à d'autres secteurs qui sont certainement une des réponses au succès de ce rapprochement.
- ***Donner à l'entité acquise une légitimité organisationnelle à l'intérieur et à l'extérieur du nouvel ensemble***, en revendiquant son insertion dans le groupe et sa part dans l'identité du nouvel ensemble. Comme toute société en forte croissance qui parie sur l'avenir, il est souvent difficile d'exposer clairement des principes de développement qui ne trouvent pas rapidement une concrétisation sur le plan économique. Fort de cette réalité, le groupe acquéreur a ici un rôle essentiel à tenir, en affirmant haut et fort sa confiance dans la stratégie de la société acquise et ses possibilités de rentabilité à moyen terme. Ceci est naturellement vrai en interne pour favoriser le sentiment d'appartenance à un même groupe en dépit d'activités différentes mais surtout à l'extérieur du groupe, notamment auprès des

clients de la société acquise et de ses actionnaires (en particulier si l'entreprise est cotée en bourse).

- ***Intégrer dans ses objectifs de croissance les nouveaux besoins soulevés par l'intégration d'une nouvelle société*** dont les caractéristiques demandent des apports différents de ceux habituellement traités au sein de la maison-mère. Il s'agit en effet d'anticiper les évolutions sur des marchés non connus, en sachant (si besoin) initier des acquisitions complémentaires utiles pour le développement de l'entité acquise (acquisition de nouvelles technologies, expansion à l'international...).

L'intégration par préservation demande par conséquent du temps et une capacité à soutenir l'activité de l'entité acquise, sans pour autant influer de manière prononcée sur la vision et la stratégie de la firme. Pourtant, en dépit des efforts menés, il arrive fréquemment à l'acquéreur d'outrepasser son rôle, en intervenant dans la gestion et le fonctionnement de l'entreprise acquise. Une telle attitude n'est malheureusement pas sans risque et provoque dans bien des cas des blocages importants qui freinent considérablement le développement de la société achetée.

Exemple

C'est l'enseignement que le groupe Salomon[1], leader mondial de la fixation de ski, a pu tirer du rachat de l'entreprise américaine de golf Trade Made. Dans un premier temps, la direction de l'entreprise acheteuse a été tentée d'imposer ses pratiques managériales, notamment au niveau de la gestion de l'espace et de l'organisation des activités. La direction estimait que la contribution de l'entreprise acheteuse dans le développement des matériaux composites était de nature à renforcer des liens d'interdépendance forts avec l'entité acquise, malgré des produits et un marché relativement différents. Ce comportement entraîna de fortes résistances au changement et une détérioration des résultats qui firent prendre conscience l'acquéreur de la nécessité de changer de méthodes. Une nouvelle politique d'insertion de l'entité acquise fut ainsi mise en place caractérisée par l'octroi d'une forte autonomie d'action. Cette nouvelle politique s'est révélée in fine efficace, en permettant à l'entreprise acquise de valoriser ses compétences (bonne connaissance du marché/lien étroit avec la clientèle) et d'obtenir ainsi un taux de croissance exceptionnellement élevé.

3 Le choix de l'intégration par rationalisation de la cible

3.1 Configurations et objectifs stratégiques

Pour une acquisition souhaitant bénéficier des économies de taille et de dimensions pour préserver ou renforcer sa position concurrentielle, la démarche d'intégration est ici très différente. Cette différence se situe au niveau des objectifs poursuivis

1. Expérience relatée par C. Thévenard (1999) dans « opérations de croissance externe : dangers et difficultés », Centre de cas et des médias pédagogiques, CCI Paris, ainsi que dans d'autres travaux.

mais aussi des liens qui généralement unissent les deux entités sur le plan opérationnel. En effet, certaines acquisitions se forment pour des raisons de proximité ou de complémentarité, avec comme perspective la réalisation de synergies. Dans ce type d'acquisitions, l'existence de liens stratégiques forts alliée à l'absence de spécificités prononcées conduit à un rapprochement étroit entre les organisations qui passe (dans bien des cas) par un processus d'intégration par rationalisation. L'intégration par rationalisation est très souvent initiée par l'acquéreur qui modèle le nouvel ensemble, selon ses principes et à son avantage. Au travers d'une planification stratégique, l'acheteur orchestre, coordonne et contrôle les différentes activités. Il définit et configure la stratégie globale du groupe et structure la répartition des rôles. Cette forme de management s'explique principalement, en raison de la similarité des activités et de l'existence de doublons qui vont dans le sens d'une rationalisation du processus de croissance. Cette situation concourt à faire disparaître de manière plus ou moins visible l'identité de l'entité acquise qui voit son organisation profondément modifiée et ses principaux éléments d'identification mis de côté.

Exemple

> Un des exemples les plus marquants de cette politique d'intégration peut être trouvé dans l'OPA d'AXA sur son concurrent direct UAP avec la disparition rapide des différents symboles de l'entité acquise (dont en premier lieu son nom) et le départ de la plupart de ses cadres, pour former un groupe leader sur le plan national fortement empreint du style de management et des pratiques de son PDG de l'époque, Claude Bébéar.

Une telle asymétrie peut amener à créer des rivalités au sein même de l'organisation. C'est en effet dans ces configurations que les risques d'arrogance managériale peuvent être les plus nombreux, l'acquisition recouvrant une dimension symbolique particulière, avec un clivage entre les vainqueurs et les vaincus.

3.2 Les conditions d'une intégration réussie

Pour réussir ce type d'intégration, il convient de respecter certaines règles, en particulier :

- ***Procéder à un plan d'intégration précis et détaillé*** : le principal avantage de ce mode d'intégration réside dans la possibilité pour la direction de pouvoir fixer avec une certaine précision les objectifs opérationnels du nouvel ensemble de façon séquentielle. En effet, le cadre général du nouvel ensemble peut être défini assez rapidement, en mettant en avant la nouvelle structure, la répartition des effectifs, l'homogénéisation des activités ainsi que la réorganisation des systèmes existants (architecture commune des systèmes d'information et de communication, uniformisation des procédures, regroupement des réseaux de distribution…). La démarche passe également par la définition des objectifs de gains et de synergies à réaliser par département.

- ***Affirmer la vision du nouveau groupe en faisant état de sa cohérence*** : parallèlement à la définition du programme de mise en œuvre, il convient pour l'entreprise acheteuse de favoriser une certaine lisibilité dans le rapprochement, afin d'affirmer le caractère cohérent de l'ensemble constitué et les possibilités de synergies offertes. Le fait de disposer d'un calendrier précis permet également de pouvoir communiquer davantage sur les perspectives de croissance et de développement du nouveau groupe, notamment en ce qui concerne le chiffre d'affaires et les parts de marchés consolidés résultant de la fusion. La clarté du projet peut en outre inciter la direction à esquisser des prévisions de résultats réalistes à court terme et ainsi rassurer les marchés financiers sur l'intérêt d'un tel rapprochement.
- ***Mener une politique de rationalisation judicieuse*** : le succès d'une intégration par rationalisation repose généralement sur quelques étapes significatives, visant à définir le chemin critique optimal pour atteindre les objectifs fixés. Ceci passe notamment par une hiérarchisation des priorités, la suppression des zones de recouvrement et souvent le réexamen sérieux de tous les niveaux d'encadrement. L'intégration par rationalisation, outre la refonte du système d'organisation, s'accompagne donc, dans un grand nombre de cas, d'une réduction des effectifs et de la suppression de nombreux postes qui peut parfois aller jusqu'à 25 % pour des activités très semblables. Ainsi, dans le cas de la fusion UBS-SBC, seulement 70 des 126 cadres de niveau 2 ont été confirmés dans leurs fonctions et 13 000 personnes sur 56 000 ont été écartées de la nouvelle organisation[1]. Néanmoins si ces pratiques sont courantes, elles n'en demeurent pas moins des sources à moyen terme de perturbation pour l'organisation et peuvent même créer, une fois les économies réalisées, des dysfonctionnements importants. En effet, si l'intégration par rationalisation semble être invariablement associée à l'élimination de certains coûts, ces modifications peuvent parfois occasionner des réorganisations non prévues au niveau des processus et des procédures. Elle peut ainsi nécessiter des affectations différentes de personnel et des investissements supplémentaires en matière de formation. La productivité estimée à court terme ne doit donc pas faire perdre de vue les difficultés occasionnées par ces suppressions et doit fortement relativiser les gains potentiels attendus. C'est pourquoi il convient de bien réfléchir au chemin critique optimal, en s'attachant à avoir une vision d'ensemble du processus, en prenant comme unité d'analyse l'architecture globale du nouvel ensemble et en aucun cas la rentabilité de chaque élément pris séparément.
- ***Isoler et gérer efficacement les conflits potentiels*** : face à la rapidité et parfois la brutalité de la mise en œuvre, la direction de l'entreprise acheteuse peut être amenée à gérer des conflits sociaux nés des conséquences humaines de l'opération avec le départ forcé de nombreux cadres et la mise en place de plans de licenciements. Face à cette réalité, il convient pour la direction de bien cerner les

1. Source Bain & Company (1999).

problèmes humains posés par la fusion-acquisition, en s'attachant à rassurer le plus grand nombre et à gérer au cas par cas les situations les plus délicates.

- ***Éviter de supprimer inutilement certains atouts de l'entité acquise par aveuglement*** : l'intégration par rationalisation ne doit pas faire perdre de vue l'intérêt pour l'acquéreur de trouver chez l'entité acquise certaines pratiques efficientes qu'il convient de conserver voire même de promouvoir au sein de la nouvelle organisation. L'exemple du rachat de Zanussi par Electrolux montre en effet la possibilité, dans le cas d'une absorption, d'associer à la logique du dominant certaines points forts de l'acquis. Il s'est en effet avéré que Zanussi disposait d'un savoir-faire particulier pour proposer des produits adaptés à des jeunes consommateurs et que cet atout se devait d'être conservé, en créant une gamme de produits spécifique conçue par les bureaux d'études en Italie[1].

L'intégration par rationalisation présente un grand avantage par rapport aux autres formes d'intégration étudiées. Ses caractéristiques permettent en effet à l'acquéreur d'agir à court terme et donc de produire des résultats rapidement. Le principal écueil à éviter est la confusion entre la domination aveugle et la rigueur nécessaire au maintien de la cohérence stratégique. À trop vouloir uniformiser les pratiques au nom d'une cohérence globale, l'acquéreur peut empêcher toute forme d'initiative et détruire des atouts cachés de l'entité acquise. L'intégration par rationalisation n'échappe donc pas à cette règle. Si elle peut permettre une plus grande convergence des actions et donne un rôle essentiel à l'acquéreur, il convient de laisser une place même modeste aux qualités et spécificités de l'entité acquise. Cette précaution doit être d'autant plus grande que certains événements peuvent amener la nouvelle organisation à se construire autour des points forts des deux entités regroupées (Mailloux, Giroux, 1997).

4 Le choix d'une intégration de type symbiotique

4.1 Configurations et objectifs stratégiques

Dans le cas d'acquisitions visant à régénérer l'activité ou à innover[2], il est souvent difficile d'adopter un comportement managérial « type ». En effet, dans ce type de situations, les objectifs ne peuvent pas être définis au préalable. Dans une perspective qui met l'accent sur l'innovation conjointe, la diversité culturelle constitue un des enjeux essentiels de l'intégration. Elle doit permettre de préserver l'équilibre entre l'autonomie des entités et l'interaction. Elle demande de la part des deux entités une véritable confiance dans les qualités de l'autre et une capacité à gérer les

1. Exemple exposé par P.C. Haspeslagh, D.B. Jemison dans « Managing acquisitions: creating value through corporate renewal », Free Press, 1991.
2. Pour des développements plus précis, on peut se référer aux travaux de O. Meier (2000, 2001) et de G.Koenig, O. Meier (2001).

pressions « externes », compte-tenu du temps nécessaire pour bâtir un savoir-faire global performant entre les deux firmes.

Une certaine part d'imprévu et de créativité peut également s'avérer nécessaire pour faire place à l'émergent. Pour cela il faut laisser les hésitations et les oppositions éventuelles avoir lieu. Dans ce contexte, l'intégration de l'entreprise acquise devient un exercice particulièrement délicat à traiter. Ce choix ne peut, en effet, se justifier que dans le cas où l'entreprise est confrontée, de par son activité, à des changements technologiques rapides ou se voit dans l'obligation de changer de métier au sein d'un secteur parvenu à maturité prononcée.

L'intégration de type symbiotique présente en effet de nombreux risques. La complexité de l'opération, l'absence de concrétisation à court terme, la pression extérieure peuvent être de nature à faire rapidement évoluer l'intégration vers une logique de fusion-absorption (entraînant par là même l'arrêt du processus d'innovation). Lorsque cette situation arrive, l'intégration de type symbiotique se transforme alors en une politique de rationalisation visant à « rentabiliser » au mieux les investissement engagés.

4.2 Les conditions d'une intégration réussie

Pour conduire dans de bonnes conditions ce type d'intégration, il convient de veiller au respect de certains principes :

- ***Développer des relations de coopération dans le cadre d'un système d'autorité unique aux mains de l'acquéreur*** : l'intégration de type symbiotique n'est pas synonyme de gestion consensuelle des activités, caractérisée par un équilibre des pouvoirs entre les deux entités. S'il est indéniable que le succès de l'intégration repose avant tout sur les apports des deux firmes, il convient d'éviter les mécanismes conduisant au statu quo. Aussi, une démarche, caractérisée par la recherche de solutions acceptables par tous, qui évite les désaccords, risque de conduire aux résultats inverses de ceux escomptés. En effet, en voulant au nom d'un esprit coopératif favoriser de manière « artificielle » les échanges entre les deux organisations, la démarche peut orienter les débats vers des solutions moyennes, empêchant réellement les parties de s'exprimer librement. Ce mécanisme amène dès lors à des résultats qui limitent fortement les possibilités d'innovation, accordant une faible part à l'initiative et à la confrontation des opinions. Pour éviter ce type de comportement, il est donc essentiel que le nouvel ensemble s'appuie sur un système d'autorité unique clair, à savoir dans le cas présent celui de l'entreprise acheteuse. Ceci ne veut pas dire que l'acquéreur doit se comporter en conquérant (bien au contraire). L'acquéreur doit simplement garantir une cohérence générale et assurer un cadre à la collaboration. De même, les membres de l'entité acquise doivent être considérés comme une minorité influente disposant sur certains sujets d'une réelle légitimité sur le plan opérationnel.

- ***Respecter les différences culturelles et organisationnelles*** : l'intégration symbiotique pour éviter les risques posés par une destruction éventuelle des ressources spécifiques de l'entité acquise doit démarrer par une action de prévention. Cette action vise à préserver les différences culturelles et organisationnelles des deux entités, et plus particulièrement celle de l'entité acquise. La nouvelle direction doit en particulier veiller au respect du fonctionnement de chacune des activités et aux risques de dérive pouvant occasionner la perte d'hommes clés et de compétences spécifiques. Ceci passe notamment par une délimitation des frontières des firmes, afin d'éviter les risques de concurrence interne. Cette vigilance concerne également le traitement des symboles (insignes, logos, couleurs, localisation). La perte de symboles distinctifs peut en effet être interprétée par les membres de l'entreprise acquise comme une marque d'empiètement et de remise en cause de leur identité. Elle peut donner lieu à des réactions négatives, en étant perçue comme une volonté de l'acquéreur d'affaiblir par des éléments visibles le pouvoir de l'organisation d'origine.
- ***Faire preuve de compréhension, en étant ouvert aux qualités de l'autre firme*** : dans ce type de démarche, il est essentiel de développer une compréhension mutuelle entre les membres des deux organisations, en investissant dans l'éducation des responsables concernés. Une manière de favoriser cette compréhension peut consister, au-delà des réunions de groupe, à renforcer la connaissance des activités des entreprises, en transférant quelques personnes clés entre les deux sociétés. Cette démarche peut s'appliquer aussi bien aux managers des deux entités (dans le cadre de comité de pilotage) qu'à certains responsables opérationnels représentatifs des métiers de base de chaque société. L'objectif de ces affectations est de faire connaître des savoir-faire spécifiques qui n'auraient pas été identifiés dans la phase de pré-acquisition et de mieux apprécier les perspectives de combinaison de ressources possibles entre les deux organisations. La nouvelle direction doit pour cela veiller à améliorer l'apprentissage organisationnel, en facilitant le transfert de compétences et la diffusion des meilleures pratiques.
- ***Poser un problème d'intérêt général cohérent avec les objectifs et les enjeux de l'acquisition*** : l'intégration symbiotique repose sur un élan, un mouvement sur lequel doivent se développer des initiatives et une adhésion globale au projet. Pour y parvenir, il est donc essentiel que la collaboration entre les deux entités, au-delà de l'exploitation des synergies opérationnelles, repose sur la résolution d'un problème d'intérêt général, de nature à concerner et donc impliquer l'ensemble des collaborateurs. Il s'agit par conséquent de mettre en avant un problème réel et légitime qui engage l'avenir du nouvel ensemble et par voie de conséquence les deux organisations. On peut citer comme problème d'intérêt général, la perte d'un client majeur, la demande d'un groupe de clients important ou encore l'entrée d'un concurrent menaçant. Naturellement, ces événements ne sont pas toujours prévisibles ni même souhaitables. Ils illustrent simplement la portée du problème, sur lequel une dynamique de groupe peut se développer et montre

l'importance de faire valoir l'intérêt stratégique du problème qui est posé au nouvel ensemble.

- ***Officialiser les insuffisances de l'acquéreur pour résoudre le problème, afin de légitimer l'apport l'entité acquise***[1] : une fois le problème soulevé, comme tout problème complexe, sa résolution est rarement simple. Face à cette situation, il convient dès lors pour l'acquéreur d'éviter la réaction naturelle qui consiste à échanger et débattre le problème dans son ensemble, en vue d'en tirer une solution acceptable par tous. Pourquoi ? Tout simplement parce que cette démarche va créer des conditions propices à une normalisation des comportements contraire à une démarche d'innovation. Il faut au contraire, dans ce type de situation, que l'acquéreur assume ses responsabilités et donne sa vision de la situation et les insuffisances relevées pour mener à bien le projet. C'est en effet à cette condition qu'une véritable collaboration entre les parties peut être possible et déboucher sur des initiatives fortes de la part de l'entité acquise. Et cela pour deux raisons : tout d'abord parce que l'initiative de l'acquis s'insère (dès lors) dans les préoccupations de l'entreprise acheteuse et est donc légitime. D'autre part, par ce qu'elle permet en cas de début de réponse consistante par rapport au problème posé de s'assurer du soutien de la direction et donc de l'ensemble de l'organisation.

Au-delà de ces principes, il convient d'admettre que l'intégration de symbiose a un corollaire, celui d'accepter les logiques d'erreurs voire certains échecs durant la phase de mise en œuvre. Dans ce domaine plus que tout autre, l'esprit d'ouverture et la persévérance sont essentiels à la réussite du projet.

Section 3 LE MANAGEMENT DES FUSIONS-ACQUISITIONS

Partageant une histoire et des expériences communes, les membres d'une organisation ont tendance à développer une culture partagée, constitutive de la spécificité de l'entreprise. Ces préférences et ces croyances se traduisent par des attitudes, des modes de pensée, des interactions, des logiques d'organisation et des considérations stratégiques différents. Cette culture d'entreprise dépend de la position géographique sur laquelle l'entreprise agit ainsi que de la culture du pays d'origine. Elle se définit également par plusieurs éléments liés au cycle de développement de l'entreprise et aux attitudes de ses membres dans le contexte du travail (dirigeants, actionnaires, employés).

1. Pour des développements plus précis sur les rapports entre majorité/minorités au sein des groupes, on peut consulter l'article de F. Allard-Poesi et O. Meier (2000).

Dans le cas de fusions-acquisitions, la notion de culture apparaît essentielle dans l'analyse des chances de succès de l'opération. Elle permet en effet de mieux rendre compte des éléments spécifiques à chaque entité et des risques posés par des différences ou incompatibilités trop prononcées. C'est notamment le cas au niveau des équipes dirigeantes des deux sociétés fusionnées dans leur façon de gérer le développement de leur organisation. Le rapprochement peut en effet créer des différences en termes de paradigme stratégique qui peuvent in fine se révéler déterminantes. On entend par paradigme stratégique « le système collectif de représentation, c'est-à-dire de croyances et d'hypothèses répandues dans l'organisation et tenues pour vraies » (Joffre, Koenig, 1992). Le choc entre deux systèmes trop éloignés peut dès lors entraîner le départ de certains dirigeants ou cadres de l'entreprise acquise refusant l'interprétation collective des décisions de la nouvelle direction.

Ces risques sont d'autant plus forts que l'acquéreur sélectionne rarement l'entreprise acquise pour ses caractéristiques culturelles. Bien souvent, il choisit une cible pour des motivations stratégiques ou financières, rarement pour des raisons d'ordre culturel. L'acquéreur découvre par conséquent cette réalité, une fois l'achat réalisé. C'est donc essentiellement en phase d'intégration que l'acquéreur va prendre conscience de la difficulté causée par le regroupement d'entités de cultures différentes.

REPÈRES : Les raisons des problèmes culturels dans les fusions-acquisitions

Plusieurs raisons peuvent être avancées[1] pour expliquer le problème des cultures lors de fusions-acquisitions.

- **La culture de l'entreprise acquise peut difficilement être supprimée**

En dépit de l'existence de nouvelles structures et des efforts de renouvellement des équipes, les cultures organisationnelles et professionnelles qui prévalaient avant l'acquisition ne disparaissent pas facilement. Dans bien des cas, elles demeurent souvent présentes au sein des entités recomposées. Le système de croyance des individus, leur façon de penser ou de réagir face à un problème donné seront par conséquent imputables à la culture de leur ancienne organisation. Or des expériences récentes montrent que s'il est possible d'agir au niveau du comportement quotidien (respect des règles, habitudes, usages), il est en revanche beaucoup plus difficile de modifier le système de valeur et de référence d'individus ayant en commun une même manière d'analyser, d'interpréter et d'agir. Cette réalité peut dès lors occasionner de nombreuses perturbations dans le fonctionnement de la nouvelle organisation, en créant des incompréhensions sur la façon d'aborder les problèmes et la manière de les résoudre.

1. Ce paragraphe reprend en partie l'analyse de Meier O. (2000), « Gestion et valorisation des différences culturelles dans le cas de fusions-acquisitions », Revue Gestion des Ressources Humaines, N° 43, p.68-81.

• La culture de l'acquis est souvent perpétuée par ses membres qui tendent à créer un univers idéalisé

Les individus vont avoir tendance au cours de leur vie professionnelle à garder en mémoire la période de leur vie professionnelle dont ils sont le plus fiers et où des manifestations symboliques positives se sont produites (reconnaissance, gratification). Or bien souvent, la fusion-acquisition est vécue par les membres de l'entreprise acquise comme une injustice et la sanction d'une mauvaise gestion. Les individus auront par conséquent tendance à perpétuer, même inconsciemment la période « heureuse », où leur efficacité économique était valorisée et récompensée, quitte à focaliser ou transformer la réalité en retenant que les éléments positifs de cette période: perpétuation des mythes, des histoires et des actes positifs. Ce mécanisme va dès lors créer un clivage entre les membres de l'entité achetée (qui souhaitent conserver l'image d'une période « faste » avant l'acquisition) et les membres de l'entreprise acheteuse (dont l'objectif premier est de transformer la société cible à des fins de rentabilité et d'efficacité). L'univers à partir duquel les individus vont communiquer et identifier ce qui les rapproche, apparaît dès lors insurmontable à deux niveaux : opposition en termes d'univers temporels (entre l'avant et l'après acquisition) mais aussi en termes de représentations (entre un univers par définition idéalisé et un univers réel avec son lot quotidien de difficultés et de problèmes).

• La culture de l'entité acquise renferme des principes et des valeurs auxquels restent attachés les membres de l'organisation

Les individus généralement choisissent librement leur entreprise. Ils ont même tendance à sélectionner une entreprise dont les valeurs sont en accord avec leurs aspirations et visions professionnelles : notoriété de l'entreprise, évolution de carrière, salaire d'embauche, sécurité d'emploi, ambiance et état d'esprit, proximité géographique… Ils sont donc le plus souvent liés par un contrat psychologique difficilement réplicable compte-tenu du rapport spécifique qui existe entre l'individu et son organisation. Or la fusion-acquisition, de par son mode asymétrique (un acquéreur/un acquis) tend à rompre ce contrat moral et affectif au profit d'un nouveau système de valeurs et de règles qui propose une façon différente de percevoir, de penser et d'agir. La remise en question de ce lien, dans le cas d'acquisitions ou fusions, peut donc être vécue comme la remise en cause de certains principes ou valeurs au profit d'autres, et créer par là même des tensions de fond, sources de déstabilisation ou de fuite.

La co-existence durable de cultures différentes au sein du même ensemble présente par conséquent des risques d'acculturation liés à la volonté des parties en présence de préserver leur culture organisationnelle. La dimension culturelle constitue donc un enjeu essentiel dans le management des fusions-acquisitions et doit à ce titre être prise en compte si l'on veut limiter les risques fréquents de destruction de valeur.

Le succès de la croissance externe passe donc par un management culturel des entités. Il nécessite également la prise en compte de l'impact psychologique de l'opération sur les membres de l'entreprise acquise. En effet, l'insertion de l'entreprise achetée demande un réel talent de communication, d'explication et de motivation vis-à-vis de ceux qui sont directement concernés dans leurs tâches quotidiennes par les conséquences du rapprochement. Une analyse stratégique, aussi élaborée soit-elle, suffit rarement pour convaincre. Il y faut aussi des qualités de pédagogie et de leadership pour rassurer et impliquer le personnel. Réussir une fusion acquisition sur le plan culturel et humain constitue par conséquent un préalable à la bonne marche des opérations. Or force est de constater que la plupart des entreprises se focalisent sur la dimension économique de l'intégration au détriment de ses aspects culturels et humains. Pourtant, les fusions-acquisitions sont, dans la majorité des cas, destructrices de valeur, à cause de difficultés culturelles, sociales et managériales.

Un projet de fusion-acquisition ne vaut que par la réalisation de ses objectifs en phase d'intégration. Les moyens pour mettre en œuvre la politique de croissance sont multiples et variés et impliquent la prise en compte de la culture des entreprises et des réactions des employés. Ceci nécessite une implication forte des principaux responsables du nouvel ensemble lors de la mise en œuvre. Car la mise en œuvre, avec tous les aléas qui lui sont propres, est sans doute la tâche la plus délicate à mener. Elle demande de la part de l'encadrement une aptitude réelle à prévenir et gérer les difficultés culturelles, psychologiques et managériales. Or la résolution de ces problèmes ne va pas de soi. Il n'y a pas dans ce domaine de méthodes universelles. Le succès de la mise en œuvre est davantage affaire de principes. Elle repose avant tout sur la capacité des dirigeants à répondre à certains impératifs pour pouvoir effectivement mettre en œuvre la stratégie décidée. Le tableau ci-après précise les étapes clés indispensables à un management culturel et humain efficace, dans le cas de fusions-acquisitions.

Management culturel et humain : les étapes clés
1. Identifier les risques culturels de l'opération
2. Comprendre les différents types de conflits et de blocages
3. Définir le rôle et les missions des dirigeants et de l'encadrement dans la gestion de l'intégration
4. Repérer les éléments symboliques de la société acquise
5. Élaborer un plan de communication précis
6. Organiser le changement en fonction des enjeux

Ces étapes peuvent s'appliquer à la plupart des opérations de croissance externe. Elles visent à créer les conditions d'une mise en œuvre centrée sur une gestion maîtrisée du changement qui soit porteuse de sens et compréhensible par tous. L'approche cherche ici à concilier deux aspects indissociables de l'intégration : le changement opérationnel, celui que l'acquéreur souhaite introduire et le changement social que le regroupement ne manquera pas de provoquer et qui est souvent la source des résistances les plus fortes.

1 Identifier les risques culturels de l'opération

1.1 Comment définir la culture d'une entreprise

Les recherches sur la culture d'entreprise sont riches et variées. Elles ont donné lieu à de nombreuses définitions. Bien que pertinentes, ces définitions n'ont pas jusqu'à présent permis d'établir des grilles d'analyse culturelle susceptibles d'être utilisées dans le cas de politiques d'intégration. Or comme le soulignent de nombreux travaux, changement culturel et politique d'intégration sont étroitement liés. L'intégration d'une nouvelle entité conduit à faire évoluer les modes de pensées et d'actions des membres des deux organisations. Elle amène également à redéfinir l'identité du nouvel ensemble en fonction des objectifs poursuivis. À ce titre, l'étude des cultures dans le cas de fusions-acquisitions est essentielle à la compréhension des processus de changement.

Il est présenté, ci-après, une méthode permettant d'identifier les cultures existantes lors de processus de fusion acquisition. L'approche développée prend appui sur un travail antérieur (Meier, 1998) mené dans le cas de changements post acquisition[1], ayant conduit à l'élaboration de grilles d'analyse culturelle. Les grilles proposées ci-après comprennent 11 items :

- l'histoire,
- le métier,
- les valeurs dominantes,
- le référentiel en termes de développement,
- le positionnement face à l'environnement,
- les éléments d'identification et d'appartenance,
- le type de structure,
- le processus de décision,
- le style de management et sources de pouvoir,
- la politique des ressources humaines,
- le comportement et les attitudes.

1. La grille d'analyse culturelle est notamment issue de différentes recherches basées sue des travaux relatifs à la culture d'entreprise proprement dite, comprenant la définition des concepts clés et leur utilisation dans le cas de relations sociales (Berry, 1983) ou d'entreprise (Harrisson, 1972 ; Schein, 1985); des travaux sur la culture et les processus de changement organisationnel (Larçon, Reitter, 1979 ; Reitter, Ramanantsoa, 1985 ; Reitter, 1991 ; Brown, Starkey, 1994) ; et des recherches menés dans le domaine spécifique des fusions-acquisitions, portant sur l'intégration culturelle et managériale de l'entité acquise (Walter, 1985 ; Buono, Bowditch, Lewis, 1985 ; Datta,1991 ; Duforez, 1995 ; Cartwright, Cooper, 1996).

Tableau 7.2 – *Grille d'analyse culturelle*

Critères clés	Objectif visé	Dimensions possibles
Histoire	Reconstituer les principales phases du développement de l'entreprise, à travers l'étude de ses principaux dirigeants, de l'évolution de ses structures juridiques, de ses liens de pouvoir en interne et des relations qu'entretient l'entreprise avec les autres firmes du secteur.	Événements, dates, phases clés du développement, personnalités marquantes, mythes fondateurs et légendes, politique d'investissement, politiques de désengagement, périodes d'embauche et de licenciement.
Métier	Connaître les compétences spécifiques de l'entreprise, en étudiant ses savoir-faire initiaux et ses métiers d'avenir.	Appartenance professionnelle, type d'industrie, technologie et savoir-faire, type de clientèle, moyens et ressources, système de production.
Valeurs dominantes	Rechercher les fondements sur lesquels s'appuie l'entreprise pour légitimer ses actions.	Poids relatifs des grandes directions (technique, commerciale, recherche, ressources humaines…) Credo/philosophie : quantitatif vs. qualitatif, orientation production vs. client, orientation coût vs. qualité, polyvalence vs spécialisation, efficience vs. efficacité.
Référentiel en termes de Développement	Analyser les préférences en matière de stratégie de développement et leurs principales causes (taille de l'entreprise, pouvoir financier, choix des dirigeants…)	Voies de développement: spécialisation, diversification, intégration amont ou aval, innovation. Stratégies concurrentielles : stratégie de domination par les coûts, stratégie de différenciation, stratégie de focalisation. Modes de développement privilégiés (croissance interne, croissance externe, alliances, partenariats).
Positionnement face à l'environnement	Analyser la position et l'image de l'entreprise dans son environnement économique et social.	Implantation géographique de l'entreprise et de ses principaux clients, attitude face aux risques ou opportunités externes, relations avec les acteurs de l'environnement, réactivité face à l'imprévu, recours à la sous-traitance et aux partenariats, ouverture sur l'extérieur, sensibilité aux valeurs sociales et sociétales (emploi local, éthique, environnement, humanitaire…)

Tableau 7.2 – *Grille d'analyse culturelle (suite)*

Éléments d'identification et d'appartenance	Repérer les éléments qui revêtent pour les membres de l'entreprise étudiée, une forme d'identification et d'appartenance à un groupe social.	Symboles, signes, noms, emblèmes, références historiques, légendes, insignes, organisation des bureaux, aménagement interne, localisation des sites…
Type de structure	Identifier la structure de l'entreprise sur le plan de son organisation et de son fonctionnement.	Statut juridique de l'entreprise, composition du capital, poids des principaux actionnaires, organigramme, ligne hiérarchique, degré de formalisation, relations horizontales et relations entité-groupe, degré de spécialisation, niveau de standardisation des procédés de travail, mode de fonctionnement (pyramidal, en réseau, en râteau…), poids de la technostructure, des centres opérationnels et des activités de soutien, mécanismes de contrôle, d'intégration, de régulation et de coordination, degré de différenciation fonctionnelle, champ de la supervision…
Processus de écision	Étudier les mécanismes de prise de décision au sein de l'organisation	Nature des décisions (individuelle/collective) rapidité du processus, fluidité ou rigidité des circuits, niveau de préparation des décisions, choix des critères d'appréciation, niveau de délégation, systèmes de réunion d'information, de concertation et de coordination, règlement des conflits, rôle des experts.
Style de anagement et sources du pouvoir	Identifier la façon dont la direction de l'entreprise encadre et gère ses employés et collaborateurs.	Style de direction : paternaliste, autocratique, démocratique, bureaucratique, entrepreneurial, mercenaire. Sources du pouvoir: pouvoir de coercition, pouvoir de gratification, pouvoir d'expertise, pouvoir statutaire, pouvoir charismatique…
Politique des Ressources Humaines	Examiner la façon dont les dirigeants informent, animent et contrôlent leurs équipes de travail.	Politique de rémunération et de gratification, gestion des carrières, politique de recrutement, politique de formation, profils et compétences recherchés, style d'animation, politique de communication interne ; critères, outils et procédures d'évaluation, importance des statuts, relations avec les instances représentatives du personnel.

Tableau 7.2 – *Grille d'analyse culturelle (suite)*

Comportement et attitudes	Repérer les principaux comportements et attitudes des employés à l'égard de leur organisation.	Attachement du personnel, motivations des employés, engagement personnel et collectif, adhésion, climat social, taux d'absentéisme, taux de rotation, importance des conflits et des grèves, taux de syndicalisation, distance sociale, langage, vocabulaire utilisé, tenue vestimentaire, rites, cérémonies, tabous...

Source : d'après O. Meier (2001)

1.2 Identifier les risques culturels de l'opération de fusion ou d'acquisition

Le diagnostic culturel peut constituer un moyen d'appréhender la culture d'une entreprise et de cerner les risques de confrontation entre des cultures d'origine différente. En effet, la culture d'entreprise regroupe de façon cohérente les valeurs et les croyances communément acceptées par la plupart des membres de l'organisation. Certaines cultures, par exemple, mettent en avant l'esprit entrepreunerial et l'action, alors que d'autres privilégient la gestion maîtrisée des risques commerciaux et financiers. Naturellement, ces philosophies ne sont pas exclusives mais elles traduisent la préférence des entreprises à une ou plusieurs valeurs clés. L'incompatibilité entre certaines valeurs ou croyances peut dès lors créer de fortes dissonances au sein du nouvel ensemble.

Parmi les conflits identifiés lors de fusions-acquisitions, on peut notamment relever les oppositions suivantes :

Tableau 7.3

Types de conflits	Nature du risque
Culture hiérarchique / participative	Conflits sur la concentration du pouvoir et le niveau de délégation octroyé aux membres de l'organisation.
Culture centralisée / décentralisée	Conflits sur le mode de fonctionnement et l'autonomie accordée aux unités périphériques.
Culture conservatrice / entrepreneuriale	Conflits sur l'importance accordée aux informations nouvelles ou émergentes. Conflits sur les questions de créativité et d'innovation Conflits sur les critères de performance.
Culture procédurière / informelle	Conflits sur les moyens. Conflits sur les mécanismes de contrôle et de coordination des activités.
Culture gestionnaire / opportuniste	Conflits sur l'horizon de la politique de croissance. Conflits sur les critères de performance et la gestion stratégique des activités.

Tableau 7.4

Types de conflits	Dimensions clés
Culture hiérarchique / participative	– nombre de niveaux hiérarchiques – importance du statut au sein de l'organisation – contrôle par supervision directe vs par concertation – pouvoir formel vs influence-leadership
Culture centralisée / décentralisée	– degré de concentration du pouvoir – niveau de délégation – degré d'autonomie fonctionnelle – contrôle par les systèmes de planification vs par les mécanismes du marché
Culture conservatrice / entrepreneuriale	– degré d'ouverture sur l'extérieur – poids de l'histoire et de la tradition – degré d'initiative et d'autonomie décisionnelle – degré d'innovation et de créativité – capitalisation de l'expérience vs expérimentation – primauté accordée à l'ancienneté versus gestion des compétences – contrôle de conformité vs contrôle par les résultats – approche défensive vs approche exploratoire – degré de tolérance aux risques (incertitude) – degré de mobilité interne et externe
Culture procédurière / informelle	– degré de formalisation – niveau de standardisation des procédés de travail vs ajustement mutuel – degré de précision des objectifs attendus – contrôle administratif vs contrôle social et culturel – intention explicite des dirigeants vs intuition
Culture gestionnaire / opportuniste	– degré de programmation des actions – niveau de quantification et de contrôle – niveau de standardisation des qualifications et des résultats – niveau d'explicitation des plans et objectifs – importance prise par la rationalité analytique et les évaluations – importance accordée à la stabilité interne et au respect du règlement – contrôle financier vs auto-contrôle – stratégie planifiée vs stratégie déterminée par l'externe

De manière générale, le choc de cultures dans le cas de rapprochements s'exerce à trois principaux niveaux :

- **les conflits au niveau de la structure et des systèmes de fonctionnement (contrôle, rémunération, recrutement, motivation, délégation…)**
  Les structures de l'entreprise constituent à la fois l'architecture et la substance des organisations. Elles révèlent généralement les fondements de l'entreprise, ses priorités, le mode d'ordonnancement et de gestion des ressources, ainsi que la nature des responsabilités de chacun au sein de la firme. Quant à l'étude du fonc-

tionnement, elle permet d'apprécier la nature des relations au sein de l'organisation (rapports de subordination, d'autorité ou d'obéissance) et de prendre en compte la façon dont les responsables agissent et réagissent face à certains événements ou situations (prises de décision, exploitation courante, résolution des conflits...) ;

- **les conflits au niveau du style de management (valeurs, philosophie, pratiques managériales)**
  Le style de management permet d'entrevoir les valeurs clés et les concepts directeurs sur lesquels se fondent les actions de l'entreprise. Le choix du style de direction constitue par conséquent un acte essentiel dans la gestion du nouvel ensemble, dans la mesure où il entend donner un certain nombre de points de repères (règles) permettant de savoir ce que l'on doit faire, ce que l'on peut accepter et ce qu'il faut éviter. La définition du style de management permet ainsi aux employés de disposer d'un système de repérage qui les rassure et les stimule. Elle contribue à insuffler une manière d'être et de se comporter, favorisant la mobilisation et l'implication des individus dans leur travail ;
- **les conflits au niveau du mode de légitimation du pouvoir au sein des entités (sources du pouvoir)**
  Selon les entreprises, l'exercice du pouvoir peut prendre des formes très différentes. Pour certaines organisations, le pouvoir est étroitement lié à la position hiérarchique des acteurs au sein du système en place. Il prend dans ce cas, principalement appui sur un système d'autorité formel (statut, niveau hiérarchique, délégation budgétaire) et sur la capacité de l'individu à disposer d'une influence coercitive. Dans d'autres systèmes, le pouvoir de l'acteur est davantage à rechercher dans sa capacité à maîtriser certaines ressources (expertise), dans sa personnalité (charisme) ou dans sa gestion relationnelle. De fait, lors d'un rapprochement, la nature différente des pouvoirs en présence peut créer des oppositions fortes et devenir par là-même une source de contentieux entre les deux organisations.

2 Comprendre les différents types de conflits et de blocages

La plupart des dirigeants de l'entreprise acheteuse tendent à minimiser l'importance des questions sociales et humaines, lorsqu'ils envisagent une opération de croissance externe, en dépit des risques que celle-ci soulève en phase d'intégration. Le tableau ci-dessous présente les types de risques les plus fréquemment observés en phase de post-acquisition et leurs principales dimensions. Il met en particulier en avant les différentes réactions possibles des membres de l'entité achetée après une acquisition, leurs manifestions et les effets qu'elles provoquent sur la gestion des relations acquéreur-acquis.

Tableau 7.5

Réactions type des membres de l'entité acquise, après acquisition	Manifestations	Effets
Inquiétude	***Individualisation des comportements*** Insécurisation – peur de l'avenir Traumatisme – perte de repères Stress et anxiété élevés	***Démobilisation*** Absentéisme Turnover « Laissez aller » Fuite de compétences Développement de la rumeur
Incompréhension	***Cristallisation des points de vues*** Absence de dialogue Méfiances réciproques (défiance) Agacement – irritation	***Blocages*** Clivage « eux – nous » Tensions – blocage social – grèves Climat pesant
Résistance passive	***Immobilisme*** Acceptation de façade Absences d'initiative – d'engagement Participation limitée Problèmes de coordination des activités	***Enlisement*** Actions différées Accumulation du retard (*cf.* calendrier) Dégradation du service au client (délais)
Revendication	***Polarisation*** Mise avant des particularismes culturels[1] (normes, valeurs, croyances) et des spécificités fonctionnelles (rémunération) Opposition au système de valeurs en place Évaluation négative du système d'autorité	***Conflits*** Confrontations Conflits culturels et sociaux Détérioration du climat
Rébellion	***Insoumission*** Attitude hostile Manque de loyauté Refus d'obéissance	***Déstructuration*** Actes de sabotage Fautes graves (vols, piratage, vandalisme) Dégradation de la qualité globale des prestations (détérioration) Non-respect des règles et des ordres

1. Aux particularismes culturels liés à l'histoire et au vécu des individus au sein de leur entreprise d'origine, peuvent également se greffer d'autres spécificités culturelles liées à la culture du pays où des différences importantes peuvent être observées entre les deux organisations, en ce qui concerne notamment la nature des relations des salariés à l'égard du pouvoir et du travail ainsi que leur tolérance aux risques et à l'incertitude.

Les réactions exposées ci-dessus recouvrent les principaux comportements observés chez les membres de l'entité acquise, après une fusion-acquisition.

Naturellement, ces risques varient selon l'opération[1]. Ils n'en demeurent pas moins présents dans la plupart des cas. Il convient de ce fait de les prévenir par un traitement adapté.

Ce traitement passe en premier lieu par une meilleure compréhension des résistances au changement lors de fusions-acquisitions. Il s'agit tout d'abord d'admettre cette réalité, en la considérant comme un réflexe naturel de protection à l'égard de ce qui nous échappe. Il n'y a donc en soi rien de critiquable dans ce type de réactions. Néanmoins, elles constituent une source de perturbation qu'il convient de repérer et maîtriser. Pour cela, il faut d'abord prendre conscience des raisons qui sont à l'origine de ces freins. Le tableau suivant propose de répartir ces motifs en trois principales catégories.

Tableau 7.6

Principales raisons du refus de changement post-acquisition	Commentaires
Motifs psychologiques	Attitude souvent instinctive et irraisonnée, fondée sur la perte de repères et d'identité : crainte de ne plus avoir de prise sur son avenir, sentiment d'abandon, incertitude sur son devenir personnel, crainte des effets indirects et secondaires de l'opération…
Motifs professionnels	Attitude souvent liée aux risques de changement au niveau de la gestion des activités. La fusion acquisition conduit généralement à des évolutions au niveau des métiers et des priorités de l'entreprise. D'où la crainte de ne plus être compétent, inquiétude au niveau des conditions de travail, peur des licenciements ou remise en cause de certains avantages professionnels…
Motifs politiques	Attitude liée aux nouveaux rapports de force entre les deux entités regroupées, marqués par la forte domination de l'acheteur : crainte de perdre une partie de son pouvoir, de son positionnement, de son prestige, de ses marges de manœuvres, de ses degrés d'initiative…

1. Plusieurs facteurs sont susceptibles de modérer l'intensité des risques occasionnés par l'opération. On peut notamment citer la proximité des métiers, la taille relative des entités fusionnées, la performance antérieure des firmes, la situation conjoncturelle, le contexte pré-achat (acquisition amicale versus hostile, pression des actionnaires, médiatisation de l'événement…).

En dépit de cette réalité, la direction de l'entreprise acheteuse se doit de réagir, en adoptant rapidement des dispositions qui réduisent les marques de refus au changement. Ceci l'oblige notamment à procéder dans les plus brefs délais au règlement des points suivants : transparence sur les objectifs du nouveau groupe, sécurité de l'emploi, possibilité de promotion et de mobilité interne, bénéfices et accès à des avantages identiques pour tous les salariés, gestion équilibrée des rôles et des responsabilités au sein du nouvel ensemble. Le traitement de la question sociale de l'intégration concerne donc en priorité le sort réservé aux membres de l'entreprise acquise et l'égalité dans la répartition des avantages professionnels. Il s'agit de montrer « aux nouveaux arrivants » que le contrat psychologique qui les unissait à leur ancienne organisation n'a pas fondamentalement changé et que le regroupement contribue à améliorer l'image de leur entreprise sur le marché. Quant aux individus menacés par des plans de licenciements, il convient d'insister sur les avantages spécifiques qu'ils retireront de leur départ en bonne et due forme. Parfois, des programmes d'accompagnement ou de reconversion peuvent contribuer à minimiser l'impact social de l'opération.

3 Clarifier et préciser le rôle des dirigeants

Face à des changements aussi importants que les opérations de fusions-acquisitions, la définition du rôle et des missions des dirigeants et responsables opérationnels constitue une priorité indispensable au succès de l'intégration. Il s'agit d'une mission difficile qui repose sur la capacité des acteurs à répondre aux inquiétudes et difficultés relatives au changement de contexte organisationnel.

Cette tâche délicate peut être décomposée en différentes actions opérationnelles, à savoir :

- ***informer les employés des deux entreprises de l'enjeu stratégique de la fusion-acquisition*** (justification économique de l'opération) : à l'exception de données confidentielles, la réalisation d'une manœuvre stratégique est faite pour être communiquée, du moins dans ses grandes lignes, à l'ensemble du personnel. Il s'agit notamment d'inscrire l'opération dans le cadre des évolutions de l'environnement de la firme, en montrant en quoi cette manœuvre peut répondre à ses contraintes et enjeux à court et moyen terme. L'information doit aussi concerner les responsables opérationnels de l'entreprise acheteuse qui n'ont pas participé aux négociations. Il est en effet crucial de les informer et de leur expliquer pourquoi et comment se sont formées les décisions et quelles en sont les principales conséquences pour l'organisation. C'est de cette manière qu'il leur sera possible de répondre de façon satisfaisante aux craintes suscitées par l'opération ;

- ***rassurer les équipes sur les perspectives d'évolutions professionnelles et les conditions de travail*** : La communication sur la fusion-acquisition, du fait de ses conséquences humaines et sociales, doit s'accompagner de la désignation de « personnes clés » chargées de prendre le relais de l'intégration dans le domaine opérationnel. Ces individus ou équipes doivent ainsi être à l'écoute des inquiétudes des membres de leur service, et proposer des réponses ciblées qui tiennent compte des orientations stratégiques générales. Il s'agit avant tout de canaliser les risques d'anxiété et de stress sur un plan local, en s'attachant par des réponses précises et concrètes à éviter les rumeurs. Cette démarche peut même parfois contribuer au développement d'actions d'améliorations par une meilleure prise en compte des effets de l'opération sur les individus ;
- ***favoriser le transfert de ressources entre les deux organisations*** : une tâche essentielle de l'encadrement réside également dans la gestion du transfert de ressources (effectifs, actifs, compétences) entre les sociétés, afin de favoriser l'esprit d'équipe et d'enclencher les programmes d'actions opérationnelles. Il importe ici aux responsables d'arbitrer entre la nécessité d'agir vite pour atteindre les objectifs fixés et une certaine prudence en ce qui concerne les résistances au changement et les risques de destruction de valeur (dysfonctionnements, perturbation, perte de compétences) ;
- ***veiller au maintien des qualités propres de l'entreprise acquise qui contribuent au potentiel de création de valeur*** (ressources stratégiques, partenariats existants, portefeuille clients...) : la valorisation d'une opération repose en partie sur les capacités de l'entité acquise. Il convient par conséquent d'éviter, par des actions trop brutales ou insuffisamment différenciées, de bâtir une politique de changement global qui occulte la diversité des pratiques culturelles et managériales de l'entité acquise ;
- ***sensibiliser les acteurs sur l'émergence d'un nouveau groupe commun***, en suscitant des actions fédératrices (identité visuelle, gestion de projets, formation commune, harmonisation des procédures...). Une des difficultés de l'intégration réside dans la capacité de la Direction à créer l'adhésion et l'implication des acteurs au nouvel ensemble. Il s'agit notamment de parvenir au développement d'actions conjointes susceptibles de faire émerger de nouvelles pratiques culturelles et managériales sur lesquelles la plupart des salariés se retrouvent. Cette mission particulièrement difficile à réaliser demande souvent du temps. Elle repose généralement sur différentes actions d'origines diverses, comme la production de nouveaux symboles (logos, nom de l'entreprise, localisation, mythes, rites spécifiques), des logiques concrètes d'insertion (stages d'intégrations, réunions d'information, groupes de travail) ou le lancement de projets en commun (nouvelle offre, politique qualité...).

Pour y parvenir, les dirigeants peuvent mobiliser différents outils de pilotage pour gérer dans de bonnes conditions l'intégration de l'entreprise acquise.

Tableau 7.7

Moyens	Objectifs opérationnels	Modalités pratiques
Communication du PDG comme représentant du nouvel ensemble	Justifier auprès du personnel du bien fondé de l'opération et de son intérêt stratégique pour le groupe.	Communication de type descendante, à travers une lettre signée du PDG et adressée aux membres des deux organisations.
Complément d'informations par la direction générale, la direction de communication interne, la direction RH	Rassurer les équipes sur les modalités de fonctionnement et le rôle de chacun au sein de la nouvelle organisation.	Journaux écrits et courriers internes destinés à informer les services sur les changements intervenus suite au rapprochement (informations sur la nouvelle structure, la redistribution des rôles, les nouvelles pratiques…)
Constitution de relais opérationnels tout au long de la structure organisationnelle	Ressentir les inquiétudes, stress ou incompréhensions du personnel. Rassurer les équipes sur la gestion sociale de l'opération.	Désignation d'acteurs clés proches du terrain, chargés de répondre en priorité aux attentes et inquiétudes du personnel, dans le cadre de réunions d'échanges ou d'entretiens individuels.
Formation d'une équipe d'interface, chargée des relations entre les deux entités	Favoriser le transfert de ressources entre les deux sociétés.	Mode de management favorisant l'implication des membres des deux entités par l'information réciproque au sein des différentes unités et la délégation de la mise en œuvre des décisions.
Affectation de responsables de l'entreprise acquise au sein du management d'interfaces	Porter une attention particulière sur les compétences clés de l'entreprise acquise et les risques involontaires de destruction de valeur.	Association de dirigeants ou responsables de l'entité achetée dans les réunions stratégiques ou travaux de groupe.
Développement d'actions en commun, vecteurs de sens	Créer un sentiment d'appartenance à travers des actions fédératrices.	Création de nouveaux symboles, mise en place d'actions d'insertion, développement de nouveaux projets.

4 Repérer les éléments symboliques de la cible

Dans le cas de fusions-acquisitions, la question des symboles renvoie à l'identification d'éléments (attribut, emblème, insigne) qui évoquent par leur forme ou leur nature une association d'idées rappelant des éléments de la culture de l'entreprise. Or, cette question, dans ce type de rapprochement, prend une résonance toute particulière, en posant le problème implicite des rapports entre l'acquéreur et l'entité acquise. En effet, certains éléments observables, comme les insignes, logos ou couleurs risquent d'être étudiés attentivement par les membres de l'entreprise acquise, comme un moyen pour l'acheteur de renforcer son pouvoir au sein de l'organisation.

Comme le souligne Reitter (1991), les individus peuvent, en fonction de thèmes essentiels à leur équilibre social et émotionnel (maintien de certains repères, recherche de stabilité, préservation de leur sécurité), être conduits à comprendre d'une certaine façon la modification de symboles lors de changements organisationnels. Ils seront en effet enclins à repérer de manière plus ou moins consciente des éléments visibles et descriptibles et à les interpréter en fonction de ce qu'ils peuvent représenter en tant que déséquilibres psychologiques et politiques (Ashforth & Mael, 1989).

La manipulation de certains symboles peut de ce fait être perçue, dans des situations d'incertitude élevées, comme des signes avant-coureur de changements forts qu'il s'agit pour l'acteur inquiet d'identifier et d'analyser.

Les individus *a priori* menacés par le changement (dans le cas présent, les membres de l'entité achetée) risquent donc d'analyser les évolutions en matière de symboles de façon positive ou négative, selon que ces éléments renforcent ou affaiblissent l'imaginaire organisationnel de leur entreprise. Lors de fusions-acquisitions, une attention particulière peut ainsi être portée au logo (nom, graphisme, couleur), à certains lieux ou événements qui rappellent les caractéristiques culturelles de l'une des deux entreprises concernées par la fusion-acquisition. La difficulté de la direction est donc double : elle doit à la fois par des symboles visibles acter un changement fort (la création d'une nouvelle identité), tout en montrant que ce changement ne se fait pas au détriment de l'une des deux sociétés.

Ainsi, face aux risques d'incompréhension, l'intégration de l'entreprise acquise peut parfois nécessiter la préservation de symboles clés pouvant revêtir pour ses membres un statut particulier auquel ils restent fortement attachés. Éliminer certains symboles, c'est en effet courir le risque de voir se développer des réactions hostiles qui peuvent fortement perturber le processus d'intégration de l'entité acquise.

Il convient donc pour la direction de tenir compte de cette réalité, en donnant aux membres de l'entreprise achetée, des signaux susceptibles de rassurer les acteurs sur l'évolution de la situation. Dans ce domaine, la place accordée aux symboles se révèle dans bien des cas aussi importantes que le choix de certaines actions opérationnelles, notamment durant les premiers mois de l'opération.

Exemple

Un exemple réussi de transition peut concerner la décision de l'acheteur BNP, suite à l'achat de la société Paribas, de définir rapidement un nouveau logo, pour remplacer le vieux sigle BNP très daté des années 80, en tenant compte de l'image de son nouveau « partenaire ». La direction a pu ainsi remplir sa double mission : communiquer sur la création du premier groupe bancaire national, en intégrant dans la démarche les deux composantes du nouvel ensemble (préservation des deux noms avec graphisme nouveau).

5 Élaborer un plan de communication précis

Avant d'initier la politique d'intégration, l'entreprise acheteuse doit s'interroger sur sa politique de communication, en l'insérant dans une démarche globale. Il s'agit en particulier de lier l'opération de croissance externe à la stratégie de la firme et de montrer de quelle façon le rapprochement est au service des acteurs du nouvel ensemble. Le choix de communiquer sur ses choix n'est pas une pratique courante pour la plupart des dirigeants soucieux de préserver la confidentialité de leurs actions et leurs marges d'adaptation. Néanmoins, la difficulté à convaincre de l'intérêt des fusions-acquisitions impose un changement de comportement pour pouvoir légitimer ses actions. C'est en effet, en faisant valoir leur stratégie que les entreprises peuvent rassurer les marchés financiers et construire une image positive auprès des différentes parties prenantes. Communiquer sur la stratégie a donc un rôle essentiel et peut parfois constituer le socle indispensable à un sentiment d'adhésion au projet.

La politique de communication vise par conséquent à sensibiliser les différentes parties prenantes, en favorisant des réactions cognitives, affectives et comportementales à l'égard de la nouvelle entité. En d'autres termes, il s'agit pour l'acquéreur de susciter des jugements, sentiments et comportements constructifs allant dans le sens d'un développement en commun. Plusieurs actions peuvent être proposées pour rendre compte des liens unissant les acteurs concernés et la politique de rapprochement. Une première démarche vise à énoncer la mission générale du nouvel ensemble dans un souci de cohérence et de clarté. La deuxième consiste à repérer les attentes spécifiques de chaque « cible ».

Souvent négligée, la formulation de la mission constitue une étape essentielle dans la communication du nouveau groupe. Celle-ci précise en une phrase ou deux ce que le nouvel ensemble entend être et faire. Elle conduit à redéfinir la raison d'être de l'entreprise au regard du changement de contexte. La rédaction de la mission est un exercice extrêmement périlleux et rarement évident comme certains voudraient le croire. Car il amène la nouvelle direction à se poser des questions fondamentales liées à son existence et à son nouveau rôle économique et social.

En l'occurrence, il n'existe pas de définition vraiment consacrée dans le domaine. Elle dépend avant tout de la capacité des dirigeants à traduire le changement sous différents angles, en s'attachant à répondre à trois principales interrogations :

- qui sommes-nous ? (l'identitaire) ;
- que voulons-nous faire ? (le stratégique) ;
- comment entendons-nous agir ? (l'opérationnel).

Plusieurs questions peuvent aider les responsables à élaborer la mission du nouveau groupe, en les forçant à sortir de leurs certitudes et à prendre conscience de cette nouvelle réalité :

Tableau 7.8

Questions pour définir la mission du nouvel ensemble
La dimension identitaire
– En quelles valeurs croyons-nous ? – Quels sont nos signes d'identification et de distinction ? – Quelle est notre philosophie générale des affaires ?
La dimension stratégique
– Quels sont nos métiers et savoir-faire ? – Quelles politiques de développement suivons-nous ? – Quels sont nos avantages concurrentiels discriminants ?
La dimension opérationnelle
– Quel est le système de management de notre entreprise ? – Quel est son mode de fonctionnement ? – Quels sont nos critères de performance économique et sociale ?

De manière générale, il est souhaitable que la mission du nouveau groupe soit brève (la brièveté renforce l'impact), claire (la clarté évite les malentendus), stimulante (la stimulation doit favoriser l'adhésion) et ambitieuse (l'ambition permet de donner une image du futur porteuse de sens et d'espoir). Le choix des mots et des formules est donc primordial et doit traduire des convictions réelles et profondes. L'important est de trouver un style qui capte l'essentiel et qui facilite la communication.

Au-delà de la définition de la mission, il importe d'informer les différents agents concernés par la fusion-acquisition. En effet, la communication ne concerne pas ici une catégorie d'acteurs mais un ensemble de parties prenantes aux intérêts et motivations souvent différents. Il est donc impératif que la direction de l'entreprise initiatrice puisse au travers de ses différents messages et supports d'informations répondre aux attentes de ces acteurs qui peuvent selon les cas influer positivement ou négativement sur le processus de décision et de mise en œuvre.

De manière générale, la communication post-acquisition entend répondre à trois principaux objectifs que l'on peut décliner de la manière suivante :

- ***faire prendre conscience des enjeux et de l'intérêt stratégique de l'opération sur le plan économique et financier (stade cognitif)*** : la dimension rationnelle du discours doit s'efforcer de démontrer que la fusion-acquisition constitue pour les entreprises regroupées une source potentielle de création de richesse. Le message diffusé doit donc ici porter sur la qualité de synergies et la production des avantages concurrentiels issus du rapprochement ;
- ***susciter l'intérêt et l'adhésion au projet en montrant les sources potentielles de croissance pour les salariés des firmes (stade affectif)*** : la dimension affective des messages s'adresse en premier lieu aux salariés des deux entreprises fusion-

nées. Elle vise avant tout à montrer le rôle bénéfique du rapprochement d'un point de vue social, en tant que création d'une entité forte et durable capable de résister aux incertitudes et aléas. Elle entend également construire son discours autour du sentiment de fierté et de puissance que procure la naissance d'un nouveau groupe ;

- ***créer un climat ouvert et coopératif fondé sur la confiance, le respect et la loyauté à l'égard des partenaires de la nouvelle organisation (stade comportemental)*** : la dimension comportementale s'adresse aux acteurs internes et externes de la nouvelle organisation. Elle s'attache à maintenir le lien de confiance et d'estime qui unissait ces acteur et les entreprises initialement distinctes. Il s'agit ici à la fois d'assurer la continuité, tout en montrant les valeurs positives que représente le nouvel ensemble en termes par exemple de sécurité ou d'exigences professionnelles.

Ces objectifs trouvent une expression plus ou marquée selon la nature des cibles en présence. En effet, la direction de l'entreprise acheteuse se doit avant tout de répondre aux préoccupations de cinq groupes d'acteurs bien distincts, sensibles à des messages différenciés tant sur le plan du contenu que de la forme utilisée :

– ***les actionnaires*** : face à l'annonce d'une opération de croissance externe, les différentes parties concernées par le développement de l'entreprise, vont très vite réagir à la nouvelle donne proposée et voir les implications du changement pour leur propre positionnement. C'est en particulier le cas des actionnaires et analystes financiers qui vont s'interroger sur le bien fondé de l'opération et la justification du prix d'achat. Leur préoccupation tourne principalement autour du temps nécessaire pour que l'investissement puisse produire les effets escomptés, lorsqu'il en produit. Le cœur du message consiste à convaincre la communauté financière que l'acquéreur peut en s'unissant avec l'entreprise acquise créer de la valeur. Ceci nécessite de la part de l'acquéreur d'argumenter sur les synergies possibles, la rentabilité attendue et sur sa capacité à gérer les perspectives de croissance ;

– ***les clients*** : les clients constituent une richesse précieuse qui peut lors de changements importants être perdue, si la nouvelle direction n'accorde pas un soin attentif à rassurer sa clientèle sur la continuité de la relation et à réduire les dysfonctionnements occasionnées par le regroupement. En effet, les clients occupent une place particulière et doivent à ce titre faire l'objet d'une attention accrue lors de la phase de transition. Les risques de perte de clients, lors de rapprochements insuffisamment expliqués, sont courants et généralement difficiles à maîtriser sur le court terme[1]. Il est par conséquent essentiel que le management limite

1. Selon le cabinet Bain & Company (janvier 1999), la perte de clients est souvent importante lors d'une fusion, comme le montre le cas de la fusion entre UBS/SBC (banques suisses), où 14 000 clients ont été perdus dans les deux premiers mois suivant l'annonce du rapprochement. Parallèlement, la banque concurrente Basler Kantonalbank a vu le nombre de ses clients augmenter de 100 nouveaux par jour.

ces risques, en veillant à résoudre certains retards liés à la fusion-acquisition (manque d'informations, absence de relais, changement de responsables...). La gestion des clients constitue, de ce fait, une priorité absolue face à la tentation de nombreux concurrents de profiter de la période de transition pour capter de nouvelles parts de marché ;

– ***les fournisseurs*** : les fournisseurs de l'entreprise récemment acquise (ceux de l'acheteur étant *a priori* plus à l'abri) peuvent être inquiets du changement d'autorité au sein de leur entreprise cliente. La fusion-acquisition peut notamment remettre en question les contrats existants et modifier le système de relations qui prévalait avant l'opération (changement de prestataires, hiérarchisation différente des priorités, renégociation des conditions commerciales...). Il est donc essentiel pour la nouvelle direction d'insérer les fournisseurs dans la stratégie du nouveau groupe, en les présentant comme des partenaires privilégiés ;

– ***les membres de l'entité acquise*** : Les opérations de croissance externe constituent un puissant moyen de transformation des firmes, conduisant bien souvent à redéfinir les activités et à modifier les systèmes d'organisation existants. La fusion-acquisition peut dès lors provoquer chez les employés de l'entreprise acquise des réactions de stress et d'anxiété et le développement d'attitudes négatives à l'encontre de la nouvelle direction, par le biais d'un manque de loyauté, d'absence d'engagement ou de résistances face aux changements proposés. La communication a donc ici un rôle essentiel visant à rassurer les équipes. En effet, il n'y a rien de plus dramatique pour les salariés que de se faire une idée du regroupement par le biais des médias, sans disposer de toute l'information et avec une vision souvent tronquée de la réalité. La communication doit par conséquent servir à expliquer aux salariés les lignes d'action durables que la nouvelle entité se fixe pour améliorer la situation économique et sociale du groupe ;

– ***les managers et responsables opérationnels de l'entreprise acheteuse*** : les cadres opérationnels sont rarement impliqués dans les négociations avec l'entité cible et ont par conséquent des difficultés à connaître précisément les enjeux de l'opération et les orientations à suivre une fois l'achat réalisé. Ils sont donc peu à même de répondre de façon convaincante aux attentes des salariés, en ce qui concerne d'éventuels licenciements, la restructuration des services ou les grilles de rémunération. Leur crédibilité s'en trouve affaiblie et risque d'augmenter le climat d'inquiétude et de doute qui entoure l'annonce de la fusion. Il est par conséquent essentiel de pouvoir très rapidement les impliquer dans les choix définis, pour qu'ils soient en mesure de répondre aux interrogations des employés de manière claire et cohérente.

Pour chacune des « cibles », une gestion de communication spécifique doit ainsi être mise en place, tant sur le plan du contenu du message que des moyens utilisés (au-delà des informations générales sur la mission du nouvel ensemble et ses orientations). Il est proposé un recensement des principaux points à aborder lors d'une politique de communication post-acquisition.

Tableau 7.9

	Contenu des messages
Actionnaires	– synergie entre activités (degré de cohérence) – rentabilité des capitaux propres – ratios des coûts – perspectives de croissance (PM, nouveaux produits…)
Clients	– continuité de la relation – politique de prix – maintien des pratiques commerciales en vigueur – respect des délais de livraison
Fournisseurs	– continuité de la relation – politique d'achat (conditions) – maintien des pratiques commerciales en vigueur – respect des paiements
Membres Entité acquise	– préservation des emplois – grilles de rémunération – statuts – affectation des postes et des responsabilités – transfert des effectifs – nouveau style de management et méthodes de travail
Managers et responsables Entreprise acheteuse	– calendrier/planning de l'intégration – objectifs quantitatifs et qualitatifs poursuivis – étendue des responsabilités

La communication peut également concerner d'autres acteurs qui n'ont pas été jusqu'ici abordés et qui peuvent dans certains cas avoir un rôle important à jouer pour le devenir du nouvel ensemble. On peut notamment citer deux types d'acteurs économiques, à savoir :

– ***les acteurs politiques locaux*** : penser que les seuls partenaires à prendre en considération dans une opération de ce type sont les investisseurs, les partenaires professionnels et les employés directement concernés est certainement une erreur. Car l'onde de choc du au rapprochement s'étend bien au-delà des frontières de l'entreprise. Elle touche, pour des raisons et à des degrés divers, non seulement l'ensemble des parties prenantes mais aussi la population et les élus locaux, l'environnement économique et social, donc l'administration préfectorale et les personnalités politiques. En effet, la fusion-acquisition peut générer des risques importants de licenciements sur le plan local. Il importe par conséquent de procéder à un repérage précis des acteurs mis en jeu, d'anticiper leurs réactions probables et les interactions qui risquent de s'établir entre eux ;

– ***la presse et autres médias*** : la gestion de cette cible n'est nullement à négliger dans la communication du nouvel ensemble. En effet, la presse économique et professionnelle tend à fortement médiatiser les opérations de croissance externe, en provoquant toutes formes de commentaires et d'analyses qui viennent alimenter les rumeurs au sujet de l'opération. La presse fait même parfois appel à l'environnement professionnel de l'entreprise – clients, fournisseurs, partenaires – pour avoir leurs impressions personnelles sur l'opération. Face à ces investigations, il est donc essentiel que la direction de l'entreprise acheteuse soit minutieusement préparée à traiter des demandes souvent délicates qui peuvent perturber les décisions. La difficulté réside pour l'acheteur à se justifier avant même d'avoir agi, en devant répondre à des questions qui renvoient bien souvent à des choix stratégiques confidentiels.

6 Organiser le changement en fonction des enjeux

6.1 Les questions à se poser

La réponse à certaines questions peut contribuer à mieux gérer ce type de situations.

- **Quelle est la mission du nouvel ensemble sur laquelle peuvent se fédérer les membres des deux organisations ?**

  La réponse à cette question permet de donner une vision de cohérence au nouvel ensemble, essentielle pour que les membres de chaque entité puissent voir un intérêt à collaborer et à continuer dans ce nouveau contexte organisationnel. Il s'agit en particulier de montrer en quoi l'union des entités place objectivement le nouvel ensemble en situation favorable par rapport à ses principaux concurrents. En effet, la perception du rapprochement va rarement de soi pour les employés des deux sociétés. Il apparaît dans bien des cas difficile de justifier la fusion-acquisition pour des raisons uniquement de réalisme économique ou d'opportunités. La fusion-acquisition doit donc être ressentie comme un enjeu vital pour les deux entités concernées. Il s'agit avant tout de montrer que le regroupement constitue la condition nécessaire au maintien ou au développement des activités. Une des manières de procéder peut être de justifier cette initiative par rapport aux menaces de concurrents et d'en montrer les bénéfices sur le plan économique. On peut ainsi bâtir l'argumentation de l'union autour de quatre principaux points : une situation critique, une menace extérieure, le besoin de l'autre, une compétition interne réduite. La combinaison de ces quatre éléments constitue en effet un moyen efficace de dépasser les différences de points de vues, en faisant valoir l'intérêt général et le souci de cohésion sociale.

- **Sur quoi est fondé le potentiel de création de valeur ? Quelle est la nature des interdépendances nécessaires à la réalisation des objectifs stratégiques ?**

  Avant d'entreprendre la politique d'intégration, l'acheteur doit s'interroger sur la manière dont il va concrétiser le potentiel de création de valeur du nouvel ensemble. Il s'agit en particulier d'apprécier l'étroitesse des liens nécessaires pour atteindre les objectifs. De la réponse à cette question dépend le niveau d'intégration de l'entité achetée. Or une telle réponse peut difficilement être donnée avant la réalisation effective de la fusion-acquisition. Il est dans bien des cas nécessaire d'expérimenter sur le terrain la réalité du potentiel et les conditions de faisabilité. De façon générale, on peut distinguer différentes situations possibles :

- la création de valeur fondée sur des liens organisationnels forts avec l'absorption complète de l'entité acquise dans une logique d'économies d'échelle ou de fournisseur de ressources intégré ;
- la création de valeur basée sur des échanges de savoir-faire réciproques entre les deux organisations, dans une logique de complémentarités ou d'innovation ;
- la création de valeur axée principalement sur une gestion autonome et optimisée des activités des deux entités.

En fonction de ces scénarios, la configuration du nouvel ensemble peut fortement varier d'une opération à l'autre. Des ajustements plus ou moins importants peuvent également provenir des différences culturelles entre les deux sociétés et de leur rôle dans le cadre de la valorisation de l'opération.

- **Quelles sont les pratiques culturelles et organisationnelles qui existaient au sein de l'entité acquise et dont la préservation ne remet pas en cause les objectifs du nouvel ensemble et peut au contraire créer une dynamique positive ?**

La réponse à cette question dépend principalement de trois paramètres. Le premier paramètre conduit à s'interroger sur le degré d'autonomie culturelle accordé à l'entité acquise pour préserver sa capacité à produire de la valeur. En effet, les différences culturelles peuvent selon les cas être une opportunité ou au contraire un handicap pour l'entreprise acheteuse. Tout dépend donc des motifs de l'opération et des spécificités de l'entreprise acquise. Une fusion-acquisition initiée pour des raisons d'économies de coûts ou de pouvoir de marché ne nécessite pas un besoin élevé de différenciation. L'interdépendance stratégique est basée essentiellement sur la recherche d'un effet de taille. En revanche, dans le cas d'un rapprochement axé sur l'innovation, la diversité des cultures peut être un élément déterminant. Elle permet de créer des combinaisons de ressources créatrices de valeur, en développant des solutions originales fondées sur les qualités propres des deux entités. Or il arrive souvent que les qualités de l'entreprise soient étroitement liées à l'existence de ressources stratégiques locales basées sur un contexte organisationnel spécifique (histoire, localisation particulière, individus clés, savoir-faire tacite). La question du maintien des différences culturelles doit par conséquent être analysée au regard des enjeux de l'opération et de la conservation des atouts des deux firmes.

Le deuxième paramètre vise à prendre en compte les réactions de type émotionnel difficilement contrôlables, où l'exacerbation des passions prend le pas sur une analyse rationnelle de la situation. Il arrive en effet fréquemment que dans le cas de fusions-acquisitions, des groupes d'individus vivent très mal la remise en cause de leur culture d'origine, notamment lorsque ce changement s'accompagne d'un climat de conquête ou de domination culturelle. Cette impression peut dès lors provoquer de violentes réactions difficiles à maîtriser. Ceci est notamment vrai dans le cas d'un fort attachement du personnel à leur entreprise d'origine.

Le dernier paramètre entend éviter l'écueil fréquent, consistant à remplacer les pratiques de l'acquis, sans tenir compte des expériences de l'autre firme. Cette arrogance managériale peut en effet occulter certaines forces de l'entité acquise utiles pour le développement du nouvel ensemble. En effet, des sociétés même plus petites et parfois moins connues, achetées pour leurs compétences spécifiques (transfert de ressources) peuvent également, sans que cela ait été forcément prévu par l'acheteur, insuffler un nouveau souffle à la maison mère, en l'aidant à se repositionner sur certains marchés et à se renouveler. Ce fut par exemple le cas lorsque IBM acheta Lotus pour ses compétences en logiciels de réseaux pour ordinateurs de bureau. Cette acquisition lui permit aussi par l'apport de nouvelles équipes de se réorienter vers les nouvelles technologies de l'information (internet). En fonction des qualités de la société achetée et des orientations de l'acquéreur, la préservation des pratiques de l'acquis peut prendre un aspect transitoire ou à l'inverse correspondre à un choix permanent.

6.2 Les moyens d'actions

Une des actions essentielles à réaliser, lors d'un rapprochement, concerne le développement des interactions entre les membres des deux sociétés regroupées. De cette action découlent généralement une meilleure connaissance de l'autre, la confiance réciproque et le développement de projets en commun. Compte-tenu de la difficulté de la tâche, les systèmes d'interactions mis en place peuvent remplir trois principaux rôles :

- **un rôle de coordination et de contrôle** : une fois le rapprochement effectué, la hiérarchie reste généralement le principal mode de coordination. Elle permet de définir les objectifs, d'allouer les ressources et d'exercer un contrôle sur les activités. Généralement, la coordination hiérarchique s'appuie sur des mécanismes de circulation de l'information. Ces mécanismes vont de la simple procédure à des systèmes plus élaborés de planification et de contrôle. Ils visent avant tout à réguler et à harmoniser les pratiques managériales entre les deux sociétés dans un souci de cohérence et d'efficacité. Ce rôle est souvent indispensable pour permettre une circulation optimale de l'information et une gestion homogène des activités. Il constitue souvent un préalable à la réalisation des objectifs stratégiques. Mais les relations hiérarchiques ne suffisent pas au bon fonctionnement de l'organisation. Elles doivent être complétées par des mécanismes favorisant les relations entre les deux sociétés. Dans ce cas, le système d'interactions porte sur la mise en place de groupes de travail ou de projets chargés de coordonner certaines actions conjointes. Il s'agit notamment de compenser l'importance de la ligne hiérarchique par la recherche de mobilité et d'ajustements mutuels au sein des équipes ;

- **un rôle de compréhension mutuelle** : il s'agit ici de contribuer à sortir du clivage entre les absorbants et les absorbés, en parvenant à une meilleure compréhension de l'autre. La visite de sites, les séminaires d'intégration, les réunions d'information et de rencontres sont des moyens parmi d'autres, pour atteindre ces objectifs. Ces échanges revêtent essentiellement une dimension relationnelle. Ils visent à créer un sentiment d'appartenance, en jetant les bases d'une identification commune à un même groupe. Difficile à réaliser à court terme, cet objectif n'en demeure pas moins primordial. L'acquéreur doit en effet éviter les rancœurs, les sentiments d'injustice qui prévalent généralement dans ce type de situations. Il doit au contraire créer un climat de confiance favorable à la coopération ;
- **un rôle d'échanges, créateur de sens et d'actions** : ce rôle est au cœur de la justification économique de l'opération, notamment lorsque la fusion-acquisition porte sur des liens stratégiques étroits entre les deux sociétés. La difficulté réside ici dans l'arbitrage entre l'émergent et le délibéré. Il s'agit à la fois de contribuer à organiser des liens forts et constructifs, tout en veillant à garantir l'esprit d'initiative et la créativité. Cette précaution est d'autant plus importante que le rapprochement effectif peut dans certains cas être une source de surprise pour l'acquéreur. C'est pourquoi cette logique d'échanges peut demander du temps et nécessiter parfois des logiques d'essais et d'erreurs, dont les faibles résultats à court terme peuvent laisser entrevoir une issue positive. Encore faut-il convaincre les nombreux investisseurs du bien fondé de cette démarche. La question du temps est en effet au centre de la réussite de ce type d'interactions.

L'essentiel

Le style d'intégration d'une cible dépend avant tout des intentions stratégiques de l'acquéreur et des spécificités de l'entité acquise. Il existe trois principaux modes d'intégration possibles : l'intégration par préservation, l'intégration par rationalisation et l'intégration de type symbiotique.

Modalités de l'intégration	Contexte et motifs stratégiques de l'opération de fusions-acquisitions
Intégration par préservation	**Enjeux** Exploration de domaines nouveaux ou porteurs **Justification** Diversification des risques pour l'entreprise **Politique** Rentabiliser des activités mûres par le financement d'activités nouvelles **Contexte** Émergence de nouveaux métiers Apparition de technologies nouvelles
Intégration par rationalisation	**Enjeux** Exploitation des synergies opérationnelles **Justification** Recherche d'effets de taille et réalisation d'économies d'échelle ou de champ **Politique** Rechercher des sociétés aux activités connexes ou similaires **Contexte** Menace de concurrents directs sur un marché en voie de concentration ou de globalisation
Intégration de type symbiotique	**Enjeux** Renouvellement des compétences clés de l'entreprise **Justification** Recherche d'avantages nouveaux et distinctifs **Politique** Rechercher des entreprises susceptibles de développer des innovations conjointes **Contexte** Contexte de survie ou de changements rapides permanents nécessitant un renouvellement des pratiques managériales et commerciales.

8 LES ERREURS MANAGÉRIALES À ÉVITER

Une des explications possibles aux résultats décevants de nombreuses fusions-acquisitions (hormis les erreurs stratégiques et les problèmes culturels) peut être recherchée dans le type d'erreurs fréquemment commises par la direction de l'entreprise initiatrice du projet, sur le plan cognitif et comportemental. Ce type de dérives peut concerner toutes les phases du processus de croissance, de la préparation de l'opération à sa mise en œuvre. Face à des situations complexes et incertaines, la direction de l'entreprise peut être amenée à recourir à une multitude d'heuristiques et de biais cognitifs pour sélectionner et interpréter les informations à disposition.

En dépit de leur utilité, ces heuristiques et biais peuvent se révéler erronés et conduire à des stratégies cognitives abusives, donnant lieu au développement d'actions déviantes chez le dirigeant. Selon Tversky et Kahneman (1974), une heuristique est une stratégie cognitive simplifiée utilisée pour économiser du temps qui permet de faire des inférences acceptables pour l'individu, même si elles peuvent s'avérer fausses (car non validées d'un point de vue logico-déductif). Selon ces auteurs, les heuristiques sont donc susceptibles de générer des biais dans l'esprit des dirigeants et peuvent par conséquent être considérées comme des sources potentielles de biais.

Il est proposé une synthèse des principales erreurs commises par les dirigeants de l'entreprise acheteuse dans les domaines de la prise de décision et de la politique de mise en œuvre. Le travail proposé[1] vise à répondre à deux questions :

1. Ce travail prend appui sur une analyse de 14 opérations de fusions-acquisitions réalisées avec M. Barabel. Voir Barabel M. et Meier O. (2002 a) et b)).

– quels sont les pièges à éviter pour permettre un rapprochement réussi ?

– quelles sont les conséquences de ces dérives sur la gestion de l'opération ?

Section 1 ■ Les erreurs à éviter durant la phase de préparation

Section 2 ■ Les erreurs à éviter durant la phase de négociation

Section 3 ■ Les erreurs à éviter durant la phase d'intégration

Section 1 LES ERREURS À ÉVITER DURANT LA PHASE DE PRÉPARATION

La phase de préparation joue un rôle fondamental dans le choix et la sélection des options stratégiques de l'entreprise. Face à de tels enjeux, la direction de l'entreprise peut développer un certain nombre d'erreurs liées à la justification de la manœuvre retenue. Les erreurs relevées ont très souvent comme origine un recueil d'informations limité et des insuffisances dans le traitement des données collectées. Parmi les erreurs d'analyse et de jugement émises par la direction, il est possible d'identifier quatre principaux pièges à éviter pour préparer dans de bonnes conditions le rapprochement. À chaque erreur est associée un type de risque pouvant nuire à l'efficacité de l'opération.

1 La focalisation sur une cible

Une des erreurs particulièrement répandues lors de fusions-acquisitions consiste pour le dirigeant à se focaliser, avant le lancement du processus, sur une entreprise cible qui semble correspondre au profil du candidat idéal. Au lieu de comparer rationnellement cette entreprise avec les autres solutions à disposition (autres candidatures), le dirigeant va avoir tendance à limiter le recueil d'informations et à rechercher en priorité les informations de type confirmatoire. Il va ainsi exagérer les avantages de la solution préférée *a priori* et chercher à dévaloriser les approches alternatives.

Cette focalisation peut être liée aux conditions du marché (opportunités à saisir, affaire apportée par une banque conseil), à une proximité perçue sur quelques caractéristiques similaires (même métier, secteurs proches, taille comparable...), voire dans certains cas à des motivations personnelles (achat de prestige, valorisation de l'image sociale, etc.). La focalisation sur une cible préférée d'entrée conduit la direction à éliminer des alternatives parfois crédibles et à minimiser les inconvénients de la solution retenue en première intention. Le risque est alors d'opter pour une cible choisie qui ne soit pas en accord avec les intérêts stratégiques de l'entreprise acheteuse.

Il est par conséquent important pour l'initiateur d'un projet de fusion-acquisition de couvrir le champ des possibilités en termes de cibles potentielles et de voir de quelle manière la cible retenue répond aux enjeux stratégiques de l'entreprise. C'est pourquoi, avant de démarrer la recherche de la cible, l'entreprise initiatrice doit redéfinir précisément sa stratégie. Cette réflexion préalable doit en effet lui permettre d'analyser ses réels besoins en matière de développement, en précisant le profil de la cible par rapport à des critères objectifs, en évitant (si possible) toute forme d'*a priori*. Ce travail doit notamment contribuer à dissocier l'attrait de la cible (image de marque, positionnement, notoriété) et son intérêt stratégique pour l'entreprise initiatrice du projet (opportunités nouvelles, avantages spécifiques de l'opération...). Il s'agit en particulier de mettre en place une procédure d'évaluation axée sur la rentabilité de l'opération et les opportunités de croissance. Cette procédure doit contribuer à mieux apprécier la comptabilité stratégique des entités (intérêts convergents, complémentarités...) et à mesurer les risques d'un rapprochement en termes d'investissements, d'asymétrie d'informations et de coût de mise en œuvre.

2 L'imitation de la concurrence

Les dirigeants de l'entreprise acheteuse peuvent être tentés de s'engager dans une opération de fusion-acquisition, suite aux actions réalisées par l'un des concurrents. La proximité perçue entre les deux entreprises a parfois comme conséquence d'amener une direction à entreprendre une fusion-acquisition par imitation, en transposant une manœuvre observée chez un concurrent à son propre cas, indépendamment des spécificités de chacune des entreprises.

En effet, suite à une opération de croissance externe d'un rival, le dirigeant de l'entreprise peut être amené à appliquer une politique comparable, en réalisant à son tour une opération du même type, sans forcément tenir compte de ses caractéristiques économiques (position sur le marché, image, réputation), organisationnelles (taille, structure, mode de fonctionnement) et culturelles (styles de management et de décision) et des particularités de l'opération envisagée (situation conjoncturelle, nature de la cible, conditions financières).

En procédant ainsi, le dirigeant de l'entreprise initiatrice peut être conduit à appliquer une démarche à un nouveau contexte décisionnel, sans intégrer les phénomènes de temporalité et des caractéristiques propres aux différents événements. Cette tentation peut dès lors ouvrir la voie à des logiques nouvelles qui peuvent in fine se révéler de nature différente ou plus complexe à traiter. En particulier, ce procédé peut amener le PDG de l'entreprise à faire des choix erronés, pouvant remettre en question la cohérence stratégique du groupe, tant sur le plan interne (incompréhension des équipes, problèmes de synergies) qu'externe (absence de visibilité, réticence des partenaires). Il y a donc un réel risque pour l'entreprise de créer des dysfonctionnements organisationnels et de détériorer son image et son positionnement.

Par conséquent, si l'imitation constitue une réaction naturelle, elle n'entraîne pas nécessairement des résultats probants, principalement en raison d'une proximité perceptuelle qui peut s'avérer dans certains cas trompeuse pour les acteurs concernés. Ce risque est d'autant plus accru aujourd'hui avec la fréquence des réorientations stratégiques, qui peut profondément modifier les positions stratégiques et la nature des champs concurrentiels.

En effet, auparavant, l'analyse d'un marché pouvait se construire sur des bases claires qui permettaient de justifier que l'action d'un concurrent donne lieu à des réactions voisines, compte-tenu de la similarité des intérêts stratégiques. Or, aujourd'hui, un concurrent peut, en fonction de nouveaux choix stratégiques, se transformer rapidement en non concurrent et prendre même parfois la forme d'un allié. La qualification de concurrent n'est donc pas permanente. Elle peut évoluer au cours du temps et par là même modifier la nature des liens entre deux anciens concurrents (voir Vivendi et Suez-Lyonnaise).

Face à un concurrent qui affirme des choix en termes de développement, il convient par conséquent de redéfinir son propre métier et ses avantages concurrentiels, en veillant à repréciser la qualification « entreprise concurrente » en fonction des nouveaux choix de ses rivaux.

3 L'absence de remise en cause

Lors d'opérations de croissance externe, l'équipe de direction peut avoir tendance, à partir des premières informations collectées, à formaliser une stratégie et des objectifs qui vont définir son cadre initial d'analyse.

Or, très souvent, ce « construit » constitue pour les dirigeants un instrument sécurisant, leur permettant de baliser la complexité de leur environnement. Le cadre d'analyse initial peut ainsi devenir un référent fiable sur lequel ils peuvent s'appuyer pour mener à bien leurs actions. Mais cette référence peut, dans certains cas, dépasser le stade du référent pour devenir progressivement un instrument de certitude auquel le décideur s'attache quelque soient les événements (logique d'ancrage cognitif).

Or, le processus de prise de décision lié à une fusion ou acquisition est très souvent caractérisé par un environnement turbulent en constante évolution, où de nombreux événements difficilement prévisibles (nouveau concurrent, contraintes réglementaires, innovations technologiques…) surviennent. Ces multiples variations du contexte décisionnel imposent, par conséquent, au dirigeant, de veiller à une concordance permanente entre sa stratégie de croissance et les caractéristiques de l'environnement que l'attachement excessif au diagnostic initial ne permet pas de réaliser. En effet, le cadre d'analyse préalable peut donner l'impression de disposer de repères stables, en créant un faux sentiment de sécurité qui limite les capacités de réaction à des informations nouvelles.

Il y a dès lors un risque, pour le futur acquéreur, de ne pas réexaminer (attentivement) les motifs initiaux de sa politique de croissance, en dépit d'informations venant remettre en cause la pertinence et l'intérêt stratégique du projet. L'attachement excessif au cadre initial d'analyse peut ainsi conduire l'acheteur à opter pour une opération d'acquisition, ne correspondant plus au nouveau contexte.

Face à de tels risques, il convient donc de mettre en place une démarche qui permette de préciser, à chaque point clé du processus, les orientations possibles en fonction des aléas et de la conjoncture, en intégrant les options à disposition: option de croissance, option combinée, option de consolidation ou encore option d'abandon. Le recours à l'option d'achat, en conférant le droit d'augmenter sa participation à une date ultérieure (sans obligation d'achat), peut, sur ce plan, constituer un mode de développement intéressant, à l'instar de l'action menée par le groupe Preussag à l'encontre du voyagiste Nouvelles Frontières.

4 La confiance excessive accordée aux experts

Très souvent, le choix de recourir à une fusion-acquisition est le fruit d'une décision prise sous la pression d'intervenants externes[1]. Si les décideurs font appel aux experts, c'est généralement pour pouvoir disposer d'analyses professionnelles qui s'appuient sur des informations précises et fiables. Avec de tels soutiens, les dirigeants ont ainsi l'impression de maîtriser les risques associés à l'opération.

Or dans le cas d'opérations de croissance externe, le recours aux « experts » n'est pas exempt de risques :

- par exemple, certaines banques d'investissement tendent à promouvoir des modèles d'évaluation qui sont couramment à la mode, plutôt que ceux basés sur la compréhension d'une entreprise et de ses besoins. De ce fait, il peut arriver que des clients d'une banque payent le même type de prime. De même, les banquiers d'affaires sont payés à la commission qui reste fixe quelle que soit la durée du processus d'achat. Ces derniers peuvent alors décider de raccourcir cette durée, laissant de côté des problèmes importants de l'opération. Ces risques sont d'autant plus élevés que les experts sont rémunérés sur la réalisation du *deal* (achat) et non sur sa performance future ;

1. Blanchot *et al.* (1999) mettent en avant l'importance du recours (des dirigeants) à un conseil externe – pour rechercher une cible – dans sept opérations d'acquisition sur dix.

- les experts peuvent également être enclins à privilégier le caractère commercial de la relation (gestion de la clientèle) à la justesse de leurs analyses, en proposant des recommandations allant dans le sens des desirata du client ;
- de plus, les experts qui interviennent dans le processus de fusion-acquisition sont, la plupart du temps, des financiers et des avocats. Le processus de prise de décision peut donc accorder la priorité aux critères quantitatifs et à la dimension technique de l'opération au détriment des facteurs sociaux, culturels et humains qui sont pourtant des facteurs d'échecs ultérieurs de ce type d'opération ;
- enfin, l'intervention de plusieurs experts de disciplines différentes peut conduire à une division spécialisée du travail. Or, des recherches attestent de la forte corrélation entre la spécialité exercée par l'individu et la nature du problème identifié. Le dirigeant peut donc avoir des difficultés à intégrer ces différentes perspectives, compte-tenu de leur caractère hétérogène. Il en ressort une vision fragmentée de l'opération qui nuit ainsi à une formulation cohérente des choix stratégiques.

La question des experts pose, par conséquent, le problème de la répartition des rôles en matière de décision. De façon pratique, il convient de cerner et de délimiter la fonction des experts, en leur accordant un rôle d'outil d'aide à la décision. En aucun cas, les dirigeants ne doivent leur déléguer la prise de décision finale qui reste leur prérogative. Ceci est d'autant plus important que les retombées de l'opération leur seront systématiquement imputées. Les dirigeants doivent par conséquent s'attacher à garder vis-à-vis des experts un regard critique, en contrôlant notamment les risques d'opportunisme.

Section 2 LES ERREURS À ÉVITER DURANT LA PHASE DE NÉGOCIATION

La phase de négociation constitue la première phase réelle de « rapprochement » des deux entités, avant que ne s'opère de manière formelle la fusion-acquisition. On entend, par négociation, la relation de face à face entre un acheteur potentiel et une cible en rapport de dépendance et de pouvoir, à la recherche par des adaptations réciproques d'un arrangement permettant de conclure l'opération en réduisant les divergences. Vu l'importance des enjeux, cette phase est donc souvent l'objet d'attention particulière et peut parfois conduire à des erreurs importantes, notamment chez l'initiateur du projet.

L'une des principales erreurs est de vouloir trop bien faire, pour empêcher tout blocage ou rupture dans les négociations. Ceci peut conduire l'entreprise à refuser la confrontation, en évitant les éléments pouvant remettre en question le projet. L'acquéreur potentiel va ainsi s'attacher durant les négociations à éviter que certains comportements ou actions puissent provoquer des réactions négatives qui rompent les discussions. Mais cette attitude compréhensible peut très rapidement produire les effets inverses de ceux attendus, en « dénaturant » l'objet même des négociations.

1 Le refus de la confrontation

En phase de négociation, vendeur et acheteur ont chacun des attentes et des intérêts spécifiques liés à leur situation respective, tant sur le plan des objectifs de l'acquisition, du niveau de performance attendu que du planning des opérations à venir. Dans la mesure où ces attentes peuvent être une source de conflits, l'ambiguïté durant la phase de négociation peut constituer un moyen pour les deux parties de se créer des marges de manœuvre utiles, pour aboutir rapidement et dans de bonnes conditions à un accord. Il s'agit pour les deux entités de trouver un dénominateur commun minimal qui préserve (théoriquement) les intérêts de chacun dans un contexte amical et favorise la diffusion de messages positifs lors des interventions publiques. Les acteurs en présence vont par conséquent chercher à éviter d'aborder des sujets délicats (comme la répartition des pouvoirs ou la sauvegarde de certains acquis), sources potentielles de conflits. Cette logique a essentiellement pour objectif de susciter l'adhésion et d'envoyer un signal fort aux médias et aux marchés financiers.

Mais une telle démarche peut parfois se révéler dangereuse, une fois l'opération effectuée car elle oblige les parties à régler certains conflits latents lors du processus de mise en œuvre. Or le fait de différer la résolution de problèmes importants risque d'amplifier les conflits potentiels, en raison de la déception légitime de parties prenantes (salariés, actionnaires, analystes financiers) qui estimeront avoir été trompés lors de la présentation du projet.

Le traitement des questions à aborder au cours des négociations doit par conséquent être posé. En particulier, avant le début des pourparlers, il est recommandé de hiérarchiser les différents éléments de la transaction, en fonction de la stratégie de l'entreprise, de ses enjeux et des risques encourus, de façon à être en mesure de classer les problèmes en trois catégories : les questions incontournables pour le management stratégique de l'opération, les domaines où il convient de négocier avec prudence, enfin les éléments non essentiels d'un point de vue stratégique.

Cette hiérarchisation doit permettre de mieux contrôler la gestion des questions prioritaires, en veillant à traiter l'ensemble des aspects stratégiques de l'opération.

2 L'excès d'optimisme ou l'hypothèse d'hubris

Lors des négociations, les dirigeants de l'entreprise acheteuse peuvent exagérer les chances de succès de l'opération et avoir la conviction que la décision d'acquisition aura à coup sûr une issue favorable. En particulier, le PDG de l'entreprise aura tendance à surestimer sa capacité à contrôler les résultats, pensant que le risque encouru peut être réduit par une bonne utilisation de ses compétences professionnelles. Le décideur est alors exagérément optimiste sur ses possibilités à obtenir des résultats supérieurs à ceux enregistrés avant lui, en s'estimant capable d'extraire de la valeur de l'opération.

Cet excès d'optimisme peut ainsi amener le dirigeant à fixer un niveau de prime excessif se caractérisant par un écart important entre le prix estimé par le marché (cours de bourse) et le prix payé pour acquérir l'entreprise cible. Ce risque est amplifié dans la pratique par certains cédants qui sont enclins à « maquiller » leurs états financiers (survalorisation des actifs) et à présenter favorablement leurs potentialités de croissance.

Il y a par conséquent un danger pour le futur acheteur à ne pas pouvoir rentabiliser son acquisition, en raison d'une survalorisation excessive de l'opération.

C'est pourquoi la direction de l'entreprise acheteuse se doit, pour ce type d'investissement, d'adopter un optimisme pondéré, en s'appuyant sur des éléments factuels et objectifs, et sur une analyse des risques directs et indirects de l'opération. Si la transaction doit naturellement être abordée en termes de création de valeur, il lui faut également prendre en compte les facteurs cachés, destructeurs de valeur pour éviter de trop mauvaises surprises.

Cette prise en compte passe notamment par la construction de scénarios pessimistes qui intègrent les difficultés potentielles de la gestion de la cible et anticipent les évolutions conjoncturelles défavorables.

3 La tendance à la précipitation

On entend par précipitation, un processus conduisant des acteurs, engagés depuis longtemps dans la conduite d'un projet de fusion-acquisition, à accélérer la conclusion de l'accord sans raisons objectives.

En effet, lorsque le processus de décision d'une acquisition est caractérisé par un haut niveau de stress et d'activités sur une longue période, les décideurs peuvent en fin de processus (proximité de l'échéance) accélérer le cours des événements, pour en finir. En procédant ainsi, les dirigeants peuvent être conduits à perdre leurs aptitudes managériales, en les amenant à céder à la pression, sans avoir une réelle maîtrise de la situation.

Ce phénomène de précipitation peut avoir comme conséquence de négliger ou d'occulter les dernières phases du processus de décision, qui sont généralement les étapes, où se traitent des éléments essentiels de l'opération (calendrier de la mise en œuvre, gestion prévisionnelle des effectifs, constitution des équipes). Une telle démarche a également pour effet de minimiser les problèmes organisationnels de l'après acquisition, rendant souvent difficiles les relations ultérieures entre les deux entités, lorsque ces questions devront être abordées.

Pour éviter ce genre d'erreurs, l'entreprise initiatrice du projet peut avoir intérêt à décomposer le processus de négociation en différentes étapes critiques, en définissant pour chacune d'elles des objectifs à atteindre obligatoirement pour poursuivre le processus. Cette approche, au premier abord contraignante, permet, en effet, d'éviter (dans bien des cas) de céder aux pressions internes. Elle constitue surtout un moyen efficace pour ne pas « bâcler » l'accord final quelque soit le contexte d'urgence ou de stress associé à l'opération.

4 Le refus de renoncer au projet

Dans le cas de fusions-acquisitions, une erreur peut se produire dans le cas où un dirigeant, lorsque les négociations sont avancées (mobilisation importante en ressources humaines et financières), est amené au fur et à mesure que des informations pessimistes surviennent à renforcer son engagement dans le projet (plutôt qu'à y renoncer). En effet, les efforts consentis par le groupe, l'adhésion et le soutien des principales composantes de l'organisation, l'implication du personnel rendent difficilement justifiable l'absence de concrétisation. Ceci peut dès lors conduire le PDG de l'entreprise initiatrice à maintenir le projet de fusion-acquisition, malgré l'apparition de signaux négatifs venant remettre en cause la pertinence du projet.

Cette attitude s'explique généralement par le refus du dirigeant de décevoir ses équipes, en perdant par là même sa crédibilité vis-à-vis d'acteurs qui lui avaient accordé leur confiance. Plutôt que de se déjuger ou de revenir sur sa parole, le PDG préférera ainsi conforter sa démarche, quitte à en payer le prix fort quelques mois après la réalisation de l'opération. Ce phénomène est parfois désigné dans certains travaux sur la prise de décision sous le nom « d'escalade de l'engagement ». Afin de faire face à ce risque d'escalade, il peut donc être utile de communiquer en priorité sur les objectifs stratégiques du rapprochement, en évitant de personnaliser l'opération. Il s'agit en effet de réduire, autant que possible, le lien qui peut exister entre la personnalité du dirigeant et l'opération envisagée, afin de conserver des marges de manœuvres dans le cas de situations nouvelles défavorables au projet. En mettant l'accent sur les enjeux de l'opération, il est alors possible de justifier un renoncement, lorsque de nouvelles données montrent que les caractéristiques de la cible ne correspondent plus au but recherché. La question de l'objectivation constitue par conséquent un élément essentiel de l'argumentation, qui peut être mis à mal, lorsque l'opération est étroitement associée dans les esprits aux aspirations du dirigeant.

Dans une telle situation, l'abandon du projet devient délicat car il peut être perçu comme une remise en question de la politique du dirigeant. C'est pourquoi certaines firmes ont recours à des acteurs clés qui jouent le rôle d'avocats du diable dans le processus de décision. Ces derniers ont essentiellement comme objectif d'éviter une projection trop forte sur l'opération, source de désillusions. Ils s'appuient généralement sur des contre-arguments forts, en vue d'être un contrepoids à la dynamique créée par les opportunités offertes par la fusion-acquisition.

Section 3 LES ERREURS À ÉVITER DURANT LA PHASE D'INTÉGRATION

De manière générale, il convient pour la direction de l'entreprise acheteuse d'éviter tout ce qui peut provoquer chez les employés de l'entité acquise des comportements déviants. En situation de post-acquisition, l'acquéreur peut être enclin à développer certaines erreurs dont les conséquences peuvent se révéler néfastes au bon déroulement de l'opération. Ceci provient généralement de ce que revêt l'acte d'achat pour le dirigeant de l'entreprise initiatrice. En effet, l'opération d'achat peut être interprétée comme une marque de domination d'un management sur un autre et ainsi créer un complexe de supériorité. Il peut également être perçu par l'acquéreur comme une fin en soi. Enfin, il est à craindre que les dirigeants de l'entreprise acheteuse perdent de vue la dimension relationnelle de l'opération, en accordant une priorité excessive aux objectifs économiques et financiers.

1 L'arrogance managériale

Suite à une fusion-acquisition, les dirigeants de l'entreprise initiatrice peuvent être tentés de montrer la supériorité de leur management sur celui de l'entité acquise. Ainsi, il n'est pas rare d'assister dans de nombreuses fusions-acquisitions à une arrogance managériale de la part de la direction de l'entreprise acheteuse, désireuse d'acter son contrôle sur l'entité achetée. L'opération est dès lors ressentie, chez les membres de l'entité acquise, comme la sanction d'une mauvaise gestion. Cette arrogance se traduit notamment par la non prise en compte des qualités de l'entité acquise et la négation du rôle de ses salariés dans le fonctionnement, alors même que certaines caractéristiques de la société acquise pouvaient s'avérer utiles dans la valorisation de l'opération. Un tel comportement peut ainsi entraîner chez les membres de l'entité acquise, le développement d'attitudes négatives et parfois hostiles, occasionnant de nombreux problèmes humains (perte de confiance, démotivation, faible implication). Il tend généralement à développer un clivage entre les membres des deux organisations du type « eux-nous », limitant ainsi les transferts de ressources entre les deux sociétés.

Une façon de remédier à ce risque de domination abusive peut être cherchée dans l'instauration d'une communication institutionnelle qui permette de reconnaître les qualités de l'entreprise acquise. Cette démarche peut être complétée par une politique d'intégration, visant à associer les membres de l'acquis dans le management de l'opération. Elle peut en effet contribuer à créer une dynamique commune, en positionnant l'entreprise acquise comme un véritable partenaire vecteur de création de valeur.

2 L'apathie

De nombreuses études montrent la tendance de certains dirigeants à se focaliser sur la phase d'acquisition proprement dite, considérant la question de l'intégration comme mineure en termes d'enjeux. En effet, la dépense d'énergie réalisée lors de la phase de négociation conduit fréquemment l'acquéreur à un comportement de relâchement et d'apathie, une fois l'achat opéré. Ce détachement est d'ailleurs considéré comme une des explications des distorsions entre les intentions et les réalisations. Cette attitude peut (notamment) se traduire par l'absence de passage de témoin entre le dirigeant de l'entreprise acheteuse et les responsables opérationnels souvent absents du processus d'achat. Ceci a pour effet de rendre particulièrement difficile le transfert de ressources entre les membres des deux sociétés. Informés trop tard, les responsables opérationnels se trouvent la plupart du temps dans l'incapacité de préparer dans de bonnes conditions le processus d'intégration. Ils ont également des difficultés à répondre efficacement aux attentes et questions du personnel. Cette situation peut entraîner des dysfonctionnements importants, comme par exemple le non respect du calendrier fixé ou l'augmentation de stress et d'anxiété chez les salariés du nouvel ensemble. Face à ce risque, le PDG du nouvel ensemble doit par conséquent s'attacher à désigner des acteurs ayant un rôle de liaison et d'interface entre les deux périodes de l'opération, à savoir l'avant et l'après acquisition. Leur rôle vise en particulier à prendre en compte les informations stratégiques issues des négociations, en orientant le processus d'intégration dans le sens défini par les parties avant l'opération. Il s'agit, par cette action, d'assurer une continuité dans la gestion de l'opération, en évitant toute forme de rupture ou de décalage dans la conduite de la fusion-acquisition.

3 L'excès de rationalisation

La réalité post-achat s'avère souvent assez différente de ce qui avait été envisagé, remettant par là même en question les analyses réalisées lors de la pré-acquisition. Pourtant, en dépit d'informations contraires liées à des changements sectoriels ou concurrentiels, les dirigeants ont tendance à maintenir leur programme de mise en œuvre. Cette volonté d'appliquer les actions définies s'expliquent en partie par le souci de disposer d'une démarche déterminée, claire et précise. En commettant cette erreur, les dirigeants se montrent dès lors incapables de s'adapter aux événements et rendent la gestion de l'intégration délicate à mener.

Afin d'éviter ce risque d'enfermement, il est recommandé d'intégrer dans le plan de mise en œuvre initial, des éléments de flexibilité. Le dirigeant doit notamment s'attacher à laisser le processus d'intégration ouvert, en actant la possibilité, à chaque point clé du processus, de réaliser des actions d'adaptation, d'ajustement ou de réorientation, en fonction des aléas et de la conjoncture. Cette façon de faire permet ainsi de rendre compte de la complexité de l'environnement, en proposant pour chaque type de situation des pistes de sorties acceptables et réalistes.

* * * * *

En conclusion, il existe de nombreux types d'erreurs associés à chacune des phases d'un processus d'acquisition ou de fusion. Il faut souligner que l'importance et la fréquence de ces erreurs sont variables d'une opération à l'autre et d'une entreprise à l'autre. Ces risques d'erreurs peuvent cependant être renforcés par différents facteurs, et en particulier :

- la pression temporelle exercée par les parties prenantes (actionnaires, clients, partenaires…) qui peuvent inciter les dirigeants de l'entreprise à décider dans l'urgence et à privilégier une orientation prédéfinie ;
- une trop forte homogénéité culturelle de l'équipe de décision qui risque d'uniformiser les points de vues et de limiter les discussions, aboutissant ainsi à des solutions peu productives. La logique collective peut en effet conduire les membres de la direction à entretenir un sentiment d'invulnérabilité par une confiance excessive dans les pensées du groupe. Ce phénomène tend à favoriser l'illusion d'une unanimité au détriment d'un esprit critique et de l'expression de nouvelles idées ;
- des expériences réussies dans le domaine des fusions-acquisitions qui peuvent conduire le dirigeant à reproduire des démarches similaires, en dépit de contextes et de problématiques stratégiques différents. Or, malgré certaines ressemblances, chaque processus d'acquisition est avant tout façonné par des événements et des circonstances spécifiques qui ont souvent des effets déterminants sur les choix à venir. Sous-estimer ce phénomène peut par conséquent favoriser des comparaisons entre fusions-acquisitions, source d'erreurs et de confusion ;
- les caractéristiques de l'entité acquise (performance antérieure, taille, réputation…) qui peuvent modifier l'analyse et la perception de l'acquéreur à l'égard de l'entité acquise et ainsi changer la nature des rapports de force.

L'essentiel

Ce chapitre souhaite apporter un éclairage complémentaire aux raisons des contre-performances enregistrées lors des fusions-acquisitions. Il centre l'analyse sur les erreurs les plus fréquemment commises par le dirigeant de l'entreprise acheteuse dans la gestion de l'opération, de la phase de préparation à l'intégration de l'entité acquise. En effet, même si le dirigeant est entouré d'une équipe, sa contribution et son implication directe sont essentielles aussi bien pour fixer le prix de l'acquisition que pour mener à son terme la valorisation de l'opération. La position centrale du dirigeant peut s'expliquer par les rôles organisationnels qu'il joue dans la décision d'acquisition et sa mise en œuvre: rôle décisionnel, rôle d'information à l'intérieur et à l'extérieur de la firme, rôle de porte-parole mais aussi de soutien durant la phase d'intégration. L'étude des erreurs managériales se justifie en raison du contexte spécifique des fusions-acquisitions. En effet, au-delà de caractéristiques communes à l'ensemble des décisions stratégiques, beaucoup d'auteurs s'accordent à dire que le risque pour le dirigeant sous pression, de prendre des décisions erronées est plus élevé lors de fusions-acquisitions, compte-tenu du contexte d'urgence qui entoure ce type d'opération, de son degré élevé de visibilité et du caractère asymétrique de la relation. Le chapitre 8 présente ainsi les principaux pièges à éviter pour une union efficace, en mettant en exergue les conséquences d'objectifs tronqués, de négociations trop rapides ou de la mise à l'écart de certains acteurs clés.

TROISIÈME PARTIE

ÉTUDES DE CAS

CAS 1 ÉVALUATION D'UNE STRATÉGIE D'ACQUISITIONS : ELAN CORPORATION[1]

Face au développement d'entreprises mondialisées – Glaxo Welcome, Novartis, Aventis Research Technologies – résultant d'un vaste contexte de rapprochements entre firmes, les entreprises pharmaceutiques n'ont souvent guère le choix que de recourir à la taille critique pour disposer de ressources financières suffisantes à leur croissance. Elles n'ont en effet guère de place entre les géants de la production et de la distribution et les petites entreprises de pointe de biotechnologie très performantes. Cette situation est particulièrement prégnante dans l'industrie pharmaceutique qui nécessite des capitaux élevés pour pouvoir pénétrer durablement le marché. À ces barrières économiques viennent également s'ajouter d'autres contraintes, comme les lois qui régissent la propriété intellectuelle. Pourtant, en Irlande, une entreprise fait figure d'exception, en ayant su résister puis s'imposer comme un acteur clé du secteur, en dépit d'une taille modeste et d'une stratégie de développement pour le moins originale. Ce cas présente l'histoire de cette entreprise au parcours atypique qui est venu perturber les règles concurrentielles qui prévalaient au sein du secteur. Il s'intéresse principalement au lancement et aux choix de déve-

1. Ce cas s'appuie sur des travaux américains menés par L.M. Fisher et publiés dans différentes revues académiques mais également dans la presse économique portant sur la réussite exceptionnelle d'une entreprise modeste, Elan Corporation, qui a réussi le tour de force de se positionner favorablement par rapport à des concurrents beaucoup plus puissants dans un secteur où théoriquement les effets de taille et le pouvoir financier sont indispensables. Ces recherches ont donné lieu à plusieurs articles et communications à travers le monde et ont été récompensées du Hearst Award qui récompense le meilleur travail d'investigation. Pour des raisons essentiellement pédagogiques (liées au thème de l'étude), le cas a été enrichi de différentes sources secondaires.

loppement de cette petite société irlandaise et à la manière dont cette firme a réussi à s'insérer au sein d'un environnement concurrentiel exigeant. Le cas vise ainsi à comprendre les étapes clés du développement de cette société qui présente des résultats exceptionnels et contribue largement à la croissance économique de l'île. Elan Corporation a, en effet, montré qu'une stratégie de croissance externe judicieuse pouvait permettre à une entreprise de prospérer avec des principes directeurs différents.

1 Les étapes du développement de l'entreprise Elan

Elan a assis sa prospérité dans les années 70 et 80 sur le développement de technologies de formulation de médicaments. Avec peu de moyens matériels et humains, elle a élaboré des capsules à libération programmée ainsi que d'autres formules qui augmentent l'efficacité ou prolongent la durée de vie des médicaments existants pour le compte d'un large éventail d'entreprises pharmaceutiques (maîtrise des technologies de libération prolongée ou différée). Il s'agit là d'une activité rétribuée en royalties demandant peu de capitaux, dans la mesure où les coûts de création sont supportés par les entreprises clientes. De plus, les médicaments concernés sont déjà passés sous contrôle et ont eu l'approbation des agences de contrôle telles que l'United States Food Drug Administration (FDA). À la fin des années 80, Elan ressent le besoin d'aller plus loin dans son développement, compte-tenu des limites du système : en effet, en l'absence d'équipe de recherche, Elan ne travaillait que sur les molécules d'autres entreprises. De plus, faute d'équipe de vente et de marketing, l'entreprise était tributaire de ses clients pour la commercialisation des médicaments. Elan décide donc de créer son propre laboratoire de développement d'innovations (recherche appliquée) et de production pour suivre au plus près les besoins du marché et assurer par-là même une meilleure maîtrise de son avenir.

Au milieu des années 90, la direction décide de franchir une nouvelle étape particulièrement ambitieuse. La mutation s'amorce de façon importante en Mars 1996 avec l'acquisition d'Athéna Neuroscience Inc par un échange d'actions évaluées à 638 millions de dollars. D'ailleurs, le secteur connaît durant la période un renforcement des liens entre les entreprises, notamment des fusions-acquisitions entre rivaux (servant généralement des intentions défensives) et l'initialisation de nombreuses alliances entre certaines firmes pharmaceutiques et des petites sociétés innovantes liées aux biotechnologies. En effet, les risques élevés et les coûts énormes de développement conduisent les grandes compagnies à rechercher des effets de taille (réalisation d'économies de coûts) entre concurrents et à organiser différemment la gestion de l'innovation. Si elles continuent de mener en interne une R&D extensive, la plupart des entreprises pharmaceutiques préfère confier aux firmes de biotechnologies et aux laboratoires de recherche des solutions radicalement nouvelles. Ainsi, on assiste dans ce domaine au développement de nombreuses alliances avec des sociétés innovantes. Les alliances sont généralement préférées aux fusions-acquisitions. Ceci s'explique en partie par la difficulté rencontrée par ces groupes à conserver l'esprit d'initiative et le savoir faire des entités acquises. Il semble que bien souvent la culture « grand groupe » ait eu une influence négative sur la gestion entrepreneuriale de ces sociétés.

C'est dans le cadre de ces mouvements stratégiques qu'Elan, petite société irlandaise, fait le pari d'acquérir la société Athéna qui possède des qualités (technologiques et commerciales) essentielles pour pérenniser l'entreprise. Fondée dix ans auparavant par Dennis J. Selkoe (docteur en médecine, professeur de neurologie à l'Université d'Harvard) et par l'investisseur Kevin J. Klinsella, la société Athena ne ressemblait pas aux autres entreprises de biotechnologie. Sa vocation première était de découvrir un traitement de la maladie d'Alzheimer à partir des recherches fondamentales du docteur Selkoe. Athéna détenait également les brevets des médicaments existants contre d'autres maladies neurologiques, notamment la maladie de Parkinson et disposait d'une force de vente et de produits sources de revenus. Le Zanaflex, un médicament pour le traitement de la paralysie spasmodique, venait juste de recevoir l'accord de la FDA. La spécialité d'Athéna en neurosciences constituait un créneau à part au sein du secteur non exploité par les groupes pharmaceutiques existants en raison de son caractère récent et de sa forte spécialisation. D'ailleurs, cette acquisition avait permis à Elan de gagner comme clients de grands groupes pharmaceutiques. L'acquisition d'Athéna visait également à créer des liens de coopération entre les deux sociétés, par un rapprochement des activités, dans le but de créer une nouvelle entité totalement intégrée à vocation commerciale. Ceci impliquait notamment d'importants changements dans la conduite des pratiques managériales et commerciales des deux sociétés. Il s'agissait pour l'acquéreur de concilier les qualités propres d'Elan dans le domaine du développement et de la production de médicaments avec les capacités commerciales de l'entité acquise. Sur ce plan, les qualités managériales du dirigeant de l'entreprise et sa connaissance du milieu (réseau relationnel) représentaient un atout considérable pour le nouvel ensemble.

En effet, Athéna avait à la tête un PDG peu ordinaire en la personne de John Groom qui avait été tiré d'une retraite anticipée après 25 ans passés chez SmithKline & French laboratories (devenue Smith Kline Beecham PLC avant sa fusion avec Glaxo). John Groom avait l'expérience d'une grande entreprise pharmaceutique qui manquait à Elan. Il avait également fait preuve de cette énergie entrepreneuriale dont Athéna avait eu besoin dans le passé, pour passer de la simple start-up à une entreprise commerciale importante. L'un des termes de l'accord fut donc que John Groom accepte de rejoindre Elan au poste de directeur des opérations. « Malgré ses trente huit ans d'activités professionnelles, il travaillait plus qu'un homme deux fois plus jeune, raconte Thomas J. Lynch, vice-président et directeur financier d'Elan. Nous savions que même si John n'était pas là pour toujours, il s'engageait avec nous pour une période conséquente. Je pressentais qu'il était essentiel pour la bonne marche de l'opération ». Avant d'entrer chez Elan, Thomas G. Lynch et Donald J. Geaney faisaient partie à titre d'associés d'une société d'experts-comptables, KMG. « C'était beau d'avoir réussi à rentrer dans le domaine du développement de médicaments originaux, dit John Groom, mais ni l'un ni l'autre n'avaient malheureusement d'idée de ce qu'est l'industrie pharmaceutique. S'ils étaient de remarquables négociateurs, ils méconnaissaient certaines pratiques commerciales et n'avaient pas d'expérience terrain en tant que représentants, en particulier dans des pays clés comme l'Inde ou le Pakistan ».

L'acquisition d'Athéna avait été fortement réfléchie et étudiée par les acteurs de l'opération. Un an plus tôt, les deux entreprises avaient ensemble mené à bien un projet et les dirigeants avaient pu tester leurs valeurs et visions de façon concrète sur le terrain. Les premiers mois de l'intégration furent consacrés à conforter les activités de l'entité acquise et à doter ses dirigeants d'une réelle autonomie de gestion. Des débuts d'interactions ont également été initiés, en vue de définir les responsabilités des deux sociétés et d'éviter les risques de dysfonctionnement. Une attention particulière fut notamment accordée au maintien des spécificités culturelles des entités. Sachant l'importance de rentabiliser rapidement les actions, John Groom, nouveau directeur des opérations, décida de mettre au service de la nouvelle entité, les politiques pratiquées par Athéna. Il s'agissait de racheter, à d'autres entreprises, des brevets de médicaments laissés de côté ou dont le développement était inachevé. Par exemple, en ciblant la clientèle et en faisant porter tous ses efforts sur la force de vente, Athéna avait réussi à multiplier par trois les ventes de Permax, un médicament contre la maladie de Parkinson repris en 1993 à Eli Lilly & Company. Grâce à la trésorerie d'Elan et à ses contrats avec les grands groupes pharmaceutiques, le nouvel ensemble pouvait d'autant mieux s'inscrire dans cette politique qu'elle disposait d'un pouvoir de négociation accru. Il y avait par conséquent dans cette démarche, une réelle possibilité de valoriser conjointement les qualités respectives des deux sociétés. Cette politique permit ainsi à Elan de dénicher en neurologie quelques médicaments à acquérir. Pour 45 millions de dollars versés à Wyert - Ayerst Laboratories (département pharmaceutique de l'American Home Products Corporation), elle acheta les droits de la Mysoline – un traitement de l'épilepsie – pour l'Amérique du Nord. La Dainippon Pharmaceutical Company lui céda, toujours pour l'Amérique du Nord, les droits d'un autre anti-épileptique, la zonisamide. Avec le valium, ces médicaments constituent l'essentiel de spécialité d'Elan en traitement contre l'épilepsie.

Mais cette stratégie fut finalement plus difficile à généraliser que prévu, en dépit de ressources financières disponibles, car les innovations n'étaient pas si fréquentes. « Tout à coup, je disposais de ressources financières et je me suis rendu compte qu'il n'y avait pas grand chose à acheter ». Ceci peut s'expliquer par la difficulté de mise sur le marché des médicaments qui avant d'être soumis à l'approbation de la FDA ou de ses équivalents étrangers, doivent passer trois séries de tests. La première, souvent pratiquée sur des volontaires bien portants, permet de s'assurer que le produit est sans danger. Ensuite, on teste son efficacité sur un petit nombre de malades. Puis, on confirme cette efficacité sur un vaste panel de patients en différents lieux. Si les résultats de cette troisième et dernière série de tests sont bons, la FDA donne l'autorisation de mise sur le marché (AMM) dans les mois qui suivent. Un médicament peut être refusé à n'importe quelle étape du processus, situation qui se passe effectivement dans 90 % des cas. Mais plus le processus avance, plus le risque de refus diminue et la valeur du produit augmente. Or le nouveau groupe, toujours soucieux de rentabilité pour ses actionnaires, ne voulait pas prendre le risque d'acquérir des médicaments en première ni en deuxième série de tests. « Les meilleurs retours sur investissement se font sur les médicaments qui sont dans la troisième phase de l'expérimentation, et avant que l'autorisation de mise sur le marché ait été donnée, explique John Groom. Une fois que celle-ci est acquise, la valeur d'achat du produit augmente de façon spectaculaire ». Face à l'absence de véritables innovations sur le marché et devant le besoin pour Elan de produits fortement rentables, l'entreprise a donc reporté son attention sur d'autres domaines médicaux et a ainsi envisagé l'acquisition d'une société ayant une activité différente. En 1996, Wall Street boudait les entreprises de biotechnologies peu rentables. Celles-ci étaient donc nombreuses à posséder des médicaments prometteurs en deuxième ou troisième phase de tests. Mais très souvent, elles ne disposaient pas des fonds nécessaires, pour terminer les tests cliniques et commercialiser leur produit.

Pour sa seconde acquisition, Elan a choisi la Neurex Corporation de Menlo Park, en Californie, spécialisée dans le traitement des douleurs rebelles et les soins d'urgences. Elan s'ouvrait ainsi un deuxième créneau lié au précédent, puisqu'on fait généralement appel à la neurologie pour le traitement de la douleur. Achetée en Avril 1998 pour 709 millions de dollars, Neurex possédait deux nouveaux médicaments, l'un homologué, l'autre en dernière phase de tests cliniques. Il s'agissait du Colopam, un produit injectable – développé à l'origine par SmithKline Beecham – destiné aux patients des services d'urgence ou des soins intensifs dans le cas de forte hypertension, et de la Ziconotide, qu'on était entrain de tester sur des patients sur lesquels la morphine était inopérante. Le Colopam est apparu sur le marché américain en Janvier 1998. Elan décidait de postuler pour obtenir l'autorisation de mise sur le marché de la Ziconotide dès la fin de 1999. Selon Paul Goddard, ancien directeur général de Neurex, aujourd'hui président d'Elan Pharmaceuticals, Neurex s'était rendu compte à l'époque que plus la date de mise sur le marché approchait, plus le besoin en capitaux pour développer les deux produits devenait important. L'entreprise disposait alors de 68 millions de dollars mais avait besoin de bien plus pour commercialiser efficacement le Corlopam et la Ziconotide. Ce manque de trésorerie avait déjà fait échouer plusieurs tentatives d'acquisitions des licences de certains grands groupes qui se désengageaient du marché du traitement des urgences. Compte-tenu de la morosité de Wall Street, Paul Goddard envisageait de faire appel à des capitaux élevés. C'est à ce moment là qu'Elan s'est manifesté. « C'était la solution à nos problèmes, se rappelle cet ancien responsable. Si Elan achetait Neurex, nos deux produits avaient une chance d'être développés dans les meilleures conditions. Du point de vue de l'actionnaire, l'échange d'actions Neurex contre des titres Elan promettait des revenus singulièrement améliorés. ».

L'acquisition de Neurex par Elan a été facilitée par le fait que Paul Goddard connaissait bien John Groom, pour avoir travaillé pour lui chez Smith Kline dans les années 80 et pour avoir jadis envisagé une fusion entre Neurex et Athéna. Elan, comme pour l'opération avec Athéna, a pris du temps. La direction de l'entreprise n'a pas hésité à engager des discussions approfondies avec l'entité cible, pour rassurer les différents acteurs et montrer l'intérêt du projet pour les deux parties. Il s'agissait en particulier d'éviter les trop fréquentes ambiguïtés qui prévalent dans les négociations et de précipiter le processus. De même, une fois l'opération effectuée, Elan n'a pas cherché à traquer les doublons dans les structures pour réduire les coûts et faire des bénéfices rapides. Elan a acheté cette entreprise, pour explorer de nouvelles voies de développement, en misant sur l'acquisition de nouvelles compétences qu'il s'agit de valoriser dans le cadre d'un projet spécifique. Il existe par conséquent, chez l'acquéreur, une volonté d'accorder une grande autonomie managériale et culturelle à l'entité achetée. La direction de l'entreprise acheteuse tient à ce titre à garder les cadres et le dirigeant de l'entreprises acquise qui constituent pour elle des ressources stratégiques essentielles au développement de la firme. Elan avait d'ailleurs envisagé à un moment de fusionner avec son vieux rival, le Californien Alza. Le projet ne s'est pas réalisé parce que l'étude comparative des deux sociétés a révélé leurs similitudes et montré qu'il faudrait licencier, élément que la direction a refusé de faire.

Cette politique d'acquisitions d'entreprises spécialisées s'est poursuivie avec le rachat de la société Carnick, après les succès enregistrés au niveau d'Athéna et de Neurex. Pourtant, en dépit des effets de taille procurés par ces regroupements, la direction d'Elan refuse, même durant cette période de croissance accélérée, l'idée de construction de grand groupe, voulant éviter l'image d'une organisation rigide avec de nombreux niveaux hiérarchiques et procédures administratives. La direction de l'entreprise souhaite, en effet, garder un comportement réactif et innovant, privilégiant l'esprit d'initiative à une cohérence interne, source de stabilité mais également d'inertie. Son siège social, plus que modeste, reste situé à Dublin et l'intégration d'entreprises spécialisées ne semble pas avoir modifié les valeurs du groupe ni sa gestion. On peut même dire que ce développement n'a pas entraîné des logiques de réorganisation internes ou de restructurations. Le style de management semble orienter en priorité sur l'esprit entrepreneurial, le développement des nouvelles technologies et attacher une importance particulière au management des hommes. Ainsi, le regroupement de sociétés spécialisées en biotechnologies est devenu un trait caractéristique de l'entreprise irlandaise. Si elles avaient été rachetées par des groupes tels que Roche ou Novartis, ces sociétés se seraient diluées dans la masse, alors qu'au sein d'Elan, chacune garde ses spécificités et son importance stratégique. Mais tous ces rapprochements ont rendu la structure de l'entreprise extrêmement complexe à gérer. Parce que des sociétés comme Athéna, Neurex et Carnick avaient déjà établi des liens avec les médecins prescripteurs, Elan a fait le choix de conserver leur identité propre, notamment au niveau des ventes et du marketing. L'entreprise comporte donc à présent cinq identités distinctes : Athéna Neurosciences qui s'adresse aux neurologues et fait de la vente directe de médicaments aux patients atteints de la maladie de Parkinson ; Elan pharmaceuticals tournée vers les spécialistes de l'épilepsie ; Neurex vers les anesthésistes ; Carnick vers les centres anti-douleur particulièrement pour le traitement de la migraine ; et Athéna diagnostics qui s'est spécialisée dans la détection de la maladie d'Alzheimer.

« Nous nous sommes efforcés de décentraliser les prises de décision, de façon à responsabiliser les différents services, déclare Michael Coffee, PDG d'Elan Pharmaceuticals Amérique du Nord. Plutôt que de créer une entité monolithique, nous avons préféré en conserver cinq, chacune ayant sa direction, sa clientèle, sa culture. » . Quand cela semblait justifié, Elan a procédé à une certaine centralisation, en particulier pour la recherche et l'information médicale. Mais l'intégration des sociétés acquises, par le fait qu'elles sont restées dissociées, a favorisé les initiatives sur chacun des sites. La structure décentralisée a notamment permis de retenir et de garder les salariés de talent et de préserver le dynamisme des sociétés. Dans une large mesure, le bon sens suffit à justifier cette structure éclatée. La petite équipe de direction de Dublin ne souhaite ni ne peut gérer à distance les filiales de Californie, du Massachusetts ou d'Israël. « Il est impératif de laisser aux filiales la responsabilité de leurs décisions. Nous ne pouvons guère deviner ce qui se passe à 5 000 km de chez nous, souligne M. Lynch, directeur financier de la société. Nous sommes conscients d'être en Irlande un groupe important, mais nous n'aurons jamais ici qu'une toute petite équipe de direction. »

Mais toutes ces acquisitions destinées à faire d'Elan un véritable groupe pharmaceutique ont eu une conséquence imprévue : les équipes d'Athlone (à 120 km de Dublin) qui représentaient l'origine de la société et avaient porté ses premiers succès, se sont senties abandonnées. De plus, les technologies de libération prolongée ou différée devenaient chose banale. On murmurait que John Groom n'était pas l'homme de la situation. « Je me suis vu accusé de considérer ces technologies comme la cinquième roue du carrosse, raconte John Groom. Pour ces gens qui avaient représenté l'essentiel de la société et qui n'en constituaient plus qu'un petit département, il y avait effectivement un problème. Ils avaient l'impression de ne plus contrôler leur destin et ne comprenaient pas pourquoi ils n'étaient plus les pilotes à bord. Même si à nos yeux, le développement de ces technologies restait important, il était essentiel d'insuffler une nouvelle énergie à cette équipe à l'origine des premiers achats du groupe. Il fallait en effet éviter tout malentendu et gérer les susceptibilités. Compte-tenu de mon rôle et de mes fonctions antérieures, cette tâche était loin d'être aisée. »

Cette mission fut donc confiée à Seamus Mulligan, à l'époque président d'Elan Pharmaceutical Technologies. Sur le plan social, S. Mulligan a mis en place différents supports d'information et de communication supplémentaires, et entrepris des politiques de formation et de promotion à usage des salariés d'Athlone. De plus, sa politique a principalement consisté à cesser de produire des versions améliorées de médicaments existants. Car cette stratégie présentait deux inconvénients majeurs :

d'une part, le groupe étant maintenant propriétaire de ses propres molécules, la valeur ajoutée de cette activité était faible. D'autre part, il existait toujours un risque de concurrence inopportune avec les géants de l'industrie pharmaceutique tels que Novartis qui étaient par ailleurs les clients d'Elan.

Pour redynamiser cette branche d'activité, Elan se trouvait dans l'obligation de moderniser ses technologies. Pour cela, elle a procédé par acquisitions. En Février 1998, Sano Corporation, fabricant de timbres transdermiques, était racheté pour quelque 375 millions de dollars sous forme d'échange d'actions. En Octobre de la même année, c'était au tour de NanoSystems LLC, division d'Eastman Kodak Company., spécialisé dans les techniques d'administration de médicaments à faible solubilité dans l'eau. « Nous nous sommes adjoints des entreprises dans les domaines où nous étions peu ou pas compétitifs », explique S. Mulligam, aujourd'hui vice-président d'Elan, chargé du développement. Avec Nanonsystems qui comptait des clients tels qu'American Home Products Corporation, Meck & Company, la Warner-Lambert Company, il n'y avait aucune concurrence. L'entreprise a donc gardé son nom. Dans les deux cas, toutes les équipes sont restées et le président de NanoSystems a succédé à Seamus Mulligan à la tête de la branche administration de médicaments. « Ça faisait longtemps que j'observais NanoSystems. Nous savions que ces équipes allaient nous rejoindre et nous avions des projets pour elles. Il s'agissait notamment de recréer une dynamique forte au sein de la branche en misant sur un renouvellement des technologies concernées à travers une réelle coopération entre leurs équipes et les nôtres au sein du même système d'autorité. Ceci afin de retrouver des avantages concurrentiels forts que l'on avait peu à peu perdus dans ces domaines ». Pour cette opération, il fut décidé au-delà du maintien des identités, afin de créer progressivement une confiance et une écoute entre les deux équipes de transférer de manière ponctuelle les gens sur d'autres sites pour une durée importante. L'objectif visé était de permettre aux différents acteurs (scientifiques, cadres, techniciens) d'apprendre à se faire confiance par une meilleure connaissance des pratiques de chacun, en vue de d'apporter sur le marché de nouvelles innovations.

Cette dernière acquisition permit à Elan de poursuivre une politique de croissance à la fois équilibrée et ambitieuse, avec des perspectives de développement positives. Suite à cet achat, la direction décida de ralentir son rythme de fusions-acquisitions, afin d'être en mesure de maintenir cet équilibre interne qui a fait sa réussite au sein du secteur. Elle préféra par conséquent consolider l'acquis, tout en étant ouverte à la mise en place de joint-ventures et à l'achat de brevets sur le marché (ex : brevet de médicament à libération progressive contre l'hypertension). Comme l'indiquait l'un des responsables de l'entreprise, « Nous devons rester raisonnables. Même si nous prévoyons dans les années qui conviennent d'autres opérations, nous devons consolider ce que nous avons acquis jusqu'à présent, explique le directeur financier. On ne peut pas sans cesse acheter des entreprises. Il faut un temps pour la révolution, un autre pour la construction. ». L'opération sur NanoSystem mettait ainsi un terme au cycle de croissance d'Elan et à son parcours original.

2 Questions – Discussions

Les questions portent principalement sur la politique d'acquisitions menée par l'entreprise Elan depuis le milieu des années 90. Elles visent à mettre en lumière les spécificités de cette politique en termes de motivations et de modes d'intégration.

1) Concernant l'acquisition de la société Athéna

- Motif de l'opération.
- Spécificités de l'opération Athéna.
- Mode d'intégration retenu.

2) Concernant l'acquisition de la société Neurex

- Motif de l'opération
- Mode d'intégration retenu

3) Concernant l'acquisition de la société Nano Systems

- Motif de l'opération
- Mode d'intégration retenu

4) Quels sont les avantages spécifiques qui ont permis à Elan de mener à bien sa politique de croissance ? Quels sont les facteurs qui expliquent sa réussite exceptionnelle ?

3 Proposition de réponses

1) Concernant l'acquisition de la société Athéna

• *Motif de l'opération*

L'acquisition d'Athéna sert des intentions stratégiques offensives. Elle vise en particulier à atteindre rapidement des compétences stratégiques en amont (brevets) et en aval (distribution) de la filière, faisant passer Elan Corporation, d'une entreprise de production de médicaments à une entreprise pharmaceutique totalement intégrée, allant du développement des produits à leur commercialisation. En effet, l'entreprise Athéna avait les brevets et la distribution mais ne disposait pas de capacités de production et de développement qui faisaient la force d'Elan. L'acquisition d'Athéna a donc permis à Elan de couvrir l'ensemble de la chaîne, en ayant un meilleur contrôle de la filière. Cette stratégie de développement offrait, à l'initiateur du projet, différents avantages : maîtrise des sources d'innovations, augmentation du pouvoir de négociation de l'entreprise, réduction de la dépendance à l'égard des autres acteurs de la filière, capacité à valoriser commercialement les produits grâce à des compétences marketing importantes et un vaste réseau de distribution.

• *Spécificités de l'opération Athéna*

L'acquisition d'Athéna présente plusieurs caractéristiques distinctives :

– c'est une opération à haut risque. En effet, Athéna est la première acquisition du groupe. La direction de l'entreprise initiatrice n'a pas d'expérience dans le management de ce type d'opération. L'opération est donc une manœuvre risquée pour Elan qui doit pour son premier essai initier une politique de diversification, en insérant au sein du groupe des compétences nouvelles qui lui sont peu familières (insertion de nouveaux métiers). Le choix de ce rapprochement de type vertical constitue par conséquent un défi particulièrement difficile à relever pour Elan. Il constitue de plus une originalité au sein même du secteur : En effet, cette stratégie contraste fortement avec les politiques d'acquisitions antérieures essentiellement orientées sur des logiques de rapprochement entre rivaux à la recherche d'économies de coûts et l'obtention d'un pouvoir de marché accru. Cette acquisition se distingue, par conséquent, par sa voie de développement (acquisition verticale), ses motivations (modification des pratiques managériales et commerciales) et la place accordée à l'entité acquise dans le cadre du rapprochement (coopération) ;
– c'est une acquisition hautement stratégique qui modifie profondément l'organisation de l'entreprise et son périmètre d'activités. En effet, cette opération change durablement la position stratégique de l'entreprise (déplacement du champ concurrentiel de l'entreprise). L'acquisition d'Athéna permet à Elan de devenir une entreprise pharmaceutique totalement intégrée, à l'instar des autres grands groupes du secteur ;
– c'est une acquisition dont l'intérêt stratégique est conditionné par l'insertion au sein du nouvel ensemble de compétences managériales spécifiques. En effet, l'intérêt de l'opération est étroitement lié à la captation d'une ressource rare faisant fortement défaut à Elan, à savoir la capacité pour la nouvelle direction de gérer un groupe international à vocation commerciale. Cette ressource prend dans le cas présent le nom de John Groom, dont les qualités et l'expérience professionnelle sont essentielles pour faire passer une entreprise de production de médicaments à une grande entreprise pharmaceutique intégrée, disposant d'une capacité commerciale et d'un réseau relationnel particulièrement développé ;
– c'est une acquisition qui évite les logiques d'affrontement immédiats avec les autres acteurs du secteur, compte-tenu du caractère très spécialisé de l'activité d'Athéna. Les médicaments distribués viennent en effet en complément et non en compétition de ce que proposent les groupes pharmaceutiques traditionnels. D'ailleurs, plusieurs groupes sont devenus clients d'Elan sur ces produits.

• *Mode d'intégration retenu*

Plusieurs éléments donnent à penser qu'il s'agit d'une intégration de type symbiotique :

– l'intégration d'Athéna s'inscrit dans une logique de complémentarités entre les deux entités et vise à créer de synergies fortes (interdépendance stratégique élevée) compte-tenu des liens entre les différents métiers (*cf.* approche filière) ;

– l'insertion d'Athéna répond à une volonté de changement dans le développement et l'organisation d'Elan. Il ne s'agit pas d'une logique de cohabitation mais davantage d'une logique de création conjointe d'une nouvelle identité (passage d'une société de développement et de production de médicaments à une société pharmaceutique totalement intégrée à vocation commerciale) ;
– on constate une forte valorisation des qualités de l'entreprise acquise avec la nomination pour l'ensemble du groupe de John Groom (entité acquise) à la direction des opérations et véritable initiateur de la politique de développement du nouvel ensemble ;
– un fort besoin d'autonomie culturelle et organisationnelle est octroyé à l'entité acquise : maintien des frontières de l'organisation et de ses métiers, autonomie de décision, responsabilisation, absence de réorganisation et de restructuration, préservation du personnel, conservation du nom de l'entreprise…

⇨ *L'intégration de l'entreprise Athéna au sein de la nouvelle organisation est par conséquent marquée par des interdépendances stratégiques fortes (valorisation des qualités spécifiques de la cible en vue d'innover sur le plan managérial et commercial) et un fort besoin d'autonomie culturelle accordé à la société acquise. La politique d'intégration menée relève donc d'une logique de symbiose.*

2) Concernant l'acquisition de la société Neurex

• *Motif du rapprochement*

L'acquisition de Neurex correspond à une stratégie de rachat de brevets rendue possible par une trésorerie positive et des contrats à long terme avec les grands groupes pharmaceutiques dans le domaine de la neurologie (« Neurex »). Il s'agit d'une politique d'exploration de nouveaux domaines dont les coûts demeurent encore abordables avant la mise sur le marché. L'opération répond par conséquent à des motivations stratégiques, visant à prendre position sur des marchés nouveaux et porteurs.

• *Mode d'intégration retenu*

Plusieurs éléments donnent à penser qu'il s'agir d'une intégration de type préservation :
– l'intégration de Neurex s'inscrit dans une logique de découverte (d'exploration) de nouvelles activités sans lien avec le métier de base de l'entreprise acheteuse. Elle répond à une volonté de s'ouvrir sur des champs d'actions nouveaux devant se développer à côté des autres activités du groupe, sans volonté de la part de la direction de créer des liens importants entre les entités acquises et l'acquéreur (interdépendances stratégiques faibles) ;
– un fort besoin d'autonomie culturelle et organisationnelle est octroyé à l'entité acquise : maintien des frontières de l'organisation et de ses métiers, autonomie de

décision, responsabilisation, absence de réorganisation et de restructuration, préservation du personnel, conservation du nom de l'entreprise…

⇨ *L'intégration de l'entreprise Neurex au sein de la nouvelle est par conséquent marquée par des interdépendances stratégiques faibles et un fort besoin d'autonomie culturelle accordée à l'entité acquise. La politique d'intégration menée relève donc d'une logique de préservation.*

3) Concernant l'acquisition sur la société Nano Systems

• *Motif du rapprochement*

L'acquisition de Nano Systems correspond à une stratégie ayant essentiellement pour objectif la redynamisation de l'activité d'origine qui avait tendance à s'essouffler et à poser des problèmes de gestion humaine délicats. Le choix d'acquérir Nano Systems est donc un acte stratégique fort qui vise à régénérer l'entreprise acheteuse au sein d'un métier parvenu à maturité et à la recherche de nouveaux avantages concurrentiels.

• *Mode d'intégration retenu*

Plusieurs éléments donnent à penser qu'il s'agit d'une intégration de type symbiotique :

- les compétences intégrées ne sont pas en concurrence directe avec celles développées par l'acquéreur, ce qui permet d'éviter les risques de doublons et de chevauchement qui auraient nécessité une politique de rationalisation ;
- l'intégration de Nano Systems s'inscrit dans une logique d'interdépendance stratégique forte entre les deux entités et vise à créer un renforcement du pôle initial de l'entreprise Elan, en recherchant des avantages concurrentiels nouveaux et distinctifs dans une logique de renouvellement de compétences clés ;
- l'insertion de Nano Systems répond à une volonté de régénération des capacités de l'entreprise dans un domaine dans lequel l'acquéreur n'est plus en mesure de trouver seul des solutions innovantes ou créatrices de valeur. Il s'agit donc pour l'acquéreur de s'appuyer fortement sur les atouts de l'acquis pour recréer un pole de compétences fort sur le marché ;
- on constate une forte valorisation des qualités de l'entreprise acquise avec la nomination du président de NanoSystems à la tête de la branche administration de médicaments au sein du nouvel ensemble ;
- un fort besoin d'autonomie culturelle et organisationnelle est également octroyé à l'entité acquise : maintien des frontières de l'organisation et de ses métiers, autonomie de décision, responsabilisation, absence de réorganisation et de restructuration, préservation du personnel, conservation du nom de l'entreprise…

⇨ *L'intégration de l'entreprise Nano Systems au sein de la nouvelle organisation est par conséquent marquée par des interdépendances stratégiques fortes (valorisation des qualités spécifiques de la cible en vue d'innover) et un fort besoin d'autonomie culturelle accordé à la société acquise. La politique d'intégration menée relève donc d'une logique de symbiose.*

4) Quels sont les avantages spécifiques qui ont permis à Elan de mener à bien sa politique de croissance ? Quels sont les facteurs qui expliquent sa réussite exceptionnelle ?

Plusieurs avantages ont permis à Elan de mener à bien sa politique de croissance, en particulier :

- réalisation de plusieurs acquisitions stratégiques (non financières ou purement opportunistes) à forte intentionnalité offensive, basées sur des logiques d'innovations ou d'anticipation ;
- capacité à s'être très vite imposé comme un groupe pharmaceutique à part entière (entreprise intégrée) sans créer de stratégies d'affrontement direct avec les groupes pharmaceutiques existants (recherche de créneaux spécialisés) ;
- une trésorerie positive élevée permettant de fournir les fonds nécessaires pour la commercialisation des produits développés par les sociétés cibles performantes à la recherche de capitaux ;
- une certaine humilité et modestie à l'égard des entités achetées avec une forte valorisation et prise en compte de leurs qualités respectives (capacité à apprendre du partenaire absorbé et à lui faire confiance) et un fort degré d'autonomie (décentralisation des décisions). D'où le choix de politiques d'intégration de préservation ou de symbiose par rapport au choix plus classique de l'intégration par absorption ;
- une volonté de miser sur les équipes existantes et la valeur humaine des individus qui constituent pour la direction l'essentiel de la richesse dans le cas d'opérations de croissance externe. Cette politique d'intégration contribuera à doter l'entreprise acheteuse, d'un savoir faire particulier pour repérer et comprendre les innovations de rupture ayant un fort potentiel commercial (capacité de veille et de contacts) et établir des relations structurées avec des sociétés performantes dans le cadre d'acquisitions ou d'alliances (réputation et capacités commerciales).

4 Commentaires

Comme le montre le cas Elan Corporation, la politique d'acquisitions menée par cette entreprise a permis de créer une véritable richesse spécifique pour le nouvel ensemble, en dotant le groupe d'avantages concurrentiels nouveaux et distinctifs. En effet, le recours notamment à des acquisitions symbiotiques s'est révélé un moyen de modifier en profondeur et durablement l'entreprise avec une réelle efficacité.

Néanmoins, comme toute politique, cette stratégie de développement originale doit être utilisée avec une certaine prudence, en prenant notamment en compte les risques qu'elle peut engendrer au niveau de l'entreprise initiatrice. En effet, en accordant une forte ouverture aux entités acquises, une telle politique peut conduire, pour atteindre les objectifs fixés, à modifier l'équilibre des pouvoirs existants au sein de l'entreprise acheteuse (voir la deuxième partie, chapitre 5, section 2). Si cette évolution peut être favorable aux différents acteurs de la société acheteuse, elle peut également être une source potentielle de risques pour ces derniers. En effet, lorsque l'acquisition est coopérative et a pour objet l'innovation conjointe, l'opération peut (parfois) faire évoluer les pouvoirs actionnarial et managérial dans un sens défavorable aux intérêts des actionnaires et des salariés de l'entreprise acheteuse.

Dans le cas d'Elan, il semble que ce risque se soit clairement exprimé en ce qui concerne la question du pouvoir managérial au sein du nouvel ensemble. En effet, l'importance accordée à la direction des entreprises acquises (notamment celle d'Athéna) et à leurs politiques de développement ont eu une conséquence imprévue et pour le moins paradoxale : les équipes d'Athlone (située aux environs de Dublin) qui représentaient l'origine et les fondements de l'entreprise acheteuse et qui avaient porté ses premiers succès, se sont senties abandonnées. Elles ont en effet considéré que l'acquisition d'Athéna avait fortement modifié les rapports de force à leur désavantage, tant sur le plan économique (activités non prioritaires) que social (absence de développement professionnel). Comme le souligne le cas, cette situation obligea la direction du groupe à réagir rapidement, en évitant de positionner certains acteurs clés de l'entreprise Athéna (J. Groom) au centre de la politique de redéploiement.

Il est par conséquent important, pour ce type de politique, de veiller à ce que l'intérêt porté aux membres de l'entreprise acquise ne conduise pas à une situation inverse, où l'opération envisagée affaiblisse la réalité du pouvoir actionnarial ou managérial des acteurs clés de l'entreprise acheteuse (actionnaires, dirigeants et salariés).

Le cas Elan Corporation est sur ce point particulièrement intéressant à étudier, en montrant les différentes facettes d'une politique d'acquisitions originales et les effets parfois inattendus d'une gestion *a priori* efficace. Il montre en particulier que la gestion des équilibres et le respect des légitimités en présence constituent l'une des principales garanties de relations constructives entre l'acquéreur et l'entreprise acquise. Il confirme notamment l'importance dans le cas d'une politique de symbiose, d'insérer la coopération dans le cas d'un système d'autorité clair aux mains des équipes de l'entreprise acheteuse (voir la deuxième partie, chapitre 7, section 2).

CAS 2 ÉVALUATION FINANCIÈRE D'UNE OPÉRATION D'ACQUISITION

Ce cas présente une opération d'acquisition par échange d'actions réalisée par la société Alpha 1 sur la société Alpha 2. L'objectif du cas est de mettre en exergue les mécanismes d'évaluation et les logiques d'appréciation de la création de valeur d'une opération d'acquisition. Il s'agit d'un cas fictif mais dont les caractéristiques sont assez proches d'opérations réelles rencontrées dans la vie des affaires.

Les deux premières parties du cas présentent la situation de l'acquéreur (Alpha 1) et de la cible (Alpha 2) avant l'opération. La troisième partie présente les caractéristiques de l'opération envisagée et pose une série de questions relatives à l'évaluation de l'acquéreur, de la cible et de l'opération dans sa globalité. La dernière partie propose des solutions techniques aux questions d'évaluation. Les éléments techniques pour pouvoir répondre aux questions sont à rechercher dans les chapitre 4, 5 et 6 de cet ouvrage. Aucunes autres connaissances que celles exposées dans ce livre de sont nécessaires pour trouver des réponses techniques satisfaisantes. Les données exposées ci-après sont naturellement simplifiées pour les raisons de l'exercice. Lorsque l'analyste est confronté à des situations réelles, les problèmes techniques à résoudre sont souvent plus complexes, du fait des particularités économiques, juridiques et fiscales de l'acquéreur, de la cible et de l'opération envisagée. Néanmoins, les logiques d'évaluation restent les mêmes et les réflexes à acquérir reposent toujours sur une compréhension approfondie des mécanismes de création et de répartition entre les acteurs de la valeur économique.

1 La situation de l'acquéreur avant l'opération

La société Alpha 1 est une société déjà installée dans son secteur. Elle dispose d'une activité en croissance (autour de 10 à 15 % en moyenne par an), en passe de devenir mature d'ici à 5 ans. Dans ce contexte, Alpha 1 envisage de réaliser l'acquisition de Alpha 2, société plus petite mais qui dispose de réserve de croissance importante du fait de la maîtrise d'une technologie nouvelle qui va s'imposer progressivement à tout le secteur.

La société Alpha 1 dispose avant l'opération d'un capital social de 2 000 K€ composé de 20 000 actions d'un nominal de 100 €. Sa dette financière nette est égale à 2 000 K€. Le coût du capital de la société Alpha 1, estimé à partir de la relation présentée au cours du chapitre 5, est égal à 10 %. La société ne possède pas d'actifs hors exploitation. Les flux de trésorerie disponibles générés par les actifs d'exploitation de la société ont été estimés comme indiqué ci-dessous pour les 10 prochaines années. Le flux dc trésorerie de la société Alpha 1 pour l'année 11 est estimé à 606,7 K€. Le taux de croissance retenu pour les années ultérieurs est de 2 %.

En K€	**Année 1**	**Année 2**	**Année 3**	**Année 4**	**Année 5**
Chiffre d'affaires	10000,0	11000,0	12650,0	15180,0	17457,0
RE avant impôt	1200,0	1320,0	1518,0	1821,6	2094,8
Impôt	400,0	440,0	506,0	607,2	698,2
RE après impôts (1)	800,0	880,0	1012,0	1214,4	1396,6
Var. nette du BFR (2)	150,0	165,0	284,6	455,4	392,8
Var. des immo. nettes (3)	500,0	550,0	632,5	759,0	872,9
Flux de trésorerie (1)-(2)-(3)	150,0	165,0	94,9	0,0	130,9

En K€	**Année 6**	**Année 7**	**Année 8**	**Année 9**	**Année 10**
Chiffre d'affaires	19202,7	20162,8	21171,0	21594,4	22026,3
RE avant impôt	2304,3	2419,5	2540,5	2591,3	2643,2
Impôt	768,0	806,5	846,8	863,7	881,0
RE après impôts (1)	1536,3	1613,0	1693,8	1727,6	1762,2
Var. nette du BFR (2)	288,0	151,2	158,8	64,8	66,1
Var. des immo. nettes (3)	960,1	1008,1	1058,5	1079,7	1101,3
Flux de trésorerie (1)-(2)-(3)	288,1	453,7	476,4	583,1	594,8

2 La situation de la cible avant l'opération

La société Alpha 2 est plus petite que la société Alpha 1 mais dispose d'un potentiel de croissance plus important. Avant l'opération le capital social de la société Alpha 2 est de 500 K€, décomposé en 10 000 actions d'un nominal de 50 €. Sa dette financière nette est égale à 900 K€. Le coût du capital de la société Alpha 2 est égal à 15 %. La société possède 100 K€ d'actifs hors exploitation qui correspondent à des participations stratégiques dans des sociétés plus petites en phase de démarrage. Les flux de trésorerie disponibles générés par les actifs d'exploitation de la société ont été estimés comme indiqué ci-dessous pour les 10 prochaines années. Le flux de trésorerie de la société Alpha 2 pour l'année 11 est estimé à 188,65 K€. Le taux de croissance retenu pour les années ultérieurs est de 5 % (la baisse entre l'année 9 et 10 correspond à une normalisation du taux de marge économique, supposé stable au cours des années suivantes).

En K€	**Année 1**	**Année 2**	**Année 3**	**Année 4**	**Année 5**
Chiffre d'affaires	1500,0	1725,0	1983,8	2281,3	2623,5
RE avant impôt	225,0	258,8	297,6	342,2	367,3
Impôt	75,0	86,2	99,2	114,0	122,4
RE après impôts (1)	150,0	172,5	198,4	228,2	244,9
Var. nette du BFR (2)	40,5	46,6	53,6	61,6	70,8
Var. des immo. nettes (3)	49,5	56,9	65,5	75,3	86,6
Flux de trésorerie (1)-(2)-(3)	60,0	69,1	79,3	91,3	87,5

En K€	**Année 6**	**Année 7**	**Année 8**	**Année 9**	**Année 10**
Chiffre d'affaires	2885,9	3174,4	3491,9	3666,5	3849,8
RE avant impôt	389,6	412,7	453,9	476,6	462,0
Impôt	129,8	137,5	151,3	158,8	154,0
RE après impôts (1)	259,8	275,2	302,6	317,8	308,0
Var. nette du BFR (2)	51,9	57,1	62,9	33,0	34,6
Var. des immo. nettes (3)	63,5	69,8	76,8	40,3	42,3
Flux de trésorerie (1)-(2)-(3)	144,4	148,3	162,9	244,5	231,0

3 Questions-Discussions

L'opération envisagée est une acquisition amicale par échange d'actions de la société Alpha 2 par la société Alpha 1. Compte-tenu des caractéristiques des sociétés Alpha 1 et Alpha 2, il vous est demandé de préparer le montage de l'opération en répondant aux questions suivantes :

1) Quelle est la valeur économique des actifs de la société acquéreur avant l'opération ?

2) Quelle est la valeur économique des actifs de la société cible avant l'opération ?

3) Sachant que la prime de contrôle moyenne constatée sur le marché pour ce type d'opération est de l'ordre de 20 %, quelle devrait être la parité d'échange théorique proposée aux actionnaires de la société cible ? Arrondir pour éviter les rompus et calculer la soulte en espèce correspondante.

4) Sur la base de cette parité, combien d'actions nouvelles doit émettre l'acquéreur pour financer l'opération ? Comment se répartit l'augmentation de capital entre la valeur au nominal de l'augmentation et la valeur de la prime d'émission ? À quoi correspond la somme augmentée de la valeur de la soulte en espèce versée aux actionnaires de la cible ?

5) Comment vont se répartir les droits de vote au sein du nouvel ensemble à l'issue de l'opération, dans le cas où 100 % des actionnaires de la cible acceptent l'offre et dans le cas où 67 % seulement de ces actionnaires y adhèrent ?

6) Sachant que les synergies anticipées pour cette opération sont évaluées à 750 K€, et que les coûts associés au rapprochement sont estimés à 184,55 K€ (hors soulte), quelle serait la valeur économique du nouvel ensemble pour les actionnaires si l'opération réussit ?

7) Si l'opération est réalisée dans ces conditions, crée-t-elle de la valeur pour les anciens actionnaires de la société Alpha 1 (acquéreur) ?

4 Proposition de réponses

1) Quelle est la valeur économique des actifs de la société acquéreur avant l'opération ?

La valeur économique des actifs de la société Alpha 1 est égale à la somme de la valeur actuelle des flux de trésorerie futurs générés par ses actifs d'exploitation. Cette valeur se décompose en deux :

- la valeur calculée à partir de l'actualisation des flux estimé au cours de la période explicite de prévision (10 ans) ;

– la valeur terminale, actualisée à la date $t = 0$.

Compte-tenu du coût du capital de 10 %, la valeur actuelle des flux de trésorerie futurs se calcule comme suit :

	Année 1	Année 2	Année 3	Année 4	Année 5
Flux de trésorerie F*t* = (1)-(2)-(3)	150,0	165,0	94,9	0,0	130,9
Coefficient d'actualisation = A*t*	1,100	1,210	1,331	1,464	1,61
Flux de trésorerie = F*t* / A*t*	136,4	136,4	71,3	0,0	81,3

	Année 6	Année 7	Année 8	Année 9	Année 10
Flux de trésorerie F*t* = (1)-(2)-(3)	288,1	453,7	476,4	583,1	594,8
Coefficient d'actualisation = A*t*	1,771	1,948	2,143	2,358	2,593
Flux de trésorerie = F*t* / A*t*	162,7	233,0	222,0	247,0	229,4

La valeur actuelle des flux actualisés sur la période explicite de prévision est donc égale à environ 1 520 K€ (= 136,4 + 136,4 + 71,3 + … + 229,4).

La valeur terminale est égale à = $F_{T+1}/(k - g)$ soit 606,7 / (10 % – 2 %) égal à environ 7 584 K€, soit une valeur actualisée à la date $t = 0$, 7584 / 2,594 égale environ à 2 924 K€.

La valeur économique des actifs de la société acquéreur est donc égale à environ 4 444 K€ (soit 1 520 K€ + 2 924 K€).

2) Quelle est la valeur économique des actifs de la société cible avant l'opération ?

La valeur économique des actifs de la société Alpha 2 est égale à la somme de la valeur actuelle des flux de trésorerie futurs générés par ses actifs exploitation augmentée de la valeur des actifs hors exploitation. Compte-tenu du coût du capital de 15 %, la valeur actuelle des flux de trésorerie futurs sur la période explicite de prévision se calcule comme suit :

	Année 1	Année 2	Année 3	Année 4	Année 5
Flux de trésorerie F*t* = (1)-(2)-(3)	60,0	69,1	79,3	91,3	87,5
Coefficient d'actualisation = A*t*	1,150	1,322	1,521	1,749	2,011
Flux de trésorerie = F*t* / A*t*	52,2	52,3	52,1	52,2	43,5

	Année 6	Année 7	Année 8	Année 9	Année 10
Flux de trésorerie Ft = (1)-(2)-(3)	144,4	148,3	162,9	244,5	231,1
Coefficient d'actualisation = At	2,313	2,66	3,099	3,517	4,045
Flux de trésorerie = Ft / At	62,4	55,7	53,2	69,5	57,1

La valeur actuelle des flux actualisés sur la période explicite de prévision est donc égale à environ 550,2 K€ (= 52,2 + 52,3 + 52,1 + … + 57,1).

La valeur terminale est égale à = $F_{T+1}/(k - g)$ soit 188,65 / (15 % – 5 %) égal à environ 1 886,5 K€, soit une valeur actualisée à la date $t = 0$, 1886,5 / 4,045 égale environ à 466,4 K€.

La valeur économique des actifs de la société acquéreur est donc égale à environ 1 116,6 K€ (soit 550,2 K€ + 466,4 K€ + 100 K€ d'actifs hors exploitation).

3) Sachant que la prime de contrôle moyenne constatée sur le marché pour ce type d'opération est de l'ordre de 20 %, quel devrait être la parité d'échange théorique proposée aux actionnaires de la société cible ? Arrondir pour éviter les rompus et calculer la soulte en espèce correspondante.

Il faut distinguer deux notions, la parité observée et la parité négociée, proposée aux actionnaires de la cible. La parité observée est égale au rapport entre la valeur économique d'une action de la cible sur la valeur économique d'une action de l'acquéreur.

Connaissant les relations suivantes :

- $Action_{acquéreur} = \dfrac{V_{acquéreur}}{N_{acquéreur}}$
- $V_{acquéreur} = V_{f_1}^{acquéreur} - D_{acquéreur} + V_{Actif\ hors\ exploitation}^{acquéreur}$

On peut calculer la valeur d'une action de l'acquéreur :

$$V_{acquéreur} = 4\,444 - 2\,000 + 0 = 2\,444 \text{ K€}$$
$$Action_{acquéreur} = 2\,444 / 20\,000 = 0{,}1222 \text{ K€}$$

De même, on peut calculer la valeur d'une action de la cible :

$$V_{cible} = 1\,016{,}6 - 900 + 100 = 216{,}6 \text{ K€}$$
$$Action_{cible} = 216{,}6 / 10\,000 = 0{,}02166 \text{ K€}$$

La parité observée est donc égale à $Action_{cible} / Action_{acquéreur}$ soit 0,1772.

Puisqu'il existe une relation entre la prime offerte et les parités observée et négo-ciée, on peut en déduire, pour un niveau de prime fixé, la parité à proposer aux actionnaires de la cible soit :

Prime = (Parité négociée – Parité observée) / Parité observée

Parité négociée = Prime × Parité observée + Parité observée

La parité proposée aux actionnaires de la société cible est donc égale à :

Parité négociée = 20 % × 0,1772 + 0,1772 = 0,21264

Pour éviter les rompus on peut fixer la parité à 0,2 soit 5 actions de la cible en échange d'une action de l'acquéreur. Pour une action de la cible, il est versé une soulte de (0,21264 – 0,2) × 0,1222 K€ = 1,545 € , soit une soulte globale de 1,545 × 10 000 = 15,45 K€.

4) Sur la base de cette parité, combien d'actions nouvelles doit émettre l'acquéreur pour financer l'opération ? Comment se répartit l'augmentation de capital entre la valeur au nominal de l'augmentation et la valeur de la prime d'émission ? À quoi correspond la somme de ces deux valeurs augmentée de la valeur de la soulte en espèce versée aux actionnaires de la cible ?

Le nombre d'actions nouvelles à émettre est défini par la relation suivante : $AN = Parité \times N_{cible}$ avec N_{cible} le nombre d'actions émises par la cible avant l'opération.

On obtient donc : $AN = 0{,}2 \times 10\,000 = 2\,000$ *actions*.

L'augmentation de capital se répartit comme suit :

- Valeur nominale de l'augmentation de capital : 200 K€ (soit 2 000 ×100 €)
- Valeur de la prime d'émission : 44,4 K€ (soit 2 000 × (122,2 € – 100 €)) où 122,2 € représente la valeur économique de l'action d'Alpha 1 avant l'opération.
- La somme des deux valeurs augmentée de la valeur de la soulte est égale à environ 260 K€ (200 + 44,4 + 15,45) soit 216,6 K€ × 1,2 où 216,6 K€ représente la valeur de la société Alpha 2 pour ses actionnaires avant l'opération et 1,2 représente le coefficient d'enrichissement lié à la prime offerte au cours de l'opération d'acquisition.

5) Comment vont se répartir les droits de vote au sein du nouvel ensemble à l'issue de l'opération, dans le cas où 100 % des actionnaires de la cible acceptent l'offre et dans le cas où 67 % seulement de ces actionnaires y adhèrent ?

Cas où 100 % des actionnaires d'Alpha 2 répondent à l'offre

Le nombre d'actions nouvelles émises est alors de 2 000.
Les anciens actionnaires d'Alpha 1 pèsent donc pour 20 000 / (20 000 + 2 000) soit 90,9 % des droits de vote.

Cas où 67 % des actionnaires d'Alpha 2 répondent à l'offre

Le nombre d'actions nouvelles émises est alors de 2 000 × 67 % = 1 340
Les anciens actionnaires d'Alpha 1 pèsent donc pour 20 000 / (20 000 + 1 340) soit 93,7 % des droits de vote.

6) Sachant que les synergies anticipées pour cette opération sont évaluées à 750 K€, et que les coûts associés au rapprochement sont estimés à 184,55 K€ (hors soulte), quelle serait la valeur économique du nouvel ensemble pour les actionnaires si l'opération réussit ?

La valeur économique revenant aux actionnaires du nouvel ensemble est définie par la relation suivante :

$$V_{nouvel\ ensemble} = V_{f_1}^{acquéreur} - D_{acquéreur} + V_{Actif\ hors\ exploitation}^{acquéreur}$$

$$+ (V_{f_1}^{cible} - D_{cible} + V_{Actif\ hors\ exploitation}^{cible} + (V_{synergies} - C_{rapprochement}) - Soulte)$$

On obtient donc :

$$V_{nouvel\ ensemble} = 4\ 444 - 2\ 000 + 0$$

$$+ (1\ 016{,}16 - 900 + 100 + (750 - 184{,}55 - 15{,}45)) = 3\ 210{,}6 \text{ K€}$$

7) Si l'opération est réalisée dans ces conditions, crée-t-elle de la valeur pour les anciens actionnaires de la société Alpha 1 (acquéreur) ?

Pour estimer la création de valeur de l'opération, on peut comparer la valeur du patrimoine d'un actionnaire d'alpha 1 détenant une action avant et après l'opération.

La valeur d'une action avant l'opération est égale à 122 € (voir Q3).

La valeur d'une action après l'opération est donnée par la relation :

$$Action_{nouvel\ ensemble} = \frac{V_{nouvel\ ensemble}}{N_{acquéreur} + NA}$$

Soit 3 210,6 K€ / (20 000 + 2 000) = 145,9 €.

L'opération est donc créatrice de valeur pour les anciens actionnaires de la société Alpha 1 (puisque naturellement 145,9 € > 122 €).

CAS 3

ÉVALUATION FINANCIÈRE D'UNE ACQUISITION PAR EFFET DE LEVIER (LBO)

La société Electronic SA est une société arrivée à maturité, son marché est stable et son endettement est nul. Elle constitue donc une cible idéale pour une opération de LBO. Un repreneur potentiel souhaite réaliser le rachat de cette société par le biais d'un holding de reprise créée pour l'occasion, La Financière Rivolle. En tant qu'analyste, le repreneur potentiel vous demande d'étudier cette opération sur la base de documents prévisionnels déjà réalisés (voir annexe 1). Plus précisément, le repreneur vous demande de réaliser les travaux suivants :

1. Déterminer la rentabilité économique prévisionnelle de la cible.
2. Évaluer la cible, en utilisant la méthode des flux de trésorerie actualisés.
3. Déterminer la structure de financement du holding et son évolution sachant que les banques consultées ont déjà fait savoir qu'elles pourraient suivre l'opération à hauteur de 7 180 K€ (voir annexe 2).
4. Établir le plan de financement du holding.
5. Sachant que la cible pourrait être reprise à hauteur de 100 % des actions, calculer la création de valeur maximale attendue du fait de l'obtention du régime de l'intégration fiscale.

1 Annexe 1 : données prévisionnelles sur Electronic SA

Les données prévisionnelles comprennent les éléments suivants :

- comptes de résultat sur 5 ans ;
- tableau des variations du Besoin en Fonds de Roulement ;
- tableau des amortissements d'Electronic SA ;
- les déterminants du coût du capital.

1.1 Document 1 : comptes de résultat prévisionnels sur 5 ans

	Année 1	Année 2	Année 3	Année 4	Année 5
Chiffre d'affaires	35 000	42 000	48 300	45 885	45 885
Charges décaissables	31 500	37 800	43 470	41 297	41 297
EBE	3 500	4 200	4 830	4 589	4 589
Dotations aux amortissements	1 088	1 193	1 313	1 428	1 543
Résultat d'exploitation	2 413	3 008	3 517	3 161	3 046
Impôt sur les sociétés	804	1 002	1 172	1 053	1 015
Résultat après impôts	1 608	2 005	2 345	2 107	2 031

1.2 Document 2 : tableau des variations du Besoin en Fonds de Roulement

	Année 1	Année 2	Année 3	Année 4	Année 5
Besoin en Fonds de Roulement	4 375	5 250	6 038	5 736	5 736
Variation de BFR	875	875	787	-302	0

1.3 Document 3 : tableau des amortissements d'Electronic SA

	Année 1	Année 2	Année 3	Année 4	Année 5
Immobilisations brutes t-1	10 875	11 925	13 133	14 280	15 427
Amortissements cumulés t-1	5 000	6 088	7 280	8 593	10 021
Dotations aux amortissements	1 088	1 193	1 313	1 428	1 543
Valeur comptable nette	4 788	4 645	4 539	4 258	3 863

Valeur nette comptable l'année précédente = 10 000 K€

1.4 Document 4 : les déterminants du coût du capital

Taux d'intérêt sans risque :	4,5 %
Prime de risque du marché :	5,50 %
Béta du secteur :	1,51
Taux d'IS :	33,33 %

2 Annexe 2 : possibilités de financement par dettes

Les banques consultées pourraient suivre l'opération à hauteur de 7 180 K€. La dette contractée par le holding serait alors répartie en deux tranches :

– Une tranche Senior, qui pourrait prendre la forme d'une dette bancaire classique remboursable en cinq ans par annuité constante avec une année de différé partiel (différé de capital). Le taux d'intérêt sur cette dette bancaire serait de 6 % par an payable en une fois en fin d'année.

– Une tranche Junior, qui pourrait prendre la forme d'une dette subordonnée zéro-coupon remboursable in fine au taux de 9 %.

3 Proposition de réponses

3.1 Déterminer la rentabilité économique prévisionnelle de la cible

La rentabilité économique peut être définie comme suit :

$$\text{Rentabilité économique} = \frac{\text{Résultat d'exploitation} \times (1 - T_{IS})}{\text{Actif économique (immobilisations nettes + BFR)}}$$

L'actif économique de la cible est obtenu en additionnant la valeur nette comptable des immobilisations (cf. document 1.3) et le BFR de la cible (cf. document 1.2). Les résultats obtenus sont reportés ci-après.

	Année 1	**Année 2**	**Année 3**	**Année 4**	**Année 5**
Actif économique (BFR + Immobilisations nettes)	9 163	9 895	10 577	9 994	9 598

Le résultat d'exploitation après impôts est donné dans le document 1.1. Compte tenu de l'absence d'endettement de la cible, le résultat d'exploitation après impôts est ici égal au résultat net.

	Année 1	**Année 2**	**Année 3**	**Année 4**	**Année 5**
Rentabilité économique	17,6 %	20,3 %	22,2 %	21,1 %	21,2 %

Commentaires :

Le calcul de la rentabilité économique prévisionnelle est essentiel à la crédibilité du projet de reprise. En effet, l'analyse de cette rentabilité prévisionnelle permet de vérifier que les prévisions réalisées par le repreneur sont, d'une part, cohérentes et que, d'autre part, elles ne sont pas trop optimistes. Pour s'assurer de ce deuxième point, il importe de comparer la rentabilité économique prévisionnelle avec la rentabilité économique passée de la cible et celle du secteur. Par ailleurs, il importe de s'assurer que l'évolution de cette rentabilité prévisionnelle n'est pas non plus trop optimiste.

3.2 Évaluer la cible en utilisant la méthode des flux de trésorerie actualisés

L'évaluation d'une entreprise par les flux de trésorerie actualisés nécessite de passer par trois étapes :

– le calcul du coût du capital applicable ;

– l'estimation et l'actualisation des flux de trésorerie futurs sur un horizon de prévision explicite ;

– l'estimation et l'actualisation d'une valeur terminale sur la base d'une hypothèse de flux de trésorerie normatif et de taux de croissance à l'infini.

➤ *Le calcul du coût du capital*

Compte tenu de l'absence d'endettement de la cible, le coût du capital applicable est le coût des fonds propres, c'est-à-dire la rentabilité requise par les actionnaires pour investir dans un projet appartenant au même secteur d'activité sous une hypothèse de dette nulle.

Ce coût du capital est donné par la relation du Médaf soit :

$$E(R) = Rf + (E(Rm) - Rf) \times \beta$$

$$E(R) = 4{,}5\ \% + 5{,}5\ \% \times 1{,}51 = 12{,}8\ \%$$

Le coût du capital applicable à la cible est donc de 12,8 %.

➤ *L'estimation et l'actualisation des flux de trésorerie futurs*

Les flux de trésorerie sont estimés à partir de la définition des flux de trésorerie disponibles, soit le résultat d'exploitation après impôts augmenté des dotations aux amortissements, moins la variation de BFR, moins les investissements. Les investissements sont obtenus en additionnant la dotation aux amortissements d'une année avec la variation des immobilisations nettes de cette même année.

➤ *Estimation des flux de trésorerie futurs*

	Année 1	Année 2	Année 3	Année 4	Année 5
Résultat après IS	1 608	2 005	2 345	2 107	2 031
Dotation aux amortissements	1 088	1 193	1 313	1 428	1 543
= CAF	2 696	3 198	3 658	3 535	3 573
– Variation de BFR	875	875	787	-302	0
– Investissements	875	1 050	1 208	1 147	1 147
= Flux de trésorerie	946	1 273	1 663	2 690	2 426

Les flux de trésorerie futurs sont ensuite actualisés au coût du capital. On obtient alors une séquence de flux actualisés. La somme de ces flux actualisés est égale à 5 987 K€.

	Année 1	**Année 2**	**Année 3**	**Année 4**	**Année 5**
Flux de trésorerie	946	1 273	1 663	2 690	2 426
Flux de trésorerie actualisés	839	1 000	1 159	1 661	1 329

➤ ***Le calcul de la valeur terminale actualisée***

La valeur terminale est définie comme suit :

$$V_T - \frac{f}{R - g}$$

où *f* est le flux de trésorerie normatif, *R* le coût du capital et *g* le taux de croissance à l'infini du flux normatif.

Le flux *f* correspond au flux de l'année qui suit immédiatement la dernière année de l'horizon explicite de prévision ajusté des impacts éventuels des cycles économiques et des cycles d'investissement de l'entreprise. Dans notre exemple le flux normatif correspond donc au flux de l'année 6.

Il est en effet essentiel d'ajuster l'estimation de ce flux pour ne fonder des prévisions à l'infini ni sur un point haut (ou bas) d'un cycle économique ni sur un point extrême d'un cycle d'investissement (avec pour conséquence des dotations aux amortissements qui ne correspondraient pas à la situation moyenne de la firme).

Le flux normatif *f* a été estimé à 2 131 K€. Les hypothèses suivantes ont été retenues :

- Chiffre d'affaires de l'année 6 identique au chiffre d'affaires de l'année 5.
- Maintien du taux d'EBE (EBE/CA = 90 %).
- Dotations aux amortissements de 657 K€ (hypothèses : maintien du taux d'investissement et amortissement des immobilisations nouvelles en linéaire sur 10 ans).

Le taux de croissance à l'infini a été fixé à 0,5 %. Il correspond à une hypothèse de maturité du secteur et à une inflation minimum des prix de vente et des coûts d'achats. La valeur terminale est alors égale à :

$$V_T = \frac{f}{R - g} = \frac{2\ 131}{12{,}8\ \% - 0{,}5\ \%} = 17\ 326 \text{ K€}$$

La valeur terminale actualisée correspond à la valeur actuelle (en t0) de la valeur terminale. Elle est égale à :

$$V_{T_0} = \frac{2\ 131}{12{,}8\ \% - 0{,}5\ \%} = \frac{1}{(1 + 12{,}8\ \%)^5} = 9\ 3488 \text{ K€}$$

Synthèse de l'évaluation de la cible

	Année 1	Année 2	Année 3	Année 4	Année 5
Flux de trésorerie	946	1 273	1 663	2 690	2 426
Flux de trésorerie actualisés	839	1 000	1 159	1 661	1 329
Somme des flux de trésorerie actualisés (1)	**5 987**				
Flux de trésorerie normatif	2 131				
Taux de croissance à l'infini	0,50 %				
Valeur terminale	17 326				
Valeur terminale actualisée (2)	**9 488**				
Valeur de l'entreprise (1) + (2)	**15 475**				

La valeur financière calculée de la cible est donc de 15 475 K€. Notons que la somme des flux de trésorerie actualisés représente environ 39 % de la valeur totale contre 61 % pour la valeur terminale actualisée. Cette répartition correspond à une répartition acceptable au regard de la pratique professionnelle de l'évaluation.

3.3 Déterminer la structure de financement du holding et son évolution sachant que les banques consultées ont déjà fait savoir qu'elles pourraient suivre l'opération à hauteur de 7 180 K€ (voir annexe 2)

Compte tenu du prix d'acquisition (15 475 K€) et du montant préalablement négocié auprès des banques (7 180 K€), le repreneur devrait donc apporter au minimum 8 295 K€ en fonds propres (ou un mixte alliant fonds propres et comptes courants d'associés). Néanmoins, cette structure financière va fortement évoluer au cours du temps. En effet, dans le cadre de montage de LBO, le remboursement rapide de la dette est une priorité. Il convient par conséquent d'établir le programme pluriannuel de remboursement de la dette.

La dette prévisionnelle comprend deux tranches :

- une dette senior classique ;
- une dette junior zéro-coupon remboursable *in fine*.

➤ *Tableau de remboursement de la dette senior classique*

- *Caractéristiques de la dette :*

- Capital emprunté : 6 000 K€
- Taux d'intérêt : 6 %
- Durée de l'emprunt : 5 ans

– Modalités de remboursement : annuité constante

– Différé : partiel d'un an

L'annuité constante est calculée comme suit :

$$annuite = 6\ 000 \frac{6\ \%}{(1-(1+6\ \%)^4)} = 1\ 732\ K€$$

	Année 1	Année 2	Année 3	Année 4	Année 5
Capital restant dû en début de période	6 000	6 000	4 628	3 175	1 634
Intérêts	360	360	278	190	98
Amortissement du capital	0	1 372	1 454	1 541	1 634
Capital restant dû en fin de période	6 000	4 628	3 175	1 634	0

NB : on peut vérifier que l'annuité = intérêts + amortissement du capital = 1 732 tous les ans.

➤ ***Tableau de remboursement de la dette junior***

• *Caractéristiques de la dette :*

– Capital emprunté : 1 180 K€

– Taux d'intérêt : 9 %

– Durée de l'emprunt : 5 ans

– Modalités de remboursement : *in fine*/zéro coupon

À la fin de l'année 5, le montant dû est égale à :

$$1\ 180 \times (1+9\ \%)^5 = 1\ 815\ K€$$

Le remboursement intervient uniquement en année 5. La somme versée à la banque est ainsi égale à 1 815 K€ répartie en 1 180 K€ de remboursement de capital et 635 K€ d'intérêts.

3.4 Établir le plan de financement du holding

L'établissement du plan de financement du holding nécessite principalement d'estimer les remontées de dividendes et de s'assurer que ces remontées sont suffisantes pour faire face aux échéances de remboursement des banques.

Un point complique cependant ces évaluations : le régime de l'intégration fiscale. En effet, le holding reprend 100 % des actions de la cible. Il peut donc bénéficier du régime de l'intégration fiscale et par conséquent imputer les intérêts de la dette contractée au niveau du holding sur le résultat courant avant impôts de la cible. Il en résulte une économie fiscale importante qui augmente le résultat net distribuable au niveau de la cible.

Pour estimer les remontées de dividendes, il faut donc :

- ajuster le résultat net distribuable de l'effet de l'intégration fiscale ;
- ajuster les flux de trésorerie disponibles ;
- calculer le dividende distribué.

Par simplification, on fait l'hypothèse que la société cible a déjà satisfait aux obligations relatives à la constitution de réserves légales et qu'il n'existe pas de clauses de réserves statutaires. De même, on fait l'hypothèse d'une absence de précompte mobilier (la distribution de réserves antérieures n'est pas pénalisée fiscalement).

➤ *Ajuster le résultat net distribuable de l'effet de l'intégration fiscale*

	Année 1	Année 2	Année 3	Année 4	Année 5
Résultat d'exploitation de la cible (1)	2 413	3 008	3 517	3 161	3 046
Impôts sur les sociétés (IS) de la cible (2)	804	1 002	1 172	1 053	1 015
Intérêt payés par la holding	360	360	278	190	734
Économie d'impôt lié au LBO (= intérêts x T_{IS}) (3)	120	120	93	63	245
IS réellement décaissés (2) – (3)	684	882	1 080	990	771
Résultat distribuable au holding en t (1) – (2) + (3)	1 728	2 125	2 437	2 171	2 275

➤ *Ajuster les flux de trésorerie disponibles*

	Année 1	Année 2	Année 3	Année 4	Année 5
Flux de trésorerie d'exploitation	946	1 273	1 663	2 690	2 426
Économie IS	120	120	93	63	245
= Flux de trésorerie disponible	1 066	1 393	1 755	2 753	2 671

➤ *Calculer le dividende distribué*

Le dividende distribué correspond au minimum entre la capacité distributive de la firme (résultat distribuable de l'année + réserves distribuables) et la trésorerie disponible. Ce point est important car il permet de distribuer des dividendes supérieurs aux résultats nets durant les années 4 et 5.

	Année 1	Année 2	Année 3	Année 4	Année 5
Réserve initiale + résultat distribuable	1 728	2 788	3 832	4 247	3 769
Dividende versé à la holding	1 066	1 393	1 755	2 753	2 671
Réserve finale	663	1 395	2 077	1 494	1 098

➤ *Le plan de financement du holding*

Il ne faut pas confondre le plan de financement de la cible avec le plan de financement du holding. Le plan de financement du holding comprend deux types d'emplois des fonds :

- l'acquisition de la société cible (15 475 K€) ;
- le remboursement des dettes (années 2 à 5).

Les ressources du holding comprennent :

- l'apport en fonds propres des actionnaires ;
- les capitaux empruntés ;
- la capacité d'autofinancement du holding (CAF) qui est égale aux dividendes reçus de la cible diminués des intérêts payés.

	Année 1	Année 2	Année 3	Année 4	Année 5
Emplois					
Distribution de dividendes					
Acquisitions d'immobilisation	15 475				
Remboursement d'emprunt	0	1 372	1 454	1 541	2 814
Augmentation du BFR					
Total emplois	**15 475**	**1 372**	**1 454**	**1 541**	**2 814**
Ressources					
CAF = Dividendes reçus – intérêts versés	706	1 033	1 478	2 563	1 937
Augmentation de capital	8 295				
Augmentation des emprunts	7 180				
Total des ressources	**16 181**	**1 033**	**1 478**	**2 563**	**1 937**
Trésorerie de départ	0	706	367	391	1 413
Solde annuel ressources – emplois	706	-339	24	1 022	-876
Solde cumulé	706	367	391	1 413	536

1.5 Sachant que la cible pourrait être reprise à hauteur de 100 % des actions, calculer la création de valeur maximale attendue du fait de l'obtention du régime de l'intégration fiscale

La création de valeur, toute chose égale par ailleurs, est égale dans cet exemple à la valeur actuelle des économies fiscales réalisées du fait du montage financier et de l'application du régime de l'intégration fiscale (cf. effets de levier fiscaux).

➤ ***Calcul de la valeur actuelle des économies fiscales***

• *Économies fiscales associées à la dette Senior*

	Année 1	Année 2	Année 3	Année 4	Année 5
Intérêts payés au titre de la dette Senior	360	360	278	190	98
Économie IS	120	120	93	63	33
Facteur d'actualisation de l'éco IS (6 %)	0,943	0,89000	0,83962	0,79209	0,74726
Économie IS Actualisée (au taux de la dette)	113	107	78	50	24
Valeur actuelle de l'économie fiscale	372				

• *Économies fiscales associées à la dette Junior*

	Année 1	Année 2	Année 3	Année 4	Année 5
Remboursement du capital					1 180
Intérêts					636
Économie IS					212
Facteur d'actualisation de l'éco IS (9 %)					0,64993
Valeur actuelle de l'économie fiscale	138				

La valeur actuelle des économies fiscales attendue est donc de 510 K€. Compte tenu des apports initiaux des actionnaires de 8 295 K€, cela équivaut à une augmentation de valeur de l'ordre de 6 %.

4 Conclusion

La valeur financière de la société Electronic SA est de 15 475 K€. L'opération d'acquisition de cette société réalisée par le biais d'un holding de reprise peut être réalisée avec un endettement de l'ordre de 46 %. Ce niveau d'endettement est faible compte tenu de ce type d'opération. La capacité de remboursement de la cible ne devrait cependant pas permettre d'augmenter de manière significative ce levier financier (sachant que les créanciers exigent un remboursement rapide situé entre 5 et 7 ans maximum).

La création du holding et d'un rachat à 100 % devrait en outre permettre de bénéficier du régime de l'intégration fiscale. Cette option permet d'équilibrer le plan de financement et de dégager une plus-value minimum de l'ordre de 6 %.

CONCLUSION

Arrivés au terme de cet ouvrage, nous souhaitons mettre en avant les enseignements qui nous semblent essentiels pour une mise en œuvre réussie d'une opération de fusions-acquisitions.

L'analyse effectuée met tout d'abord en lumière la nécessité de concilier, dans le cadre d'une politique de fusions-acquisitions, les champs de la stratégie, de la finance, du droit et de l'organisation, trop rarement associés dans l'analyse d'un processus de croissance externe. Au-delà de raisons objectives liées à la nature des disciplines, il semble en effet que l'absence de liens forts entre ces quatre champs puisse contribuer à renforcer les difficultés de management de ces opérations. Car si l'usage concourt à désigner sous un même nom ces opérations, la réalité pratique fait apparaître des situations bien différentes, en fonction des objectifs de l'initiateur, des spécificités de l'entreprise acquise et des caractéristiques de l'environnement. Ceci conduit dès lors à créer une diversité de pratiques juridiques et organisationnelles, dont les conséquences peuvent être dans bien des cas distinctes. Il est par conséquent essentiel, lorsque l'on veut engager une telle politique, d'accepter cette réalité, pour bénéficier des avantages de cette manœuvre stratégique.

Cet ouvrage entendait également resituer la croissance par fusions-acquisitions par rapport aux autre formes de développement (croissance interne ou conjointe) et au regard des caractéristiques actuelles et passées du marché (France et États-Unis), en précisant les spécificités par pays et les raisons stratégiques de ces développements. La question fondamentale était de mieux comprendre l'intérêt de cette manœuvre et la manière dont on peut mesurer la performance de ces opérations.

Enfin et surtout, nous avons voulu identifier et analyser les étapes cruciales d'un processus de fusions-acquisitions, dans une approche résolument pragmatique, à l'aide d'exemples et d'illustrations. Pour ce faire, nous nous sommes attachés à expliciter les enjeux, contraintes et risques associés aux différentes phases du processus. Ce travail délicat nous est, en effet, apparu essentiel pour rendre compte de la complexité de ces opérations et tenter d'apporter des éléments utiles pour mieux cerner et maîtriser les décisions d'acquisitions et leurs mises en œuvre.

POSTFACE

L'essor des fusions et acquisitions sur la période des dix dernières années est marquant. Ces transactions sont devenues incontournables dans la conquête des marchés, particulièrement à l'international. Le marché a récemment accusé une accalmie. Toutefois, les fusions et acquisitions vont continuer à croître surtout au niveau inter-européen.

La tendance des marchés financiers aujourd'hui est de sanctionner sévèrement une transaction dont l'échafaudage stratégique, financier et opérationnel n'est pas rigoureusement réfléchi et mis en œuvre. Les marchés ont trop souffert de transactions qui ne répondent pas aux critères de création de valeur et de bonne « gouvernance ». L'ouvrage de Olivier Meier et de Guillaume Schier est lancé donc à un moment, où l'approche professionnelle dans une fusion-acquisition est particulièrement scrutée et recherchée. Le travail des deux auteurs est bienvenu car, en Europe, peu de livres développent une approche qui combine les trois piliers interdépendants (stratégie, finance et mise en œuvre) d'une fusion-acquisition. Or, seule cette approche permet d'évaluer et de mesurer plus rigoureusement la logique et l'avantage concurrentiel et financier d'une transaction.

Ce livre offre, au praticien et au chercheur/étudiant, les concepts de base essentiels, en vue de construire et analyser cette logique de transaction sur des fondements économiques et stratégiques, en y couplant les mesures de performance et de répartition de valeur adéquates. Le chapitre 3 de la première partie est particulièrement intéressant pour les dirigeants et membres de conseil d'administration qui sont ultimement responsables de la transaction par rapport aux actionnaires.

La deuxième partie du livre est essentiellement axée sur la pratique de l'entreprise et de ses conseillers. Une transaction qui se fonde sur une bonne stratégie mais qui est mal négociée, financée ou mise en œuvre peut aboutir à un fiasco ! Les processus d'inventaire (due diligence) et d'intégration sont souvent les plus délicats. Les intervenants des deux parties doivent réfléchir dans le cadre d'une nouvelle entité et se respecter mutuellement.

Or, trop souvent, les priorités sont mises sur les actions à entreprendre pour préserver les parts de marchés et faire « œuvrer » les synergies dès que possible. Elles se font, généralement, sans repenser le nouveau cap à prendre et le nouveau relationnel des équipes et de la culture des entreprises, qu'il s'agisse d'une simple préservation ou d'une logique de symbiose. C'est particulièrement le cas dans une transaction internationale, où l'apprentissage culturel et relationnel constitue une action difficile à réaliser. Olivier Meier et Guillaume Schier l'expliquent fort bien à travers différents exemples et deux études de cas.

Les livres qui traitent de sujets aussi complexes que les fusions-acquisitions arrivent rarement à couvrir la thématique de manière générale. Ce livre y fait exception et nous pouvons saluer les auteurs pour leur effort.

Vincent DESSAIN
Directeur du Centre de recherche européen
Harvard Business School

GLOSSAIRE

ABSA
Action à bon de souscription d'action. Voir BSA.

Acquisition
Opération de prise de contrôle d'une société cible par achat ou échange d'actions.

AGE
Assemblée générale extra-ordinaire, assemblée des actionnaires qui statuent sur les opérations modifiant les statuts de l'entreprise (fusion, augmentation de capital…).

AGO
Assemblée générale ordinaire, assemblée des actionnaires qui nomme le conseil d'administration, approuve les comptes, vote les distributions de dividende…

ANC
Actif net comptable, méthode d'évaluation d'une société qui consiste à déterminer la différence existante entre la valeur des actifs et le montant des dettes.

Arrogance managériale
Attitude parfois développée par l'acquéreur à l'encontre des membres de l'entité acquise, visant à rejeter ou minimiser les qualités de la société dont on vient de prendre le contrôle.

Asymétrie d'information
Situation dans laquelle les acteurs en présence ne disposent pas de la même quantité ou qualité d'informations, créant par là-même une source de déséquilibre qui avantage ou désavantage certains par rapport à d'autres. Dans le cas de fusions-acquisitions, l'existence d'asymétrie d'information est associée à l'hypothèse selon laquelle l'acquéreur possède des informations privées ayant trait à la valeur intrinsèque de la cible ou de la politique globale envisagée.

Attestation d'équité
Évaluation d'expert qui vise à garantir qu'une opération financière ne lèse pas les intérêts des actionnaires.

Avantage concurrentiel
Caractéristique distinctive de l'entreprise, facteur de compétitivité, lui conférant une position spécifique par rapport aux principaux concurrents sur le marché.

Barrières à l'entrée
Obstacles qui rendent difficile l'arrivée d'un nouveau compétiteur sur le marché.

Bimbo
Buy-In Management Buy-Out ; acquisition avec effet de levier d'une société cible par une équipe composée de manager de la cible et d'une ou plusieurs personnalités extérieures.

Bloc de contrôle
Désigne une quantité d'actions qui permet de contrôler une entreprise, que ce soit une majorité, une minorité de blocage ou un contrôle de fait.

BSA
Bon de souscription d'action ; ce bon permet de souscrire à des conditions fixées d'avance à des actions nouvelles.

Buyout
Opération de reprise d'une société qui peut prendre la forme d'un *Lbo, Mbo, Mbi* ou *Bimbo*, si le montage comprend un effet de levier.

Cédant
Personne physique ou morale qui vend ses titres (actions ou parts sociales) au cours d'une opération d'acquisition. Par opposition l'acheteur est appelé le cessionnaire.

Cible
Société visée par l'opération d'acquisition ou de fusion.

Closing
Date à laquelle une opération de fusion ou d'acquisition est réputée effective.

Concentration d'un secteur
Situation caractérisée par une réduction du nombre des entreprises présentes sur le marché.

Croissance externe
Mode de développement fondé sur la prise de contrôle d'actifs déjà productifs sur le marché et initialement détenus par d'autres firmes.

Croissance interne
Mode de développement progressif et continu fondé sur un accroissement des capacités existantes ou la création de nouvelles capacités productives ou commerciales, à partir des propres ressources de l'entreprise.

Croissance conjointe
Mode de développement fondé sur des relations de coopération plus ou moins étroites entre deux ou plusieurs entreprises, en vue de développer des projets économiques en commun.

Culture
Ensemble des manières de penser, de sentir et d'agir qui sont communes aux membres d'un même groupe social (*cf.* valeurs, croyances). La culture est l'univers où les acteurs peuvent communiquer et repérer ce qui les unit ou les différencie.

CVG
Certificat de Valeur Garantie ; valeur mobilière négociable et transmissible utilisée dans le cadre d'offre publique, ils peuvent être dissuasifs ou incitatifs.

Due diligence
Traduit en français par Audit d'acquisition. Il s'agit des audits et investigations préalables menés par l'acquéreur potentiel auprès de la cible pour s'assurer de l'existence des éléments d'actifs et de passifs et identifier les risques potentiels

Earn out
Clause d'ajustement du prix qui consiste à indexer une partie du prix de cession sur les résultats futurs de la cible, observée sur une période de temps fixée à l'avance.

Fair value
Fourchette de prix jugée équitable par les deux parties et pouvant servir de base à la négociation.

Fusion-absorption
Opération de transfert universel du patrimoine d'une société vers une autre, entraînant sa dissolution, les actionnaires de la société cible devenant alors actionnaires du nouvel ensemble.

Garantie de cours
Procédure par laquelle l'acquéreur d'un bloc de contrôle d'une entreprise cotée s'engage à acheter en bourse tous les titres qui lui sont présentés, aux mêmes conditions.

Garantie de passif
Convention négociée par l'acquéreur auprès du cédant pour se prémunir contre les conséquences d'événements antérieurs à la prise de contrôle de la cible et pourraient se traduire par une diminution de la valeur de l'actif ou une augmentation du passif.

Golden parachute
Prime versée aux dirigeants lors de leur départ à l'issue d'une opération de prise de contrôle hostile.

Holding
Société dont l'objet social est de détenir (*to hold* en anglais) des titres de participation dans d'autres sociétés.

Hors de bilan
Engagement qu'une entreprise n'est pas obligée d'inscrire dans son bilan (une caution bancaire envers une filiale non consolidée par exemple).

Influence
Capacité à obtenir d'un acteur économique (concurrent, clients, fournisseurs) qu'il modifie son comportement sur le marché, par le recours notamment à des politiques d'affrontement (rapports de force) ou de dissuasion.

Innovation conjointe
Stratégie fondée sur la création ou le développement de ressources stratégiques à partir des qualités propres de deux ou plusieurs entreprises.

Innovation radicale
Création ou développement de nouvelles capacités, nécessitant un changement du paradigme stratégique de l'entreprise et de ses principales routines organisationnelles.

Intégration de préservation
Mode d'insertion dans lequel une large autonomie fonctionnelle est accordée à l'entité achetée, l'acquéreur ayant avant tout un rôle de soutien et de contrôle financier.

Intégration de rationalisation
Mode d'insertion dans lequel l'acquéreur définit l'organisation générale du nouveau groupe, en s'attachant à rationaliser les activités similaires dans un souci d'économies de coûts.

Intégration de type symbiotique
Mode d'insertion dans lequel l'acquéreur développe des relations de coopération avec l'entité acquise au sein du même système d'autorité, en vue de développer des innovations conjointes.

LBO
Leverage Buy-Out ; acquisition d'une société par effet de levier, incluant le plus souvent la création d'une holding de reprise et un recours extensif à l'endettement.

Lettre d'intention
Lettre formalisant la volonté de l'acquéreur de prendre le contrôle de la société cible (ou d'acquérir une participation significative) et une proposition des principes de paiement.

MBI
Management Buy-In ; acquisition avec effet de levier d'une société cible par des repreneurs extérieurs.

MBO
Management Buy-Out ; acquisition avec effet de levier d'une société par le management en place de l'entreprise.

Menace externe
Actions ou événements issus de l'environnement (concurrence, évolutions technologiques…) susceptibles de fragiliser la position stratégique de l'entreprise.

Mezzanine
Financement intermédiaire entre la dette bancaire et les fonds propres. Son remboursement intervient après celui de la dette bancaire. En contrepartie elle offre une rémunération sensiblement plus élevée que la dette classique, incluant une participation aux plus-values potentielles.

Mission
Traduction en quelques lignes de ce que le nouveau groupe entend *être* et *faire* suite au rapprochement entre les entités. La formulation de la mission constitue une étape essentielle dans le dispositif post-acquisition et vise notamment à répondre à trois principales questions : qui sommes-nous ? (l'identitaire), que voulons nous faire ? (le stratégique), comment entendons-nous agir (l'opérationnel) ?

OPA
Offre publique d'achat, procédure qui permet de faire connaître au marché qu'un acteur se propose d'acheter à un prix donné tout ou partie des titres d'une société cotée.

OPE
Offre publique d'échange, procédure qui diffère de l'OPA par la rémunération des cédants qui s'effectuera en titres émis ou à émettre.

OPR
Offre publique de retrait, procédure qui consiste pour l'actionnaire majoritaire d'une société à proposer de racheter les titres encore dans le public afin de retirer la société de la bourse.

Pacte d'actionnaires
Convention librement négociée entre plusieurs actionnaires qui organise leur rapport par la mise en place de mécanismes dont le but est de réglementer les modifications de la répartition du capital social à l'occasion de cessions.

Paradigme stratégique
Ensemble des croyances et des hypothèses (fondements) partagées et implicites répandues dans une organisation.

Pouvoir de marché
Capacité de l'entreprise à exercer une influence sur les acteurs du secteur, à partir de l'utilisation de sa position concurrentielle (rentes de position) – voir Influence.

Portage
Convention par laquelle un intermédiaire financier s'engage, pour le compte de son client, à acquérir des titres d'une société et à les lui céder à une date et à un prix fixés au départ.

Ramassage
Technique qui consiste à acheter progressivement des titres de la société cible sans provoquer de hausse brutale de son cours boursier.

Selling memorandum
Document de présentation d'une entreprise souhaitant se faire racheter. Il comprend en général un descriptif de l'entreprise, les motivations pour la cession et des éléments d'appréciation de sa valeur.

Stratégie
Définition et mise en œuvre des grandes orientations de l'entreprise, dans les domaines du développement de la firme, du choix des activités et des politiques de changement.

Stratégie de spécialisation
Stratégie de développement s'inscrivant dans le cadre exclusif d'un métier (activité), sur lequel l'entreprise concentre l'ensemble de ses ressources, dans le but d'atteindre le meilleur niveau de compétences.

Stratégie de diversification
Stratégie de développement consistant à sortir de son métier originel, en vue de gérer un portefeuille d'activités ayant un lien plus ou moins fort avec le métier initial et en dehors de toute logique de filière. On peut ainsi distinguer deux grands types de diversification : la diversification liée et la diversification conglomérale.

Stratégie d'intégration verticale
Stratégie de développement visant à insérer des nouveaux métiers (activités) en amont ou en aval de la filière, en vue de contrôler des stades successifs du processus de fabrication ou de distribution.

Success fee
Commissions perçues par un intermédiaire financier en cas de succès de l'acquisition ou de la fusion sur laquelle il est intervenu. Les success-fees se calculent en pourcentage du montant de la transaction.

Symbole
Élément (attribut, emblème, insigne, couleur) qui évoque par sa forme ou sa nature une association d'idées spontanées avec quelque chose de non visible, pouvant correspondre dans le cas d'une fusion-acquisition à des caractéristiques identitaires de l'entreprise acheteuse ou acquise.

Syndication
Opération de mutualisation des risques réalisée par un banquier ou un investisseur en fonds propres qui redistribue une partie de l'emprunt ou de l'augmentation de capital qu'il a garanti à un tour de table de financiers.

Synergies
La réalisation de synergies correspond globalement à une création de valeur supplémentaire obtenue grâce au regroupement des entreprises et qui n'aurait pas été obtenue sans la mise en œuvre effective de ce regroupement.

Valorisation pre-*money*
Valorisation de la société avant l'investissement de financiers extérieurs.

Valorisation post-*money*
Valorisation de la société après l'investissement de financiers extérieurs.

BIBLIOGRAPHIE

ADLER L., « La stratégie de symbiose », *Harvard L'Expansion* , 14, 1979, p.201-222.

AGRAWAL A., JAFFE J.F. et MANDELKER G.N., « The Post-Merger Performance of Acquiring Firms: A Re-examination of an Anomaly », *Journal of Finance*, 47, 1992, p.1605-1621.

AGRAWAL A. et KNOEBE C.R., « Managerial Compensation and the Threat of Takeover », *Journal of Financial Economics*, 47, 1998, p.219-239.

AHUJA G. et KATILA R., « Technological Acquisitions and the Innovation Performance of Acquiring Firms: A Longitudinal Study », *Strategic Management Journal*, 22, 2001, p.1997-2001.

AKHAVEIN J.D., BERGER A.N. et HUMPHREY D.B., « The Effects of Megamergers on Efficiency and Prices: Evidence from a Bank Profit Function », *Review of Industrial Organisation*, 12, 1997, p.95-139.

ALBOUY M., « À qui profitent les fusions-acquisitions ? Le regard du financier », *Revue Française de Gestion*, 131, 2000, p.70-84.

ALLARD-POESI F. et MEIER O., « Une analyse Moscovicienne des processus de changement et d'innovation : apports et illustrations », *Revue Gestion des Ressources Humaines*, 36, 2000, p.48-68.

ANDRADE G., MITCHELL M. et STAFFORD E., « New evidence and perspectives on mergers », *Journal of Economic Perspectives*, Vol. 15, n°2, Spring 2001.

ANGOT J. et MEIER O., « Fusions - Acquisitions : les leçons d'un échec », *Revue Française de Gestion*, 131, 2000, p.129-135.

ANSLINGER P.L. et COPELAND T.E., « La croissance par acquisition : un regard nouveau », *in Harvard Business Review-Les opportunités de croissance*, Les Éditions d'Organisation, 1999, p.61-89.

BAIN & COMPANY, Fusions-acquisitions dans le secteur bancaire : création de valeur, *rapport d'étude*, Paris, Bain & company, 1999.

BAKER G.P. et WRUCK K.H., « Organizational Changes and Value Creation in Leveraged Buyouts: The Case of The O.M. Scott & Sons Company », *Journal of Financial Economics*, 25, 1989, p.163-190.

BALDWIN C.Y. et CLARK K.B., « Capabilities and Capital Investment: New Perspectives on Capital Budgeting », *Journal of Aplied Corporate Finance*, 5, 1992, p.67-82.

BARABEL M. et MEIER O., « Managing an acquisition integration process: a sociological and psychological perspective», Mergers & Acquisitions Summit 2002, a Strategic Management Society Mini-Conference, Calgary, Alberta, Canada, June 6-9, 2002.

BARABEL M. et MEIER O., « Biais cognitifs du dirigeant, conséquences et facteurs de renforcement lors de fusions-acquisitions : synthèse et illustrations », *Revue Finance-Contrôle-Stratégie*, 5(1), 2002, p.5-42.

BARABEL M. et MEIER O., « Quatorze clés pour réussir une acquisition », *Expansion Management Review*, 104, 2002, p.98-105.

BARBER B.M. et LYON J.D., « Detecting abnormal operating Performance: The empirical Power and Specification of Test Statistics », *Journal of Financial Economics*, 41, 1996, p.359-399.

BARBER B.M. et LYON J.D., « Detecting long-run abnormal Stock Returns: The empirical Power and Specification of Test Statistics », *Journal of Financial Economics*, 43, 1997, p.341-372.

BEAU D. et SANANES J.C., « Les opérations de croissance externe des entreprises françaises : constats et perspectives », *Revue d'économie industrielle*, 54, 1990, p.100-112.

BERRY J.W., « Acculturation: a comparative analysis of alternative forms », *in* Samuda & S.L. Woods, perspectives in immigrant and minority education, MD : University Press of America, 1983, p.66-77.

BERRY J.W., « Cultural relations in plurial societies: alternatives to segregation and their sociopsychological implications »", *in* N. Miller & M.B. Brewer, groups in contact, Orlando, FL : Academic Press, 1984, p.11-27.

BESSIÈRE V., « Répartition de la création de valeur entre l'acquéreur et la cible d'une offre publique : une analyse du pouvoir de négociation de la firme initiatrice », Congrès international de l'AFFI, Lillc, 1998.

BETTON S. et ECKBO B.E., « Toeholds, Competition and State-Contingent Payoffs in Takeovers, *Social Science Research Network, Working Papers Series*, 1999.

BHAGAT S., SHLEIFER A. et VISHNY R.W., « Hostile Takeovers in the 1980s: The Return to Corporate Specialization », *Brookings Papers on Economic Activity*, 1990, p.1-72.

BIKCHANDANI S., HIRSHLEIFER D. et WELCH I., « A Theory of Fads, Fashion, Custom, and Cultural Change in Informational Cascades », *Journal of Political Economy*, 100, 1992, p.992-1026.

BIRKINSHAW J., BRESMAN H. et HAKANSON L., « Managing the Post-Acquisition Integration Process: How the Human Integration and Task Integration Processes Interact to Foster Value Creation », *Journal of Management Studies*, 37(3), 2000, p.395-425.

BLACK F. et SCHOLES M., « The Pricing of Options and Corporate Liabilities », *Journal of Political Economy*, 3, 1973, p.637-654.

BLANCHOT F., BOGLIOLO F. et MOUYAL G., « Fusions-Acquisitions : quelle création de valeur », Synthèse de l'enquête DFCG – Deloitte & Touche – Association française des contrôleurs de gestion de banques, Congrès National DFCG, Décembre 1999.

BOUQUIN Ph., « L'asymétrie d'information autour de l'annonce d'offres publiques : mesure par la fourchette, la liquidité et les volumes », *Séminaire International Francophone de Finance*, Septembre 1998.

BRAV A., « Inference in Long-Horizon Event Studies: A Parametric Bootstrap Approach with Application to Initial Public Offerings », *Journal of Finance*, 55, 2000, p.1979-2016.

BROWN A.D. et STARKEY K., « The effect of organizational culture on communication and information », *Journal of Management Studies*, 31(6), 1994, p.59-78.

BRUNER R.F., « An Analysis of Value Destruction and Recovery in the Alliance and proposed Merger of Volvo and Renault », *Journal of Financial Economics*, 51(1), 1999, p.125-166.

BUCHER F. (1999), « Mesures anti-O.P.A : de la panoplie à la mise en œuvre », *Option Finance*, n°541, 29 mars.

BUONO A.F., BOWDITCH J.L. et LEWIS J.W., « When cultures collide: the anatomy of a merger », Human Relations, 38, 1985, p.477-500.

BURGELMAN R., « Managing Corporate Acquisition Entrepreneurship: New Structures for Implementing technological Innovation », *in* M. Horwitch (Ed.), *Technology in the modern corporation*, New York, Pergamon Press, 1986, p.1-13.

CABY J., Motivations et efficacité des offres publiques d'achat et d'échange en France de 1970 à 1990, *Thèse pour le doctorat ès Sciences de Gestion*, IAE de Nancy, 1994.

CABY J. et HIRIGOYEN G., *La Création de Valeur de l'Entreprise*, Économica, 1997.

CAKICI N., SHASTRI K. et TANDON K., « The Impact of Information Asymmetry on Market Microstructure: The Evidence from Announcements of Mergers and Acquisitions », *Social Science Research Network, Working Papers Series*, 1999.

CARTWRIGHT S. et COOPER C.L., *Managing mergers, acquisitions and strategic alliances: integrating people and cultures*, Butterworth-heinemann, 1996.

CHAN S., MARTIN J. et KENSIGER J., « Corporate Research and Development Expenditures and Share Value », *Journal of Financial Economics*, 26, 1990, p.255-276.

CHARREAUX G., COURET A., JOFFRE P., KOENIG G. et DE MONTMORILLON B., *De nouvelles théories pour gérer l'entreprise,* Gestion, Économica, 1987.

CHARREAUX G., « Structures de propriété, relation d'agence et performance financière », *Revue économique*, 3, 1991, p.521-552.

CHARREAUX G. (éd.), « *Le Gouvernement des Entreprises : Théories et Faits, Recherche en Gestion* », Économica, 1997.

CHARREAUX G. et DESBRIÈRES Ph., « Gouvernance des entreprises : valeur partenariale contre valeur actionnariale », *Finance Contrôle Stratégie*, 1(2), 1998, p.57-88.

CHATERJEE S., « Types of Synergy and Economic Value: The Impact of Acquisitions on Merging and Rival Firms », *Strategic Management Journal*, 7, 1986, p.119-139.

CHUNG K.H., WRIGHT P. et CHAROENWONG C., « Investment Opportunities and Market Reaction to Capital Expenditure Decisions », *Journal of Banking and Finance*, 22, 1998, p.41-60.

CHEVALLARD L., « Fusions-Acquisitions : L'explosion ! », *Option Finance*, 542, 6 Avril, 1999, p.6-10.

DATTA D.K., « Organizational Fit And Acquisition Performance: Effects Of Post-Acquisition Integration », *Strategic Management Journal*, 12, 1991, p.281-297.

DATTA D.K., PINCHES G.E. et NARAYANAN V.K., « Factors Influencing Wealth Creation From Mergers And Acquisitions: A Meta-Analysis », *Strategic Management Journal*, 13, 1992, p.67-84.

DEGEORGE F. et ZECKHAUSER R., « The Reverse LBO Decision and Firm Performance: Theory and Evidence », *The Journal of Finance*, September, 48(4), 1993, p.1323-1348.

DENIS D.J., « Organizational Form and the Consequences of highly leveraged Transactions: Kroger's Recapitalization and Safeway's LBO », *Journal of Financial Economics*, 36, 1994, p.193-224.

DEPAMPHILIS D., Mergers, Acquisitions and other Restructuring Activities, Academic Press, 2001.

DERHRY A., « Fusions-acquisitions : la logique sectorielle », Revue Française de Gestion, 112, 1997, p.39-51.

DERRIEN R., « Évaluation par action avant et après une opération de croissance externe », Analyse financière, Mars 1999, n°118, p67-76.

DESBRIÈRES Ph., Ingénierie financière, Litec, 1995.

DÉTRIE J.P. et RAMANTSOA B., *Stratégie de l'entreprise et diversification*, Nathan, 1983.

DOUHANE A. et ROCCHI J-M., *Techniques d'ingénierie financière : pratique et méthodologie des montages financiers*, Collection Finance, 1997.

DUFOREZ A., Complexité organisationnelle des fusions-acquisitions, *Thèse de doctorat ès Sciences de Gestion*, Université de Paris I, 1995.

DUMAS D. et GIROUX N., L'intégration planifiée et émergente une fusion/acquisition : le cas Consulpro, Cahier de recherche du GISCOR, Université de Montréal, Département de communication, 1996.

EASTERWOOD J., « Divestments and financial Distress in Leveraged Buyouts », *Journal of Banking and Finance*, 22, 1998, p.129-159.

ECKBO B.E., Examining the Anti-Competitive Significance of Large Horizontal Mergers, *Ph.D. dissertation*, University of Rochester, 1981.

ECKBO B.E., « Horizontal Mergers, Collusion, and Stockholder Wealth », *Journal of Financial Economics*, 11, 1983, p241-273.

ECKBO B.E., « Mergers and the Value of Antitrust Deterrence », *Journal of Finance*, 47, 1992, p.1005-1029.

ELLERT J.C., « Mergers, Antitrust Law Enforcement and Stockholder Returns », *Journal of Finance*, 31, 1976, p.715-732.

EVRARD K., Intégration culturelle et croissance externe, *Thèse de doctorat ès Sciences de Gestion*, Université Grenoble de II, École Supérieure des Affaires, 1996.

FABITIUS G., « La Mezzanine : les règles du jeu », Fusions et Acquisitions Magazine, Juillet-Août, 1995.

FALCOZ C., « La gestion des cadres à haut-potentiel », *Revue Française de Gestion*, 138, 2002, p.21-31.

FAMA E.F., « Agency Problems and the Theory of the Firm », *Journal of Political Economy*, 88(2), 1980, p.288-307.

FAMA E.F., « Market Efficiency, Long-Term Retuns, and Behavioral Finance », *Journal of Financial Economics*, 49, 1998, p.283-306.

FAMA E.F. et JENSEN M.C., « Separation of Ownership and Control », *Journal of Law and Economics*, 26, 1983, p.301-325.

FAMA E.F. et JENSEN M.C, « Organizational Forms and Investment Decisions », *Journal of Financial Economics*, 14, 1985, p.101-119.

FAMA E.F. et FRENCH K., « The Cross-section of expected Stock Returns », *Journal of Finance*, 47, 1992, p.427-466.

FAMA E.F. et FRENCH K., « Common Risk Factors in the Returns on Stocks and Bonds », *Journal of Financial Economics*, 33, 1993, p.3-56.

FRANCK G., « OPA : le facteur humain est décisif », *Revue Française de Gestion*, 75, 1989, p.98-104.

FRANKS J., HARRIS R. et TITMAN Sh., « The Postmerger Share-price Performance of Acquiring Firms », *Journal of Financial Economics*, 29, 1991, p.81-96.

GAUTHIER L. et MORELLEC E., « Investment Under Noisy Uncertainty: Implementation Delay and Embedded Options », Communication AFFI, 1997.

GRAND B., « Les O.P.A. hostiles en France », *Revue Française de Gestion*, Janvier-Février, 1991, p.5-20.

GERPOTT P., « Sucessfull Integration Of R&D Functions After Acquisitions: A Explory Empirical Study », *R&D Management*, 25(2), 1995, p.161-178.

GIRAUD H., Le rôle du temps dans les acquisitions d'entreprises, Thèse de doctorat ès Sciences de Gestion, Université Paris-Dauphine, 1992.

GOOLD M. et CAMPBELL A., *Strategies and Styles: The Role of the Centre in Managing Diversified Corporations*, Blackwell, 1987.

GORT M., « An Economic Disturbance Theory of Mergers », *Quarterly Journal of Economics*, 83, 1969, p.624-642.

GROSSMAN S.J. et HART O.D., « Takeover Bids, the Free-Rider Problem, and the Theory of the Corporation », *Bell J. Econ.*, 11, 1980, p.42-64.

GRUNDY A., *Breakthrough Strategies for Growth*, Pitman, 1995.

GUIEU G., Hybridité stratégique et apprentissage organisationnel dans les prises de contrôle d'entreprise, *Thèse de doctorat en Sciences de Gestion*, Université Grenoble II, École Supérieure des Affaires, 1994.

GUIEU G., « Prises de contrôle d'entreprise : une analyse des processus », *Revue Française de Gestion*, 120, 1999, p.54-64.

HALEBLIAN J. et FINKELSTEIN S., « The Influence Of Organizational Acquisition Experience On Acquisition Performance: A Behavioral Learning Perspective », *Administrative Science Quarterly*, 44(1), 1999, p.29-56.

HALL P.D. et NORBURN D., « The Management Factor in Acquisition Performance », *Leadership and Organizational Development Journal*, 8(3), 1987, p.23-30.

HALPERN P. (1983), « Corporate Acquisitions: A Theory of Special Cases? A Review of Event Studies Applied to Acquisitions », *The Journal of Finance*, 38(2), p.297-317.

HAMBRICK D.C., « Fragmentation And The Other Problems CEOs Have With Their Top Management Teams », *California Management Review*, 37(3), 1995, p.110-127

HAMEL G., DOZ Y.L. et PRAHALAD C.K., « S'associer avec la concurrence : comment en sortir gagnant ? », *Harvard-L'Expansion*, 54, 1989, p.24-32.

HANDY C., *Understanding organizations*, Penguin, New York, 1985.

HARRISSON R., « Understanding your organisation's character », Harvard Business Review, May-June, 1972, p.119-128.

HASPESLAGH P.C. et FARQUHAR A., *The Acquisition Integration Process: a Contingent Framework*, paper présented at the 7th Strategic Management Society Conference, Boston, MA, October, 1987, p.14-17.

HASPESLAGH P.C. et JEMISON D.B., « Acquisitions: Myths and Reality », *Sloan Management Review*, 28(2), 1987, p.53-58.

HASPESLAGH P.C. et JEMISON D.B., *Managing Acquisitions – Creating Value Through Corporate Renewal*, Free Press, 1991.

HAYWARD M. et HAMBRICK D., « Explaining The Premiums Paid For Large Acquisitions: Evidence Of CEO Hubris », *Administrative Science Quarterly*, 42, 1997, p.103-127.

HEALY P.M., PALEPU K.G. et RUBACK R.S., « Does Corporate Performance Improve after Mergers? », *Journal of Financial Economics*, 31, 1992, p.135-175.

HERRIAU G. et MEIER O., « Application au cas d'un processus d'intégration symbiotique de la méthode des coûts obligatoires/discrétionnaires », *Revue Finance-Contrôle-Stratégie*, 4(2), 2001 p.31-62.

HILL C.W. et JONES T.M., « Stakeholder - Agency Theory », *Journal of Management Studies*, 29(2), 1992, p.131-154.

HILL C.W. et GARETH R.J., *Strategic Management: an Integrated Approach*, 5th ed., Houghton-Mifflin, 2001.

HIRIGOYEN G., « Brief History of the B.S.N./Saint-Gobain Takeover Attempt », *Social Science Research Network, Working Papers Series*, 1999.

HITT M.A., HOSKISSON R.E., IRELAND R.D. et HARRISON J.S., « Effects of Acquisitions on R&D Inputs and Outputs », *Academy of Management Journal*, 34, 1991, p.693-706.

HITT M.A., HOSKISSON R.E., JOHNSON R.A. et MOESEL D.D., « The Market for Corporate Control and Firm Innovation », *Academy of Management Journal*, 39(5), 1996, p.1084-1119.

HUANG Y.S. et WALKING R.A., « Target Abnormal Returns Associated with Acquisition Announcements: Payment, Acquisition Form and Managerial Resistance », *Journal of Financial Economics*, 19, 1987, p.329-349.

HUBLER J. et MESCHI P-X., « Alliances, acquisitions et valorisation boursière », *Revue Française de Gestion*, 131, 2000, p.85-97.

HUNT J.W., « Changing Pattern of Acquisition Behaviour in Takeovers and the Consequences for Acquisition Processes », *Strategic Management Journal*, 11(1), 1990, p.69-77.

HUSSON B., *La prise de contrôle des entreprises*, PUF, 1987.

IPPOLITO R.A. et JAMES W.H., « LBOs, Reversion and Implicit Contracts », *Journal of Finance*, 47, 1992, p.138-168.

IKENBERRY D., LAKONISHOK J. et VERMAELEN T., « Market Underreaction to open Market Share Repurchases », *Journal of Financial Economics*, 39, 1995, p.181-208.

JARRELL G.A., BRICKLEY J.A. et NETTER J.M., « The Market for Corporate Control: The Empirical Evidence Since 1980 », *Journal of Economic Perspectives*, 2, 1988, p.49-68.

JEMISON David B., « Value Creation and Acquisition Integration: the Role of Strategic Capability Transfer » *in* G. Liebcap, *Corporate Restructuring Through Mergers, Acquisitions and Leveraged*

Buyouts Greenwich, C.T., Jai Press, 1988, p.191-218.

JENSEN M.C. et RUBACK R.S, « Ther market for corporate control, the scientific evidence », *Journal of Financial Economics*, 11, 1983, p5-50.

JENSEN M.C., « Agency Costs of Free Cash Flow, Corporate Finance and Takeovers », *American Economic Review*, 76(2), 1986, p.323-329.

JENSEN M.C., « Market for Corporate Control », in *The New Palgrave Dictionary of Money and Finance*, 11-13, 1992, p.657-666.

JENSEN M.C., « The Modern industrial Revolution, Exit, and the Failure of internal Control Systems », *Journal of Finance*, 48, 1993, p.831-880.

JEMISON D.B. et SITKIN S.B., « Corporate Acquisitions: a Process Perspective », *Academy of Management Review*, 11(1), 1986, p.145-163.

JENSEN M.C. et MECKLING W.H., « Theory of the Firm : Managerial Behavior, Agency Costs and Ownership Structure », *Journal of Financial Economics*, Octobre, 8, 1976, p.305-360.

JENSEN M.C. et RUBACK R.S., « The market for Corporate Control – The Scientific Evidence », *Journal of Financial Economics*, 11, 1983, p.5-53.

KAPLAN S., « The Effects of Management Buyouts on Operating Performance and Value », *Journal of Financial Economics*, 24, 1989, p.217-254.

KAPLAN S., « The Staying Power of Leveraged Buyouts », *Journal of Financial Economics*, 29, 1991, p.287-313.

KAPLAN S.N. et WEISBACH M.S., « The Success of Acquisition: Evidence from Divestures », *Journal of Finance*, 47 (1), 1992, p.107-138.

KEISTER W.C., « Today's Options for Tomorrow's Growth », *Harvard Business Review*, March-April, 1984, p.153-160.

KHORANA A. et ZENNER M., « Executive Compensation of large Acquirors in the 1980s », *Journal of Corporate Finance*, 4, 1998, p.209-240.

KIM E.H. et SINGAL V., « Mergers and Market Power: Evidence from the Airline Industry », *American Economic Review*, 83, 1993, p.549-569.

KITCHING J., « Why Do Mergers Miscarry? », *Harvard Business Review*, 45(2), 1967, p.84-101.

KOENIG G., *Management Stratégique : Paradoxes, interactions et apprentissages*, Nathan, 1996.

KOENIG G. et MEIER O., « *Acquisitions de symbiose : les inconvénients d'une approche rationaliste* », Revue M@n@gement, 4, 2001, p.23-46.

KOTHARI S.P. et WARNER J.B., « Measuring Long-Horizon Security Price Performance », *Journal Financial Economics*, 43, 1997, p.301-339.

KRALLINGER J., *Mergers & Acquisitions: Managing the Transaction*, McGraw-Hill, 1997.

KUSEWITT J.B., « An Exploratory Study Of Strategic Acquisition Factors Relating To Performance », *Strategic Management Journal*, 6, 1985, p.151-169.

LAKONISHOK J., SHLEIFER A. et VISHNY R.W., « Contrarian Investment, Extrapolation, and Risk », *Journal of Finance*, 49, 1994, p.1541-1578.

LARÇON J.P.P. et REITTER R., *Structures de pouvoir et identité de l'entreprise*, Nathan, 1979.

LARSSON R. et FINKELSTEIN S., Integrating Strategic, Organizational and Human Ressource Perspectives on Mergers and Acquisitions: A Case Survey of Synergy

Realization, *Organization Science*, 10(1), 1999, p.1-26.

LANG L.H.P., STULZ R.M. et WALKING R.A., « Managerial Performance, Tobin's Q, and the Gains from Successful Tender Offers », *Journal of Financial Economics* 24, 1989, p.137-154.

LEVANT Y., Opérations de croissance externe et système de contrôle organisationnel, *Thèse de doctorat ès Sciences de Gestion*, Université des Sciences et Technologies de Lille, 1998.

LONCLE J-M. et TROCHON J-Y., *Pratique des négociations dans les rapprochements d'entreprises : Fusions, acquisitions, Joint-ventures*, EFE, 1997.

LOUGHRAN T. et VIJH A.M., « Do Long-Term Shareholders Benefit from Corporate Acquisitions? », *Journal of Finance*, 52, 1997, p.1765-1790.

LYS T. et VINCENT L., « An Analysis of Value Destruction in AT&T's Acquisition of NCR », *Journal of Financial Economics*, 39, 1995, p.353-378.

MARCH J.G., « Exploration and Exploitation in Organizational Learning », *Organization Science*, 2(1), 1991, p.153-168.

MARKS M.L., *Joining Forces: Making One Plus Equal Three in Mergers, Acquisitions and Alliances*, Jossey-Bass, 1998.

MBENGUE A. et PETIT D., « Stratégie et ressources humaines », *Revue Française de Gestion*, 132, 2001, p.4-10.

MAQUIEIRA C.P., MEGGINSON W.L. et NAIL L., « Wealth Creation versus Wealth Redistribution in pure Stock-for-Stock Mergers », *Journal of Financial Economics*, 48, 1998, p.3-33.

MAILLOUX F. et GIROUX N., L'intégration fragmentée d'une fusion/acquisition : le cas Edipro, *Cahier de recherche du GISCOR*, Montréal : Université de Montréal, Département de communication, 1997.

MARTIN K.J. et MCCONNELL J.J., « Corporate Performance, Corporate Takeovers, and Management Turnover », *The Journal of Finance*, XLVI(2), 1991, p.671-687.

MARTIN K.J., « The Method of Payment in Corporate Acquisitions, Investment Opportunities, and Management Ownership », *The Journal of Finance*, LI(4), p.1227-1246.

MCCONNELL J. et MUSCARELLA C., « Corporate Capital Expenditure Decisions and Market Value of the Firm », *Journal of Financial Economics*, 14, 1985, p.399-422.

MEIER O., « Facteurs de réussite de la réalisation d'objectifs de symbiose en phase de post-acquisition », *Thèse de doctorat ès Sciences de Gestion*, Université Paris XII, 1998.

MEIER O., « La croissance externe symbiotique : enjeux et perspectives », *Revue Finance-Contrôle-Stratégie*, 4(1), 2000, p.113-141.

MEIER O., « Croissance externe et innovation », *Revue Gestion 2000*, 6, 2001, p.63-77.

MEIER O., « Gestion et valorisation des différences culturelles dans le cas de fusions acquisitions », Revue de Gestion des Ressources Humaines, 43, 2002, p.68-81.

MEIER O., « Problèmes de succession dans les PME familiales : freins et résistances culturelles », Revue Gestion 2000, 4, 2002, p.109-126.

MEIER O., Management des fusions acquisitions : concepts, outils et méthodes, Cahier Dever Research, 2003.

MESCHI P-X. et MÉTAIS E., « Investissements français aux États-Unis, stratégie de croissance externe et réactions du marché boursier, *Revue Finance-*

Contrôle-Stratégie, 5(1), 2002, p.129-165.

MICHEL N., « La gestion des hommes-clés », *Revue de Gestion des Ressources Humaines*, 39, 2001, p.29-41.

MITCHELL M.L. et LEHN K., « Do Bad Bidders Become Good Targets? », *Journal of Political Economy*, 98, 1990, p.372-398.

MITCHELL M.L. et MULHERIN J.H., « The impact of industry shocks on takeover and restructuring activity », *Journal of Financial Economics*, 41, 1996, p.193-229.

MITCHELL M.L. et STAFFORD E., « Managerial Decisions and Long Term Stock Price Performance », *Journal of Business*, 73, 2000, p.287-329.

MONTGOMERY C.A et WILSON V.A, « Mergers that last: a predicable pattern?», *Strategic Management Journal*, 7, 1986, p.91-97

MONTI M., « A European Competition Policy for Today and Tomorrow », Conference, AEI-Brookings Joint Center for Regulatory Studies, Washington D.C., 26 Juny.

MORCK R., SHLEIFER A. et VISHNY R.W., « Do managerial Objectives Drive bad Acquisitions? », *Journal of Finance*, 45(1), 1990, p.31-48.

MOSCOVICI S., *Psychologie des minorités actives*, Quadrige, PUF, 1996.

MUELLER D.C., « Mergers », in *The New Palgrave Dictionary of Money and Finance*, vol. 11-13, 1992, p.700-707.

MULHERIN, J.H. et BOONE A.L., « Comparing Acquisitions and Divestitures », *Journal of Corporate Finance*, 6, 2000, p.117-139.

MYERS C.S. et MAJLUF N.S., « Corporate Financing and Investment Decisions when Firms Have Information the Investors Do not Have », *Journal of Financial Economics*, 13, 1984, p.187-221.

MYERS S.C., « Determinants of Corporate Borrowing », *Journal of Financial Economics*, 5, 1977, p.147-175.

NAPIER N.K., « Mergers and Acquisitions, Human Ressources Issues and Outcomes: A Review and Suggested Typology », *Journal of Management Studies*, 26(3), 1989, p.271-289.

NAVATTE P., « Analyse économique et financière des opérations de fusion-absorption en France », *Thèse de doctorat d'État de Sciences de Gestion*, Université de Rennes, 1978.

OBERT R., *Évaluation, Prise de participation, consolidation, fusion ; Droit et comptabilité des opérations de regroupement*, Dunod, 1993.

OLIE R., Shades of Culture and Institutions in International Mergers, *Organization Studies*, 15(3), 1994, p.381-405.

PAQUEROT M., Stratégies d'enracinements des dirigeants et prises de contrôle d'entreprises, *Thèse de Doctorat ès Sciences de Gestion*, Université de Bourgogne, 1996.

PATUREL R. et THÉVENARD C., « Le sort des marques acquises lors des opérations de croissance externe », *Revue Finance-Contrôle-Stratégie*, 2(2), 1999, p.159-190.

PATUREL R., « Les manœuvres stratégiques génériques des entreprises », *Économie et Société*, Sciences de Gestion, 7-8, 1997, p.93-118.

PATUREL R., « Stratégie de croissance externe », *Encyclopédie du Management*, tome 1, Vuibert, 1991, p.407-418.

PATUREL R., « Délimitation des concepts de croissance interne et croissance externe », *Cahiers de l'ISMEA*, Série Sciences de Gestion, 2, 1981, p.1393-1420.

PERDREAU F., « Désengagements et recentrage en France : 1986-1992 », *Revue Finance-Contrôle-Stratégie*, 1(2), 1998, p.137-165.

PEASNELL'S K.V., « Using accounting data to measure the economic performance of firms », *Journal of Accounting and Public Policy*, vol. 15, p.291-303.

PHAN Ph. et HILL Ch. W.L., « Organizational Restructuring and Economic Performance in Leveraged Buyouts: An Ex Post Study », *Academy of Management Journal*, 38(3), 1995, p.704-739.

POCHET C., « Audit d'acquisition et expertise indépendante dans les opérations de fusions-acquisitions : le cas Aérospatiale-Matra », *Revue Finance-Contrôle-Stratégie*, 3(3), 2000, p.181-209.

PORTER M.E., *L'avantage concurrentiel*, InterÉditions, 1986.

PORTER M.E., « From Competitive Advantage to Corporate Strategy », *Harvard Business Review*, 65(3), 1987, p.43-59.

PRITCHETT P., *Making Mergers Work: A Guide to Managing Mergers and Acquisitions*, Homewood, IL : Dow Jones-Irwin, 1987.

RAU P.R. et VERMAELEN T., « Glamour, Value and the Post-Acquisition Performance of Acquiring Firms », *Journal of Financial Economics*, 49(2), 1998, p.223-253.

RAVENSCRAFT D.J. et Scherer F.M., « The Profitability of Mergers », *Journal of Industrial Economics*, 7, 1989, p.101-116.

RAVENSCRAFT D.J. et SCHERER F.M., « Life after Takeover », *Journal of Industrial Economics*, 36(2), 1987, p.147-156.

RAVID S.A. et SPIEGEL M., « Toeholds Strategies, Takeovers Laws and Rival Bidders », *Social Science Research Network, Working Papers Series*, 1999.

REITTER R. et RAMANANTSOA B., *Pouvoir et politique*, McGraw – Hill, 1985.

REITTER R., *Cultures d'entreprises, étude sur les conditions de réussite du changement*, Vuibert Gestion, 1991.

ROLL R., « The Hubris Hypothesis of Corporate Takeovers », *Journal of Business*, 59(2), 1986, p.197-216.

ROSS S.A., « The Economic Theory of Agency: The Principal's Problem », *American Economic Review*, 63(2), 1973, p.134-139.

RUBACK R.S., « The Conoco Takeover and Stockholder Returns », *Sloan, Management Review*, Winter, 1982, p.13-33.

SALAMI A.R. et SUDARSANAM P.S., « Determinants of the choice of payment method in United Kingdom mergers and acquistions », Conférence AFFI, 1993.

SALTER M.S. et WEINHOLD W.A., *Diversification through Acquisition: Strategies for Creating Economic Value*, Free Press, 1979.

SARRE A., Prix majoritaires et industriels. Une analyse de 95 opérations d'acquisitions, *Analyse Financière*, 4, 1990.

SCHEIN E.H., *Organizational culture and leadership: a dynamic view*, San Francisco : Jossey – Bass, 1985.

SCHIER G., L'évaluation d'un projet d'investissement par la théorie des options : application au cas de la création d'une filiale commune, *Thèse de doctorat ès Sciences de Gestion*, Université de Rennes I, 1998.

SCHIER G., Flexibilité, irréversibilité et évaluation de projets : une approche par la programmation dynamique et la théorie des options, Banque & Marchés, Janvier-Février, 1999, p.5-14.

SCHOAR A., « Effects of Corporate Diversification on Productivity » MIT Sloan School Working Paper. Acquiring Firms,

Journal of Financial Economics, 11, 2000, p.85-119.

SCHRALLOW D., Managing the Integration of Acquired Operations, *Journal of Business Strategy*, 6(1), p.30-36.

SCHRIVASTAVA P., Postmerger Integration, *Journal of Business Strategy*, 7(1), p.65-76.

SCHWEIGER D.M., IVANCEVICH J.M. et POWER F.R., Executive Actions for Managing Human Ressources Before and After Acquisition, *Academy of Management Executive*, 1(2), 1987, p.127-138.

SCHWEIGER D.M. et DENISI, Communication with Employees Following a Merger: A Longitudinal Field Experiment, *Academy of Management Journal*, 34(1), 1991, p.110-135.

SCHWEIGER D.M. et WALSH J.P., « Mergers and Acquisitions: An interdisciplinary View », *Research in Personnel and Human Ressources Management*, 8, 1990, p.41-107.

SCHWERT, G. W., « Hostility in Takeovers: In the Eyes of the Beholder? », *Journal of Finance*, 55, 2000, p.2599-2640.

SERVAES H., « Tobin's Q and the Gains from Takeovers », *The Journal of Finance*, 66(1), 1991, p.409-419.

SHERMAN A.J., *Mergers and Acquisitions: From A to Z*, Amacom, 1998.

SHLEIFER A. et VISHNY R.W., « Large Shareholders and Corporate Control », *Journal of Political Economy*, 94(3), 1986, p.461-488.

SHLEIFER A. et SUMMER L. « Breach of Trust in hostile Takeovers », in A. Auerbach (ed.): *Corporate Takeovers : Causes and Consequences*, University of Chicago Press, 1988.

SHLEIFER A. et VISHNY R.W., « Value Maximization and the Acquisition Process », *Journal of Economic Perspectives*, 2(1), 1988, p.7-20.

SHLEIFER A. et VISHNY R.W., « Management Entrenchment: The Case of Manager-Specific Investments », *Journal of Financial Economics*, 25, 1989, p.123-139.

SHLEIFER A. et VISHNY R.W., « Takeovers in the '60s and the '80s, Evidence and Implications », *Strategic Management Journal*, 12, 1991, p.51-69.

SHLEIFER A. et VISHNY R.W., « A Survey of Corporate Governance », The *Journal of Finance*, 52(2), 1997, p.737-783.

SINGAL V., « Airline Mergers and Competition. An Integration of Stock and Product Price Effects », *Journal of Business*, 69, 1996, p.233-268.

SMITH B.F., WHITE R., ROBINSON M. et NASON R., « Intraday Volatility and Trading Volume after Takeover Annoucements », *Journal of Banking & Finance*, 21, 1997, p.337-368.

SMITH K.W. et TRIANTIS A.J., « The Value of Options in Strategic Acquisitions, in Real Options », in L. Trigeoris (ed.), *Real Options in Capital Investment*, Praeger, 1995.

STIGLITZ J.E., « Credit Market and the Control of Capital », *Journal of Money*, 17(2), 1985, p.133-152.

STILLMAN R.S., « Examining Antitrust Policy Towards Horizontal Mergers », *Journal of Financial Economics*, 11, 1983, p.225-240.

STRATEGOR (coll.), *Politique Générale de l'Entreprise*, 3ème édition, Dunod, 1997.

SUDARSANAM P.S., *The Essence Mergers And Acquisitions,* Prentice Hall, 1995.

THÉVENARD C., Le management stratégique des marques obtenues par croissance externe, *Thèse de doctorat en Sciences de Gestion*, Université de Grenoble II, 1997.

TRAUTWEIN F., « Merger motives et merger prescriptions », *Strategic Management Journal*, 11 (4), p283-295.

TRAVLOS N.G., « Corporate Takevoer Bids, Methods of Payment, and Bidding Firm's Stock Returns », *The Journal of Finance*, 42(4), 1987, p.943-963.

TVERSKY A. et KAHNEMAN D., « Judgement Under Uncertainty: Heuristics And Biases », *Science,* 185, 1974, p.1124-1131.

VERY P., « Ce que ne disent pas les chiffres », *L'Expansion Management Review,* 93, 1999, p.70-74.

VERY P. et SCHWEIGER D.M., « The Acquisition Process as a learning Process: Evidence from a Study of Critical Problems and Solutions in Domestic and Cross-Border Deals », *Journal of World Business*, 36(1), 2001, p.11-31.

WALSH J.P. et ELLWOOD J.W., « Mergers, Acquisitions, and the Pruning of managerial Deadwood », *Strategic Management Journal*, 12, 1991, p.201-217.

WALTER G.A., « Culture Collisions in Mergers and Acquisitions », *in* P.J. Frost, L.F. Moore, M.R. Louis et C.C. Lundberg, *Organizational culture*, Bervely Hills, CA : Sage, 1985, p.301-314.

WERNERFELT B., « A Ressource-Based View of The Firm », *Strategic Management Journal*, 5, 1984, p.171-180.

WILLIAMSON O.E., *Markets and Hierarchies: analysis and antitrust implications*, The Free Press, New-York, 1975.

WILLIAMSON O.E., « Transaction cost Economics: the Governance of contractual Relations », *Journal of Law and Economics*, 22, 1979, p.233-261.

WILLIAMSON O.E., « The Modern Corporation, Origins, Evolution, Attributes», *Journal of Economic Litterature*, 19, 1981, p.1537-1568.

WILLNER R., « Valuing Start-up Venture Growth Options, in Real Options », in L. Trigeoris (ed.), *Real Options in Capital Investment*, Praeger, 1995.

WRUCK K.H., « Financial Policy, internal Control, and Performance: Sealed Air Corporation's leveraged special Dividend », *Journal of Financial Economics*, 36, 1994, p.157-192.

ZISSWILLER R., *Micro-économie et Analyse financière*, Dalloz Gestion, 1976.

ZWIEBEL J., « Dynamic Capital Structure under Management Entrenchment », *American Economic Review*, 86, 1996, p.1197-1215.

INDEX

A

Abus
de bien social 166
de droit 166
de majorité 166
de pouvoir 166
Accord de confidentialité 145, 148, 150
Acquisitions
par achat d'actions 57
par échange d'actions 68
Acte anormal de gestion 166
Actif net comptable 126
Actif net réévalué 127
Alliance stratégique 12
Amendement Charasse 163
Ancrage cognitif 238
Arrogance mangériale 244
Asymétries d'information 15, 17
Audits
comptable et financier 181
d'acquisition 149, 180
d'évaluation des risques 182
stratégiques 185
Audits d'acquisition 180
Augmentation de capital 71, 80
Augmentation de capital réservé 170
Autonomie culturelle 197, 230
Avoir fiscal 163

B

Barrières à l'entrée 30, 102
Besoin en fonds de roulement 116
Blocs de contrôle 146
Bridge financing 168

C

Capacité distributive 162
Cascade de holdings 158
Certificats de valeur garantie 66, 73
Chevalier blanc 143
Chocs culturels 215
Clauses
agrément 140
changement de contrôle 183, 191
franchissement de seuil 141
préemption 141
sortie pactée 141

Closing 149, 150, 193
Coefficient béta 117
Compatibilité
  culturelle 112
  organisationnelle 112
  stratégique 112
Comptes consolidés 61
Concentration 191
Conditions suspensives 153, 190
Contrôle de la concurrence 191
Coût du capital 116
Coût moyen pondéré du capital 119
Coûts d'agence 15
Coûts de faillite 120
Création de valeur 50
Crédit-vendeur 154
Croissance conjointe 12
Croissance externe 8
  avantages 11
  inconvénients 11
Croissance interne 10
Croyances 215
Culture d'entreprise 208
Cycle de vie 27

D

Data room 149, 186
Déductibilité des intérêts 162
Destruction créatrice 107
Dette junior 169
Dette mezzanine 169
Dette senior 169
Diagnostic culturel 212
Dispositifs anti-OPA 139
Droits de vote double 139
Due diligence 180

E

Earn out 155
Écart de première consolidation 63
Économies d'échelle 32
Effet de dilution 71
Effet de levier 158
  financier 158
  fiscal 158
  juridique 158
Effet fiscal de l'endettement 118
Effets du regroupement 103
Erreurs managériales 235
Escalade de l'engagement 243
Etude d'événement 49
Excès d'optimisme 241
Excès de rationalisation 245

F

Fonds de commerce 155
Free cash flow to equity 114
Free cash flow to the firm 115
Fusion
  à l'anglaise 68
  absorption 75
  au sens strict 75
  par création d'une société nouvelle 75
Fusions-acquisitions
  concentriques 14
  conglomérales 15
  horizontales 14, 42
  verticales 14

G

Garanties de passif 187
Géographie du capital 58, 108, 136
Gestion de transition 198
Gestion post-acquisition 196
Glamour firms 52
Goodwill 59

H

Holding 140, 158
Holding impure 158
Hypothèse d'hubris 241

I

Informations privées 17
Innovation 25, 205

Intégration
de préservation 197, 199
de type symbiotique 198, 205
par rationalisation 197, 202
Intégration fiscale 163
Interdépendances stratégiques 196, 230
Internationalisation 28, 45

L

LBO 40
Lettre d'intention 149
Leverage Buy-Out 40
Limitation des droits de vote 140

M

Management d'interface 199
Médaf 117
Méthode des comparables 127
Mission de l'entreprise 224, 229
Modèle d'évaluation d'option 123
Montages financiers 153
Motifs stratégiques
défensifs 26
Motifs stratégiques
offensifs 21

O

Obligations à bons de souscription d'actions 168
Obligations à bons de souscriptions d'obligation 168
Obligations convertibles en actions 168
Obligations remboursables en actions 168
Offre concurrente 146
Offres publiques
d'achat 63
d'échange 73
OPA 63
hostile 41
obligatoire 67
OPE 73
Open bid 152
Options de croissance 121
Options réelles 121

P

Pacte d'actionnaires 141
Parité d'échange 70, 78
Performance
économique 48
financière 49
mesure de la performance 48
Pilules empoisonnées 142
Plan de communication 224
Pooling of interest 71
Pouvoir actionnarial 108
Pouvoir de marché 15, 16, 22
Pouvoir de négociation 22
Pouvoir managérial 108
Précompte 162
Pression temporelle 242
Prime d'acquisition 59, 146
Prime de fusion 80
Prime de préemption 152
Prime de risque 117
Probabilité de faillite 120
Procédure de garantie de cours 68
Procédures de négociation
l'appel d'offres 151
le gré à gré 150
Processus d'intégration 196
Projet de fusion 82
Protocole d'accord 149, 190
Purchase accounting 71

R

Ramassage en bourse 146
Rapprochement
amical 132
hostile 40, 132
Ratio Q de Tobin 41
Redevances 155
Refus de la confrontation 241
Régime des sociétés mères 163
Régime spécial des fusions 69, 75
Répartition de la valeur 53

Répartition du pouvoir 108
Résistances au changement 217
Résultat avant impôt et avant frais financiers 116
Risque
non diversiviable 117
spécifique 117
systématique 117
Risques
environnementaux 182
humains 182
juridiques 182
stratégiques 185
Royalties 155

S

Selling memorendum 150
Société en commandite par actions 140
Société en nom collectif 165
Soulte 78, 154
Stratégie
d'intégration verticale 94, 95
de diversification 94, 96
de spécialisation 10, 94
Stratégie Pac Man 144
Stress managérial 242
Structure financière 167
Style de management 212, 217
Surenchère 66, 146
Survaleurs 59, 71
Symboles 222
Synergies 15
de coûts 32
de croissance 33
Synergies opérationnelles 31

T

Taille critique 28
Taux
d'actualisation 117, 118
de rentabilité 116
Taux de rentabilité des capitaux investis 160
Taxation des dividendes 162
Théorie
de l'agence 19
de l'efficience des marchés 18
de l'enracinement 19
des ressources 108
du *free cash flow* 41
financière 115
Transfert de valeur 54

V

Vagues (fusions-acquisitions) 38
Valeur actuelle nette 116
Valeur Actuelle Réajustée 119
Valeur de marché 113
Valeur économique relative 78
Valeur intrinsèque 17
Valeur terminale 120
Valeurs de l'entreprise 215
Value firms 52

49905 - (I) - (1,5) - OSB 80° - STY - MER

Achevé d'imprimer sur les presses de
SNEL Grafics sa
rue Saint-Vincent 12 – B-4020 Liège
Tél +32(0)4 344 65 60 - Fax +32(0)4 341 48 41
mars 2006 — 37176

Dépôt légal : avril 2006
Dépôt légal de la 1re édition : janvier 2003

Imprimé en Belgique